本书由江苏大学专著出版基金资助出版

企业内部控制
理论与实务

QIYE NEIBU KONGZHI LILUN YU SHIWU

赵顺娣 陈留平 著

江苏大学出版社

图书在版编目(CIP)数据

企业内部控制理论与实务/赵顺娣,陈留平著. —
镇江:江苏大学出版社,2009.12
ISBN 978-7-81130-132-8

Ⅰ.①企… Ⅱ.①赵…②陈… Ⅲ.①企业管理—研
究 Ⅳ.①F270

中国版本图书馆 CIP 数据核字(2009)第 240998 号

企业内部控制理论与实务

著　　者/赵顺娣　陈留平
责任编辑/徐云峰　段学庆
出版发行/江苏大学出版社
地　　址/江苏省镇江市梦溪园巷 30 号(邮编:212003)
电　　话/0511-84440890
传　　真/0511-84446464
排　　版/镇江文苑制版印刷有限责任公司
印　　刷/丹阳市兴华印刷厂
经　　销/江苏省新华书店
开　　本/787 mm×960 mm　1/16
印　　张/27.25
字　　数/548 千字
版　　次/2009 年 12 月第 1 版　2009 年 12 月第 1 次印刷
书　　号/ISBN 978-7-81130-132-8
定　　价/48.00 元

本书如有印装质量问题请与本社发行部联系调换(电话:0511-84440882)

前言

　　21 世纪以来相继暴露了一系列财务丑闻,导致安然、世通等业界巨人轰然倒下,由此催生了美国的《萨班斯－奥克斯利法案》,COSO 发布了《企业风险管理——整合框架》,它向人们昭示企业内部控制正受到前所未有的重视。在这一浪潮席卷下,2003 年财政部颁布了《内部会计控制规范——基本规范》和 17 项具体规范征求意见稿,形成了完整的内部会计控制体系。2006 年 6 月,国务院国有资产管理委员会发布了《中央企业全面风险管理指引》,构建了国有企业全面风险管理体系。2008 年 6 月 28 日,财政部、证监会、审计署、银监会、保监会联合发布了《企业内部控制基本规范》,要求上市公司率先执行。这是我国继正式颁布和顺利实施与国际接轨的《企业会计准则》和《企业审计准则》之后,在会计和审计领域推出的又一与国际接轨的重大改革,意味着中国企业内部控制规范体系建设正在向国际标准靠拢。新发布的《企业内部控制基本规范》为中国企业首次构建了一个企业内部控制的标准框架,有效解决政出多门、要求不一、企业无所适从的问题,有利于提高内部控制监管效率、降低监管成本,有利于优化企业管理和增强企业竞争实力,有利于保障经济安全、维护资本市场稳定。《企业内部控制基本规范》要求上市公司应当对本公司内部控制的有效性进行自我评价,披露自我评价报告,并可聘请具有证券、期货业务资格的中介机构对内部控制的有效性进行评价。《企业内部控制基本规范》的实施对于加强和规范企业内部控制,提高企业经营管理水平和风险防范能力,促进企业可持续发展,维护社会主义市场经济秩序和社会公众利益具有重要意义。这个被称为"中国版 SOX 法案"的规范,被无数人寄予了厚望,《企业内部控制基本规范》及其配套指引的实施必将对中国的上市公司、金融机构和大中型企业的规范化运作带来实质性推动,同时,对于企业加强经营管理以及中国资本市场的持续健康发展具有重大影响。

　　企业要在激烈的市场竞争中保持高速、稳健的发展,应加强内部控制,提高经济效益,而良好的内部控制体系是确保企业目标实现的有力工具。无论是传统的制造业,还是新兴的产业,都必须建立一套适合自身发展的内部控制制度。

　　企业经营失败、会计信息失真及不守法经营在很大程度上都可归结为企业内部控制的缺失或失效。尽管内部控制已在世界范围内兴起,但必须承认无论是美国的 COSO 报告,还是我国的《企业内部控制基本规范》,都只是基础性的规范框架,如何正确地把握企业内部控制规范的真正内涵并付诸实践是摆在企业面前的重要课题。但是目前学界对内部控制的认识还不足、不统一,甚至存有不少错误。本书以 COSO 报告为蓝本,结合我国《企业内部控制基本规范》和最新的相关指引,以开阔的、发展的眼光,在借鉴现有内部控制最新研究成果的基础上,及时跟踪内部控制的国际发展动态,全面、系统地分析和探讨了内部控制的理论基础和内在机理,总结提炼构建企业内部控制体系的成功经验,揭示了内部控制设计与评价的重点及方法,为我国企业提供开展内部控制制度建设的理论和方法。

　　本书分理论篇和实务篇两部分。

　　理论篇以切合实务为出发点,针对企业管理特点,尽可能详尽具体地解说企业内部控制机制和管理技能。理论篇系统地介绍了企业内部控制的概念、作用、研究现状;企业内部控制的发展;企业内部控制的国际比较;企业内部控制的相关理论包括舞弊理论、控制论、系统论、委托代理理论和信号传递理论及其在内部控制中的应用;企业内部控制的目标;企业内部控制的五大要素,即内部环境、风险评估、控制活动、信息与沟通、内部监督;企业内部控制的设计要求、设计原则、设计程序和内部控制的实施;企业内部控制的信息披露;企业内部控制的评价;企业内部控制的展望等内容。

　　实务篇结合我国某上市公司内部控制制度的设计,全面地介绍了企业组织架构、人力资源、企业文化、全面预算、采购、生产、销售、存货、固定资产、无形资产、货币资金、筹资、合同管理、投资和关联交易等内部控制制度。每一个具体控制制度都详细地介绍其控制目标和适用范围、业务流程和控制流程相结合的流程图、分工与授权、部门职责、岗位职责和岗位素质要求、关键控制点的控制活动等内容。

　　2009 年,我们在上市公司设计内部控制制度过程中进行大量调研,并为该公司设计了一套《内部控制制度》。企业得控则强,失控则弱,无控则乱。企业内部控制制度的实施,为企业有效地防范企业风险、加强企业管理奠定了坚实的基础。

　　目前我国出版的内部控制相关书籍理论介绍较多,应用较少,结合企业具体情况的则更少,即使涉及应用问题也是泛泛而谈,可操作性不强。本书有别于其他相关书籍的学术价值在于:理论系统,应用全面,切实可行,点石成金。

目录

理 论 篇

实 务 篇

理论篇

第1章

内部控制绪论

1.1　内部控制的必要性

▸▸▸▸▸▸▸▸▸▸▸▸▸

　　企业内部控制制度是社会经济发展到一定阶段的产物,是现代企业管理的重要手段。众所周知,企业经营失败、会计信息失真、违法经营等情况在很大程度上是企业内部控制制度的缺失或失效造成的,诸如我国巨人集团的倒塌,郑州亚细亚的衰败,震惊中外的琼民源、银广厦事件的发生,乃至美国安然企业的破产等现象,都表明建立企业内部控制制度是十分必要的。

1.1.1　我国企业内部控制现状

　　德勤是世界著名的会计师事务所之一,其企业风险管理服务部门对我国企业内部控制状况进行了三次调查。调查的对象主要是上市公司的董事会秘书和证券事务代表,就上市公司的内部控制意识、内部控制制度的建立和执行情况及实施效果等进行了调查。

　　2007年8月,德勤对我国86家上市公司内部控制状况进行了深入的调查,其涉及的行业主要有:制造行业、航空与交通运输服务、科技、传媒和电信行业以及房地产行业、金融类企业等。调查结果显示:74%的上市公司清楚了解监管机构对内部控制的要求,但仅20%的上市公司现有的内部控制体系能够完全满足监管要求,55%的企业不能完全满足要求,25%的企业不能满足监管要求。此外,近八成的上市公司不确定是否能够识别内部控制的缺陷,而在内部控制设计和执行的有效性上,73%的企业不能确定内部控制是否有效,76%的企业不了解或不完全了解基于内部控制之上该如何有效地进行风险管理。

　　2008年5月,德勤对我国126家上市公司内部控制状况进行了第二次调查。调查结果显示:96%的企业认识到内部控制管理体制的重要性,但是仅44%的企业已建立了良好的内部控制制度,56%的企业尚未建立内部控制制度或者其内部控制制度尚未完善。72%的企业没有建立持续监督内部控制的有效机制,91%的企业在内部控制机制的实施中遇到障碍,其中包括缺乏完善的指导性和可操作性强的理论框架或模型(占84%),缺乏硬性的监督检查机制要求、未与考核机制相关联、奖惩机制不到位(占63%)。此外,57%的企业认为管理层的意识不到位,不能有力支持和倡导这项工作。这些实施中的障碍表明了中国上市公司为何在实施内部控制机制时裹足不前。

2009年6月,德勤对我国制造业、房地产业、航空与交通运输业、能源与资源业、金融业、公共事业等八大行业具有代表性的上市公司内部控制状况进行了第三次调查。调查结果显示:100%的企业普遍认识到加强内部控制有助于企业防范风险,并且能够为其正常运营提供合理保证,58.82%的企业指定了专门的部门落实风险管理和内部控制工作,23.53%的企业将内部控制工作的重点从书面制度转变为实施行动,并且加强了监督管理,约17.65%的企业落实了内部控制考核工作,然而仅5.88%的企业拟组织内部控制负责人参加专业内部控制培训。另外,58.82%的企业内部控制制度的执行效果没有达到预期,约52.94%的企业缺乏与内部控制相关的信息系统,另有41.18%的企业内部控制制度执行不力。

总体看来,我国企业的内部控制状况较2007年之前有了明显的改善,并出现了某些可喜的变化:在2008年披露内部控制评价报告的353家上交所上市公司中,有27%企业是自觉披露的。三次调查的间隔时间均为一年,也能够在一定程度上反映出我国企业内部控制状况的发展过程及发展水平。通过以上的调查结果,可以得到以下三点认识。

1. 企业内部控制意识在增强

从上面的调查结果可以看出:2007年,73%的企业不能确定内部控制是否有效,也就是说,大约三成的企业认为内部控制是有用的,但到了2008年,96%的企业认识到内部控制的重要性,而在2009年该数字上升到了100%,这足以说明我国企业提高了对内部控制和风险管理的重视程度,也反映出企业通过内部控制加强治理与运营以保持竞争力的日益成熟的态度和决心。

当然,这与企业的外部环境不无关系,如金融危机促使企业加强内部控制,还受到《企业内部控制基本规范》的推动。正如德勤华北区企业风险管理服务主管合伙人赵善强所说,《企业内部控制基本规范》的发布是中国企业内部控制发展方面的一个重要里程碑,它是一套权威性的综合标准,有助于为企业建立内部控制提供理论指导。

2. 企业内部控制制度在完善

我国企业在充分认识内部控制制度建设紧迫性的同时,尽力完善配套措施,变外部推动为内部主动,切实提高企业的内部控制水平,在数据上呈现出年年上升的趋势。2007年仅20%的上市公司内部控制体系能够完全满足监管要求,而在2008年已有44%的企业建立了良好的内部控制机制,到了2009年,58.82%的企业指定了专门的部门落实风险管理和内部控制工作。更重要的是,23.53%的企业将内部控制工作的重点从书面制度转变为实际行动,不断在实践中完善内部控制制度。

3. 企业内部控制制度尚存在不足

我国的上市公司由于各自发展历程不同、管理水平差异化等原因,目前对内部控制理论的研究和实践与国外相比,无论在广度上还是在深度上都有较大差距。内部控制的工作还处于一种建立并初步实施的阶段,存在很多的不足,主要表现在以下方面。

首先,在内部控制方式上,中国企业的"重管理轻治理"传统依然没有得到实质性的改善。杨莹指出,在金融危机发生时,大部分上市公司能够针对性地加强内部控制管理,但内部控制实施效果的监督工作却没有得到足够的重视,这在一定程度上表明企业的内部控制建设更多的还是一种"救火式"的管理,内部控制建设还处于初级阶段,没有形成一种常态,更没有建成内部控制的长效机制。

其次,内部控制执行力不足。例如规章制度与行动脱钩,企业的管理层写一套却做一套;内部控制规章制度过时,很多已不符合实际管理需要;内部控制制度未被真正落实,工作中存在不照章办事的现象,还有的企业内部控制流程存在重复建设和部门间规章不一或相抵触的现象;有些企业明知故犯,管理层凭主观意识办事,只重视内部控制制度的建设,而忽视对内部控制实施情况的监督,这也是内部控制执行力不足的原因之一。

德勤的调查为我国企业敲响了警钟:内部控制建设任重道远,企业应加快步伐,建立有效的内部控制体系。

1.1.2 企业内部控制的必要性

1. 加强会计核算,提高信息质量的需要

企业经营权与所有权的分离,使企业经营者在利益目标上与企业的所有者并不一致。企业经营者对会计信息的关注主要基于其个人利益目标以及对其政绩、声誉的影响,因此如果企业的内部控制不严,则企业经营者提供给企业所有者的会计信息就有可能被扭曲。同时,由于企业经营者与债权人的利益目标不一致,债权人所获取的会计信息也可能是虚假的。为了使会计信息使用者得到准确的会计信息,加强内部控制是关键的一环。

2. 规划组织结构,遏制管理腐败的需要

在目前已发现的企业领导人贪污腐败事件中,薄弱的内部控制是导致腐败产生的一个重要因素。如果企业的权利过于集中,企业的内部控制不严,就会给贪污、挪用企业财产等非法行为带来可乘之机。一些单位负责人为了达到偷逃税收、谋取私利或小团体利益等非法目的,常常授意、指使甚至强令其员工办理一些非法事项,从而损害了股东和债权人的利益。因此,企业应加强内部控制,合理规划组织结构并抓好内部监督,以便从源头上治理和彻底根除企业管理层经济犯罪与腐败。

3. 加强内部控制,防范欺骗舞弊的需要

企业的制度安排应尽量做到在互相协作、互相制约的工作流程中及时发现工作中的问题和差错,避免某个环节的违规欺骗行为发生,杜绝舞弊现象,减少经营损失。例如在对具体业务进行分工时,避免由一个部门或一个人完成一项业务的全过程,必须由其他部门或人员参与,并且与之衔接的部门能自动地对前面已完成的工作进行正确性检查,由适当授权、不相容工作的责任分工等环节组成。这种制约包括上下级之间的互相制约、相关部门之间的相互制约。例如在会计信息收集、归类过程中,除了制单外,必须经复核并由财会主管审批;在现金流转业务中,现金收支的审批、收入和支出、印鉴的保管、记账等业务应分工管理、互相牵制。在内部控制中,必须采取工作轮换制,才能更好地达到控制的效果。工作轮换制是指根据不同岗位在管理系统中的重要程度,明确规定并严格控制每一员工在某一岗位的履职时间。

4. 健全经营机制,提高经济效益的需要

"加强企业管理,提高经济效益"始终是我国企业的重要任务,根据德勤 2009 年的调查结果,我国有 58.82% 的企业内部控制制度的执行效果没有达到预期,约 52.94% 的企业缺乏与内部控制相关的信息系统,另有 41.18% 的企业内部控制制度执行不力,而在 2008 年的调查中有 57% 的企业认为管理层的内部控制意识不到位,这严重影响了企业经济效益的提高。因此,加强企业内部控制,优化控制环节,健全经营机制并提高经济效益对于企业发展是十分必要的。

5. 促进有效经营,保证持续发展的需要

内部控制作为企业管理的中枢环节,是防范风险的有效手段。通过对企业风险的有效评估,不断加强对薄弱经营环节的控制,把各种风险消灭在萌芽之中,是企业有效经营的最佳方法。在新经济形势下,主导企业发展的力量不仅取决于有形资源,还取决于对无形资源的开发。严格的内部控制制度无疑是企业不可或缺的无形资源,它已经越来越被企业认同。在生产经营活动中,企业必须对各类风险进行有效地预防和控制,才能持续发展。

6. 深化企业体制改革,建立现代企业制度的需要

实行内部控制是我国企业深化改革、建立现代企业制度、强化内部管理、提高经济效益的客观需要。现代企业制度下,企业重要的组织特点之一是出资者的所有权与法人财产权相分离,法人财产权与企业经营权相结合。对于所有者来说,他们最关心的是所投入资本的安全性和收益性,即能否实现资本保值、增值的目标,而这一目标的实现必须以有效的内部会计控制作为保证;对于经营者而言,内部会计控制也是其履行受托经济责任,实现企业目标的重要保证。要使企业的产权关系清晰、权责明确、政企真正分开,就必须建立和完善相应的财产、物资的核算、监督、保管等内部控制制度,处理好受托经济责任和利益分配关系。

7．建立信息沟通系统，激活信息反馈体系的需要

美国 COSO（Committee of Sponsoring Organization）委员会的《内部控制——整体框架》要求企业以一定的形式、在一定的时间范围内识别、获取和沟通相关信息，以使企业内部各层次员工能够顺利履行其职责。内部控制中的信息和沟通相互联系，信息是沟通的对象和内容，而沟通是信息传递的手段。加强内部控制，可以使信息与沟通相结合，有助于管理者及时掌握内部控制系统的运行状况，从而使信息反馈体系得以激活，不合理的控制环节得以整顿。

8．调动员工积极工作，加快企业创造创新的需要

为了调动员工积极工作，加快企业创造创新，加强企业内部控制是非常必要的。通过建立完善、严密的内部控制制度，采取奖惩分明的措施，能够调动广大员工的积极性，激发员工刻苦钻研以进行各种创造性的工作。同时，完善的内部控制制度，科学地设置内部岗位，并根据员工的自身素质量才适用，更能做到人尽其才，物尽其用，真正充分地调动员工的工作热情。

1.2　内部控制研究现状

1.2.1　国外内部控制研究现状

从理论上讲，人类自从有了群体活动，就有了一定意义上的控制，就有控制系统的存在。内部控制的历史源远流长，其基本思想和初步形成最早可以追溯到公元前 3 600 年前的美索不达米亚文化时期。

内部控制是社会经济发展的必然产物，它是随着外部竞争的加剧和内部强化管理的需要而不断丰富和发展的。国际上经历了从起初的控制程序、控制政策的静态角度逐步演变为以过程、行为的动态角度来认识内部控制，相应地经历了一个从静态到动态不断变化的过程；而在内容上，内部控制已经走出了财务控制的范畴，涉及组织的方方面面，可谓是全面内部控制；从管理学来看，控制是管理的一项重要职能，控制存在管理之中，贯穿管理过程的始终，重点强调的是控制的持续改进和不断完善。

国外内部控制的研究要比我国早，且更为成熟。一般认为，近代内部控制产生于 18 世纪产业革命以后，它是企业大规模化及资本大众化的结果。18 世纪末期，美国铁路企业为了控制、考核遍及各方的客货运业务，采用了内部稽核制度。20 世纪初期，美国一些企业在异常激烈的竞争中，为了防范和揭露错误，按照人们的主观设想建立了"内部牵制制度"，这就是内部控制的雏形。此后内部控制的发展经历了以下脉络。

1934 年,美国《证券交易法》开始使用"内部会计控制"的术语。

1949 年,美国审计程序委员会下属的内部控制专门委员会指出:内部控制是企业所制定的旨在保护资产、保证会计资料可靠性和准确性、提高经营效率、推动管理部门所制定的各项政策得以贯彻执行的组织计划和相互配套的各种方法及措施。1958 年 10 月,该委员会对内部控制作了划分(两分法):会计控制和管理控制。

1988 年,美国注册会计师协会颁布的《审计准则公告第 55 号》指出:"企业的内部控制结构包括为合理保证企业特定目标的实现而建立的各种政策和程序。"这一内部控制观念由控制环境、会计制度和控制程序三部分组成。控制环境是指对建立、加强或削弱特定政策和程序效率发生影响的各种因素;会计制度规定了各项经济业务的鉴定、分析、归类、登记和编报的方法,明确各项资产和负债的经营管理责任;控制程序是指管理层所制订的以保证达到一定目的的方针和程序。该公告从 1990 年 1 月起实行,而从此开始,《审计程序公告第 29 号》中将内部控制划分为内部管理控制和内部会计控制的提法也被"内部控制结构"所取代,它表明内部控制研究进一步从一般定义向具体内容深化。

1992 年,英国颁布了《综合守则》(Combined Code),其中规定:"董事会应当维持一套健全的内部控制系统,以保护股东的投资和企业的资产","董事应当至少每年对内部控制系统的有效性进行一次审查,并向股东报告他们已经这样做了。这项审查应当涵盖所有重要的控制,包括财务、经营和遵从控制以及风险管理系统"。

1992 年,美国内部控制专门研究委员会的发起机构委员会(简称 COSO 委员会)提出《内部控制——整体框架》报告(习惯称 COSO 报告),并于 1994 年进行了增补。报告将内部控制划分为五个要素,即控制环境、风险评估、控制活动、信息与沟通、监控。控制环境是指董事会与管理层对内部控制的态度、认知度和行动;风险评估是管理层识别并采取相应行动,来管理对经营、财务报告、符合性目标有影响的内部或外部风险,包括风险识别和风险分析;控制活动的概念代替了"控制程序",是指帮助确保管理层的指令得到实施的政策和程序;信息与沟通是指为了使职员能执行其职责,企业必须识别、捕捉、交流内外部信息;监控是指评价内部控制质量的进程,包括持续监控、独立评价或两者结合的方式。

COSO 整合后的内部控制强调了以下理念:内部控制是一个过程,是达到目的的工具,不是目的本身;内部控制并不只是政策手册和表格,而是由组织中各层级的人员实施的制度;内部控制为企业的管理层和董事会提供合理的保证,而不是绝对保证;内部控制通过调整来达到一个或多个独立但又有交叉的目标。COSO 报告得到了企业董事会、管理层、投资者、债权人、审计人员及专家学者的普遍认可,它标志着内部控制的发展又进入了一个新的阶段。

1997 年,巴塞尔委员会发布了《银行组织中内部控制制度的框架》报告,将 COSO 报告提出的内部控制制度的整体框架应用于银行业,并演绎出适合银行业的 13 条原则。

1999 年,特恩布尔委员会颁布了 Turnbull 指南。2005 年 6 月,该委员会提出了一系列修改意见,并发布了 Turnbull 指南修改稿:要求董事会确认,已经或正在采取必要的行动以纠正其内部控制系统有效性审查中所确定的所有重大缺点或弱点,而且,如果董事会认为这对帮助股东理解企业风险管理过程和内部控制系统的主要特征来说是必要的,那么需将这些信息包括在年度报告和说明中。

从 2001 年开始,COSO 委员会委托普华永道企业组织编写《企业风险管理——整合框架》报告。2004 年 9 月,COSO 委员会顺应风险管理与内部控制相融合的趋势,吸收风险管理的研究成果并结合《萨班斯-奥克斯利法案》,正式颁布《企业风险管理——整合框架》(Enterprise Risk Management – Intergrated Framework,简称 ERM)。该框架描述了适用于各类规模组织的企业风险管理的构成要素、原则与概念。《企业风险管理——整合框架》拓展了内部控制,对企业风险管理这一更宽泛的主题作了更全面的关注。该报告将 ERM 分为八个相互关联要素,即内部环境、目标制定、事项识别、风险评估、风险反应、控制活动、信息与沟通、监控。

1.2.2　我国学者从不同视角对内部控制的研究现状

1. 基于会计、审计视角的研究

从会计、审计视角来分析内部控制,阎达五、杨有红于 2001 年认为,保证资产安全和会计信息真实是内部控制的发展主线,会计控制(财务控制)是内部控制的核心。方红星于 2002 年把内部控制与审计结合起来,试图寻找两者之间的逻辑关系,认为内部控制是在内部审计的基础上发展起来的。

2. 基于企业系统视角的研究

从企业系统视角出发来分析内部控制,郑石桥、周永麟、刘华于 2000 年认为,内部控制包括以股东为主体、以经营者为主体、以管理者为主体、以员工为主体等四个层次的控制,是一个范围涉及整个企业的控制系统。杨雄胜于 2004 年认为,企业管理中的控制实质上是一个由目标、计划、分配资源、规定职权、开展业务、业绩进展、结果与目标比较等众多环节组成的循环系统。张宜霞于 2007 年认为,内部控制的范围应该和企业边界的范围一致,应该在一个企业整体有效的视角来研究该经济管理系统。

3. 基于委托代理理论的研究

委托代理理论是伴随着所有权和经营权的分离逐步发展起来的,是现代企业理论最为重要的进展之一。林钟高、唐亮于 2007 年认为,从委托代理关系的角度看,内部控制是为解决企业外部与内部委托代理问题而进行的制度安排;黄溶冰、王跃堂于 2008 年认为,在一般的企业中存在着股东与董事会以及董事会与管理层之间两类委托代理关系,而内部控制解决的是董事会作为委托人与管理层作为代理人之间的委托代理关系。一般而言,代理人的行为选择是其私人的信息,是不可观测的;而在制度经济学中,这种纯粹的私人信息在理论

上是可能通过某种评价计量标准予以"显化"的,即通过在代理人行为和产出效率之间建立某种对应关系,从而实现对代理人私人行为选择的观测。

4. 基于控制论的研究

自从1948年诺伯特·维纳出版著名的《控制论:或关于在动物和机器中控制和通讯的科学》一书以来,控制论的思想和方法已经渗透到几乎所有的自然科学和社会科学领域。张宜霞于2005年认为,从控制论的角度看,企业内部控制制度可以被描述为:拥有最终控制权的主要股东、联合董事会、经理、职能部门和企业的所有工作人员为实现不同级别的控制目标的一种制度安排,并作为一种运行工具来控制股东、董事会、经理、职能部门和工作人员之间的信息耦合,使企业系统朝着总体愿景的方向迈进。它具体表现为两个层次,即一级法人治理结构和公司治理制度的水平。

5. 基于过程论的研究

按照过程论的观点,内部控制是一个主体实现目标的过程。我国证券业协会指出,内部控制是指企业在充分考虑内部、外部环境的基础上,通过建立组织机制、运用管理方法、实施操作程序与控制措施来防范和化解风险,保证经营运作符合企业发展规划的一个过程。2008年6月,财政部、证监会、审计署、银监会和保监会联合发布的《企业内部控制基本规范》中指出,内部控制是由企业董事会、监事会、经理层和全体员工实施的,旨在实现"合理保证企业经营管理合法合规、资产安全、财务报告及相关信息真实完整,提高经营效率和效果,促进企业实现发展战略"这个目标的过程。

1.3 内部控制概念

1.3.1 国内外对内部控制概念的理解

国内外对内部控制制度的研究具有一定的历史性,其概念是逐渐发展和完善起来的。最早涉及内部控制的专业文献是1929年美国注册会计师协会和联邦储备委员会修订发布的《会计报表的验证》。内部控制的概念经历了一个不平凡的发展历程。

1. PCAOB的内部控制定义

美国上市企业会计监管委员会(Public Company Accounting Oversight Board,简称PCAOB)在发布的《审计准则公告第5号》里规定,注册会计师对企业财务报告进行审计必须关注财务报告内部控制,同时管理层应该对企业内部控制作出评估。所谓财务报告内部控制,是指在企业主要高级管理人员、主要财务负责人或行使类似职能的人员的监督下设计的一套流程,并由企业的董事会、管理层和其他人批准生效,该流程可以为财务报告的可靠性及根据公认会计原则编制对外财务报表提供合理保证。它包括以下政策和程序:(1)保管以合理的详尽程度、准确和公允地反映企业的交易和资产处置有关记录;(2)为按照公认会计原则编制财务报表记录交易,以及企业的收入和支出仅是按照管理层和企业董事会的授权执行提供合理的保证;(3)为预防或及时发现对财务报表有重大影响的未经授权的企业资产的购置、使用或处理提供合理保证。

2. COSO 委员会的内部控制定义

1992 年 9 月,COSO 委员会提出了《内部控制——整体框架》,并于 1994 年对其进行了增补。在该框架中,COSO 委员会指出:内部控制是由企业董事会、经理阶层和其他员工实施的,为营运的效率效果、财务报告的可靠性及相关法令的遵循性等目标的达成而提供合理保证的过程。

3. Turnbull 委员会的内部控制定义

1992 年,英国在《综合守则》(Combined Code)颁布之后,设立了特恩布尔委员会(Turnbull Committee)。该委员会的职能是为上市公司执行《综合守则》规定的内部控制原则提供指南。特恩布尔报告的总体要求是,董事会应履行一套完善的内部控制系统,并定期对该系统进行复核。

该报告还谈及建立一个完善的内部控制系统的必要性。内部控制主要组成部分包括为企业的有效运营提供辅助条件,使企业有能力对阻碍目标实现的重大风险作出反应。这些风险可能来自业务经营、合规、运营或财务方面。此外,内部控制还能确保对内和对外报告的质量,确保法规及企业内部有关业务开展的政策得以遵守。

4. CICA 的内部控制定义

早在 1976 年,加拿大特许会计师协会(Canadian Institute of Chartered Accountants,简称 CICA)就在《审计推荐草案》中指出:"内部控制由组织体制的设计和企业管理人员制定的所有协调制度组成,就其实用方面而论,是为取得确定的管理目标,促进企业的业务有秩序和有效率的进行,保证资产的安全、会计记录的可靠和及时地提供准确的财务资料。"

5. COCO 委员会的内部控制定义

1995 年 10 月,加拿大特许会计师协会下属的控制基准委员会(The Canadian Criteria of Control Board,简称 COCO 委会员)正式发布关于内部控制的框架性文件——《控制指南》(Guidance on Control),它继承了 CICA 中关于内部控制的定义,并将其扩展到"控制"。该委员会认为,内部控制是一个企业中的要素集合体,包括资源、系统、过程、文化、结构和任务等,这些要素结合在一起以支持达成该企业的目标。

6. INTOSAI 的内部控制定义

最高审计机关国际组织(International Organization of Supreme Audit Institutions,简称 INTOSAI)认为,内部控制是一个组织的计划,包含管理的态度、方法、程序以及其他足以确保达到以下目标的评量措施：

（1）配合战略目标，使各项作业均能有条不紊且更经济有效地运作，提高产品与服务的质量；

（2）保护资源，以避免因浪费、舞弊、管理不当、错误、欺诈以及其他违法事件而遭致损失；

（3）遵循法律、规章以及各项管理规定；

（4）提供值得信赖的财务资料，并能适时恰当地披露有关信息。

7. 巴塞尔银行监管委员会的内部控制定义

巴塞尔银行监管委员会（The Basel Committee on Banking Supervision，简称 BCBS）将内部控制定义为"由董事会、高级管理人员以及其他人员实施的一个过程，其目的是为了实现经营的效果与效率、会计与管理信息的可靠、完整与及时以及经营活动符合现行法律、法规的要求"。该定义进一步强调董事会和管理层对内部控制的影响，也认为组织中的所有各级人员都必须参加内部控制过程，并能对内部控制产生影响。

8. 中国注册会计师协会对内部控制的定义

1997 年，中国注册会计师协会在其发布的《独立审计具体准则第 9 号——内部控制和审计风险》中，称内部控制为"被审计单位为了保证业务活动的有效进行，保护资产的安全和完整，防止、发现、纠正错误与舞弊，保证会计资料的真实、合法、完整而制定和实施的政策与程序"，包括"控制环境、会计制度和控制程序"。

9.《企业内部控制基本规范》对内部控制的定义

综合国外对内部控制的研究成果，并结合我国企业的实际情况，2008 年 6 月，财政部、证监会、审计署、银监会和保监会联合发布了《企业内部控制基本规范》，指出内部控制是由企业董事会、监事会、经理层和全体员工实施的，旨在实现控制目标的过程。内部控制的目标是合理保证企业经营管理合法合规、资产安全、财务报告及相关信息真实完整，提高经营效率和效果，促进企业实现发展战略。

通过上述各定义可以看出，不同的组织对内部控制的理解略有不同，各有侧重点：有的认为内部控制是一个过程、流程，有的认为内部控制是一种计划或要素集合体；而在目标上，有的认为财务信息真实是最重要的，有的认为企业资产的安全、经营的合法与高效才是企业运作的首要任务。但是，纵观国内外对内部控制的理解，可以总结出以下共性：

（1）合理界定了内部控制的内涵。

国内外普遍认为，企业内部控制是应该由企业董事会、监事会、经理层以及全体员工共同实施的，旨在实现控制目标的过程，有利于树立全面、全员、全过程控制的理念。

（2）准确定位了内部控制的目标。

各组织在以下方面都对内部控制有一定的要求：在保证经营管理合法合规、资产安全、财务报告及相关信息真实完整,以及提高经营效率和效果的基础上,着力促进企业实现发展战略。

(3)统筹构建了内部控制的要素。

内部控制活动的开展与其目标的实现不是一蹴而就的,而必须由一些要素的反复实施方可完成。虽然国际上提出的内部控制要素构成在数量上略有不同,但在质的把握方面却具有一致性,例如以内部环境为重要基础、以风险评估为重要环节、以控制活动为重要手段、以信息与沟通为重要条件、以内部监督为重要保证等,这些要素相互联系、相互促进。

(4)全面建立了内部控制实施机制。

内部控制的定义要求企业经营管理合法合规、资产安全、财务报告及相关信息真实完整并保证企业的经营效率,然而这些目标的顺利实现都离不开企业自身完善的自我主体评估、政府机关的监督检查以及会计师事务所等中介机构的有力审计。因此,应建立以企业为主体、以政府监管为促进、以中介机构审计为重要组成部分的内部控制实施机制。

1.3.2　内部控制属性

企业内部控制制度是为适应生产经营管理的需要而产生的,是现代企业内部管理制度的一个重要组成部分。从上面的定义可以看出,虽然不同的组织对内部控制的理解有所不同,但对内部控制属性的观点是一致的。企业内部控制属性主要体现在以下四个方面。

1. 企业内部控制主体

内部控制是由企业董事会、监事会、经理层和全体员工实施的,他们对企业的内部控制效果产生直接的影响,尤其是企业的董事、监事及其他高层管理人员对企业内部控制的身体力行,对控制方法和程序的遵守,能为企业内部控制的全面执行起到很好的效仿作用,而一般的企业职员对内部控制的执行度则更能体现企业内部控制的执行效果。因此,企业内部控制主体是指企业董事会、监事会、经理层和全体员工。

2. 企业内部控制客体

企业的内部控制客体主要指企业在经营过程中需要重点管理和控制的业务及流程等,表现为组织规划、授权体系、全面预算、分工合作、业务记录、财产保全、风险防范、人力资源、审批权限、利益分配等。

3. 企业内部控制目标

从内部控制理论的发展过程来看,现代组织中的内部控制目标已不是传统意义上的查错和纠弊,而是涉及组织管理的方方面面,呈现出多元化、纵深化的趋势。它主要包括:合理保证企业经营管理合法合规、资产安全、财务报告及相关信息真实完整,提高经营效率和效果,促进企业实现发展战略。

4. 企业内部控制方法

企业为了提高效率和充分有效地获取和使用各种资源,达到既定的管理目标,加强企业内部控制,必须采取以下正确的方法:完善法人治理结构,强化内部控制作用;明确相关人员职责,建立相互制约机制;构筑企业内控体系,抓住关键点的控制;强化企业审计监督,确保内部控制制度执行。

1.3.3 内部控制假设

内部控制制度能合理保证财务报告的可靠性以及经济行为的合法性,而且能减少企业内部的违法和舞弊行为,保证经营者及员工勤勉工作,在一定程度上提高了运营效率。内部控制制度的存在是以合理的假设为基础的,内部控制制度的设计更应与其假设相适应。企业内部控制的假设主要有委托代理假设、信息不对称假设、理性经济人假设。另外,潘琰、郑仙萍还提出了可控性假设、不串通假设、控制主体假设及复杂人假设等[①]。我们认为内部控制假设主要有:

1. 委托代理假设

委托代理假设是指委托人与代理人存在利益冲突的假设。委托代理理论是过去 30 多年中契约理论最重要的发展之一,它是 20 世纪 60 年代末 70 年代初一些经济学家深入研究企业内部信息不对称和激励问题发展起来的。委托代理理论的中心任务是研究在利益相冲突和信息不对称的环境下,委托人如何设计最优契约激励代理人。在所有权与经营权相分离的情形下,由于委托人与代理人的效用函数不一样,委托人追求的是自己的财富最大化,而代理人追求自己的工资津贴收入、奢侈消费和闲暇时间最大化,这必然导致两者的利益冲突。在没有有效的制度安排下,代理人的行为很可能最终损害委托人的利益,从而产生"逆向选择"和"道德风险"。基于此,企业内部控制的作用才能得以发挥。

2. 信息不对称假设

信息不对称假设是指利益相关者存在对企业信息掌握不对等的假设。现代企业制度认为,所有者享有企业的剩余索取权和最终控制权,而经营者根据合同领取报酬和享有企业的一般控制权。由于经营者只能获取比较固定的报酬,而没有剩余索取权,其付出的努力很可能与收益不成比例,无法充分调动经营者的积极性;同时,由于信息的不对称,所有者无法充分掌握企业的内部信息,无法对经营者的行为进行控制。同理,债权人与企业也会产生信息不对称问题。作为债权人,从资本借出时就已经丧失了对资本的控制权,由于无权参与企业经营决策,也就无法了解到企业经营的内部信息和资本运营状况,从而对借出资本的风险也

---

① 潘琰,郑仙萍. 论内部控制理论之构建:关于内部控制假设的探讨. 会计研究,2008(3).

就无法控制,这就产生了债权人与企业的信息不对称问题。信息不对称同样会产生"逆向选择"和"道德风险",需要内部控制制度来规范。

3. 可控性假设

可控性假设是指控制对象是可控的假设。可控性对于控制的重要性在于,只有系统控制的对象是可控的,控制目标才能达到。

内部控制作为一个控制系统,它由施控者通过控制手段,使受控者向控制目标转移。控制目标包括战略目标、经营目标、报告目标、安全目标和合规目标;施控者或控制主体是拥有相应控制权的人员;输入变量或者控制手段包括各种控制活动及与之配套的信息沟通机制和监控机制;受控者或者控制对象是可能对实现控制目标产生影响的实体相关人员的行为。因此,要使内部控制系统充分发挥作用,其对象必须是可控的。根据系统元素的耦合性特征,控制对象内部各要素之间或者控制对象与控制实体其他要素之间必然存在某种耦合关系,因此存在对其予以控制的可能性。可见,可控性假设是符合客观实际的。

可控性假设为内部控制系统有效发挥作用规定了前提,直接影响内部控制要素的确定,例如控制环境中的组织结构设计和权责划分、风险评估中的目标设定、信息与沟通和监控等。同时,它也为内部控制活动适用性原则和有效性原则的制定奠定了基础。

4. 不串通假设

不串通假设是指除非存在反证,任何控制实体的相关人员都不会合谋的假设。由于人是有限理性的、自利的,存在机会主义倾向,所以人们之间存在串通的可能,而内部控制无论设计得多么完美,都无法避免两个或者更多执行人员之间的协同舞弊。因此,要使内部控制实施达到特定效用,必须假设控制实体相关人员之间不会串通。该假设虽不是由客观事实所决定的必然前提,但其并非无据可依的"武断",由于相关人员的串通导致控制失效、企业失败的案例毕竟是个别的、少数的,因此,除非存在确凿的反证,都可以假定相关人员之间不存在串通的可能性和必要性。

不串通假设为内部控制的有效性奠定了基础。因为不串通,所以两个或两个以上的人或部门无意识地犯同样错误的可能性很小,两个或两个以上的人或部门有意识地协同舞弊的可能性也大大降低,所以通过机构、岗位设置和权责分配能发挥积极的作用。不串通假设要求人们在设计内部控制时,应遵循权力制衡原则,重视不相容岗位和职务的识别和分离,重视权责的分配。

1.3.4 内部控制本质

内部控制的本质是企业内部的管理制度。关于内部控制的本质,人们存在不同的看法:有的认为内部控制是审计活动的组成部分,属于审计学的范畴;有的认为内部控制是单位经营管理活动的组成部分,属于管理学的范畴。从系统的观点看,内部控制是企业整个管理系统的一个子系统,其主体是单位的经营管理者,其目标和实现目标的手段、方法最终都要服从于整个企业管理目标的需要。因此,内部控制实质上是一种内部管理制度。

1. 一种自我调整和制约的手段

内部控制是为了保护其经济资源的安全与完整、防范管理漏洞、保证会计信息的真实可靠,利用企业内部分工而产生的相互制约、相互联系的具有控制职能的方式、措施及程序,是企业管理活动中的一种自我调整和制约的手段。内部控制的根本目的在于加强企业管理、提高经济效益,其基础是企业内部分工,核心是一系列具有控制职能的方式、措施及程序。它是现代企业在对经济活动进行管理时所普遍采用的一种控制机制。

2. 一个发现问题、解决问题的动态过程

内部控制不是单一的制度、机械的规定,而是一个发现问题、解决问题的动态过程。这个过程循环往复,又各具独特内容,因此在实施过程中必须明确树立责任意识,树立风险意识,强调以人为本,调动全体员工的积极性。此外,还要明确管理和控制的关系,建立内部控制应掌握有效、审慎、全面、及时和相对独立原则;内部控制目标要细化,微观控制要与宏观管理相结合。

3. 一种科学管理方法

内部控制是现代企业的一种科学管理方法,它不但可以使单位实现预期目标,还能为外部审计提供可靠的依据。内部控制是在一个单位中为实现经营目标、维护资产完整、保证会计及其他财务收支合法,贯彻经营决策、方针和政策以及保证经济活动的经济性、效率性和效果性而形成的一种自我调节、制约和控制。企业内部控制通常表现为一个完整的体系或形成一种经常性的制度。

4. 一项政策与程序

内部控制是指企业为了保证业务活动的有效进行,保证资产的安全和完整,发现、防止、纠正错误与舞弊,保证会计资产的真实、合法、完整而制定和实施的政策与程序。内部控制实际上是使企业内部各方面、各环节形成一个相互制衡的体系;通过该体系,企业内部任何一个方面、一个环节都受到另一个方面或环节的制约,达到内部控制的基本目标。

1.3.5 内部控制特点

内部控制是企业内部的一种管理制度,但又不是一般的管理制度,而是一种特殊形式的管理制度。一般管理制度是以管理某种经济事项为内容的一种规章制度,而内部控制制度则是以一个企业的经济活动为总体,采取一系列专门的方法、措施和程序对所属控制系统建

立内部控制体系的一种特殊管理制度。它与一般的管理制度相比具有以下特点：

1. 内部控制将企业作为总体

内部控制是在系统理论的指导下，将一个企业作为一个总体，并将构成总体的各个组成部分看成一个系统。例如对于一个企业来讲，其生产经营活动是一个总体，而构成生产经营活动的人、财、物、信息、技术、供、产、销以及会计、统计、计划、预算、审计等各个因素都是这个总体的所属系统，必须以各个所属系统来建立内部控制制度。

2. 内部控制执行者是企业人员

内部控制属于企业内部管理制度，所以内部控制的主体只能是企业内部人员。尽管外部审计人员等也关心、研究并发挥监督和完善单位内部控制制度的作用，但其并不承担设计和具体实施内部控制制度的职责和义务，只能属于影响单位内部控制系统运行的环境因素。由于内部控制制度的制定和执行均依靠企业内部员工的齐心协力和协调配合，因此经营管理者和所有员工构成了内部控制的负责人员，但以各级管理者为主。在内部控制主体中，由于各自所处的地位不同，其控制的任务也不同。一般来讲，高层管理者履行的主要是例外的、非程序性的控制，而中、低层管理者执行的主要是常规性、程序性的控制活动。

3. 内部控制以企业经济活动为对象

内部控制实施对象体现为企业内部的人、财、物等基本要素及其在经营管理过程中所形成的一系列组合关系和组合方式。从横向看，人、财、物、信息、技术等都是内部控制的对象；从纵向看，企业中的各个层次（如分部、车间等）都是内部控制的对象；从控制的阶段来看，企业内不同的业务阶段和业务内容也是内部控制的对象。内部控制要求根据企业内部各项经济活动过程的环节，按其所属系统制定一套完善而又严密的纵横联系的程序和方法，保证各项经济活动在各个职能部门和环节之间保持分工、协调、均衡和衔接，自动监督检查，纠正错误，保证各项经济活动按照既定的方针、政策、计划的要求正常进行，以完成计划、实现预定的目标。实际上，内部控制的主体和客体的划分并不具有互斥性，例如企业的每一个员工既是内部控制的执行者，同时又是内部控制的接受者，既要对其负责的作业实施内部控制，又要受到他人或有关法规制度的制约和监督，他们既有权力和责任制定并执行内部控制制度，又有义务遵守这些制度，是主体和客体的统一。

4. 内部控制的手段和方法具有多样性

内部控制的手段和方法是为了实现其目的而采取的各种具有控制功能的方法、程序和措施的总和。针对不同的控制对象和所要达到的控制目的，可以采用不同的控制手段和方法；即使是同样的控制内容，在不同的单位或不同的时期所采取的控制手段和方法往往也有差别。在企业内部，只要以职责分工为基础设计控制手段来对经济业务活动进行制约和协调的各种方法和措施，都属于内部控制的范畴。例如企业内部普遍实行的部门或岗位责任制、目标责任制、钱账物分管制度、预算制度、经济活动或业务处理规程等都是具体的内部控制手段。

1.3.6　内部控制功能

1. 降低企业内部的交易成本

科斯认为,企业是市场的替代形式,其功能在于降低交易成本。交易成本的一个较为流行的定义是:"交易成本包括事前发生的为达成一项合同而发生的成本,和事后发生的监督履行该项合同而发生的成本,它们区别于生产成本为执行合同本身而发生的成本。"一般来说,当市场的交易成本相对于企业较高时,一些原来在市场进行的交易就会转向企业内部进行,出现所谓的企业替代市场;同样,如果企业交易成本相对于市场较高时,一些原来在企业内部进行的交易就会转入市场进行,出现所谓的市场替代企业。按照科斯的观点,市场和企业是两种不同的整合资源运作的模式,在两种模式中不同的资源都体现出在该模式下运行的相对有效,即交易成本的降低。市场机制的核心是价格机制,按照市场对资源的定价来决定资源分配和利用;企业是一组契约的集合,各行为主体投入企业的资源按照在平等市场中所达成契约来运行,所以企业的内部控制系统只有保障合理的契约安排能够有效运行,体现利益相关者之间的内在要求时,才能降低交易成本,体现出企业相对于市场的优势,企业才有存在的必要。企业内部控制的效率影响着企业的交易成本,影响着企业和市场之间的替代关系,从而影响着企业和市场的界限,所以,只有企业内部存在一个有效的控制机制,降低企业的交易成本,才能保证企业的生存和发展。

另外,内部控制本身的建立和执行也需要成本,这种成本也属于交易成本的一部分,内部控制作为保障契约运行的机制,它属于"事后发生的监督履行该项合同而发生的成本"。因此,内部控制也必须考虑建立和执行内部控制而增加的交易成本问题,如果建立一项内部控制增加的交易成本大于建立这项内部控制所节约的交易成本,那么这种内部控制就是无效率的,该内部控制就不符合成本效益原则。

2. 弥补企业契约的不完备性

企业是不同理性主体之间的一组契约,这组契约可能是显性的,也可能是隐性的。不同的主体可能有不同的偏好、资本、技能、信息和禀赋,理性的主体参与到企业的契约中,向企业贡献自己的资源,并期望从企业的运营中获得回报。这组契约决定着企业发生的交易,使得其交易成本低于由市场组织这些交易时所发生的交易成本。

然而,企业的契约是不完备的,这是因为:一方面,人们对外在环境的不确定性是无法完全预期的,不可能把所有可能发生的未来事项都写入契约条款中,更不可能制定好处理未来事件的所有条款;另一方面,交易是有成本的,契约的度量成本也是很高的。由于人的有限理性、外在环境的复杂性和不确定性、信息的不对称性和不完备性,契约当事人或契约的仲裁者无法证实或观察一切,这就造成契约条款是不完备的,需要设计不同的机制以对付契约条款的不完备性,并处理由不确定性事件引发的有关契约条款带来的问题。内部控制就具有弥补契约不完备性的功能。例如内部控制能够合理保证会计进行正确的计量;能够维持利益相关者之间的契约关系,保证各利益相关者的个体目标符合企业整体目标的实现,使企业始终保持相对稳定的博弈均衡状态;能够使企业各种契约耦合得更加紧密,使企业能够更好地适合环境变化的需要,使企业更加富于效率,更能够满足利益相关者的内在要求。

3. 降低代理成本

通过委托代理假设的分析可以肯定:健全和有效的内部控制有利于实现所有者和经营管理者之间的制衡,从而减少代理成本。企业所有者期望获得真实、可靠的财务信息,并据此客观评价企业的经营成果和正确估计企业的财务状况,从而进行未来的投资决策。他们还希望能够控制企业的会计政策,使其向维护所有者利益的方面倾斜,例如充分贯彻稳健性原则。企业经营管理者可能不太关心企业的长远利益而采取与所有者意愿相反的会计政策,因为他们在多数情况下更看重短期经营效果给自己带来的利益,所以会在会计政策选择上张扬或夸大受托经营成果,掩盖决策失误和经营损失,甚至损害所有者利益。在企业的实际运行中,经营管理者是现实的会计控制主体,直接控制着会计信息的生成和利用,而所有者对经营管理者的控制主要是通过经营管理者提供的财务会计信息来实现的。健全和有效的内部控制使真实、公允信息的产生成为可能,有利于实现所有者和经营管理者之间的制衡,从而保证公司治理的效率。

从上述对内部控制的制度经济学分析可以看出,企业内部控制的功能体现在两个方面:一方面是提高企业的效率和效益,例如降低内部交易成本和降低代理成本功能;另一方面是协调企业参与者(利益相关者)的利益以使之达到均衡,例如弥补契约的不完备性和降低代理成本的功能。

1.4 内部控制与内部审计、公司治理、风险管理的关系

1.4.1 内部控制与内部审计的关系

1. 内部控制与内部审计的联系

(1)二者缺一不可。

首先,内部审计需要内部控制,内部控制质量比任何其他因素更能决定审计的进程。没有健全的内部控制制度作为基础,内部审计就无法开展,财务、会计信息将会失真,管理人员责任将不明确,从而出现管理混乱等现象。这样不仅会加重内部审计工作量,而且会加大内部审计的风险,从而制约着内部审计的发展。其次,内部控制需要内部审计。没有内部审计

对内部控制设计有效性和执行有效性的评审,并进一步提供强化内部控制的建议,内部控制也只能原地踏步,造成与现实不符、效果不佳甚至形同虚设。

(2)二者目的相同。

内部控制与内部审计的目的都是为了增强企业的防风险能力,提高经营效率效果,提供可靠的财务报告和为遵循法律法规提供合理保证。一个经济实体所提供的会计信息和其他经济信息的真实、完整与否,与该实体是否具有规范并得到有效执行的内部控制制度有着相当重要的因果关系,而二者共同的目的性在一定程度上为企业目标的实现提供了保证。

2.内部控制与内部审计的区别

(1)二者的作用时点不同。

内部控制的基本方式主要有组织规划控制、授权批准控制、预算控制、实物控制、成本控制、风险控制和审计控制,这些控制主要都是事前控制;而内部审计是由企业内设的审计机构从内部对其财务收支的真实性、合法性和效益性进行的审计监督,它主要为事中控制和事后控制。

(2)二者功能不同。

一般来讲,内部控制可以理解成企业为了实现相关目标而制定和实施的一系列控制方法、措施和程序,所以它主要体现为一种规范的作用。我国《内部审计基本准则》将内部审计定义为"组织内部的一种独立客观的监督和评价活动,它通过审查和评价经营活动及内部控制的适当性、合法性和有效性来促进组织目标的实现"。根据这一定义,内部审计的目的是通过对企业的经营活动及内部控制的适当性、合法性和有效性进行审查和评价,并提供一些建设性的意见来使企业经营活动及内部控制中存在的问题得到解决,以促进组织目标的实现。由此可见,内部审计主要体现为监督、评价的作用。

3.内部控制与内部审计的互动

(1)内部控制是内部审计的外部环境。

内部控制强调的是企业的整体运行,在企业管理活动中,内部控制自上而下都必须严密、紧凑、实时有效,而内部审计作为内部控制的一部分,必然也会受到大环境的影响,自主完全地与整个控制结构结合起来。若一个企业内部控制制度不够完善,甚至漏洞百出,要想在此种环境中建立一个严谨有效的内部审计体系几乎是不可行的。因此,完善的内部控制制度是建立良好的内部审计的基础,只有在此平台上,内部审计才能发挥它应有的效用。

(2)内部控制是内部审计的保证。

内部审计的实施是个复杂的过程,内部审计人员在进行审计过程中很可能遇到各种困难与阻碍。此时,如果没有一个强有力的内部控制体系作保障,内部审计就无法达到预期的目标,内部审计机构也无法发挥其职能。

（3）内部控制决定内部审计的发展方向。

企业内部审计依赖于内部控制制度的完善。企业的整体发展是由内部控制来推动完成的，内部控制的实施必然始终与企业的发展方向保持一致。若要尽量发挥内部审计的作用，必须要由内部控制为其制定方向，从而使内部审计找到有效的途径、正确的目标，以达到最高的运作效率。

（4）内部审计是评价内部控制的手段。

内部审计通过对内部控制进行测试，可以评价企业内部控制制度的有效性，能针对内部控制中的薄弱环节及时提出相应改进建议，促使企业以合理的成本促进有效控制，达到改善企业内部经营状况的目的。例如，内部审计对具体的操作和管理部门内部控制的充分性和潜在的风险性进行评价，并提出审计建议，旨在降低内部控制无效而产生的风险，从整体上保证组织目标的实现。同时，内部审计还能为改进内部控制提供建设性的意见，评价内部控制，参与重大控制程序的制定与修订。内部审计本身在企业中不直接参与相关的经济活动，处于相对独立的地位，而又时时处在各项管理活动中，它对企业内部的各项业务比较熟悉，对发生的事件比较了解，能够为企业的相关部门、组织或员工提供管理咨询，是实行内部监督的最好选择。

1.4.2 内部控制与公司治理的相互关系

1. 内部控制与公司治理的联系

公司治理是通过一套正式或非正式的、内部或外部的制度或机制来协调企业与所有利益相关者之间的利益关系，以保证企业决策的科学化，从而最终维护企业各方面利益的一种制度安排①。公司治理分为内部治理和外部治理，这里与内部控制相联系的公司治理主要是指内部治理。内部控制作为管理层为履行其管理目标而建立的一系列规则、政策和组织实施程序，它与公司治理是密不可分的。内部控制与公司治理的联系表现在以下几个方面：

（1）思想的同源性。

公司治理与内部控制都产生于委托代理问题，在存在委托代理关系的前提下，公司治理和内部控制是决定企业经营效率和企业能否健康发展的关键要素。这表现为代理关系虽然可以降低经营成本，但也必然会带来代理成本，这就要求企业建立健全完善的公司治理结构，保障所有者权益，降低代理成本，实现企业目标②。

（2）最终目标的一致性。

---

① 李维安.公司治理学.北京:高等教育出版社,2005.
② 杨有红,胡艳.试论公司治理与内部控制的对接.会计研究,2004(10).

内部控制目标一般表现为保证财务报告的可靠性,保障经营的效率和效果,保证企业遵守法律和条例,这些目标最终是为了保证企业目标的实现;而公司治理的目标是保证企业运行在正确的轨道上,防止董事、经理层等代理人损害股东的利益。健全的公司治理是企业目标得以实现的保证,只有实现企业目标,股东财富最大化才能得以实现。因此,内部控制和公司治理统一于企业最终目标的实现。

（3）内容的重合性。

内部控制与公司治理在业务内容上具有重合部分,主要表现在监督、信息传递、权责分配、治理主体对内部控制有效性的评价等方面。重合区域的大小由所有权结构和公司治理结构的特点决定:所有权与经营权合一时,公司治理结构与内部控制趋于合一,它们重合的内容是最多的;内部治理为主的企业,股东会、董事会是监控主体,因而它们重合的内容次之;两权分离或以外部治理为主的企业,主要通过外部治理机制发挥作用,经营者是控制主体,因而它们重合的内容相对较少。

2. 内部控制与公司治理的区别

在现代企业制度的公司治理机制下,企业是自负盈亏、自我完善、自我发展、自我消亡的经济组织,其内部控制与公司治理存在着很多的差别,主要有以下几个方面:

（1）内部控制与公司治理的形成机制不同。

从内部控制与公司治理的形成机制来看,虽然二者均产生于委托代理关系,但这两种委托代理关系的层次是不同的。从委托代理理论来看,企业所有权与经营权的分离体现了三个层次的契约控制权的授权过程。第一层次是作为所有者的股东,除保留诸如通过投票选择董事与审计师、兼并和发行新股等剩余控制权外,将本应由他们拥有的契约控制权绝大部分授予了董事会;第二层次是董事会保留了聘用和解雇首席执行官（CEO）、重大投资、兼并和收购等战略性的"决策控制权",将日常的生产、销售、雇佣等"决策管理权"授予了企业经理层;第三层次是企业经理层与普通员工之间的委托代理关系[①]。公司治理是股东、董事会、总经理之间的权、责、利安排和相互制衡的机制,主要体现在委托代理关系的第一层次和第二层次;而内部控制作为系统的制约机制,包括所有者对经营者实行的控制和经营者对生产经营过程实行的控制,其产生的基础是所有者与经营者之间以及上层经营者与下层经营者、普通员工之间存在的代理问题,涵盖了代理理论的所有层次。

（2）内部控制与公司治理目标存在一定的差异。

内部控制与公司治理虽然最终目标都是为了增加股东财富,但其各自的目标存在一定的差异。内部控制是为提高经营效率、防止舞弊等以实现企业的目标。内部控制的根本作用在于纠正下属人员的活动,以保证事态的发展符合企业的要求。它要求按照目标和计划,

---

① 杨有红.企业内部控制框架:构建与运行.杭州:浙江人民出版社,2001.

对工作人员的业绩进行评价,找出偏差并采取措施加以改进,提高企业经营效率和效益,防止损失,保证企业目标的实现。而建立有效的公司治理结构的目标是在股东大会、董事会、监事会、经理层之间合理配置权限,公平分配利益,以及明确各自的职责,建立有效的激励、监督和制衡机制,实现所有者、经营者之间的制衡,其侧重点是实现各相关利益主体权、责、利的对等。

（3）内部控制与公司治理的约束不同。

内部控制解决的是防弊纠错,提高企业经营效率,主要属于企业的内部管理方面的问题。虽然也有相关部门发布的指导意见,但大多不是强制性的,企业的自主性比较强。公司治理解决的是股东、董事会、监事会、总经理之间的权、责、利安排和相互制衡机制,主要涉及法律层面的问题,体现于《企业法》和证监会发布的《公司治理指南》等法律文件之中,具有法律的强制性。

3. 内部控制与公司治理的互动

公司治理与内部控制的关系是密不可分的,完善的公司治理结构是促使内部控制有效运行,保证内部控制功能发挥的前提和基础,是实行内部控制的制度环境;而内部控制在公司治理结构中担当的是内部管理监控系统的角色,是有利于企业受托者实现企业经营管理目标及完成受托责任的一种手段。完善的公司治理有利于内部控制制度的建立和执行,健全的内部控制机制也将促进公司治理的完善和现代企业制度的建立。

（1）公司治理是内部控制的基础和依据。

内部控制第一要素是"控制环境",它是整个内部控制系统的基石,支撑和决定着其他要素。没有科学有效的公司治理结构,企业必然就缺乏行之有效的监督机制,也就无法设计有效的内部控制制度。即使能够设计出完善的内部控制制度,内部控制制度也会流于形式,难以收到既定的效果。反之,公司治理结构完善就能保证内部控制制度行之有效。可以说,完善的公司治理是内部控制的组织保障。公司治理具有权力配置功能、激励约束功能和协调功能,可以解决委托人与代理人之间的道德风险和逆向选择问题,可以规范和约束代理人的行为和克服代理人的机会主义倾向,可以激励和约束董事会和管理层的行为,从而影响内部控制的效率。

（2）有效的内部控制是公司治理机制顺畅运行的保障。

现代企业由于控制权和所有权的分离,企业的控制权转移到经营者手中。企业的所有者希望能够客观评价企业的财务状况和经营成果,监督企业经营者的受托责任的履行情况,并且希望企业经营者能够采取有利于所有者自身利益的经营政策和管理措施,但由于存在"信息不对称"及"代理人问题",企业经营者经常会发生"内部人控制"等损害所有者利益的行为。在这种情况下,内部控制是实现公司治理目标的重要保证。内部控制可以实现所有者决策权力和经营者经营管理权力的制衡,有效减少"内部人控制"情况的发生,保障公司治理机制的顺畅运行。

（3）有效的内部控制可以保证正确处理企业的利益相关方关系，促进公司治理结构的完善。

公司治理结构受到利益相关方权力制衡的影响，如股东大会、董事会、监事会、债权人等，它们之间的权力制衡构成了公司治理的重要内容。良好的内部控制是实现这些权力制衡的重要手段。

（4）有效的内部控制有利于董事会有效行使控制权，使董事会在公司治理中处于核心地位。

在所有权与经营权相分离的情况下，董事会接受股东大会委托行使对企业的控制权和决策权。例如董事会有权聘用和解雇首席执行官；决定管理层的报酬；审查、审批财务目标、企业的主要战略以及发展计划；对全体股东负责和向股东报告企业的经营状况，确保企业的经营管理行为符合国家法规等。因此，董事会拥有处理企业经营和发展重大问题的决定权。董事会的经营管理责任和诚信的履行状况，主要表现为向广大股东提供可靠、有用的会计信息。董事会应根据企业发展战略和企业经营目标，建立高效的内部控制系统和相应的信息质量监督保障体系，这是董事会行使控制权的重要保证。内部控制框架与公司治理的关系是内部管理监控系统与制度环境的关系。

1.4.3　内部控制与全面风险管理的关系

1. 内部控制与全面风险管理的联系

全面风险管理是一个过程，受董事会、管理层和其他人员的影响。该过程贯穿于企业战略制定及企业的各项活动中，用于识别那些可能影响企业的潜在事件并管理风险，使之在企业的风险偏好之内，合理确保企业实现既定的目标。

内部控制与全面风险管理最终目的具有统一性，二者的根本作用都是维护投资者利益，实现资产保值增值。从理论上说，企业内部控制的目的就是保证会计信息的准确可靠，防止经营层操纵报表与欺诈，保护企业的财产安全以及避免损失等。企业风险管理又是在新的技术与市场条件下对内部控制的自然扩展，风险管理能够使风险偏好与战略保持一致，将风险与增长及回报统筹考虑，促进应对风险的决策，减小经营风险与损失，捕捉机遇以及使资本的利用合理化。

2. 内部控制与全面风险管理的区别

（1）两者的范畴不一致。

内部控制仅是管理的一项职能，主要是通过事中的控制即过程控制来实现其自身的目标；而全面风险管理则贯穿于管理过程的各个方面，控制的手段不仅体现在事中和事后的控制,更重要的是,在事前制订目标时就充分考虑了风险的存在,而且在两者所要达到的目标上,全面风险管理多于内部控制。

（2）两者的活动不一致。

全面风险管理的一系列具体活动并不都是内部控制要做的。目前所提倡的全面风险管理包含了风险管理目标和战略目标的设定、风险评估方法的选择、管理人员的聘用、有关的预算和管理以及报告程序等活动。而内部控制是风险管理过程中的重要活动,例如对风险的评估和由此实施的控制活动、信息与交流活动和监督评审与缺陷的纠正等工作。两者最明显的差异在于内部控制不负责企业经营目标的具体设立,而只是对目标的制订过程进行评价,特别是对目标和战略计划制订中的风险进行评估。

（3）两者对风险的定义不一致。

全面风险管理将风险定义为对企业的目标产生负面影响的事件发生的可能性,对企业产生正面影响的事件视为机会,把风险与机会区分开来;而在内部控制中,并没有区分风险和机会。

（4）两者对风险的对策不一致。

全面风险管理引入了风险偏好、风险容忍度、风险对策、压力测试、情景分析等概念和方法。因此,它建立在风险度量的基础上,有利于企业的发展战略与风险偏好相一致,促进风险与回报相联系,进行经济资本分配及利用风险信息支持业务前台的决策流程等,从而帮助董事会和管理层实现全面风险管理的目标。这些内容都是内部控制框架中所没有的,也是其所不能做到的。

3. 内部控制与全面风险管理的互动

（1）内部控制是全面风险管理的必要环节。

内部控制是为了实现经济组织的管理目标而提供的一种合理保障,良好的内部控制可以合理保证合规经营、财务报表的真实可靠和经营的效率与效益;而合规经营、真实的财务报告和有效益的经营也正是各组织进行全面风险管理应该达到的基本状态。所以,内部控制是风险管理的必要环节,内部控制的动力来自企业对风险的管理。

（2）全面风险管理涵盖了内部控制。

全面风险管理除包括内部控制的目标之外,还增加了战略目标等;而全面风险管理的八个要素除了包括内部控制的全部五个要素之外,还增加了目标设定、事件识别和风险对策三个要素。所以,全面风险管理包含了内部控制。

第 2 章

内部控制的发展

2.1　内部控制起源

▶▶▶▶▶▶▶▶▶▶▶▶▶▶▶▶▶▶▶▶▶▶▶▶▶▶▶▶▶▶▶▶▶▶▶▶

　　内部控制有着悠久的历史,其萌芽期可追溯至公元前 4 000 年,即大体伴随着组织的产生而开始其发展演进历程。早在公元前 3 600 年前的美索不达米亚文明时期,人们就开始内部控制实践了:款项付出时,经手人必须形成记录,然后再有另外的人对付款清单进行简单的汇总并核对。在当时极为简单的财物管理活动中,经手钱财的人就用各种标志来记录财物的生产和使用情况,以防止财物的丢失和私自挪用。

　　在法老统治的埃及,中央财政银库中已初具内部牵制的雏形:银子和谷物等物品接收时数量的记录、入库时数量的记录与实物的观察、接收数量与入库数量的核对,分别由三名人员完成。仓库的收发存记录由仓库管理员的上司定期检查,以确保记录正确,账实相符。

　　在古罗马时代对会计账簿实施"双人记账制",即某项经济业务发生后,由两名记账人员同时在各自的账簿上登记后定期核对双方账簿记录,以检查有无记账差错或舞弊行为,达到控制财物收支的目的。

　　我国在西周时就出现了内部牵制制度的实践,当时的统治者为防止掌管和使用财赋的官吏弄虚作假甚至贪污盗窃,采用了分工牵制和交互考核等办法,达到了"一毫财赋之出,数人之耳目通焉"的程度,这段时期上计制度已有萌芽。至秦朝时已形成严密的上计制度和御吏监察制度。至宋朝时已形成知府与通判联署的做法,可见内部控制制度在我国早已有之。

　　由于中央集权的封建制度在我国的长期影响,社会经济发展及其监控主要由官府进行,主要方式是职务牵制,民间企业发展及其监控相对薄弱,只是内部控制的雏形——内部牵制在实践中的广泛应用。古代社会生产力处于手工劳动阶段,由于生产技术水平低,交通通讯不便,人与人之间社会联系的成本高、有效性低,经济组织和社会活动一般以家庭为基本单位,因此,那时的管理基本上是建立在个人观察判断和直观基础上的传统经验,尽管管理思想源远流长,但没有形成系统的管理理论,也不可能提出内部控制的概念。

工业革命后机器劳动取代手工劳动,使社会生产力取得了飞跃发展。新的经济组织工厂制度普遍建立,组织规模扩大,内部结构复杂,组织运作所要求的连续性、规范性、精确性使管理难度空前增大,管理成本大为上升。

工厂的经营不善和破产倒闭使传统的经验管理遇到了挑战,改进管理降低组织活动的成本成为当务之急。于是以小瓦特、欧文、亚当·斯密、巴贝奇等人为代表开始真正重视组织管理理论的研究,从此生产计划技术和劳动分工、设备的合理使用以及劳资关系等成为管理者的研究专题,管理思想从经验进入了较系统的研究。

在此之后尽管工厂制度及其管理经验从英国推广到其他国家,但由于缺乏持续的技术和组织创新动力,因此管理理论没有取得很大的进展,这种情况直到美国铁路企业出现后才开始改变。铁路企业的组织管理创新成为后来制造业企业组织管理创新的基础。

企业管理理论的进一步发展和完善,形成了涉及组织结构、职责分配、业务程序、内部审计等许多方面的控制体系。尽管内部控制在这期间已在管理实践中完成了其主体内容的塑造过程,但其各项构成要素和控制措施只是散见在企业各项管理制度惯例和实务中,管理者并没有从理论上进行总结,也没有提出内部控制的概念。

15世纪末,随着资本主义经济的初步发展与会计体系成熟,内部牵制也发展到新的阶段。以意大利出现的复式记账为标志,内部牵制逐渐成熟,其以账目间的相互核对为主要内容并实施一定程度的岗位分离,在当时被认为是确保钱财和财务正确无误的理想控制方法。随着企业制企业的出现,生产资料的所有权与经营权逐渐分离,为了能提高企业市场竞争力,攫取更多的剩余价值并防范和揭露错弊,美国企业逐渐探索组织、调节、制约和检查企业生产经营活动的办法,建立了"内部牵制制度",规定有关经济业务或事项的处理不能由一个人或一个部门总揽全过程。

19世纪末期,在经济发展较快的西方资本主义国家,内部牵制得到了较快发展,并逐渐演化为企业各项管理制度的核心。

20世纪初期,西方资本主义生产关系和生产力发生深刻变化,经济得到较快发展,社会化大生产进程的加快,导致了企业间的激烈竞争,加强企业内部控制管理遂成为关系企业生死存亡的关键因素。一些企业逐步摸索出一些组织调节、制约和检查其生产活动的办法,即当时的内部牵制,它基本上是以查错防弊为目的,以职务分离和交互核对为手法,应用于钱、账、物等会计事项上,这也是现代内部控制理论中有关组织控制、职务分离控制的雏形。

2.2　国际内部控制的发展

2.2.1　内部牵制

1.　时代背景

20 世纪初期,西方资本主义经济得到了较大发展,股份有限企业的规模不断扩大,内部分工越来越细,生产资料所有者和经营者相互分离。为了保护资产,保证会计记录的正确性,提高管理水平以在激烈的竞争中获胜,一些企业逐步摸索出一些组织、调节、制约和检查企业生产活动的办法,即按照人们的主观设想建立内部牵制制度,以防范和揭露错误。所谓内部牵制,是指企业内部明确各方面的权限、职责,便于在经济活动中相互联系、相互制约、自动检验错误、防止舞弊的一种控制机制。基于该内部牵制定义建立起来的会计工作制度,就叫做内部牵制制度。至此,内部牵制开始走向成熟。这段时期的内部牵制基本上是辅助会计职能,以查错防弊为目的,以职务分离和交互核对为手法。人们对上述内部牵制的基本思想——查错防弊,长期以来没有根本的异议,以致在现代的内部牵制理论中,内部牵制仍占有相当重要的地位,并成为现代内部控制理论中有关组织控制、职务分离的雏形。

实践发展到一定阶段,人们就会归纳出相应的理论。20 世纪初,人们将控制视为预防性的,例如亨利·法约尔认为"在一个企业中,控制在于检验每一件事情是否同所拟定的计划、发出的指示和确定的原则相符合,旨在发现、纠正和防止重犯错误"。控制成为管理人员的助手。

2.　内部牵制的含义

L. R. Dicksee 最早于 1905 年提出内部牵制(Internal Check),他认为,内部牵制由三个要素构成:职责分工、会计记录、人员轮换。

1912 年蒙哥马利提出了内部牵制理论,认为两个或两个以上的人或部门无意识地犯同样错误的可能性很小,两个或两个以上的人或部门有意识地串通舞弊的可能性大大低于单独一个人或部门舞弊的可能性。

George E. Bennett 发展了内部牵制的概念,他于 1930 年给内部牵制制度下了一个完整的定义:内部牵制是账户和程序组成的协作系统,这个系统使得员工在从事本身工作时,独立地对其他员工的工作进行连续性的检查,以确定其舞弊的可能性。

20 世纪 40 年代以前,人们通常使用的都是"内部牵制",主要是为保护财产安全而设置,其概念基本以《柯氏会计辞典》(Kohler's Dictionary for Accountant)为模板,即"为提供有效的组织和经营,并防止错误和其他非法业务发生而制定的业务流程。其主要特点是以任何个人或部门不能单独控制任何一项或一部分业务权利的方式进行组织上的责任分工,每项业务通过正常发挥其他个人或部门的功能进行交叉检查或交叉控制"。

3. 内部牵制的主要内容

纵观该时期的内部牵制,它基本是以查错防弊为目的,以职务分离和账目核对为手法,以钱、账、物等会计事项为主要控制对象。它要求在企业经营管理中凡涉及财产物资和货币资金的收付、结算及其登记工作,应当由两个或两个以上的员工来处理,以便彼此牵制,查错防弊。它包括四种形式:实物牵制,如两个人共同管理一把钥匙;物理牵制,如银库大门按非正确手续操作就会报警;分权牵制,如每项业务由不同的人或部门去执行;簿记牵制,如明细账与总账定期核对。

2.2.2　内部控制

1. 时代背景

随着竞争的日趋激烈,各级管理人员不得不进行企业全面管理的探索。以职务分离、账户核对为主要内容的内部牵制,逐渐演变成由组织结构、职务分离、业务程序、处理手续等因素构成的控制系统。这个阶段的发展是随着资本主义经济的发展而形成的。在泰罗等管理理论的指导下,企业经营管理者从内部牵制原则出发,尝试着组织结构、业务程序、处理手续等方法,采取了一系列控制措施对所属部门的人员及工作进行组织、制约和调节。至此,控制系统得以形成。在这一时期工业革命极大地推动了生产关系的重大变革,股份企业也相应地发展起来,在此情况下与手工工厂相适应的局限于会计事项完整性的内部牵制,显然已难以满足企业内部管理的现实需求,企业开始注重并实施工作标准化、组织分工等科学方法对内部的经营管理活动进行控制。因此,以账户核对和职务分工为主要内容的内部牵制,从20世纪40年代开始逐步演变为由组织结构、岗位职责、人员条件、业务处理程序、检查标准和内部审计等要素构成的较为严密的内部控制系统。尽管内部控制的发展动力源于企业组织发展的需要,但在这一阶段,审计模式的变革成为内部控制发展与完善的最为关键的现实力量。

1949年美国注册会计师协会(AICPA)所属的审计程序委员会(ASB)发表了《内部控制:系统协调的要素及其对管理部门和独立公共会计师的重要性》的特别报告,成为内部控制第一次权威的定义。

1958年10月该委员会发布的《审计程序公告第29号》将内部控制分为内部会计控制(Internal accounting control)和内部管理控制(Internal administrative control)两类。其中前者涉及与财务安全和会计记录的准确性、可靠性有直接联系的方法和程序,后者主要是与贯彻管理方针和提高经营效率有关的方法和程序。这一提法也是人们熟知的内部控制制度"二分法"的由来。

1972 年,美国注册会计师协会在《审计准则公告第 1 号》中对会计控制和管理控制重新进行了规范,并指出管理控制包括但不限于组织的计划以及与导致管理层批准交易的决策过程相关的程序和记录。交易的批准是一种直接和实现组织目标的责任相联系的管理职能,是建立对交易的会计控制的起点。会计控制由组织的计划以及与保障资产和财务记录的可靠性相关、为以下各点提供合理保证而制定的程序和记录组成:① 经济业务的执行符合管理部门的一般授权或特殊授权的要求;② 经济业务的记录必须有利于按照公认会计原则或其他标准编制财务报表,落实资产责任;③ 只有在得到管理部门批准的情况下,才能接触资产;④ 按照适当的间隔期限,将财产的账面记录与实物资产进行对比。一经发现差异,应采取相应的补救措施。由此可见,审计委员会之所以强调内部控制包括会计控制和管理控制,主要目的无非是为了便于明确注册会计师审计内部控制的范围。但这样做的结果导致人们过多关注并研究会计控制,而忽视了管理控制。

注册会计师在开展审计工作时所运用的会计控制概念,是一种纯技术的、专业化的、适用范围具有严格规定性的、防护色彩很浓的概念,这种以会计控制为主的定义,虽为独立审计界认可,却屡屡遭到管理人员代言人的攻击。他们指出,这些定义把精力过多地放在纠错防弊上,过于消极和狭窄。凯罗鲁斯对于代表独立审计界观点的《特别咨询委员会关于内部会计控制的报告》只表示有保留地同意,他认为该报告对内部会计控制范围的讨论受现存审计文献的影响太大。凯罗鲁斯主张,内部控制范围和目标应予以扩展,以便它们更能够适应管理部门的需要。从管理人员的角度来看,会计控制和管理控制之间的区别并不大,甚至根本没有区别,特别是那些置身于企业经营活动的人们很难接受会计控制与管理控制这种区分。1980 年 3 月在"内部审计师协会"代表大会的发言中,凯罗鲁斯把美国注册会计师协会在 1958 年将 1949 年的内部控制定义区分为会计控制和管理控制的行为描绘为"将美玉击成了碎片"。他声称,在这块美玉完全修复以前,人们不可能有一个对管理人员有用、被管理人员理解的内部控制定义。

2. 内部控制的含义

1936 年,美国会计师协会在其发布的《注册会计师对财务报表的审计》文告中,明确地提出应考虑审查"内部控制"的要求,并认为:"内部牵制和控制这一术语,是指为了保护企业现金和其他资产、检查簿记事务的准确性,而在企业内部采用的手段和方法。"第一个"内部控制"的定义明确规定了内部控制只是作为"会计资料准确性"的保障措施。这反映了作为会计职业界对内部控制工作应解决问题的关注层面,与人们对"内部控制"的理解及当时内部控制的实务是有一定的差距的。因此,这一定义未能为人们所广泛接受,也未引起会计职业界对内部控制应有的重视。

1949 年,美国注册会计师协会所属的审计程序委员会在其公布的《内部控制:系统协调的要素及其对管理部门和独立公共会计师的重要性》的研究报告中,对内部控制作了专门的定义。这个定义成为人类社会有史以来第一个被广泛接受的权威定义。它将内部控制表述为"包括组织机构的设计和企业内部采取的所有相互协调的方法和措施"。这些方法和措施都用于保护企业的资产,检查会计信息的准确性和可靠性,提高经营效率,推动企业坚持执行既定的管理政策。作为内部控制定义,上述表述实际积极回应了社会各界尤其是证券交易委员会对注册会计师审计的强烈批评,使内部控制系统超越了那些和财务会计部门职能直接相关的事务。但这个定义未明确说明审计师应对内部控制系统检查到什么程度,致使许多注册会计师无所适从。

1958 年,该委员会发布的《审计准则公告第 29 号》对内部控制定义重新进行表述,将内部控制划分为会计控制和管理控制。会计控制包括组织规划的所有方法和程序,这些方法和程序与财产安全、财物记录可靠性有直接的联系。会计控制包括授权与批准制度、从事财务记录和审核与从事经营或财产保管职务分离的控制、财产的实物控制和内部审计。内部管理控制包括组织规划的所有方法和程序,这些方法和程序主要与经营效率和贯彻管理方针有关,通常只与财务记录有间接关系。管理控制一般包括统计分析、时动研究即工作节奏研究、业绩报告、员工培训计划和质量控制。

3. 内部控制的主要内容

企业内部控制的目标为保证账目正确、防范舞弊和提高经营效率。内部控制分为以下两要素:

(1) 会计控制。

会计控制由组织计划以及与保护资产和保证财务资料可靠性有关的程序和记录构成。会计控制旨在保证:根据管理层的一般授权或特殊授权执行交易;交易的记录必须有利于按照一般公认会计原则或其他有关标准编制财务报表,落实资产责任;只有在得到管理部门批准的情况下,才能接触资产;按照适当的间隔期限,将资产的账面记录与实物资产进行对比,一经发现差异,应采取相应的补救措施。

(2) 管理控制。

管理控制包括但不限于组织的计划以及与管理部门授权办理经济业务的决策过程有关的程序和记录,这种授权活动是管理部门的职责,它直接与管理部门执行该组织的经营目标有关,是对经济业务进行会计控制的起点。

2.2.3　内部控制结构

1. 时代背景

20 世纪 80 年代以后,西方会计审计界研究的重点逐步从一般含义向具体内容深化。这一阶段审计模式的发展与变革客观上仍是推动内部控制发展的决定性力量。1986 年,最高审计机关国际组织对内部控制重新进行解释,内部控制的含义较以前更为明晰和规范,涵盖范围日趋广泛,而且也已包括了内部审计等重要内容。审计理论是以一系列的假设为前提的后验式,难以与现实完全吻合,由此产生了审计"期望差距"。管理环境开始被纳入内部控制的视线,并引起内部控制各要素的重新划分与结构整合,其标志是 1988 年美国注册会计师协会审计准则委员会发布了《审计准则公告第 55 号》,以"内部控制结构"的概念取代了"内部控制制度",并指出企业内部控制结构包括为提供达到企业特定目标的合理保证而建立的各种政策和程序。公告认为内部控制结构由控制环境、会计制度和控制程序三个要素构成。

20 世纪 80 年代末兴起的风险基础审计便是在这一概念的基础上产生和发展起来的。在审计实务中,随着财务审计向管理审计发展,审计师工作的重点也从会计控制拓展到管理,内部控制结构不再区分会计控制和管理控制,而且从内容和范围上有所扩大,不但涉及会计控制,而且也包含了更多管理控制的内容,其显著特点就是将内部控制环境这一总括性的要素纳入其中,强调包括管理人员对内部控制的态度、认识和行为等控制环境的重要作用,认为这些环境因素是实现控制目标的环境保证,要求审计师在评估控制风险时除关注会计系统和控制程序外,应对企业面临的内外环境进行评价,这与 1953 年审计师可以只评价会计控制而可以不评价管理控制的提法大相径庭。从"会计控制"与"管理控制"到"内部控制结构",内部控制不但在范围和内容方面得到了扩大,更重要的是,由政策和程序变为由三个构成要素的"结构",实现了内部控制由零散到系统的转变和发展。这种转变也表明内部控制开始从审计技术导向向企业管理导向的转变。

2. 内部控制结构的含义

1988 年,美国注册会计师协会审计准则委员会发布《审计准则公告第 55 号》,正式提出"内部控制结构"这一概念,该公告自 1990 年 1 月起取代《审计准则公告第 1 号》中的相关内容。也就是说,自 1990 年 1 月起,由内部控制结构取代内部管理控制和内部会计控制。内部控制结构的内部控制定义与 1972 年颁布的内部控制定义相比有两个明显的改动:一是正式将内部控制环境纳入内部控制范畴;二是不再区分会计控制和管理控制。这些改变可以说是反映了 70 年代后期以来内部控制实务操作和理论研究的一个新动向。

美国注册会计师协会审计准则委员会把内部控制结构定义为"为了实现企业特定目标提供合理保证,而建立的一系列政策和程序"。该委员会进一步阐述内部控制结构由三个要素组成,这三个要素对实现有效的控制均有重要的作用。

3. 内部控制结构的主要内容

《审计准则公告第 55 号》规定,内部控制结构是指为了对实现特定企业目标提供合理保证,而建立的一系列政策和程序构成的有机总体,包括控制环境、会计系统及控制程序三个部分。

（1）控制环境。

控制环境是指对建立、加强或削弱特定政策和程序效率发生影响的各种因素。它包括：管理哲学和经营风格——对实现利润目标、其他目标或预算的态度，对待风险的态度，对控制的需求，对内部和公开财务报表的重要性和尊严的态度等；组织结构；董事会的职能；授权和分配责任的方式；管理控制方法；内部审计；人事政策和实务；外部影响。

（2）会计系统。

会计系统是指规定各项经济业务的鉴定、分析、归类、登记和编报的方法，明确各项资产和负债的经营管理责任。健全的会计系统应实现以下目标：鉴定和登记一切合法的经济业务；对各项经济业务按时进行适当分类，作为编制财务报表的依据；将各项经济业务按适当的货币价值计价，以便列入财务报表；确定经济业务发生的日期，以便按照会计期间进行记录；在财务报表中恰当地表述经济业务以及对有关内容进行揭示。

（3）控制程序。

控制程序是指管理层所制订的用以保证达到一定目的的方针和程序，它既可以单独应用，也可以融合于控制环境或会计系统的特定组成部分。它包括：恰当授权，经济业务和经济活动的批准权；职责分离，明确各个人员的职责分工，防止有关人员对正常业务图谋不轨地隐藏错弊；凭证和账单的设置和使用，应保证业务和活动得到正确的记载；接近控制，对财产及其记录的接触和使用要有可行的保护措施；独立检查，对已登记的业务及其计价要进行复核。

2.2.4 内部控制整体框架

1. 时代背景

20世纪80年代以来，虚假财务报表时有发生。90年代后，内部控制的研究进入了一个新阶段。随着企业组织形式与经营业务的发展，人们对内部控制的认识不断深化，内部控制被分为控制机制与控制方法两个层次。控制机制是内部控制的前提与条件，控制方法是内部控制的关键。过去对控制机制尤其是对内部控制的权利配置机制的忽视是影响内部控制功能发挥的重大障碍之一，因此，要深化对控制机制的研究，并将其内化、整合为一个有机的框架。

1985年，美国组建了由五个职业协会（AICPA，AAA，FEI，IIA和IMA）提供资助的专门委员会——Treadway委员会。该委员会于1987年发布了一份极具影响的报告，提出了减少财务报告舞弊的建议。在研究中，他们发现虚假财务报告的形成，50%是因为内部控制失效所致，因此建议委员会发起组织整合各种各样内部控制的理论和解释。于是，Treadway委员会建立了"发起组织委员会"（Committee of Sponsoring Organizations of the Treadway Commission）即 COSO,专门研究适应社会需要的内部控制框架问题。COSO 采取文献研究、一对一访谈和讨论、实地实验与公开披露等方法,最终形成了框架文件并于 1992 年 9 月发布。但由于 COSO 报告一开始未将保障资产作为财务报告控制的一部分,而招致了社会有关方面尤其是美国审计总署(GAO)的批评。为此,COSO 于 1994 年发布了框架补遗,对保障资产作出了新的定义,从而消除了社会各方面尤其是 GAO 的误解。COSO 关于内部控制框架的定义得到了广泛的认可和采纳。1996 年,美国注册会计师协会发布《审计准则公告第 78号》,全面接受 COSO 报告的内容,并从 1997 年 1 月起取代 1988 年发布的《审计准则公告第55 号》。新准则整合了内部控制的定义并把内部控制框架分成五个要素。

2. 内部控制整体框架的含义

COSO 报告将内部控制定义为:内部控制是一个过程,它受到董事会、管理人员和其他职员的影响,以期为实现经营的效果和效率、财务报告的可靠性及遵守相关的法律法规提供合理保证。框架认为,内部控制系统是由控制环境、风险评估、内控活动、信息与沟通、监督五要素组成,它们取决于管理层经营企业的方式,并融入管理过程本身。

COSO 报告强调了以下几点:(1) 强调"软控制"的功能。相对于以前的内部控制而言,框架更加强调那些属于管理文化层面的软性管理因素。(2) 强调内部控制应与企业的经营管理过程相结合。框架认为,经营过程是指通过规划、执行及监督等基本的管理过程对企业加以管理。内部控制是企业经营管理过程的一部分,与经营过程结合在一起,而不是凌驾于企业的基本活动之上,它保证经营达到预期的效果,并监督企业经营过程的持续进行。不过,内部控制只是管理的一种工具,并不能取代管理。(3) 突出强调信息系统的作用。框架认为,完备的信息处理系统是实现内部控制目标的重要保障,信息系统不仅处理企业内部产生的经营信息,而且也处理来自企业外部的各类经济、法律或行政信息。(4) 明确对内部控制的"责任"。框架第一次明确地阐述了内部控制的制定与实施的责任问题。框架指出,不仅仅是董事会、管理人员、内部审计人员,组织中的每一个人都对内部控制环节负有责任。(5) 强调内部控制的分类和目标。目标的设定虽然不是内部控制的组成要素,但却是内部控制的先决条件,也是促成内部控制的要件。框架将内部控制目标分为三类:与营运有关的目标、与财务报告有关的目标以及与法令的遵循性有关的目标等。这样的分类高度概括了企业控制目标,有利于不同的人从不同的视角关注企业内部控制的不同方面。(6) 内部控制只能做到"合理"保证。框架认为,不论设计及执行有多么完善完整,内部控制都只能为管理阶层及股东达成企业经营目标提供合理保证,而目标最终是否达成,还受内部控制本身的限制性制约等条件。

3. 内部控制整体框架的主要内容

1992 年,COSO 提出了著名的"内部控制的整体框架"的研究报告,并于 1994 年进行了增补。COSO 委员会提出,内部控制是由企业董事会、经理阶层和其他员工实施的,COSO 报告提出内部控制的目标有三个：营运目标（即取得好的经营效果）、财务报告目标（即合理保证财务报告的可靠性）、合规性目标（即符合有关的法规制度）。内部控制整体框架如图2-1所示。

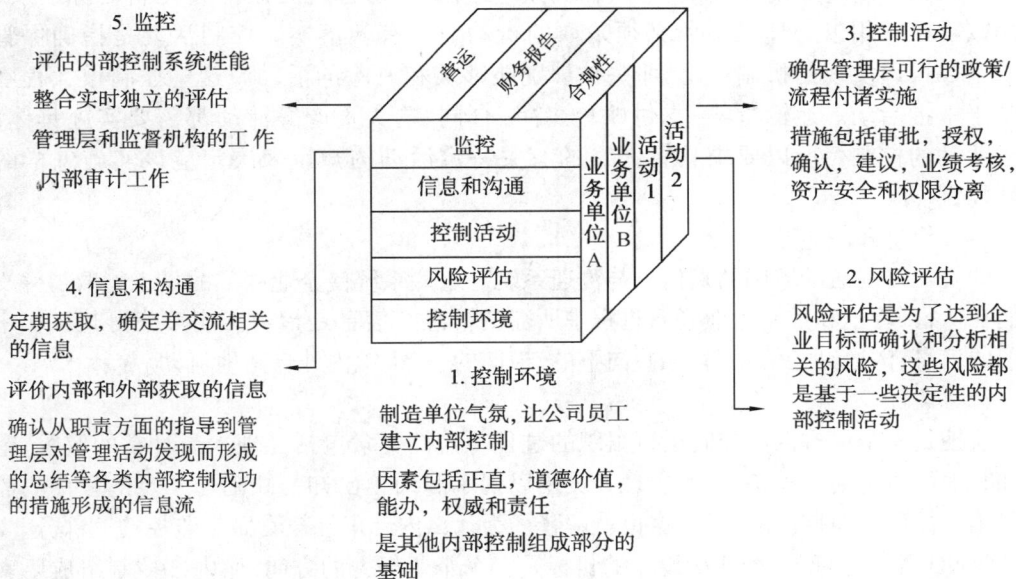

5. 监控
评估内部控制系统性能
整合实时独立的评估
管理层和监督机构的工作
内部审计工作

3. 控制活动
确保管理层可行的政策/流程付诸实施

措施包括审批，授权，确认，建议，业绩考核，资产安全和权限分离

4. 信息和沟通
定期获取，确定并交流相关的信息

评价内部和外部获取的信息

确认从职责方面的指导到管理层对管理活动发现而形成的总结等各类内部控制成功的措施形成的信息流

2. 风险评估
风险评估是为了达到企业目标而确认和分析相关的风险，这些风险都是基于一些决定性的内部控制活动

1. 控制环境
制造单位气氛，让公司员工建立内部控制

因素包括正直，道德价值，能办，权威和责任

是其他内部控制组成部分的基础

图2-1　COSO 内部控制整体框架

内部控制构成要素应该来源于管理阶层经营企业的方式，并与管理过程相结合。具体包括：

（1）控制环境。

任何企业的核心是企业中的人及其活动。人的活动是在环境中进行的，人的品性包括操守、价值观和能力等是构成环境的重要因素之一，又与环境相互影响、相互作用。环境要素是推动企业发展的引擎，也是其他要素的核心。控制环境不仅包括非正式的、无形的软控制，例如道德价值观、诚信原则、管理哲学、胜任能力等，同时还包括组织结构和职责划分等更为正式的控制。控制的其他要素发挥作用都依赖于这一基础的可靠性。

（2）风险评估。

企业必须制订目标，该目标必须和生产、营销、财务等作业相结合。为此，企业必须设立可辨认、分析和管理相关风险的机制，以了解企业所面临的风险，并适时加以处理。在风险评估过程中，管理层识别并分析实现其目标过程中所面临的风险，从而制定决定如何管理风险的制度基础。管理层应该在审计师开始审计之前，识别那些重大的风险，并基于这些风险发生的可能性和影响采取措施缓和这些风险。随后,审计师对这一风险评估过程进行评价。

(3)控制活动。

企业必须制定控制政策及程序并予以执行,以帮助管理层保证其控制目标的实现,其用以辨认并用以处理风险所必须采取的行动业已有效落实。控制活动是指确保管理层的指令得以实现的机制,包括那些被识别能够缓和风险的活动。这些控制很大程度上是基于审批活动。运输货物、支付账单、签订合同、购买资产等活动都需要实施具体的、基于活动的控制。所以要求具备大量的有关特定活动的知识来决定应该实施怎样的针对性控制。

(4)信息和沟通。

围绕在控制活动周围的是信息与沟通系统。这些系统使企业内部的员工能取得并交换他们在执行、管理和控制企业经营过程中所需的信息。信息是指员工能够获得其工作中所需要的信息,沟通是指信息向上的、向下的、横向的、在组织内外自由地流动。

(5)监控。

监控是一个评价内部控制运行组织的过程。监控要素包括经理人员日常的监督、审计师和其他群体定期的审核,以及经理人员用以揭示和纠正已知的缺陷与不足的程序。监控可以用来保证其他控制的运行,这也就解释了为什么内部审计被看做是监控的一部分。

COSO 委员会指出,企业所设立的目标是一个企业努力的方向,而内部控制组成要素则是为实现或达成该目标所必须的条件,两者之间存在直接的关系。每一个组成要素适用于所有的目标类别,每一个组成要素也与每一个目标都有关。对于任何企业或企业中的任何部门,内部控制都极为重要。

2.2.5 全面风险管理

1. 时代背景

20 世纪 90 年代以来愈演愈烈的商业丑闻,使得投资者和其他利益相关者遭受了巨大的损失,人们在加强内部控制的同时,开始认识到全面风险管理的重要性,希望建立一个能有效地帮助管理层识别、评价和管理风险的思维框架。

21 世纪的商业环境和信息技术的迅猛发展,对企业管理和内部控制提出了新的要求。风险成了公司治理、管理及内部控制要关注的重点,同时也是影响企业战略的核心因素。

2001 年,COSO 设立研究项目,委托 PwC 研发一个能被管理层用来评价和改进其企业风险管理的框架。

2003 年 7 月,公布研究报告讨论稿。

2004 年 9 月,研究报告《企业风险管理——整合框架》(Enterprise Risk Management-Integrated Framework,简称 ERM)正式发布。ERM 报告指出,内部控制整合框架是包含在 ERM 中一体化的部分,ERM 扩大了内部控制整体框架的范围,以建立一个对风险更加关注的更强大的概念体系。ERM 代表了内部控制理论的最新发展。

2. 全面风险管理的含义

COSO 在报告中指出,企业风险管理是一个过程,它由一个主体的董事会、管理层和其他人员实现的,应用于战略制订并贯穿于企业之中,旨在识别可能会影响主体的潜在事项,管理风险以使其在该主体的风险容量之内,为主体目标的实现提供合理保证。

COSO 在对"企业风险管理"的界定中重点强调了以下七个属性和理念:(1)企业风险管理是一个过程,它持续流动于企业之内;(2)企业风险管理是由组织中各个层级的人员来实施的;(3)企业风险管理应用于战略制订的过程中;(4)企业风险管理贯穿企业整体,在各个层级和单元应用,还包括采取企业整体层级的风险组合观;(5)企业风险管理旨在识别那些一旦发生将会影响企业的潜在事项,并把风险控制在风险容量以内;(6)企业风险管理能够向一个企业的管理层和董事会提供合理保证;(7)企业风险管理力求实现一个或多个不同类型但相互交叉的目标。

按照 COSO 的观点,内部控制已经包含在企业风险管理当中,而且是企业风险管理的一个组成部分,企业风险管理比内部控制宽泛,是在内部控制的基础上的拓展和精心设计,以形成一个更加充分关注风险的更"健壮"的概念体系。

按照 COSO 的设想,他们不打算也的确没有用企业风险管理框架取代内部控制框架,而是将内部控制框架纳入其中,企业不仅可以借助这个企业风险管理框架来满足内部控制的需要,还可以借此转向一个更加全面的风险管理过程。企业风险管理框架的提出表明,COSO 继续秉承其"整合"的思路,通过提炼企业和其他组织如何管理风险的关键概念,给出了企业风险管理的一个宽泛的定义,为不同组织形式、行业和部门的应用提供了基础。另外,它直接关注特定主体既定目标的实现,并为界定主体风险管理的有效性提供了依据。

与内部控制框架相比,企业风险管理框架实现了三个方面的发展:(1)它拓展了内部控制,更有力、更广泛地关注于企业风险管理领域;(2)将构成要素由五个要素拓展为八个要素;(3)增加了一个目标,补充了原有的三个目标。

3. 全面风险管理的主要内容

COSO 的 ERM 框架是个三维立体的框架,如图 2-2 所示。这种多维立体的表现形式,有助于全面深入地理解控制和管理对象,分析解决控制中存在的复杂问题。

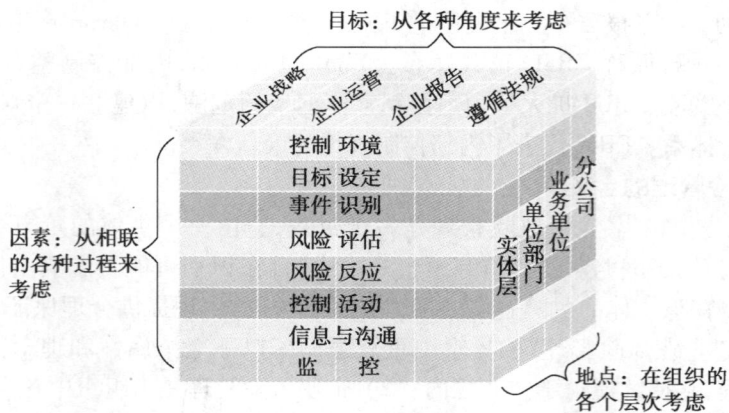

图 2-2　COSO 企业风险管理整合框架

　　第一个维度是目标体系,包括四类目标:(1) 企业战略(strategic)目标;(2) 企业运营(operations)目标;(3) 企业报告(reporting)目标;(4) 遵循法规(compliance)目标。战略目标规划企业经营管理活动所必须长期坚持的有效愿景,反映了管理者为努力实现利益相关者创造价值的目标而作出的选择。经营目标涉及企业经营的效果与效率,包括业绩指标与盈利指标,旨在提高企业有效及高效地利用资源的能力。报告目标关注企业报告的可靠性,分为对内报告和对外报告,涉及财务和非财务信息。遵循法规目标是最基础的目标,考察企业经营遵循相关的法律法规的情况。

　　第二个维度是管理要素,包括八个相互关联的要素,它们源自管理层的经营方式,并与管理过程整合在一起。

　　(1) 控制环境。

　　企业的内部环境是其他所有风险管理要素的基础,为其他要素提供规则和结构。企业的内部环境不仅影响企业战略和目标的制订、业务活动的组织和对风险的识别、评估和反应,还影响企业控制活动、信息和沟通系统以及监控活动的设计和执行。董事会是内部环境的重要组成部分,对其他内部环境要素有重要的影响。企业的管理者也是内部环境的一部分,其职责是建立企业风险管理理念,确定企业的风险偏好,营造企业的风险文化,并将企业的风险管理和相关的行动结合起来。企业的内部环境包括社会文化、技术、经济、政治法律等。

　　(2) 目标设定。

　　管理者必须首先确定企业的目标,才能够确定对目标的实现有潜在影响的事项,而企业风险管理就是提供给企业管理者一个适当的过程,既能够帮助制订企业的目标,又能够将目标与企业的任务或预期联系在一起,并且保证制订的目标与企业的风险偏好相一致。

　　(3) 事件识别。

　　不确定性的存在使企业的管理者需要对这些事项进行识别,而潜在事项对企业可能有正面的影响、负面的影响或者两者同时存在。负面影响事项是企业的风险,要求企业的管理者对其进行评估和反应。风险是指某一事项发生对企业目标的实现可能造成负面影响的可能性。正面影响事项是企业的机遇,或者是可以抵消风险对企业的负面影响的事项。机遇可以在企业战略或目标制订的过程中加以考虑,以确定有关行动抓住机遇。可能潜在地抵消风险的负面影响的事项,则应在风险的评估和反应阶段予以考虑。

(4) 风险评估。

风险评估可以使管理者了解潜在事项如何影响企业目标的实现。管理者应从两个方面对风险进行评估——风险发生的可能性和影响。风险发生的可能性是指某一特定事项发生的可能性,影响则是指事项的发生将会带来的影响。风险的评估应从企业战略和目标的角度进行。首先,应对企业的固有风险进行评估,只有确定对固有风险的风险反应模式,才能够确定对固有风险的管理措施;其次,管理者应在对固有风险采取有关管理措施的基础上,对企业的剩余风险进行评估。

(5) 风险反应。

风险反应可以分为规避风险、减少风险、共担风险和接受风险四类。规避风险是指采取措施退出会给企业带来风险的活动;减少风险是指减少风险发生的可能性、减少风险的影响或两者同时减少;共担风险是指通过转嫁风险或与他人共担风险,降低风险发生的可能性或降低风险对企业的影响;接受风险则是不采取任何行动而接受可能发生的风险及其影响。对于每一个重要的风险,企业都应考虑所有的风险反应方案。有效的风险管理要求管理者选择可以使企业风险发生的可能性和影响都落在风险容忍度之内的风险反应方案。选定某一风险反应方案后,管理者应在剩余风险的基础上重新评估风险,即从企业总体的角度或者组合风险的角度重新计量风险。各职能部门或者业务部门的管理者应采取一定的措施对该部门的风险进行复合式评估并选择相应的风险反应方案。

(6) 控制活动。

控制活动是帮助企业保证风险反应方案得到正确执行的相关政策和程序。控制活动存在于企业的各个层面和各个部门,通常包括两个要素:确定应该做什么的政策和影响该政策的一系列程序。

(7) 信息与沟通。

来自于企业内部和外部的相关信息必须以一定的格式和时间间隔进行确认、捕捉和传递,以保证企业的员工能够履行各自的职责。有效的沟通也是广义上的沟通,包括企业内自上而下、自下而上以及横向的沟通。有效的沟通还包括将相关的信息与企业外部相关各方的沟通和交换,例如客户、供应商、行政管理部门和股东等。

(8) 监控。

对企业风险管理的监控是指评估风险管理要素的内容和运行一段时期的执行质量的一

个过程。企业可以通过两种方式对风险管理进行监控——持续监控和个别评估。持续监控和个别评估都是用来保证企业的风险管理在企业内部管理层面和各部门持续得到执行。监控还包括对企业风险管理的记录,对企业风险管理进行记录的程度根据企业的规模、经营的复杂性和其他因素的影响而有所不同。适当的记录通常会使风险管理的监控更有效果和有效率。当企业管理者打算向外部相关各方提供关于企业风险管理效率的报告时,他们应考虑为企业风险管理设计一套记录模式并保持有关的记录。

第三个维度是企业组织层级维度,包括实体层、单位部门、业务单位、分公司四个层面风险管理有机体系。企业的各个层级包括组织的管理层、各职能部门、各条业务线及下属各子公司,组织里的每个人对全面风险管理都负有责任。

全面风险管理框架三个维度的关系是:全面风险管理的八个要素都是为组织的四个目标服务的;组织各个层级都要坚持同样的四个目标;每个层级都必须从以上八个方面进行风险管理。该框架适合各种类型的企业或机构的风险管理。

2.3 我国内部控制的发展

我国内部控制理论研究始于 20 世纪 80 年代,但与西方内部控制理论研究相比,我国企业内部控制的研究起步较晚,内部控制规范体系的建设也相对滞后。近两年在相关部门高度重视和大力推动下,我国现行企业内部控制规范体系建设取得了较大的成绩。我国内部控制的发展大致经历了从会计控制到管理控制,并逐渐建立起内部控制体系的发展过程。

2.3.1 会计控制

1. 理论研究

20 世纪 80 年代到 21 世纪初是我国内部控制初步发展时期。我国的内部控制研究主要介绍欧美国家内部控制思想,侧重于会计和审计领域。

1984 年,李宝震、杨永平编写的《会计制度设计》中称"内部控制是企业内部的一种管理方法"。这是我国最早从会计立场介绍内部控制的会计教材。

20 世纪 90 年代,内部控制的理论研究主要侧重介绍欧美国家内部控制思想,以及如何从审计、会计方面加强企业内部控制。阎达五、杨有红等以会计控制为主线研究内部控制,石本仁、方红星等以审计为目标导向对内部控制进行相关研究。1998 年由经济科学出版社出版了"企业经营风险与防范"的系列丛书,其中南京审计学院的李凤鸣教授编著的《内部控制与风险防范》直接从企业风险防范的角度探讨企业内部控制问题,以及探讨如何通过内部控制将企业风险消除在萌芽状态中。该书分析了内部控制的一般原理,以及如何通过建立健全内部控制来识别、诊断揭示、管理控制和化解企业的经营风险,重点探讨如何防范和化解财务风险。

2. 制度建设

1982年,党的十二大提出"党要领导人民继续制定和完备各种法律"。在此精神指引下,各类法律法规陆续出台。为了加强会计基础工作,财政部于1984年制定了《会计人员工作规则》,其中规定"会计人员的工作岗位要有计划地进行轮换","出纳人员不得兼管收入、费用、债权债务账簿的登记工作以及稽核工作和会计档案保管工作",这是我国首次在会计法规中对"岗位轮换、职务分离"提出明确的要求。1985年,上述精神载入我国第一部《会计法》。《会计法》第二十一条规定:"会计机构内部应当建立稽核制度。出纳人员不得兼管稽核、会计档案保管和收入、费用、债权债务账目的登记工作。"这是我国第一次在法律文件上对会计稽核与内部牵制作出明确规定。

1996年,财政部根据《会计法》的规定,在《会计人员工作规则》的基础上制定了《会计基础工作规范》,既详细规定了会计人员的"职务分离、岗位轮换",且要求"国家机关、国有企业、事业单位任用会计人员应当实行回避制度"。此后,鉴于在《会计法》实施中暴露的假账泛滥、会计信息失真、内部控制薄弱等问题,九届人大对《会计法》进行了修订。修订后的《会计法》对加强内部控制提出了明确的要求。同年12月财政部发布了《独立审计具体准则第9号——内部控制和审计风险》,其中将内部控制定义为:"内部控制是指企业为了保证业务活动的有效进行,保证资产的安全和完整,防止、发现、纠正错误与舞弊,保证会计资料的真实、合法、完整而制定和实施的政策与程序,由控制环境、会计系统和控制程序构成。"很明显,该定义是基于内部控制结构理论,目标定位较低,局限于会计查弊纠错,忽视了提高经营效果和效率,它是从审计的角度来对企业内部控制作出评价的。

《独立审计具体准则第9号——内部控制与审计风险》要求注册会计师在审计过程中必须了解被审计单位的内部控制,认为内部控制是为了保证业务、资产、会计资料的相关要求而制定和实施的政策与程序。内部控制包括控制环境、会计系统和控制程序。该定义在此后近10年的时间内广泛地应用于审计实务。

1997年5月,中国人民银行发布了《加强金融机构内部控制的指导原则》(以下简称《指导原则》),就银行、保险公司等金融机构内部控制的目标、原则、要素、基本要求等作出了规范。同年12月发布了《关于进一步完善和加强金融机构内部控制建设的若干意见》,对《指导原则》作了进一步的补充说明。《指导原则》的发布是我国行业内部控制建设的开端。

1999年修订的《会计法》明确提出各单位应当建立健全本单位内部会计监督制度,要求会计工作中职务分离,对重大事项决策与执行程序,财产清查和定期内部审计等进行内部控制,它是我国第一部体现了内部控制要求的法律,对我国内部控制理论和实践产生了巨大的推动作用。该法对内部控制需达到的目标、内部会计控制的内容以及运用方法作了具体要求。目标方面涉及会计行为、会计资料、单位资产等;内容方面从会计控制角度涉及整个业务活动;内部控制方法包括不相容职务相互分离控制、授权批准控制、会计系统控制、预算控制、财产保全控制、风险控制、内部报告控制、电子信息技术控制等。

2001年财政部陆续发布《内部会计控制规范——基本规范》和《内部会计控制规范——货币资金(试行)》等具体规范,指出"内部会计控制是指单位为了提高会计信息质量,保护资产的安全、完整,确保有关法律法规和规章制度的贯彻执行等而制定和实施的一系列控制方法、措施和程序",明确了企业建立和完善内部会计控制体系及具体规范的基本框架和要求,为我国加强企业内部会计控制的理论研究与制度建设树立了具有时代意义的里程碑。

纵观这一时期法规的出台,基本上都是围绕确保企业资产的完整、会计核算资料的真实为主要目标。

2.3.2 管理控制

1. 理论研究

随着中国股市"银广厦"等一系列的舞弊事件及美国"安然事件"的发生,人们思考市场经济的发展和企业环境的变化,单纯依赖内部会计控制难以应对企业面临的市场风险,内部会计控制必须向包括风险控制在内的内部控制发展。内部控制从基于会计立场向基于管理立场发展已成必然。

到21世纪,内部控制的理论研究更加深入。刘明辉、陈志斌、杨雄胜等从经济学和管理学的角度研究内部控制,提出内部控制研究只有运用丰富的公司治理理论并以管理控制口径来定位,才能取得突破性的进展,并形成有效指导内部控制实务的理论成果。还有的学者从独特的视角研究内部控制,例如王湛的内部控制外部化理论、谷祺等的内部控制组织理论、于增彪的内部控制"作业"理论、杨周南的内部控制工程学研究,以及张宜霞基于系统和整体效率视角的内部控制研究。有的学者对国内大型企业集团的内部控制制度实施问题进行了研究,例如贡华章对中国石油天然气集团(CNPC)的前瞻性内部控制制度与措施的实施,张谏忠、吴轶伦介绍了内部控制自我评价方法在上海宝钢国际经济贸易有限企业的实施情况等。这些理论研究成果对于我国内部控制的发展起到了推动作用,但是研究的侧重点各有不同,说明我国内部控制的理论研究并未形成完整的理论体系。李凤鸣、吴水澎等结合COSO框架进行内部控制研究,介绍了该框架的部分内容,并从内部控制的整体架构、设计和评价、风险管理等方面来阐述内部控制理论。

中国人民银行在《商业银行内部控制指引》中称,内部控制是商业银行为实现经营目标,通过制定和实施一系列制度、程序和方法,对风险进行事前防范、事中控制、事后监督和纠正的动态过程和机制,包括内部控制环境、风险识别与评估、内部控制措施、信息交流与反馈、监督评价与纠正等要素。财政部在《企业内部控制基本规范》称,内部控制是由企业董事会、监事会、经理层和全体员工实施的、旨在实现控制目标的过程,包括"内部环境、风险评估、控制措施、信息与沟通、内部监督"等基本要素。

2. 制度建设

进入21世纪,政府法规频繁出台,尤其是2005年10月以后,我国不同的政府部门连续出台了多项重要的涉及内部控制和风险管理制度的文件。高密度的法规出台,在全球实属罕见。

中国人民银行在2002年发布了《商业银行内部控制指引》,从规范商业银行内部控制角度定义内部控制,较为完整地借鉴了COSO的内部控制框架,确立的内部控制五要素与COSO内部控制的五要素完全相同,即包括控制环境、风险识别与评估、控制活动与措施、信息沟通与反馈、监督与评价。《商业银行内部控制指引》的内部控制目标和基本原则等内容充分吸收了1998年巴赛尔银行监管委员会发布的《银行金融机构内部控制系统的框架》中的核心内容。《商业银行内部控制指引》的发布,不仅标志着我国银行内部控制的理论与制度建设进入一个崭新阶段,而且突破了美国《内部控制——整体框架》中有关内部控制目标的定位,突出了银行业高风险和防止风险的重要性,将"确保风险管理体系的有效性"纳入内部控制目标。

2002年,证监会发布的《上市公司内部控制指引》认为内部控制包括两个方面:内部控制机制和内部控制制度,并基于企业整体角度,对企业内部控制的总体目标、主要内容等方面作出了规定,是《会计法》规定目标的补充。例如内容增加了环境控制、业务控制、资金管理控制、会计系统控制、电子信息系统控制、内部稽核控制等。证监会另一部法规《证券投资基金管理公司内部控制指导意见》将企业内部控制的总体目标拓展到防范和化解经营风险,提高经营管理效益,确保经营业务的稳健运行和受托资产的安全完整,实现企业的持续、稳定、健康发展。

2005年1月,证监会颁布了《商业银行内部控制评价试行办法》,突出了内部控制体系的概念,强调内部控制是一种系统的、制度安排的动态过程,提出了对以前法规未涉及的内部控制的评价:从内部控制环境、风险识别与评估、内部控制措施、信息交流与反馈以及监督评价与纠正等五个方面进行。

2005年10月,证监会出台《关于提高上市公司质量意见》。2005年10月19日,国务院批转《关于提高上市公司质量意见》,这是国务院首次对搞好上市公司工作批转发布文件,速度之快也让业界深感中央政府对上市公司内部控制工作的重视。

2006年6月,上海证券交易所发布《上海证券交易所上市公司内部控制指引》,2006年

9月,深圳证券交易所制定了《深圳证券交易所上市公司内部控制指引》,该类《指引》界定了上市公司内部控制的范围,规定了从公司治理到业务控制的一系列规则。

2006年,证监会发布的《首次公开发行股票并上市管理办法》规定,首次公开发行股票的发行人的内部控制在所有重大方面必须是有效的,并须由注册会计师出具无保留结论的内部控制鉴证报告。无论在内部控制概念的界定、控制目标的设定,还是内部控制要素的确定上,都全面反映了 COSO 的 ICIF 框架内容的精髓。

2006年6月6日,国资委出台《中央企业全面风险管理指引》,该《指引》要求企业围绕总体经营目标,通过在企业管理的各个环节和经营过程中执行风险管理的基本流程,培育良好的风险管理文化,建立健全风险管理体系,包括风险管理策略、风险理财措施、风险管理的组织职能体系、风险管理信息系统和内部控制系统,从而为实现风险管理的总体目标提供合理保证。

2.3.3 内部控制体系

1. 理论研究

从 20 世纪 90 年代后期开始,我国就已经开始建设企业内部控制规范体系。2006 年我国企业会计准则体系的发布,对企业内部控制提出了更高的标准和要求。旧的内部控制规范制定模式和内容难以适应新形势下经济发展和企业管理的需要。一方面,企业会计准则体系的贯彻实施要以坚固的内部控制制度为基础,两者配合呼应,相辅相成;另一方面,我国企业要走出国门,必须先进行好内部控制建设。因此,加强企业内部控制规范体系的重塑迫在眉睫。

2. 制度建设

2006年7月,财政部发起成立了企业内部控制标准委员会,中国注册会计师协会也发起成立了会计师事务所内部治理指导委员会。这些专业委员会的成立,标志着我国内部控制体系建设已经迈入一个新的发展阶段。我国内部控制开始建立以防范风险和控制舞弊为中心、以控制标准和评价标准为主体,结构合理、内容完整、方法科学的内部控制标准体系,其目的是通过实施内部控制完善治理结构,规范权力运行,强化监督约束,有力地促进企业实现战略目标、提升营运效率、提高信息质量、保证资产安全。2006 年末,由基本规范和具体规范组成的企业内部控制规范体系的征求意见稿出台,并于 2007 年 3 月颁发的《企业内部控制规范——基本规范》和 17 项具体规范(征求意见稿),表明我国正在加快创建企业内部控制标准体系的步伐。尽管从理论上来看内部控制理论已经发展到相当的高度,但是企业内部控制的实践仍然滞留在财务报告的可靠性、遵守法规等相应的具体业务执行层面,一些业已提出的较好的理念难以全面应用到企业内部控制的实践中去。

 2008 年 6 月 28 日,财政部、证监会、审计署、银监会、保监会在北京联合召开"企业内部控制基本规范发布会暨首届企业内部控制高层论坛"。会议发布了《企业内部控制基本规范》(以下简称《基本规范》),指出内部控制是由企业董事会、证监会、经理层和全体员工实施的、旨在实现控制目标的过程。内部控制的目标是合理保证企业经营管理合法合规、资产安全、报告及相关信息真实完整,提高经营效率和结果,促进企业实现发展战略,并就其贯彻实施作出了部署,还就加强企业内部控制进行了深入研讨和经验交流,这标志着我国企业内部控制规范体系的建设取得了重大突破。这部被誉为中国式的"萨班斯法案"于 2009 年 7 月 1 日起先在上市公司范围内执行,并鼓励非上市公司的其他大中型企业参照执行。我国企业内部控制规范体系如表 2-1 所示。

表 2-1 企业内部控制规范体系

基 本 规 范		
应用指引	鉴证指引	评价指引

 《基本规范》既借鉴国际惯例,以极其开放的态度,广泛吸取了国际范围内有关内部控制的多项有益成果,又坚持立足我国国情,吸取我国经济管理尤其是改革开放 30 年的经验教训,形成了国际要求和我国实际相互协调的内部控制强制性要求,确定了我国建立和实施内部控制的基本目标、设计原则、要素架构和实施机制,标志着我国企业内部控制规范体系建设取得了重大突破。随着我国内部控制标准体系的建设,内部控制建设绩效考评和内部控制审计将得到深入推广,我国企业和注册会计师执业机构必将得以健康发展。

第 3 章

内部控制国际比较

3.1 美国的内部控制

3.1.1 背景介绍

1985 年,美国注册会计师协会、国际内部审计师协会、财务经理协会、美国会计学会、管理会计学会共同组成了"反虚假财务报告委员会",1992 年 9 月,反虚假财务报告委员会下设的 COSO 委员会(Committee of Sponsoring Organization of the Treadway Committee,美国虚假财务报告委员会的发起组织委员会)提出了《内部控制——整体框架》。推出之后,它很快成为被广泛认可的内部控制标准,这个标准得到了包括监管机构及社会各界的普遍接受,可以说会计师为自己找到了一个有力的盾牌,同时也为企业建立内部控制提供了一个权威标准。在"安然事件"特别是 SOX 法案颁布以后,人们对于一个能够提供重要原理与概念、通用语言、明晰方向与指引的企业风险管理框架的需求变得越来越强烈。因此,COSO 在 2001年专门聘请普华永道会计师事务所开发一个易于企业管理层使用、评估和改进风险管理的框架。SOX 法案发布后,该框架草案得到了进一步的修改与完善,2004 年 COSO 发布了最终报告《企业风险管理——整合框架》。

3.1.2 主要内容

COSO 内部控制报告的主要内容可以概括为"一个定义、三个目标、五个要素"。

1. 内部控制的定义

内部控制是一个受到董事会、经理层和其他人员影响的过程,该过程的设计是为了提供实现以下三类目标的合理保证:经营的效果和效率、财务报告的可靠性、法律法规的遵循性。

2. 内部控制的目标

每个企业都有自己的使命,具有希望实现的目标。企业为了实现这些目标应确定相应战略。目标的设定通常是针对某个企业或企业内某些特定行为的。虽然很多目标只针对特定企业,但有一些还是普遍适用的,例如几乎对所有企业普遍适用的目标是:在企业界和客户层保持良好的声誉、向股东提供可靠的财务报表以及合法合规经营。COSO 内部控制报告控制目标分为三类:

(1)经营目标——关于企业资源利用的效率、效果;

(2)报告目标——关于编制公开财务报表的可靠性;

(3)遵循目标——关于法律和法规的遵循性。

这一分类有利于将内部控制目标体现在不同方面。这些方面既相互独立又相互联系,体现了不同的需求,也可能是不同管理人员的职责。这一分类还有利于区分每类控制的可能结果。内部控制系统可以为实现财务报告的可靠性和法律法规的遵循性目标提供合理的保证。这两个目标(很大程度上是外界施加的)的实现有赖于企业内控系统的实施。然而,经营目标的实现即经营的效率和效果(如投资回报、市场份额、引进新产品)并非完全在企业控制能力之内。内部控制并不能阻止决策失误和意外事件的发生。只有当管理层及时了解企业向既定目标迈进的程度时,内部控制系统才能为企业目标的实现提供合理的保证。

3. 内部控制的要素

COSO 内部控制报告提出了一个比较完整的内部控制体系,认为内部控制包括控制环境、风险评估、控制活动、信息和沟通、监控五个要素。COSO 内部控制报告认为内部控制包括五个相互联系的要素,它们来自管理层经营企业的方式,并融入管理过程本身。

(1)控制环境。

企业的核心是人,员工的特性及其所处的环境是企业发展的基础,也是推动企业发展的引擎。控制环境提供了员工实施控制活动和履行控制责任的氛围,是其他控制要素的基础,是所有控制方式与方法赖以存在与运行的环境。它对于塑造企业文化、提供纪律约束机制和影响员工控制意识有重要作用。影响控制环境的因素包括四个方面:企业人员的操守、价值观及能力;管理阶层的管理哲学与经营风格;管理阶层的授权方式及组织人事管理制度;管理层及董事会对单位管理关注的焦点及指引的方向。

(2)风险评估。

每个单位均应评估来自内部和外部的不同风险。评估风险的先决条件是制订目标。不同层级的目标必须保持一致性。风险评估是指辨认和分析影响目标达成的各种不确定因素。风险评估是决定风险应如何管理的基础。

(3)控制活动。

它是确保管理阶层指令实现的各种政策和程序,是针对影响单位目标实现的各种风险而采取的各种措施和手段。单位各阶层和各种职能均渗透不同的控制活动,由于单位性质、规模、组织方式等不同,其控制也有所不同。

(4)信息和沟通。

围绕在控制活动周围的是信息与沟通系统。这些系统能帮助企业内部的员工获得并交换他们在执行、管理和控制企业经营过程中所需的信息,其内容包括确认记录有效的业务及其恰当地采用和揭示。

(5)监控。

监控是一种随着时间的推移而评估内部控制制度执行质量的过程。监督的方式可以是持续监督、个别评估及综合监督等,主要应关注监督评审程序的合理性、对内部控制缺陷的报告和对政策程序的调整等。

3.1.3　主要特点

COSO 的内部控制框架为企业内部控制提供了一个标准,这个标准得到了包括美国证监会(SEC)在内的监管机构及社会各界的普遍接受,实质上已成为各类商业机构理解和建立有效的内部控制的公认框架或准则。

COSO 报告与以往的内部控制理论及研究成果相比,具有以下特点:

1. 强调"软控制"的作用

COSO 报告更加强调那些属于管理文化层面的软性管理因素。"软控制"主要指那些属于精神层面的事物,如高级管理阶层的管理风格、管理哲学、企业文化、内部控制意识等。

2. 强调内部控制应该与管理过程相结合

COSO 报告认为,经营过程是指通过规划、执行及监督等基本的管理过程对企业加以管理,这个过程由组织中的某一个单位或部门实施,或由若干个单位或部门共同实施。内部控制是企业经营过程中的一部分,与经营过程结合在一起,而不是凌驾于企业的基本活动之上。它使经营达到预期的目标,并监督企业经营过程的持续进行。不过,内部控制只是管理的一种工具,并不能取代管理。

3. 明确对内部控制的"责任"

在内部控制发展史上,COSO 报告第一次明确地阐述了内部控制的制定与实施的责任问题。框架指出,组织中的每一个人都对内部控制负有责任,而不仅仅是管理部门、内部审计或董事会。确立这种组织思想,有利于将企业的所有员工团结一致,使其主动地维护及改善企业的内部控制,而不是与管理层相互对立,被动地执行内部控制。

4. 突出强调信息系统的作用

COSO 报告认为,完备的信息处理系统是实现内部控制目标的重要保障,信息系统不仅处理企业内部产生的经营信息,而且也处理来自企业外部的各类经济、法律或行政信息。

5. 强调内部控制是一个"动态过程"

COSO 报告认为,内部控制是对企业的整个经营管理活动进行监督与控制的过程。企业的经营活动是永不停止的,因此企业的内部控制过程也不会停止。企业内部控制不是一项制度或一个机械的规定,企业经营管理环境的变化必然要求企业内部控制越来越趋于完善。内部控制是一个发现问题、解决问题、发现新问题、解决新问题的循环往复的过程。

6. 强调"人"的重要性

COSO 报告特别强调内部控制受企业的董事会、管理层及其他员工的影响,透过企业内人所做的行为及所说的话而完成。只有人才可能制订企业的目标,并设置控制的机制。反过来,内部控制影响着人的行动。

7. 强调内部控制的目标

COSO 报告单独对内部控制的目标进行了解析和阐释。目标的设定是管理过程的一个重要部分,虽然不是内部控制的组成要素,但却是内部控制的先决条件,也是促成内部控制的要件。该报告将内部控制目标分为三类:与营运有关的目标、与财务报告有关的目标、与法令遵循性有关的目标。高度概括的企业控制目标,有利于不同的人从不同的视角关注企业内部控制的不同方面。

8. 明确指出内部控制只能做到"合理"保证

COSO 报告认为,不论设计及执行如何完善,内部控制只能为管理阶层及董事会提供达成企业目标的合理保证。因为目标达成的可能性受许多先天条件不足及各种"不确定性"的影响。

9. 强调风险意识

现代社会是一个充满剧烈竞争的社会,每一个企业都面临着成功的挑战和失败的风险,对风险的管理是现代企业的主旋律之一。风险影响着每个企业生存和发展的能力,也影响其在产业中的竞争力及在市场上的声誉和形象。COSO 报告指出,所有的企业文化,不论其规模、结构、性质或产业如何,其组织的不同阶层都会遭遇风险。管理阶层必须密切注意各层级的风险,并采取必要的管理措施防范风险;一旦风险发生要有应急办法,尽可能将风险降低到最低限度。

10. 成本与效益原则

COSO 报告明确指出,内部控制要建立在成本与效益原则的基础上。内部控制不是要消除任何滥用职权的可能性,而是要创造一种为防范滥用职权而投入的成本与滥用职权的累计数额之比呈合理状态(经济原则)的一种机制。因此,没有不花钱的内部控制,也不存在完美无缺的内部控制。

3.2 英国的内部控制

3.2.1 背景介绍

20 世纪 90 年代,英国曾借鉴 COSO 内部控制报告,结合其追求最佳公司治理实践的思想,将内部控制内生于公司治理中,形成了英国特色的内部控制模式。1999 年,以 Turnbull 为主席的"企业内部控制小组"发布了名为《内部控制——关于董事应用"联合规则"的指南》的报告。该报告极力主张将风险管理、内部控制和商业目标结合起来。在 SOX 法案颁布之后,英国有关部门开始思考其内部控制的有效性问题。2004 年 7 月,英国财务报告委员会(FRC)邀请 Turnbull 评估小组对 Turnbull 指南自 1999 年采用以来的影响进行评估,结果认为:(1) Turnbull 指南不需要作出重大改变;(2) Turnbull 指南应当涵盖所有内部控制;(3) Turnbull 指南的改变不应当限制企业以适合其特定情况的方式应用指南的能力;(4)应当给指南增加一个前言,它将鼓励董事会持续地评估对指南的应用,并把内部控制报告视为与股东沟通其如何有效管理风险的机会。根据新的上市登记规则和联合规则,2005 年 10 月,FRC 发布了最新的 Turnbull 指南,该指南以英格兰及威尔士注册会计师协会(ICAEW)1999 年发布的 Turnbull 指南为基础。

3.2.2 主要内容

1. 内部控制的目标

Turnbull 委员会起草内部控制指南过程中坚持了以下原则:一是与企业的经营管理和企业文化紧密结合;二是注重实用性,便于企业执行,以确实控制风险;三是内部控制信息能够向投资者清晰披露。在上述原则指导下,委员会认为起草 Turnbull 报告要实现以下目标:一是运用 Turnbull 报告提供的指引,能够促进企业经营战略目标的实现;二是提出的内部控制要求应与复杂和不断变化的企业内外部环境保持相关性;三是能够与企业实际相结合。Turnbull 报告认为,内部控制要实现以下目标:发现并控制企业风险,保护企业资产,明确和落实责任;提高会计信息质量,防止财务欺诈;遵循法律规章。

2. 内部控制的要素

Turnbull 报告提出了"四要素"论,包括控制环境、控制活动、信息与沟通、监督检查四部分。

（1）控制环境。

董事会是实施内部控制的主要责任主体。董事会应重视并有责任建立一套涉及财务会计、经营管理、遵循法律、风险控制的内部控制机制,并负责监督内部控制机制的有效性。董事会对企业内部控制体系至少每年检查一次并向股东报告,报告采用"遵循与解释"的方式,以便股东大会作出评价。董事会构建内部控制政策时至少要考虑以下问题:一是企业风险存在于何处,有何特点;二是可承受的风险水平;三是重大风险发生的可能性;四是减少重大事故并妥善处理的能力;五是建立内部控制的成本。

管理层负有实施董事会关于风险与控制政策的职责。在履行职责时,管理层应当辨识和评价企业所面临的风险以供董事会考虑,并且设计、运作和监督适合的内部控制系统来实施董事会的政策。

所有的工作人员都对内部控制负有责任。为了完成此责任,所有员工应具备必要的知识、技能、信息及权限,以建立、运作与监督内部控制系统。所有员工要不断增强对企业及其目标、所在行业与市场以及面临风险的理解。

（2）控制活动。

控制活动包括鉴别风险并划分风险等级;控制措施应与企业文化、员工价值观、激励机制相适应;对管理层任职时的各项承诺进行检查;责任人、授权人、员工的责任、权利要明确界定;对管理层提交的内部控制情况进行经常性审核,在此基础上作出年度评估,以确保考虑到内部控制的所有重要方面。

（3）信息与沟通。

信息与沟通包括建立快速辨识内部控制缺陷或弱点及改正措施,并向管理层汇报的机制;董事长要根据管理层提供的各种报告定期与管理层就内部控制问题沟通,及时发现存在的风险;建立员工与董事会交流的渠道。

（4）监督检查。

董事会负责评估内部控制执行情况。董事会根据企业经营目标、业务特点、风险大小制订年度内部控制评估计划,该计划要保持连续性并有所侧重。董事会的年度评估着重考虑以下几个方面:与上一次的年度评估相比,重大风险的性质及范围的变化,以及企业对业务和外部环境变化的反应能力;内部审计职能和其他保障职能工作的范围与质量;管理层、董事会或相关委员会沟通监督结果的范围与频率;年内被识别的重大缺陷与弱点给企业财务绩效和企业发展造成的不良影响;企业对外报告流程的有效性。

3.2.3 主要特点

英国和美国公司治理的最根本的区别在监管制度上,英国的监管制度是由市场决定和调节的。相对于美国的内部控制来说,一方面,英国的内部控制更侧重于董事会层级的建设,更侧重于加强董事会对内部控制的责任和管理,形成了具有自身特色的公司治理导向的内部控制;另一方面,对内部控制的规定采取了原则导向的方式,而不是美国的具体规则形式。

英国内部控制的目标是保障股东投资与企业资产的安全,在分类上尽管与 COSO 相似,但更倾向于保护股东的利益,更强调了风险的观点。

Turnbull 指南要求董事会对企业内部控制系统负责。董事会应当制订适当的内部控制政策,并确保这些政策能够使内部控制系统的运行达到满意水平。在确定内部控制政策、评价健全的内部控制系统构成要素的过程中,董事会应当考虑以下因素:(1)企业所面临风险的性质和程度;(2)企业能承担风险的程度和种类;(3)风险转化为现实的可能性;(4)企业减少那些确实会发生风险的概率,降低其对经营的影响;(5)在管理有关风险时,运行某些控制的成本以及由此取得的收益。管理层的职责是实施董事会有关风险和控制的政策。管理层应当根据董事会的考虑来识别和评价企业面临的风险,并设计、运行和监督一个适当的内部控制系统来实施董事会的策略。

Turnbull 指南要求所有员工对内部控制均负有一定的责任,他们应当具有建立、运行和监督内部控制系统所必需的知识、技能、信息和权力。评估内部控制的有效性是董事会责任的重要组成部分。董事会应当确定其评估内部控制有效性所要采取的程序。

管理层向董事会提交的报告应在其涵盖的范围内均衡地评价重大风险和内部控制系统在防范这些风险过程中的有效性,应当在报告中讨论已识别出的重大控制缺陷或弱点,包括对企业已经产生或可能产生的影响以及正在采取的纠正措施。

在审查年度报告时,董事会应当考虑以下因素:

(1)考虑什么是重大风险,并评价风险是如何被识别、评估和管理的;

(2)评价相关内部控制系统在管理重大风险过程中的有效性,尤其是已被报告过的所有重大内部控制缺点或弱点;

(3)考虑是否正在及时地采取必要行动以纠正所有的重大缺点或弱点;

(4)考虑调查结果是否表明需要更加深入地监督内部控制系统。

为了对内部控制发布公开声明,董事会应当进行年度评估。在董事会有关内部控制的声明中,年度报告和说明应当包括一些有意义的信息,董事会认为这些信息对于帮助股东理解企业的风险管理过程和内部控制系统的主要特征是必要的,而且不应当给出令人误解的印象。

3.3　加拿大的内部控制

3.3.1　背景介绍

自 COSO 委员会的内部控制框架出台和英国的 Cadbury 报告发布后,世界各国都不同程度地给予企业内部控制更多的关注。在加拿大,关于内部控制的三个趋势日益明显:(1)大部分企业对内部控制越来越重视;(2)社会公众要求企业公开披露其内部控制有效性的呼声越来越高;(3)监管机构越来越重视企业内部控制以保护利益相关者的利益。鉴于上述三个趋势,1992 年加拿大特许会计师协会(CICA)成立了 COCO 委员会(Criteria of Control Board),该委员会的使命是发布有关内部控制系统设计、评估和报告的指导性文件。经过三年的研究,COCO 委会员于 1995 年 10 月正式发布了关于内部控制的框架性文件——《控制指南》(Guidance on Control)。该指南对内部控制的定义、内部控制的要素、内部控制的作用、内部控制的参与者、内部控制原则进行了阐述,建立了一个完整的内部控制理论体系。在随后的几年中,COCO 委员会又陆续发布了一系列指导性文件,为 COCO 内部控制框架的应用提供了具体详尽的操作规范。

COCO 委员会的内部控制指南在一定程度上参考了 COSO 委员会的内部控制框架,但 COCO 的内部控制框架仍具有鲜明的特色。COSO 报告中包含了太多的稽核专业术语,不易被管理人员理解和使用,而 COCO 提出了一种更加精简、更具动态,以及在措辞方面远比 COSO 报告使用更多管理术语的内部控制框架。

3.3.2　主要内容

1.　内部控制的定义
COCO 将"内部控制"的概念扩展到"控制",内部控制"是一个企业中的要素集合体,包括资源、系统、过程、文化、结构和任务等,这些要素结合在一起,支持达成企业的目标"。

2.　内部控制的目标
COCO 框架是为董事会、管理层和各级管理人员、所有者和债权人以及审计师制定的。COCO 使用的是"控制",而不是普遍使用的"内部控制",它界定了"控制"的三类目标:(1)经营的效率和效果;(2)内部和外部报告的可靠性;(3)遵守适用的法律、规章及内部政策。

3.　内部控制的要素
COCO 委员会报告指出,任何一个企业中控制的基本要素均包括目标(Purpose)、承诺

（Commitment）、能力（Capability）、监督和学习（Monitoring and Learning），这四个基本要素通过"行动"联结成一个循环，如图 3-1 所示。

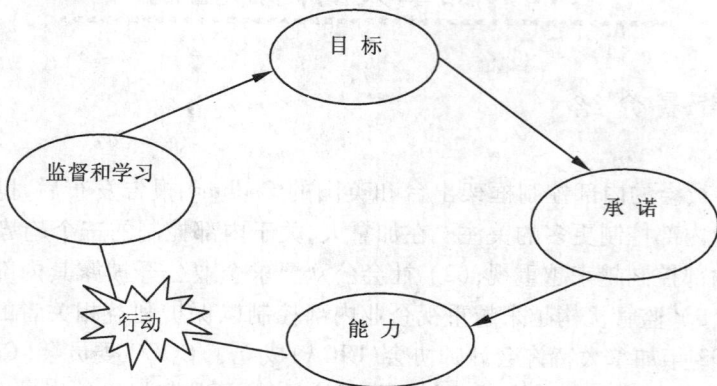

图 3-1　COCO 框架

　　在确立内部控制的整体框架后，委员会基于该框架提出了内部控制的基本原则。内部控制原则是内部控制理论与实务的联结体，它为企业实施内部控制和评价内部控制有效性确立了标准。COCO 委员会的内部控制原则是《控制指南》的主要内容，同时也是 COCO 委员会的重要贡献。COCO 的内部控制原则一共有二十条，并按内部控制的四个基本要素分为四组。

　　1．目　标

　　（1）应拟定与沟通各种目标；

　　（2）应识别与评估组织达成目标期间所面临重大的内部与外部风险；

　　（3）应制定、沟通与实施为支持组织达成与风险管理所设计的政策，使得成员了解组织对自身的期望以及他们能自由行动的范畴；

　　（4）应建立与沟通各种为达成组织目标所从事的计划；

　　（5）各种目标与相关计划应包括可衡量的绩效目标与指标。

　　2．承　诺

　　（1）应制定、沟通与实施组织全面性的道德价值观的共识；

　　（2）人力资源政策与实务应与组织道德价值观以及目标达成一致性；

　　（3）应清楚界定权利、职责，使其应负责任与组织目标一致，能由适当的人完成决策与行动；

　　（4）应加强互信的气氛以支持组织成员彼此之间的信息流通以及他们朝着达成组织目标有效的表现。

　　3．能　力

　　（1）企业成员应具有达成企业目标所必要的知识、技巧与工具；

（2）沟通过程应能支持企业的价值观及达成其目标；

（3）应能及时识别与沟通相关信息，以使成员能够执行他们的职责；

（4）应能整合企业中不同领域的决策与行动；

（5）控制作业的设计应为企业不可分割的一部分，并考虑到企业目标，达成这些目标所面临的风险以及控制元素之间的关联性。

4．监督与学习

（1）应监督外部与内部环境以获得信息，这些信息可能发出需要重新评估企业目标或控制的信号；

（2）应针对企业目标与计划中所认定的特定目标与指标来监督绩效；

（3）应定期挑战企业目标与制度背后的各种假设；

（4）当遇到目标变更或看到缺失报告时，应重新评估对信息需要与相关信息系统；

（5）应建立与执行稽核程序以确保适当的改变与改善措施；

（6）管理阶层应定期评估企业内的控制成效，并且将结果与相应负责人沟通。

3.3.3　主要特点

尽管 COCO 框架同美国的 COSO 框架非常相近，但较之 COSO 框架而言，COCO 的控制框架以一种不同的、并不苛刻的方法思考内部控制，并为管理层提供了一种良好的方法来思考其组织是如何运行的。

1．内部控制概念更宽泛

COCO 框架使用"控制"一词而不是 COSO 所使用的"内部控制"，这是两种指南的主要区别的实质。与 COSO 相比，COCO 框架的指南是一种更为广泛的概念化方法。COSO 在其内部控制定义中有意地忽略了某些管理活动，包括目标设定、战略计划、风险管理和纠错行动；而 COCO 框架却把这些活动作为其控制概念的一部分。

COCO 报告的重心是从目标、承诺、能力、监督和学习四个方面提出二十项控制基准。COCO 认为控制是企业为了加强正确措施所做的一切，不应包括"改善措施"本身，虽然"改善措施"是 COCO 控制模式的内容之一，但未列入控制基准。

COCO 委员会认为内部控制是企业中有助于实现其目标的各个要素（包括企业资源、信息系统、企业文化、组织结构和运作过程等）的总和。这一定义不仅比 CICA 执业手册中内部控制的定义范围更广，而且比委员会的定义也更为宽泛。COCO 委员会认为《控制指南》的目的在于"为企业设计、评估、报告内部控制系统以及相关的公司治理事宜提供指导"，而不是对企业内部控制的最低法定要求。同时，这一内部控制概念对企业财务报告的外部审计也不适用，审计人员应根据审计环境和财务报告使用者的要求合理地确定与审计相关的内部控制范围。应该说,COCO 委员会的重要贡献并不在于对内部控制重新进行了定义,而是第一次明确区分了基于独立审计的内部控制观和基于公司治理的内部控制观。在此之前,内部控制的概念的发展一直由会计职业界所主导,内部控制范围的限定主要是为了满足独立审计对企业内部控制制度评价的需要以及对独立审计责任界定的要求,COSO 委员会的内部控制定义尽管在原来的概念上有重大突破,但没能明确指出独立审计和公司治理对内部控制概念的不同要求,同时其定义受会计职业界的影响较为明显。

2. 控制与管理的界限更模糊

COCO 委员会认为随着内部控制概念的拓展和内部控制实务的复杂化,内部控制与管理活动之间的界限变得越来越模糊。内部控制为管理目标的实现提供了合理的保证,内部控制活动从某种意义上说是管理活动的一个不可或缺的组成部分,对企业的管理活动进行评价,首先应该对内部控制进行评价,但内部控制并不涉及企业所有的管理活动。内部控制不包括如何确立目标,并不能防止企业作出错误的战略决策和经营决策,是否采取某一行动以及采取何种行动属于管理活动的内容,如何保证这一行动有效地实施则属于内部控制的范围。

3. 有效的内部控制标准

COCO 委员会认为内部控制之所以重要,是因为它为企业实现其目标提供了合理的保证,或者说把企业实际承担的风险控制在可接受的水平之下。有效的内部控制将在以下几个方面有助于企业的成功:

(1) 有效的内部控制使有关人员在应对风险(包括企业未能发现有利的机会并加以利用,以及企业缺乏应有的适应性的风险)时,能充分发挥自己的专业判断能力和创造性思维;

(2) 有效的内部控制使人们在面临可预期的风险时有足够的应变能力;

(3) 有效的内部控制能够为有关人员提供及时可靠的信息,并使他们能够在适当的时候和适当的环境中对这些信息加以利用;

(4) 有效的内部控制能够提高企业经营的效率和效果,并使企业外部的利益相关者对企业更有信心。

4. 内部控制在于防范未来

COCO 委员会认为内部控制应着眼于未来,即控制的重点在于防范未来时期内对企业实现其目标可能产生重大影响的风险事件的发生。《控制指南》强调有效的内部控制应保证企业和控制人员在面对可预期的风险时有足够的应变能力,内部控制不能也无须完全消除企业实现其目标的风险,确定企业可接受的风险水平并将企业实际承担的风险控制在可接受的水平之下是内部控制的核心任务。COCO 委员会的内部控制框架没有把风险评估列为单独的控制要素,因为 COCO 委员会认为风险的评估贯穿内部控制的整个过程和所有层面,在某种意义上内部控制等同于风险管理。

尽管 COCO 委员会的内部控制框架并非尽善尽美,例如控制要素的界定比较抽象和宽泛,控制原则的一些隐含的假设值得推敲,但 COCO 委员会的《控制指南》一发布便受到理论界和实务界的广泛认可,并且随着《董事指南——控制的管理过程》、《董事指南——控制评估指南》、《董事指南——董事会对风险的管理》等一系列的操作规范的发布,COCO 委员会的内部控制框架日益显示出了其前瞻性和适用性,从而获得了越来越多的企业的青睐。此外,COCO 委员会的内部控制框架在国际上的影响也正在不断扩大,许多关于内部控制的理论文献已把 COCO 和 COSO 的框架相提并论为现代内部控制两大理论框架,同时越来越多的国家开始把加拿大内部控制规范和内部控制实务作为借鉴的对象。

3.4 巴塞尔协议

3.4.1 背景介绍

巴塞尔银行监管委员会(Basle Committee on Banking Supervision,简称 BCBS)是比利时、加拿大、法国、德国、意大利、日本、卢森堡、荷兰、瑞典、英国、美国银行监管权威机构和中央银行的首脑于 1975 年建立的银行监管权威委员会。作为发达国家对原联邦德国赫斯塔特银行倒闭事件的直接倒闭反应而成立的跨国银行监管的权威机构,巴塞尔银行监管委员会始终将银行分行作为研究重点,并以此为中心发布了大量的文件,形成了巴塞尔理论体系。巴塞尔银行监管委员会在英国的 Turnbull 指南、美国的 COSO 报告和加拿大的 COCO 报告和实际经验的基础上,于 1998 年 9 月发布了《银行组织内部控制系统框架》(Framework for Internal Control Systems in Banking Organizations,简称 FICSBO)的报告,提出了一个内部控制系统的框架。该报告规定了银行组织内部控制系统的目标,设计了内部控制的五个相互关联的构成要素,系统地提出了评价商业银行内部控制体系的十三项指导原则,这是商业银行内部控制研究历史性的突破。

3.4.2 主要内容

1. 内部控制的定义

巴塞尔银行监管委员会参照各国的有关理论,将内部控制定义为"由董事会、高级管理人员以及其他人员实施的一个过程,其目的是为了实现经营的效果与效率、会计与管理信息的可靠、完整与及时,以及经营活动符合现行法律、法规的要求"。该定义进一步强调董事会和管理层对内部控制的影响,组织中的所有各级人员都必须参加内部控制的过程,并对内部控制产生影响。

2. 内部控制的目标

巴塞尔银行监管委员会把内控的三大目标分解为操作性目标、信息性目标和合规性目标。操作性目标不仅包括经营活动,而且还包括其他各种活动;在信息性目标中包括管理信息,明确要求实现财务和管理信息的可靠性、完整性和及时性;合规性目标要求遵守规则的法律法规。内部控制的三大目标如表3-1所示。

表3-1　内部控制的三大目标

COSO 的内部控制目标	巴塞尔银行监管委员会的内部控制目标
经营的效果和效率	操作性目标:各种活动的效果和效率
财务报告的可靠性	信息性目标:财务和管理目标的可靠性、完整性和及时性
对现行法规的遵守	合规性目标:遵从现行法律和规章制度

3. 内部控制的要素

巴塞尔银行监管委员会认同和发展了 COSO 报告,从理论上将内部控制分为三大目标和五大要素,构成完整的有机整体。

(1)控制环境。

控制环境是推动控制工作的发动机,是所有其他内部控制组成部分的基础。它奠定企业的风格和结构,并且涉及所有活动的核心——人(特别是人的控制觉悟),还反映政府、银行、非银行金融机构以及生产性企业的各级管理层对内部控制的要求。

控制环境中的要素有价值观、激励与诱导机制、精神指导、员工能力、管理哲学与经营风格、组织结构、规章制度和人事政策等。它所涉及的问题主要包括:管理层要充分说明内部控制的完整性;企业要有积极的控制环境,使整个企业中的员工具有控制觉悟和自觉的控制态度,特别是管理层要积极地进行控制;员工的能力与责任要相匹配。

(2)风险评估。

风险评估是识别和分析那些妨碍实现经营管理目标的困难因素的活动,对风险的分析评估构成风险管理决策的基础。

(3)控制活动。

控制活动是为了合理地保证经营管理目标的实现,指导员工实施管理指令,管理和化解风险而采取的政策和程序,包括高层检查、直接管理、信息加工、实物控制、确定指标、职责分离等。

在控制活动中,主要关注控制与风险评估过程的联系、控制活动的适当形式及其实施、对执行政策和管理指令的保证、控制活动的针对性(尤其是对信息系统的控制)等。

(4)信息与交流。

信息与交流存在于所有经营管理活动中,使员工得以收集和交换为开展经营、从事管理和进行控制等活动所需要的信息,包括管理者对员工的工作业绩的经常性评价。

在信息方面,注意内部信息和外部信息的收集和整理;在交流方面,注意内部和外部信息的交流渠道和方式;在信息技术的发展中,注意控制信息系统。

(5)监督评审。

监督评审是经营管理部门对内部控制的管理监督和内审检查部门所进行内部控制的再监督与再评价活动的总称。监督评审可以是持续性的或分别单独的,也可以是两者结合起来进行的,主要应关注监督评审程序的合理性、对内部控制缺陷的报告和对政策程序的调整等。内部控制的五大要素如表 3-2 所示。

表 3-2　内部控制的五大要素

COSO 的要素	巴塞尔银行监管委员会的要素
控制环境	控制环境:管理层的督促与控制文化
风险评估	风险评估:风险的识别与评估
控制活动	控制活动:控制活动与职责分离
信息与沟通	信息与交流:信息与交流
监　控	监督评审:监督评审活动与缺陷的纠正

以上五大要素与三大目标有机地结合,构成了内部控制的完整体系。

3.4.3　主要特点

巴塞尔银行监管委员会在控制环境方面,强调管理层的督促和控制文化;在风险评估方面,将风险的识别和风险的评估并举;在控制活动方面,突出了职责分离的重要性。此外,该委员会特别对信息与交流作了更多的解释,除了监督评审活动之外,还把缺陷的纠正这种被COSO 认为非内控的活动也归纳为内控活动。巴塞尔银行监管委员会还特别强调监督当局对内部控制的检查和评价,把它作为内部控制的另一不可忽视的内容。

3.5　COBIT 框架

3.5.1　背景介绍

COBIT 的全称是"Control Objectives for Information and Related Technology"(即信息及相

关技术控制目标），它是目前国际上公认的最先进、最权威的安全与信息技术管理和控制的标准。该标准由信息系统审计和控制联合会（ISACA）及其附属研究机构 IT 治理协会（IT Governance Institute，缩写为 ITGI）开发和推广，为 IT 的治理、安全与控制提供了一个一般适用的公认标准，以辅助管理层进行 IT 治理。自 1996 年 COBIT 问世以来，该标准体系经1998 年、2000 年和 2005 年的修改补充，现在已经发展到第四版，已在全世界 100 多个国家的重要组织与企业中运用，指导这些组织有效利用信息资源，有效管理与信息相关的风险。

COBIT 标准和框架由信息系统审计和控制联合会及其附属研究机构 IT 治理协会公布和维护。ISACA 最初的命名是 EDP 审计师联合会（EDPAA）。作为信息系统审计的专业性组织，EDPAA 职业新贵在其成立开始就开始制定信息技术审计专业标准。在 EDPAA 演化为 ISACA 之际，其最初的标准也成为非常卓越的控制目标集，并发展成为 COBIT。COBIT的使命是为业务经理和审计人员的日常应用而研究、开发、公布并推广一套公认的、权威的、最新的国际化信息技术控制的目标体系。

3.5.2　主要内容

COBIT 由执行概要、框架、应用工具集、管理指南、控制目标和审计指南等六部分组成。从总体框架来看，COBIT 所体现的一个基本原则就是通过 34 个 IT 流程的执行运作，以对 IT 资源进行管理、控制与利用，从而达到使 IT 治理的实施最终满足商业需求这一目标。COBIT控制框架将 34 个 IT 流程与商业需求联系起来，形成了一个得到广泛认可的 IT 流程模型。对于 IT 流程的描述主要又分为四个方面，即高层控制目标、具体控制目标、管理指南、成熟模型，此外还包含四种主要的 IT 资源以及相关管理控制目标的认定。从具体内容上看，COBIT 将 IT 治理目标的控制和监管与商业需求紧密结合，为 IT 治理的实施提供了很好的框架支持，一方面保证企业的 IT 资源得到充分且有效的利用，另一方面也有助于合理防控 IT 风险，从而使信息技术更好地服务于商业行为及企业价值最大化的目标。COBIT 的组成结构如图 3-2 所示。

执行概要（Executive Summary）解释了 COBIT 的关键概念和原则是专门为资深管理层设计的。

框架（Framework）描述了 COBIT 的三维结构体系，其中信息准则维（或称 IT 标准）集中反映了企业使用 IT 的战略目标，IT 标准包括有效性、效率性、机密性、完整性、可用性、一致性、可靠性等七方面。IT 资源维描述了 IT 治理过程的主要对象，包括人员、应用系统、技术、设施和数据等五类。IT 过程维是对信息及相关资源进行规划与处理的过程，从信息系统生命周期的四大域确定了 34 个信息技术处理过程，每个处理过程包括详细的控制目标和与控制目标相联系的审计指南。COBIT 的框架从整体上把企业对 IT 标准的要求和对 IT 资源的

```
                    ┌─────────┐
                    │ 执行概要 │
                    └────┬────┘
                         │          ┌─────────┐
                         ├──────────│ 应用工具集│
                    ┌────┴────┐     └─────────┘
                    │  框 架  │
                    └────┬────┘
        ┌────────────────┼────────────────┐
   ┌────┴────┐      ┌────┴────┐      ┌────┴────┐
   │ 管理指南 │      │ 控制目标 │      │ 审计指南 │
   └────┬────┘      └────┬────┘      └────┬────┘
        │                │                │
   ┌────┴──────┐    ┌────┴──────┐    ┌────┴──────┐
   │ 成熟度模型 │    │ 高层域控制 │    │ 基本准则  │
   └───────────┘    └───────────┘    └───────────┘
   ┌───────────┐    ┌───────────┐    ┌───────────┐
   │ 关键成功因素│    │中层过程控制│    │ 具体准则  │
   └───────────┘    └───────────┘    └───────────┘
   ┌───────────┐                     ┌───────────┐
   │ 关键目标指标│                     │ 职业指南  │
   └───────────┘    ┌──────────────┐ └───────────┘
   ┌───────────┐    │下层任务活动控制│
   │ 关键绩效指标│    └──────────────┘
   └───────────┘
```

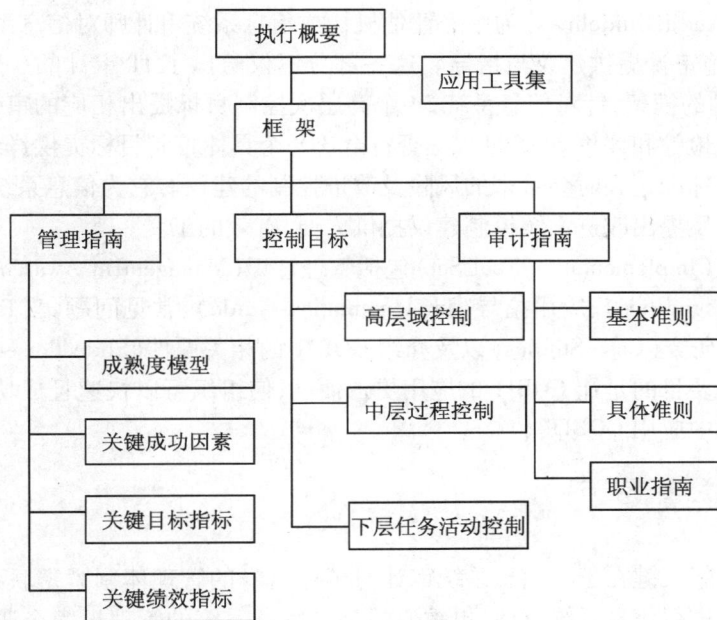

图 3-2　COBIT 的组成结构

需求紧密地融入各个 IT 过程中。

　　管理指南（Management Guidelines）提供了管理工具,对 IT 业务活动进行有效控制,以使 IT 与业务活动保持一致,并通过传送组织所需信息使业务活动得以进行。管理指南给出了度量信息系统生命周期各过程安全、可靠与有效的指标体系,并定义了为管理者提供评估的度量模型。其中,成熟度模型（Maturity Models）用来帮助确定每一个控制阶段是否符合行业和国际标准;关键成功因素（Critical Success Factors）用来确定 IT 程序中最需要进行控制的活动;关键目标指标（Key Goal Indicators）用来定义绩效的目标水准;关键绩效指标（Key Performance Indicators）用来测量 IT 控制的程序能否达到目标。这些管理指南都是为了确保企业成功及有效地整合企业业务流程与信息系统。

　　控制目标（Control Objectives）根据域、过程、任务活动三层体系对总体目标进行分解,通过对特定的活动实施控制,以达到预定的系统目标。按照系统生命周期划分为四个域,即规划与组织（PO）、获取与实施（AI）、交付与支持（DS）、监控（M）;域目标按 34 个 IT 过程进行细分,根据每个过程所涉及的系统资源确定出高层次的控制目标;每个 IT 过程进一步划分成若干任务,确定具体的控制目标,共 318 个。这些具体控制目标给出了详细的系统管理策略,包括应采取何种措施及要注意的事项等。这种三层架构的控制目标体系使系统管理目标更加明确、可操作性更强。

审计指南(Audit Guidelines)为中介评估机构或信息系统审计师对信息系统的控制进行了了解、评估和实施审计提供建议与指导。这一部分不仅给出了 IT 审计的一般方法和要求,而且根据 COBIT 的框架,针对信息系统 34 个高层次控制目标提出相应的审计步骤,为信息系统审计师具体检验和评价各 IT 过程是否符合 318 个具体控制目标提供详细的审计指南,并指出各控制目标未达到时会带来的风险及改进控制的建议。它为信息系统审计师进行信息系统控制审计及提出改进系统控制建议提供方便、有效的工具。

应用工具集(Implementation Tool Set)包括管理意识(Management Awareness)、IT 控制诊断(IT Control Diagnostics)、应用指导(Implementation Guide)、常见问题集(Frequently Asked Questions)、个案研究(Case Studies)以及介绍 COBIT 的相关课件(Slide Presentations)。设计这些工具集的主要目的是让 COBIT 的应用更加便利,使组织可以快速且成功地掌握如何在不同的工作环境中应用 COBIT。

3.5.3 主要特点

COBIT 的思想关键在于将信息系统审计与企业自身的管理体制紧密联系在一起,从企业管理的视角来进行信息系统审计,更重要的是将信息系统的管理视为企业管理的一个重要组成部分。

实施 COBIT 可以增加管理层对控制的感知及支持,它能帮助管理层懂得如何控制影响、实施业务功能。COBIT 提供的应用工具集包括优秀的案例资料(提供模板业务过程,使得优秀范例能够迅速移植),有助于向管理层很好地表述 IT 惯例概念。管理层在基于最佳控制实践基础上作出正确决策的能力亦得到了提高。COBIT 框架还能够帮助决定过程责任,提高 IT 治理水平,通过应用该框架进行责任分析,可以做到基于角色的 IT 管理,定义过程措施,确保客户利益。

COBIT 标准采用了 SEI 的能力成熟度模型来描述 IT 过程能力,以此作为 IT 过程能力度量标准;基于业务平衡记分卡的度量方法,COBIT 标准采用 Goal(KGI)来度量 IT 过程输出,采用 Metrics(KPI)来度量 IT 过程绩效;此后用 COBIT 控制管理目标来定义 IT 过程的活动目的,这是 COBIT 标准的精华和独创。

第4章

内部控制理论

4.1　舞弊理论

关于舞弊行为的成因,理论界提出了舞弊冰山理论(二因素论)、舞弊三角理论(三因素论)、舞弊 GONE 理论(四因素论)和舞弊风险因子理论等四个代表性的理论。

4.1.1　舞弊理论原理

1. 舞弊冰山理论

舞弊冰山理论把舞弊比喻为海平面上的一座冰山,并将导致舞弊行为的因素分为两大类。露在海平面上的只是冰山的一角,它是人人都看得见的客观存在部分,包含的内容是组织内部管理方面的问题,为第一类因素;更庞大的危险部分隐藏在海平面以下,是更主观化、个性化的内容,更容易被刻意掩饰起来,它包括行为人的态度、感情、价值观、满意度等,为第二类因素。从结构和行为方面考察舞弊,海平面上的是结构部分(第一类因素),海平面下的是行为部分(第二类因素)。该理论认为,在考察舞弊问题时一般能较为直观地甄别第一类因素,而第二类因素因更主观化、个性化以及更容易被刻意掩饰,需要更为谨慎地对待。

2. 舞弊三角理论

舞弊三角理论是由美国注册舞弊审核师协会的创始人、曾任美国会计学会会长的艾伯伦奇特(Albrecht)教授提出的。他认为,舞弊的产生需要三个条件:压力、机会和借口,三者缺一不可。后来,斯蒂文(Steven)博士对这些要素进行具体阐述,并在其舞弊学专著中用三角形来形象地比喻舞弊,生动地解释了舞弊现象的社会规律。因此,他的舞弊学理论被称为舞弊三角理论,如图 4-1 所示。

(1) 舞弊的第一要素——压力。

压力是舞弊者的行为动机,是直接的利益驱动。事实上,任何类型的舞弊行为都源于压力,只是具体形式不同而已。舞弊的压力大体上可分为两种类型:经济压力和工作压力。其中,经济压力是指企业管理层或者个人由于经济上的困难而产生的舞弊动机,包括意外财产损失、高额负债、应急需要、贪婪以及虚荣等;工作压力包括失去工作的威胁、提升受阻、对领导不满等,这也会促使当事人通过舞弊的手段来应付考核或者从企业的资产中进行补偿。

(2)舞弊的第二要素——机会。

机会要素是指舞弊者既可进行舞弊,又能掩盖起来不被发现或者能逃避惩罚的条件。机会要素的存在使舞弊动机的实现成为可能。机会形成的原因有:① 缺乏内部控制。有效的内部控制制度是预防和发现舞弊的最重要方法之一;相反,无效的内部控制往往是舞弊的温床。② 信息不对称。信息不对称是指欺骗者比被欺骗者拥有信息优势,被欺骗者往往无法察觉自己处于被欺骗的境地,或者发觉的成本太高、不经济。③ 会计和审计制度不健全。会计、审计制度的缺陷为舞弊提供了广阔的空间。会计的缺陷使舞弊具有很大的欺骗性,而审计的缺陷则使舞弊能够以合法的面目堂而皇之地登堂入室。④ 缺乏惩罚措施。缺乏惩罚措施是指舞弊行为被发现后往往不会受到应有的惩罚,对舞弊者缺乏威慑力。从博弈论的角度来说,威胁的信号不可置信,这时企业舞弊行为的低成本和高收益也为当事人舞弊起到了推波助澜的作用。⑤ 工作质量不易辨认。对于专业性较强的工作,一般人无法判断他们所做的工作是否符合要求并与报酬相符,这就给从事这类工作的人员提供了极好的舞弊机会。⑥ 无知或能力不足。监管人员或者被欺骗对象在某些方面无知、缺乏能力,也会给舞弊者造成可乘之机。

(3)舞弊的第三要素——借口。

舞弊者在面临压力、获得机会后,还需要最后一个要素——借口。也就是说,舞弊者必须找到某个理由,从而使舞弊行为与其道德观念、行为准则相吻合,而无论这一借口是否真正合理。舞弊者常用的理由主要有:① 别人都这么做,我不做就是一笔损失;② 我也是被迫的,无可奈何;③ 我只是暂时借用这笔资金,肯定会归还的;④ 这是企业欠我的;⑤ 没有人会因此而受到损害;⑥ 我会通过其他方面予以更多的回报;⑦ 某些东西(如荣誉或正直)是可以牺牲的。

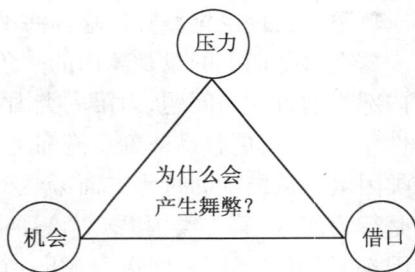

图 4-1 舞弊三角理论

3. 舞弊 GONE 理论

GONE 理论是由美国著名的审计学者 G. J. Bologua、R. J. Lindquist 和 J. T. Wells 于 1993 年提出的。GONE 理论认为,舞弊由 G、O、N、E 四因子组成,它们相互作用,密不可分,没有哪一个因子比其他因子更重要,它们共同决定了舞弊风险的程度。

GONE 由四个英语单词的开头字母组成。其中,G 为"Greed"(贪婪),这里所说的贪婪已超越了其本义,指道德水平的低下,虽然它具有个人主观方面的属性,但客观的社会价值、道德环境也会对它造成影响;O 为"Opportunity"(机会),是实现舞弊行为的可能途径与手段,机会不可能完全被消除,只能尽力予以防范,从而确保这种风险要素低于一定水平;N 为"Need"(需要),需要产生动机,动机产生行为,适当的动机产生适当的行为,不良的动机在外界的刺激下会产生不适当的行为;E 为"Exposure"(暴露),它包含两种含义:一是舞弊行为被发现、揭露的可能性,二是对舞弊者惩罚的性质及程度。

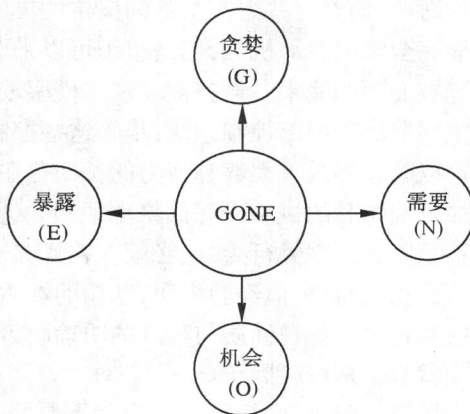

图 4-2　GONE 理论

上述四个英语单词实质上表达了舞弊产生的四个条件,即舞弊者有贪婪之心,且又十分需要钱财时,只要有机会,并被认为事后不会被发现,他就一定会进行舞弊。而"gone"一词在英语中的含义是"逝去的,用光的",所以,GONE 理论正符合四因子共同作用时就会在特定环境中组合成充要条件,促使"被欺骗者的钱、物、权益等离他而去"。GONE 理论如图 4-2 所示。

4. 舞弊风险因子理论

舞弊风险因子理论是 G. J. Bologua、R. J. Lindquist、J. T. Wells 等人于 1993 年在 GONE 理论基础上发展形成的,被认为是迄今为止最完善的舞弊动因理论。他们把舞弊风险因子分为一般风险因子与个别风险因子,如表 4-1 所示。

表 4-1　风险因子要素

风险因子理论	
一般风险因子	舞弊机会
	发现可能性
	受惩罚的性质与程度
个别风险因子	道德品质
	动机

(1)一般风险因子。

一般风险因子是指那些由舞弊者在企业可以控制的因素,这些因素对企业内部的许多员工都起作用。它包括以下三个方面:① 潜在的舞弊机会。舞弊机会主要指舞弊者从本岗位的责任和权力设置及相关制度设计出发,有可能进行舞弊的机会或具体情形。舞弊发生的机会因子不可能完全消除,完全消除舞弊机会的努力将是非经济性的,只要组织存在有价值的财产,而且这些财产由不同岗位的员工交易或控制,舞弊发生的机会就永远存在。虽然不能完全消除舞弊机会,但是组织可以采取措施将舞弊机会因子控制在合理水平之内。② 舞弊被发现的概率。舞弊被发现的概率较高时将发挥抑制舞弊的作用。舞弊被发现的可能性主要取决于内部控制系统,尽管这些控制措施不能杜绝一切舞弊行为,但在理论上它们应该足以防止多数重大舞弊行为的长期存在。因此,在舞弊发生机会的既定水平下,可以通过增加发现舞弊的概率来降低舞弊风险。③ 舞弊发现后受罚的性质和程度。发现舞弊本身并不足以威慑舞弊行为,还必须存在舞弊逆向结果。虽然目前并不存在惩罚与舞弊发生率关系的相关研究,但经验表明,惩罚的性质与程度在逻辑上具有威慑作用。企业应当制定和严格实施关于惩罚性质与程度的明确政策。

(2) 个别风险因子。

尽管一般风险因子存在,但并不是每个人都会舞弊。舞弊是否发生,还有个别风险因子。这是指那些因人而异且在企业控制范围之外的因素,主要包括道德品质与动机两大类。道德品质因子表现道德品质方面的内容,它与个性、正直、诚实等一样,是与个人的内在特性息息相关的。因此,如果不能知晓某人心思,就很难了解某人具有何种特性。即使知道这些特性,个人的解释仍然起一定作用。此外,社会价值也有同样的影响。舞弊者进行舞弊的动机有很多,但大多数与经济需要有关。

4.1.2　舞弊理论在内部控制中的应用

1. 建立内在监督机制

(1) 完善法人治理结构和企业章程约束机制。

企业董事和董事会要忠实履行"委托人"所委托的职责,负责管好自己的执行机构。经理要依照章程和职责行事。监事会切实地监督企业的财务收支,对经理进行监督和约束。在实行董事长兼任总经理的企业,要尽快按《公司法》的要求进行职务分设,防止出现董事长、总经理和监事共同对企业的"内部人控制"。

(2) 改善委托代理契约设计,构建科学合理的权、责、利平衡和激励兼容机制。

委托人在对代理人进行授权时,要清楚地告诉其拥有怎样的权力,能干什么和不能干什么;对代理人实行责任目标约束时,一定要注意目标约束必须建立在企业未来发展和收益的较准确的估计基础上,并且能够反映合同目标约束的变量集合;代理合约中有关"利益"的条款要明确表达委托人是如何对代理人进行激励的,要能够通过一套有效的奖惩措施对代理人的行为产生激励和约束,要使代理人所得的利益与企业的多目标约束挂钩。为了防止代理人以损害企业长期利益和整体利益为代价追求短期利益和局部利益,对代理人的激励措施就应该将长期绩效补偿与短期工薪支付分开。国际上通行的长期绩效补偿措施主要包括:延期支付奖金;对实现的超额利润按比例分成;以购股证和赠股代替现金支付等。

(3)建立管理参与制,有效监督经理的日常经营活动。

管理参与制是使处于服从地位的雇员或其代表有机会参与决定企业发展目标的决策,监督经理的日常经营活动。管理参与制是对经理管理权力的再分配即对雇主与雇员之间的不平等权力关系进行的调整,从而使掌权者的权力受到更多的约束,使服从者的权利得到提升和补偿,从而实现权力的监督、约束和平衡,以防范经理实施舞弊等道德风险行为变为现实。

2.建立外在监督机制

(1)强化企业的法律约束机制。

企业要运用《会计法》、《公司法》、《证券法》及《刑法》等法律形式,强化法律约束。舞弊行为一旦发现,要严肃处理。给企业造成财产损失甚至导致企业破产的,要依法追究经理人员的责任,并实行严格的经理市场禁入制度,不能"易地做官";触犯刑律的,要依法惩处。

(2)强化中介机构的约束机制。

企业的运作离不开会计师事务所、资产评估机构、律师事务所、咨询顾问机构等中介机构。要规范中介机构的行为,中介机构必须按国家标准设立,执行严格的执业规范和标准。此外,还要建立以注册会计师公正审计为核心的会计信息披露制度,防范企业道德风险行为的发生。

(3)强化金融机构的有效监督。

金融机构与企业的往来频繁,能详细及时地了解企业的收支状况。因此,建立金融机构监督机制可以防范其舞弊行为的发生。

(4)实施舞弊审计。

实施舞弊审计主要关注以下几个方面:

① 审查各种货币资金的来龙去脉的真实性、合规合法性,是否存在多头开户、截留收益和转移收益现象。

② 审查实物资产是否存在虚增虚减的现象。

③ 审查各种往来账户的真实性、合规合法性、账户使用的正确性,特别是债权债务的真实性,是否存在利用往来账户转移和调节收益现象。

④ 审查财务成本账户、权益账户的正确性,其核算依据、计价方法的正确性和合理合法性。

⑤ 审查会计账表上反映收入与业务部门反映数据的相关性,审查虚增虚减和截留、转移收益现象。

⑥ 关注会计账户中的异常现象,如反方余额、不正确的对应关系、红字冲销、频繁调账

等情况。

⑦ 实施正常的审计业务时,怀疑被审计单位有欺骗行为的,需要实施延伸审计程序。

⑧ 在发生重大错弊的情况下,对于所涉及的人员,应向更高层管理人员报告,以期较好地解决重大错弊。

（5）加强会计工作反假账的技术措施。

现代企业大多采用电子计算机来处理账务,而现在市面出售的财务核算软件,大多具有强大的反结账、反过账功能。与传统的手工记账核算体系相比,即使工作量再大的财务会计核算系统,如果纯粹出于造假的需要而必须重新处理已形成的会计档案,也可在很短的时间内很方便地实现,且可以不留任何痕迹。改进的办法之一就是在企业中普遍推行基于 ERP 的会计信息综合处理系统。如果企业要进行会计造假而使用反结账、反过账功能,则会因为与会计核算处理相关的物流处理分布在各个相对独立的信息采集点上,且各信息处理点的物流处理在一定程度上的不可逆,从而使得造假的难度加大、成本增高。这将会抑制会计舞弊。

4.2 控 制 论

自从 1948 年诺伯特·维纳（Norbert Wiener）出版了著名的《控制论:或关于在动物和机器中控制和通讯的科学》一书以来,控制论的思想和方法已经渗透到自然科学和社会科学领域。20 世纪 50 年代是控制论的发展时期。1954 年,我国科学家钱学森在美国运用控制论的思想和方法,首创了工程控制论,把控制论推广到工程技术领域。此后神经控制论、生物控制论问世,到 20 世纪 60—70 年代,又相继出现了经济控制论和社会控制论。

4.2.1 控制论原理

1. 控制的定义

在现实生活中,控制活动是广泛存在的。汽车、飞机、轮船的驾驶及机器的操作等是一种控制;生产的调度、战争的指挥也是一种控制;法律的约束、良心的谴责,其目的在于调节人们的社会行为,是一种内容更复杂的控制。控制作为控制论的重要概念,是人类控制活动的理论概括和总结,包含着更深刻的内容;控制作为科学的概念,是指人们根据给定的条件和预定的目的来改变和创造条件,以使事物沿着可能性空间内确定的方向（或状态）发展。控制归根到底是一个在事物可能性空间中进行有方向的选择过程,是实现事物有目的的变化的活动。不难看出,控制的概念不仅和事物发展变化的可能性空间有关,而且与选择有关。选择不是一种偶然的随意性活动,而是一种有意识、有目的的主动行为。可以说,没有目的就谈不上选择,没有选择也就谈不上控制。在控制论中,目的是广义的,它不仅表现为同人的思维有关的愿望,而且表现为生物机体、机器装置、人类群体通过调节所维持的某种属性和功能。在一般意义上,目的可以理解为人们预期的结果,这种预期结果作为控制目标,又必须是事物可能性空间中的某种状态。如果事物的现状不符合人们的需要或愿望,在给定的条件下选择事物可能性空间中的某一种状态作为理想的状态,通过某种手段或采取一系列措施把这种理想状态变成现实状态也就完成了选择,从而实现了控制。控制活动在本质上就是保持事物的稳定状态或促使事物由一种状态向另一种状态转换。人类就是通过选择来实现对事物的控制的,并通过控制达到认识和改造事物的目的。

为了实现对事物的控制,必须具备相应的条件。事物的发展过程不同,预期的目标状态不同,其实施控制的方式和条件也不同。但对于一般的控制过程来说,要实现对事物的控制,必须具备以下两个条件:

(1)被控对象必须存在多种发展的可能性。

控制的目的是为了保持或改变事物的状态,因而事物必须是可以改变的,即存在着多种发展变化的可能性。如果事物没有状态的变化,即事物的未来只有一种可能性,就无所谓控制了。例如,光在真空中的传播速度是确定的,即每秒 299 793 千米,只要是在真空条件下,就只有这样一种可能性。因此,不能说可以控制光在真空中的传播速度。

(2)目标状态在各种可能性中是可以选择的。

被控制的对象不仅必须存在多种发展的可能性,而且可以通过一定的手段在这些可能性中进行选择,才能谈得上控制。此处的必要条件有两个:① 所确定的目标状态必须包括在被控对象的可能性空间之中;② 具备相应的手段和条件能把目标状态从可能性空间中选择出来。若上述两个条件无法得到满足,就无法实现控制的目的。例如,火山在某一时刻有爆发或不爆发的可能,地震有发生或不发生的可能,但目前人类还不能在这两种可能性中进行选择。因此,就不能控制火山爆发或控制地震。

2. 控制论的基本部分

控制论包括以下三个基本部分:

(1)信息论,主要是关于各种通路(包括机器、生物机体)中信息的加工传递和贮存的统计理论。

(2)自动控制系统的理论,主要是反馈论,包括从功能的观点对机器和物体中系统的调节和控制的一般规律的研究。

(3)自动快速电子计算机的理论,即与人类思维过程相似的自动组织逻辑过程的理论。

4.2.2　控制论在内部控制中的应用

管理活动中运用控制论,目的是使管理对象按照预定的计划和预期目标运行并保持某种状态。任何系统在确定整体目标之后,必须通过控制来调整其运行状态,纠正偏离整体目标及与计划的差异,以保证系统运行的最佳适应状态,最终实现目标。控制是指按既定的条件和预定的目标,对系统实施过程施加某种干预和影响。由此可见,系统需要达到的状态为系统目标即控制目标;为实现控制目标采取措施的实施者为控制主体;影响系统不能达到目标的因素、控制活动的承担者是控制客体;控制主体所采取的作用于控制客体的方法是控制措施;在整个控制过程中,依靠信息沟通渠道进行控制主体与控制客体之间的信息交流。依照系统控制论可将企业视为一个大系统,而创造价值就是这个大系统的目标,也就是内部控制的终极目标。在企业系统中,各级主管人员根据事先确定的标准或因发展需要而重新拟定的标准,对下级的工作进行衡量和评价,并在出现偏差时进行纠正,以防止偏差继续发展或今后再度发生。这里控制的主体是各级管理人员,控制客体是下级工作人员的行为,而控制措施就是企业内部的各项规章制度、政策、标准等。

依照控制论的观点,控制系统所共有的基本特性是信息的交换和反馈过程,利用这些特征可以达到对系统的认识、分析和控制的目的。运用控制论中的平衡偏差原理,可以对企业经营管理及其活动过程进行调节、沟通和约束。内部控制研究不仅重视控制系统自身的整体性研究,而且要注重企业组织的整体性研究,控制范围突破组织的界限,延伸至价值链中的价值创造过程,将内部控制转变为驾驭企业的整体控制。

信息反馈对于系统控制十分重要,反馈是系统进行任何环节调整的前提,没有信息反馈也就很难达到系统的稳定状态。事实上任何管理系统都是反馈控制系统,控制的基础是信息,准确的信息是有效控制的前提条件。考虑到控制信息的不同,企业内部控制应包含闭环控制和开环控制。

1. 闭环控制

闭环控制亦称"反馈控制",即用受控系统输出的反馈信息来产生控制力,它构成一个闭合回路。在反馈控制中,"负反馈"能削弱外界对系统的干扰作用,增强系统的稳定性,例如强调业绩评价的考核与惩罚;而"正反馈"能提高输入的灵敏度,增强传输系数和输出效应,例如激励可以提高员工的积极性。值得注意的是,由于在传输和反馈过程中存在时滞,负反馈的反馈深度受到限制,如果其超过一定限度,就会转化为正反馈;而正反馈会扩大系统对目标的偏差,形成恶性循环,导致系统不稳定甚至崩溃。

2. 开环控制

开环控制的控制过程不采用被控结果的信息,而只采用外部控制信息进行控制。这些信息流正好与反馈控制相反,也称前馈控制。前馈控制系统试图通过预测进而避免实际和期望结果之间的偏差,其组成要素包括操作过程(将投入转换为产出)、过程的特征(控制的对象)、计量系统(评价过程的状态及其投入、试图预测其产出)、一整套标准或准则(所预测的过程状态据以得到评价)、调节器(将过程产出的预测同标准相比较,在可能存在偏差的情况下采取修正行动)。

由于提供计划与建立未来系统超前的信息(如经济预测、计划、预算控制)往往很难准确预测,因此开环控制常常与闭环控制结合运用形成混合控制,如在预算控制的基础上,建立经济责任制。

4.3 系 统 论

系统论是20世纪40年代由美籍奥地利生物学家贝塔朗菲(L. V. Bertalanffy)创立的一门横断学科,主要研究系统的模式、原则和规律。

4.3.1 系统论原理

1. 系统的概念与特性

系统是由相互关联、相互制约、相互作用的若干要素组成的具有特定功能的有机整体,主要具有以下7个特性。

(1) 集合性。系统不是个体,而是集合体、统一体、整体。

(2) 关联性。构成系统的每个要素都相互联系、相互依存,形成一个完整的过程。

(3) 目的性。系统主要分为自然系统和人工系统。前者是自然界客观存在的系统,一般没有明确的目的;后者是为体现人们意志所组成的系统,有明确的目的,一般是可以控制的。

(4) 层次性。系统分为各个层次,一个系统既可能包含若干个子系统,又可能被包含于更大的系统之中。

(5) 环境适应性。系统内部的各要素除彼此紧密关联外,还与系统外部的事物有关,但联系不那么紧密。这些有关的外部事物就是系统的环境,系统必须与环境相适应。

(6) 动态性。系统的发展变化是永恒的,世界上没有真正的静态系统。凡是系统,都具有时间序列。

(7) 有序性。系统在空间上表现相互关联的层次,在时间上表现演化动态,因此系统具有空间、时间和功能的有序性质。越有序的系统,其组织化程度越高。

2. 系统思想

体现系统的整体性和关联性的思想即为系统思想，主要包括：全面地而不是局部地看问题；连贯地而不是孤立地看问题；发展地而不是静止地看问题；灵活地而不是呆板地看问题。

3. 系统方法的基本原则

（1）整体性原则。整体性是系统、要素和环境之间的辩证统一。① 系统的性质和规律只有在整体中才能显示，而这种整体的性质并非各个单独的要素所具备的。系统理论的创始人贝塔朗菲提出组成系统的著名定律："整体大于各孤立部分的总和。"这就是说，任何系统虽由若干要素构成，但系统在整体功能和行为、运动性质和规律上，又与构成它的各要素完全不同。② 系统内部各要素的性质和行为都会影响到整体的性质和行为。为了发挥整体功能，各要素一定要把系统看成一个有机整体，在要素与整体之间发生矛盾时，各要素一定要服从全局。③ 系统内部各要素的性质和行为依赖于其他要素的性质和行为。

（2）结构-功能原则。结构指系统内各要素之间的有机联系和相互作用的方式，结构具有稳定性、层次性、相对性和变异性等特征。功能指系统与外部环境相互作用、相互联系的效应和能力，功能是多样的、可变的。结构是功能的基础，有什么样的结构，就有什么样的功能。所谓结构-功能原则，就是依据结构、功能的性质及其相互关系分析研究各种系统，进行结构的复制或功能的模拟，以把握结构与功能的辩证发展规律。

（3）目的性原则。目的性是人或动物本能的一种行为或意图。对人来讲，目的性指有意识地追求目标；对动物来讲，目的性指机体对环境的适应。所谓目的性原则，就是研究任何一个系统所趋向或所追求的目标，并采取相应的手段与方法以促使目标实现。

（4）最优化原则。从广义上来说，最优化是使一项决策或设计的系统尽可能地完善；从狭义上来说，最优化是实现某种目标的最好途径和方法；从数学上来说，最优化是指在某些约束下使目标函数达到极大值或极小值。所谓最优化原则，是指在给定条件下用各种手段和方法促使系统实现最佳目标。一般来说，系统的最优不一定是各个要素最优，这是由系统的整体性原则所决定的。

（5）动态性原则。动态性原则就是把系统内部存在着的一些相互关系和相互作用看成经常变化的。这些关系和作用不一定是简单地线性相加，有时个别要素的变化常常会引起系统的变化，因此应把系统当做一个动态事物来研究。

4.3.2 系统论在内部控制中的应用

基于系统论的观点，可以把企业看成一个为了达到一定目的，由许多相互关联的要素（各种子系统或分系统）组成，并依靠各个要素之间的相互联系、相互作用有机结合在一起的复杂的、耦合运行的人造经济系统。因此，要对其实施有效的控制，必须从系统整体的角度来考虑问题,必须从企业整体的角度来定义和设计控制体系。根据与企业(系统)相联系的紧密程度以及对企业影响的大小,把联系紧密、影响较大的因素作为企业(系统)的构成要素,把联系不太紧密、影响较小的因素作为环境;把企业(系统)构成要素之间为了达到企业目标的相互作用、相互制约关系定义为企业的内部控制;把环境对企业(系统)的影响称为企业的外部控制(也就是市场机制,主要包括产品市场、资本市场和劳动市场等)。内部控制可以看做是企业这个大系统中的一个子系统:它是在生产经营等各个环节中都会发挥重要作用的系统,而且是一个开放系统和动态系统。另外内部控制具有整体性,即五大相互联系、不可分割的要素组成的整体发挥着每个要素单独不能具备的功能。目前我国不少学者对内部控制理论的认识还停留在"措施"、"制度"、"手段"、"程序"等阶段,似乎把内部控制看成了一个静态的事物,这样显然不能体现系统动态性的实质。1966 年,美国会计学会(AAA)在《论会计基本理论》(ASOBAT)中明确指出:"在本质上,会计是一个信息系统。"从系统的观点看,会计信息系统也是在企业中设置的服务于经营管理的子系统。会计信息系统是指由确认、记录、报告、分析、预测、计划、评估等一系列过程而形成的关于企业财务状况、经营成果和现金流量等财务信息为主的经济信息系统。会计信息跟踪着生产和经营的全过程而产生,又可以被管理层用于内部控制等各种活动。在企业中,会计信息系统和内部控制系统总是相互作用、相互影响的。

内部控制系统由五个相互独立、相互联系又相互制约的要素组成,一般将这五个要素称为五个子系统,即控制环境子系统、风险评估子系统、控制活动子系统、信息子系统、内部审计子系统。五个子系统之间具有相互联系又相互制约的关系。

1. 控制环境子系统

任何系统都存在于一定的环境之中,控制环境是指企业内部对控制系统的实施效果具有较大影响的环境因素。控制环境主要包括制度环境和文化环境,具体包括:① 企业的产权制度;② 企业的治理结构;③ 企业的组织结构;④ 企业的经营制度;⑤ 企业的文化。

2. 风险评估子系统

风险评估子系统是风险评估方法、手段和技术的总称。市场经济环境下,企业存在许多风险,企业只有合理地吸收风险才能获得应有的报酬。风险评估包括风险识别和风险估价两部分。

3. 控制活动子系统

控制活动是企业以风险控制为主的控制方法、程序、手段和风险控制技术的总称。它是企业内部控制系统的核心和关键点,是具体实施内部控制的过程。人们通常所说的"控制"就是此处所说的"控制活动"。控制活动必须得到董事会和管理层的重视才能有效实施,只有当企业董事会、管理层和全体员工将控制活动视为企业日常运作的必要组成部分而不是附加物时,控制活动才是有效的。

4. 信息子系统

信息与信息交流是保证企业实施内部控制的媒体或中介,是企业内部控制必不可少的部分。信息包括内部财务信息、运作信息和符合性信息,以及有关影响决策的事件和依据的外部市场信息。其中,会计信息是所有信息中最基本的信息,管理信息是在会计信息和其他内外部信息的基础上加工而来的信息,会计信息和管理信息对企业内部控制都非常重要。所以,企业信息系统主要包括会计信息系统和管理信息系统。同时,信息传递或信息交流也是信息系统不可缺少的功能,信息在收集、处理和存贮之后,必须迅速、准确地传递出去才能发挥信息的作用,如果失去了有效的信息传递或交流,信息便毫无价值。

5. 内部审计子系统

内部审计子系统就是监督子系统,是一个对企业经营管理活动进行监督和评价的系统。企业内部审计一般是由企业内部专门成立的内部审计部门来完成的。内部审计是企业内部控制系统的重要组成部分,内部审计是内部审计部门代表企业董事会对企业日常经营管理业务进行的检查和监督,是防范风险的最后一道屏障;同时,内部审计又负责对企业内部控制进行评价,是对内部控制的再控制。通过内部审计,可以发现内部经营管理中存在的问题和内部控制存在的缺陷,并通过内部审计部门向管理层提出改进建议,促使企业纠正错误,完善制度,加强管理,保证企业稳健经营。

4.4 委托代理理论

委托代理问题最早由罗斯(Ross)提出,又得到了 Mirrlees. J 和 Stiglitz. J. E. 的进一步发展,他们对委托代理的研究取得了一系列的重要成果,这些成果主要集中在对以委托代理为基础的现代企业经营者的激励约束问题。委托代理理论是主流经济学的重要组成,它与新制度经济学、产权经济学、交易成本经济学、企业行为经济学不同,委托代理理论是在最近30年才创立的,已成为现代西方经济学最前沿的研究之一。

4.4.1 委托代理理论原理

委托代理关系下,代理人根据委托人利益从事某些活动,委托人则相应地授予代理人某些决策权,双方形成契约关系。一般而言,委托人总是期望通过各种方式监督和激励代理人,使其尽最大努力工作,完成受托责任,为委托人创造尽可能多的利益;而从代理人的角度看,代理人总是希望获得更多的权利,在物质上、精神上得到尽可能多的回报,尽可能少地承担责任和风险。因此,委托人与代理人之间不可避免地存在着利益上的冲突,从而产生了委托代理问题。

在企业中,这种利益冲突表现在以下两方面:

(1)道德风险。

经营者为了自己的目标,不是尽最大努力去实现企业的目标,而是利用自身的信息优势,为自己谋利而导致委托人利益受损,但仍能以各种客观理由开脱责任。这样做只是道德问题,委托人很难追究他们的责任。

(2)逆向选择。

由于信息不对称,经营者比所有者拥有更多关于企业生产经营的信息,他们为了自己的目标背离所有者的目标,作出有损于所有者利益的不利选择。

因此,要解决由委托代理导致的道德风险和逆向选择问题,应在委托人和代理人之间建立约束机制。这种约束机制之一就是实施内部控制,以降低代理成本,减少"内耗",提高企业生产经营的效果和效率。

依照委托代理理论的观点,企业是以契约形式组成的多层次委托代理关系的集合体。企业内部控制制度作为系统的制约机制,可以根据委托代理登记控制关系划分为两个层次:首先,所有者放弃了经营权,而以委托的方式将资产托付于管理者经营,二者之间形成了第一层委托代理关系——所有者与经营者间委托代理关系,从而产生第一层次的控制关系,即从所有者角度出发,对包括管理者本身实施监控的控制体系;其次,由于企业规模的大型化,业务的多元化、复杂化,高层管理者不得不再次通过授权将自身的受托责任分解给各部门负责人,由他们代理完成,而各部门负责人又将接受委托的责任进一步分解到各班组员工,从而又形成了第二层、第三层委托代理关系——管理层间委托代理关系,由此产生了内部控制的第二层次,即从管理者角度出发,对生产经营过程实施控制。根据内部控制的两个层次,可以采取相应的控制方式与控制关键点,对企业生产经营进行有效管理。

上述各级委托代理关系中,委托人直接管理代理人,双方有直接的利益关系,但由于双方的有限理性和自身效用最大化的追求,必然存在不同的经济利益,从而不可避免存在信息不对称问题。信息不对称对内部控制的建立和实施都有重要的影响。

在企业制定内部控制的具体措施时,第一层委托代理关系的委托人是企业所有者,代理人是经营者。由于所有者不是专门管理者,对企业的经营没有专门研究,因此不可能亲自制定企业内详细的内部控制,只能提出一些基本要求,委托管理者根据这些要求制定各项具体制度。这时管理者就可利用代理人的身份掌握委托人不知的信息,并利用这些信息来追求自身效用最大化。在这种情况下,若管理者在内部控制设计阶段时没有制定相应的控制活动,所谓的控制政策和程序必然难以真正完整、有效。

内部控制在实施中,委托人并不能确切获得代理人实施真实情况的全部信息,不知实施的好坏程度,只有根据一些基本指标进行判断,但这些指标说明的又只是表面现象,因此,委托人必须设计一套较完善的监督体系来对代理人进行监督,这种因委托人限制或严密监督代理人的行为所引起的代理成本过高也将使委托人受损。如何使成本最小化是必须关注的问题。进一步说,内部控制要想不断完善,必须根据各级代理人反馈的信息不断修订。如何使代理人反馈回真实信息,也是应该值得注意的。

4.4.2 委托代理理论在内部控制中的应用

内部控制在一定程度上是降低代理成本、解决代理问题进而提高企业绩效的方式之一。从所有者的角度来看,为了获得最大的收益,希望能够以合理的成本对代理人的行为进行监督,使代理人的行为符合自己的利益;从管理者的角度来看,为了获得所有者的信任,长期稳定地得到较高的职位,希望能够采取行动向所有者保证会为委托人的利益服务。因此,所有者和管理者都希望建立一种机制达到利益一致,主要的机制有董事会、管理层激励、所有权结构及审计制度等。

1. 董事会

企业是一种"团队",团队产生的结果具有不可分性,也就是不能准确地确定每个成员对产出所作的贡献。在合作生产过程中,由于人的自私和机会主义动机,可能产生偷懒(Shirking)和搭便车行为。为了减少这两种行为,就有必要实施监控。在团队中至少要包括两类人员,即生产人员和监督人员,解决的核心问题有两个:一是要设计一种计量机制和监督机制,目的是衡量各要素投入的生产力;二是要设计一种激励机制,从制度上形成监督机制。该机制从团队生产的角度研究了监督者存在的必要性,侧重于企业内部监控和激励机制研究,从而保证团队更有效率。

股东大会在保留了重大决策权后,将其他权力交给董事会,因而控制权出现了第一次分配或分工。董事会享有决策权,当董事会把管理权和日常经营权交给经理人员后,董事会的经营权出现了分离,控制权发生了第二次分配或分工。董事会为了确保其决策的执行,应对经理人员进行监督,以防止其行为损害或偏离经营目标。董事会是企业内部控制系统的核心,企业的活动由董事会来决定,企业的实际控制权掌握在那些有权选择董事会成员的人手里。董事会作为一个重要的内部控制工具,为企业的权益资本和管理雇佣契约提供了治理上的安全措施。

2. 管理层激励

如何激励处于委托代理关系中的首席执行官(CEO)是公司治理的重要问题。对于管理者的机会主义行为,一个可行的办法是对管理者进行激励,将管理者的长期利益与股东的利益联系起来,使管理者在追求自己利益的同时实现股东的利益。管理层报酬有两个基本问题:一是报酬水平,即如果向管理者提供足够的报酬,管理者利益与股东利益就可能趋于一致;二是报酬对业绩的敏感性,即管理层特别是 CEO 的报酬是否与企业业绩相关,也就是管理层的贡献与所得之间的关系。管理者的各种激励合约产生了以下问题:第一,由于激励合约需要业绩评价,所以许多管理者就开始操纵业绩指标,进行盈余管理甚至作假;第二,管理者会将从这些激励中得到的效用与原来从机会主义行为中得到的效用相比较,并至少要求二者平衡,这使激励的成本变得很高;第三,在股权分散的情况下,管理者激励合约是由董事会与管理者商定的,如果董事会不能较好地履行其职责,则管理者可能利用这个机会轻而易举地谋取自己的利益。

Bouillon 于 2006 年以管家理论和代理理论为指导进行了实证研究,管家理论认为企业所有者与经营者之间的关系是信托关系,企业经营者是企业的善良管家,像善良的父亲一样勤勉地为企业工作,以便企业获得高额营利。激励企业经营者的主要因素是成就、荣誉和业绩,而非金钱等物质利益。Bouillon 等检验了目标一致性在管理控制系统中的重要性,考虑经理人员与企业战略的一致性(委托代理利益的一致性)、经理人员之间目标的一致性(代理人的目标一致性),研究结果表明,经理人员的行为并不只受个人机会主义动机的影响,而目标一致性也不只依靠对业绩计量和激励机制的正确选择来改善效率和规避道德风险,基于战略认同和激励改善的目标一致性可以使管理控制系统更有效。

与代理理论相对,管家理论认为代理人愿意显示出合作和有组织的行为,因为他们可以通过合作获得比采用自利行为更多的效用。当经理人员作出正确的选择,认识到目标一致性并规避风险时,个人效用会增加。管家理论认为,当经理人员自愿采取与企业目标相一致的行为时,监督和激励成本都会下降。有时,采取集体主义行为会比采取个人主义行为给个人带来更多的效用,企业目标的一致性会产生重要的经济收益。当经理人对企业战略一致认可时,激励在对管理控制系统的设计中将变得不重要。有证据显示,经理人员的行为不仅受个人机会主义动机的影响,目标一致性的实现也不只依赖正确的业绩评价和激励机制的选择。当对战略认可的一致性存在时,企业可以积累更多的资源,提供更多的服务,并有更高的经营效率和成本弹性,过度地依赖财务激励会破坏企业的绩效及经理人的合作意愿。相反,如果经理人不认可企业的战略,那么基于代理理论设计的管理控制系统就会变得有效。

3. 所有权结构

有学者对所有权与控制理论进行了系统研究,认为组织内部的谈判、监督、执行和约束等要求有一系列的制度安排来维持契约的有效性,从而保证企业作为经济组织的整体效率。大股东在公司治理中起到非常重要的作用,某种程度上能够降低代理成本。有证据表明,外部大股东对企业行为有积极的影响。外部大股东的存在对高管人员的报酬起到监督作用,而且董事会中有外部大股东能够其增加控制权变更的可能性。

4.5 信号传递理论

"信号"是经济学中常常被提到的一个名词,它意味着一个主体的某种行为向其他主体传递了一些信息,并会对其产生一定影响。信号传递理论是由斯彭塞(Spence)于1974年首先引入经济学的。

4.5.1 信号传递理论原理

信号传递理论首先出现于信息经济学中,它主要集中于市场效率的分析。信息经济学指出,信息是在决策中必须依赖的因素。一般来说,相关信息越多,决策的准确性和科学性就越高,但在搜集决策信息时是要付出成本的。由于信息成本的存在,每个人打算拥有信息的愿望和强烈程度是不一致的,例如有人愿意多付出成本而多拥有信息,有些人则刚好相反。这就决定了各种信息在不同的人群中的分布是不均衡的,存在着信息不对称现象,即在交易过程中交易双方的一方拥有另一方所不知道的信息。例如,在产品市场,卖者对产品质量的了解通常比买者多;在信贷市场,贷款人对借款人的投资项目的收益及风险等缺乏了解;在保险市场,投保人比保险企业更了解所投财产的风险状况。信息的不对称性会衍生出两类代理人问题:逆向选择(adverse selection)和道德风险(moral hazard)。西方学者研究代理人的绝大部分文献都是设法解决或缓解这两类基本代理人问题,其中信号传递理论主要研究解决逆向选择问题。

1974年斯彭塞为了克服和补偿逆向选择市场的低效率现象,提出了"信号"理论。他指出,在某些市场买卖双方都可以通过市场发出传递产品质量信息的信号。斯彭塞还论证了掌握更多信息的一方可以通过向信息贫乏的一方传递可靠信息而在市场中获益。斯彭塞还对信息占有优势方可能会以高价向市场上的其他当事人交流信息以避免"柠檬"因素提出了几种公式化方法,并在其理论中提供了有关结果的模型。斯彭塞的另一重要发现涉及信号成本,例如,在劳动力就业市场,求职者的传递资格信息的成本必然各不相同,而且适合某一岗位的求职的成本必然低于雇主挑选另一个生产能力较低者所付出的成本。解决逆向选择问题的一个主要方法就是信号传递。如果拥有私人信息的卖方能将其私人信息传递给没有信息的买方,或买方诱使卖方揭示其私人信息,交易的帕雷托改进就能实现。因此,代理人(卖方)有动力显示自己的类型,选择某种信号以使自己的类型能够被委托人(买方)识别。委托人在观察到代理人的信号之后,与代理人签订契约。例如在旧车市场上,好车的卖主会愿意发出信号表明他们提供了一辆好车而不是一个蹩脚货,并且质量越高,其披露将越充分,这就是所谓的信号传递理论。斯彭塞首先考察了劳动力市场上的文凭。在该模型中,教育水平成为传递雇员能力的信号。虽然雇员的能力与其学习的知识可能无关,但是只有高能力的人才能获得较高的文凭,因而文凭就成为显示劳动者能力的信号。雇主认为那些不接受较高教育的人一定是低能力的,因而只愿意支付较低工资,而愿意对那些较高文凭的人支付较高工资。在这里,教育水平(文凭传递了能力的信号)将不同的劳动者区分了开来。旧车市场的信号之所以能发挥作用,使买主能够在两种车之间作出区分,是因为只有好车的所有者负担得起信号成本,而坏车的所有者不能,但如果坏车的所有者能够模仿信号,信号的效率将受到影响。

4.5.2 信号传递理论在内部控制中的应用

内部控制信息披露可以促进资源的有效配置。在市场上,为了解决信息不对称及其导致逆向选择的问题,信号传递理论发挥了重要作用。信号传递理论认为,高质量的企业通过传递信号将其与那些较次企业区别开来,市场也会作出积极的反应,这些企业的股票价格将会上涨,而那些不披露信息的企业则被认为是有不好的消息,其股价将会下降。因此,企业就有动力进行充分披露,以向市场传递企业的信号。企业通过财务报告充分披露企业的信息(企业的信息大部分但不全部都是通过财务报告提供的),减少了内部信息的存在,以及内部人利用信息优势获利的时间跨度,从而使外部用户能将不同的企业区分开来,同时也促进了证券市场的有效运行;通过可信而充分的披露,减少了外部用户对企业前景的不确定性,外部用户愿意以较高的价格来购买其证券,企业的筹资能力将会提高,资本成本将会降低,企业的价值将会提高。这是对自愿披露内部控制信息最为广泛接受的解释。正因为企业管理层有自愿披露内部控制信息的动机,自愿性信息披露方式应运而生,而强制性信息披露也同样重要,这是因为仅仅依靠企业自愿性披露内部控制信息远远不能满足投资者的需要,很多企业不披露或虚假披露内部控制信息。因此,会计信息的信号传递作用是市场健康运行的重要保证。信息具有经济后果,对于社会资源的合理有效配置具有重要作用。通过相关而可靠的信息,资源提供者可以对不同企业的机会和风险进行正确的评价,从而选择合适的投资对象,实现资源的有效配置,避免资源的浪费。

内部控制信息披露可以提高企业自身价值。企业管理当局或董事会对其内部控制进行评估并对外报告,可以改善管理、减少舞弊,从而提升企业价值。一方面,内部控制信息披露可提高企业管理当局对内部控制的意识,从而改善企业内部控制环境;另一方面,企业提供内部控制信息披露的前提是对内部控制的设计和运行进行了解、记录和评估,此过程可以发现内部控制中存在的问题并进行解决。内部控制信息披露的这种作用随其涵盖范围的不同而不同,从这种意义上说,内部控制信息披露的范围越广,其对内部控制的改善作用就越大。

第 5 章

内部控制目标

5.1　内部控制目标的演变

内部控制目标随着内部控制的发展而演变,在内部控制发展的不同历史阶段,内部控制目标有着不同的内涵。

早在公元前 3 000 多年前,人类社会的一系列活动中已体现出带有本能意义的内部牵制,那时的内部控制目标只是通过积累经验对简单的职能进行相互牵制,主要的目标是保护财产安全,还没有"内部控制"的概念。15 世纪后,企业管理理论得到了迅速的发展和完善,形成了涉及组织结构、职责分配、业务程序、内部审计等许多方面的控制体系。这时候的内部控制是以账簿之间的一致、账簿纪律的遵循、财产的安全性以及会计报表数据可靠性为主要目标。尽管内部控制在这期间已在管理实践中完成了其主体内容的塑造过程,即保证资产安全和会计信息真实是内部控制发展的主线。但其各项构成要素和控制措施只是散见在企业各项管理制度、惯例和实务中,管理者并没有从理论上进行总结,也没有提出内部控制的概念,这时内部控制的主要目的就是查错防弊,它是通过总结以往的经验、在实践的基础上逐渐形成的。

直到 19 世纪,基于提高审计效率和保证审计质量的需要,审计人员把内部控制从企业管理活动中抽象出来,赋予其目标和体系,从实践上升为理论,使之成为审计技术和程序的组成内容。但是,内部控制的初衷并不是为审计服务的,它完全是从管理的角度出发的,应当是企业客观存在的东西。内部控制制度被运用于审计也是出于保证会计信息真实性、防止企业违规之目的。企业规模的扩大和企业结构的复杂性迫使注册会计师寻找既保证审计质量又降低审计成本的办法,在这一过程中注册会计师认识到了抽样审计可以与内部控制制度结合起来,从而使审计方式逐渐演进成以评审内部控制制度为着力点,审计也从传统的审计阶段进入现代审计阶段。

随着公司制企业的出现,剩余索取权与控制权在一定程序上产生了分离,随之产生了代理问题和搭便车现象,公司治理结构这一概念的出现对内部控制目标提出了新的要求。19世纪末至 20 世纪 30 年代,美国经历了两次兼并浪潮。通过兼并,公司规模不断扩大,股权进一步分散,所有权与经营权高度分离以及管理阶层的形成,公司治理结构提上人们的议事日程。在现代公司制下,以保护资产、查弊纠错及防止违规行为为内容的内部控制显然不能满足需要,以更新内部控制结构为主体的内部控制机制应运而生。这种内部控制制度的职责不仅包括保证资产的安全完整,检查会计资料的准确、可靠,还要求促进企业经营方针的贯彻并提高经营效率。

1988 年从"内部控制结构"概念起,内部控制开始涉及董事会、人力资源政策、经营风格、公司治理等战略层次因素,但都是作为环境影响因素并没有融入到实质的控制活动中。1992 年,COSO 委员会《内部控制——整体框架》中控制的主体涉及董事会,但是董事会与内部控制的联系仅仅局限于企业有一些事情需要董事会审批和授权,基本上把内部控制限定在 CEO 之下。之后的 COCO 模式比 COSO 模式更具动态性和管理阶层导向,涉及企业的使命、前景、策略等方面,但该报告也指出内部控制不包括如何确立企业目标,也不能防止企业作出错误的战略决策,这些属于管理活动的内容。同一时期,巴塞尔银行监管委员的《银行组织内部控制系统框架》基本采纳了 1992 年 COSO 模式,将治理层因素纳入控制环境中。2004 年,COSO 委员会《企业风险管理——整合框架》中直接将战略目标作为风险管理的首要目标,但仔细分析该报告的目标设定和控制活动两部分内容可以发现,融入风险管理的内部控制关注的是战略实施过程中的不确定因素,即事件如何潜在地影响战略的贯彻和目标的实现,以"确保管理层对风险作出适度的反应",至于建立使命、规划战略等过程仍不属于内部控制涉及的范围。ERM 框架中也突出强调董事会的参与,指出董事会是保证风险管理有效的必要的组织,负责对企业风险管理的监督,而"对企业的风险管理最终负责的是首席执行官"。我国新颁布的《企业内部控制基本规范》也明确将战略目标作为内部控制的五个基本目标之一。因此,综观各国的内部控制规范,其控制模式已提升到战略控制的高度。

由此可知,内部控制目标大体经历了由最初的相互牵制以保护财产安全、会计信息可靠,到之后的防止违规、保证经营效果及效率等管理方面的需要,再到涵盖企业治理层次的战略目标几个阶段。

长期以来,内部控制理论把关注重点放在会计信息的真实可靠、资产安全完整,以防止财务报告舞弊案的发生等这些外部目标上,但事实上,财务报告舞弊的问题还是经常发生。因为对外的财务报告是企业过去的经营成果的被动反映,一味强调审计监管导向的内部控制只能通过财务报告的约束作用间接作用于企业的经营活动,仅强调与财务报告相关的内部控制并不能防止企业战略、经营管理上的失败,管理层经营失败而不可避免地导致企业价值下跌,原因可能在于其糟糕的战略,无法保持核心竞争力。因此,关注企业内部管理的控制目标,才能有效地消除企业舞弊、经营失败等问题。纵观内部控制目标的演进过程,内部控制目标经历了由单一目标向多目标,由外部目标向内部目标发展的过程(如图5-1所示),而外部目标和内部管理目标又是相互联系的。科学、合理的内部控制目标应同时满足内部管理需求和外部审计监管需求。只有标本兼治,内外部相互促进,才能共同提升和完善内部控制。从内部管理视角来看待内部控制,不断深化审计监管视角的内部控制,使之更好地服务于企业的价值创造。

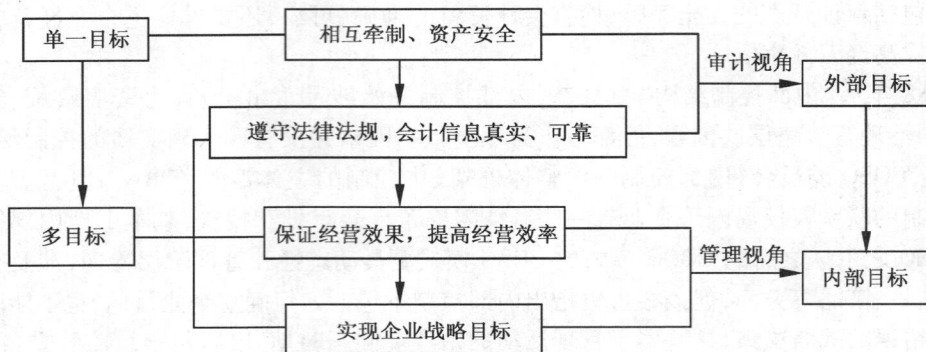

图5-1　内部控制目标的演进

5.2　内部控制目标系统

5.2.1　内部控制目标

《企业内部控制基本规范》将内部控制目标定位于:企业经营管理合法合规;资产安全;财务报告及相关信息真实完整;提高经营效率和效果;促进企业实现发展战略。也就是说,企业内部控制包含五大方面的目标:合规目标、安全目标、报告目标、经营目标、战略目标。

1. 合规目标

合规目标也称为遵循目标,是企业作为社会公民在从事经营和其他特定活动时必须遵守适用的法律法规的目标,而法律法规确定了企业遵循目标的最低标准。一个违反相关法律法规、丧失道德底线、声名狼藉的企业,必然会遭遇社会的摒弃,甚至会对社会造成巨大的危害。为此,企业建立健全内部控制的一个重要目标就是使企业的各项活动和事项遵守相关的法律法规。

企业的经济活动涉及各个方面的经济利益,从某种意义上讲,经济交易实质上就是利益的交换。因此,为了维护正常的交易秩序,防止交易关系人出于自我利益的考虑而不正当地损害其他人的利益,同时也为了降低整个社会的经济运行成本,国家有关部门和企业都制定了相应的法规、制度、条例等,以便对有关经济行为加以管理和规范。然而,在企业实际经营过程和社会经济活动中总是存在着违反法规、制度的现象,因此国家有关法规、制度的落实必须靠企业内部控制的有效执行来保证。从这种意义上讲,企业内部控制制度实际上是保证其他制度得以实施的保证性制度安排。

2. 安全目标

安全目标是保证资产安全完整的目标。资产是资本赖以存在的自然形态,是对企业未来经济效益有用的经济资源。企业实现资本增值保值也有赖于资产的安全完整,这就要求企业会计遵循会计职业道德,从事会计核算及监督工作。可见,资产安全完整既是自然物质和权利形态的安全完整,也是财产价值形态的安全完整。因此,保证资产安全完整,不仅是财产保管和使用部门的内部控制目标,也是企业出资者及管理当局的内部控制目标。

企业的资产,包括有形资产和无形资产,会因为盗窃、滥用和意外损坏而遭受损失。在企业内部控制实施过程中,不相容业务的分工使授权人与执行人,执行人与记账人,保管、出纳与会计人员,总账和明细账等得以分开,从而形成了一种内部相互牵制的关系;同时加上限制接近财产及内部定期盘点、核对制度等管理规定,在企业财产的收、付、存、用等环节中就建立一套严密的控制系统和完整的监控链条,这样就可以有效地制止浪费、毁损,防止各种贪污舞弊行为,确保企业财产物资的安全与完整。从一般意义上讲,健全的内部控制可以堵塞漏洞、消除隐患,防止企业资产因浪费、盗窃、无效率使用、不当经营决策等原因而导致损失。

在内部控制运行过程中,要很好地实现其保证财产物资安全与完整的目标,必须要达到以下要求:(1)资产的记录与保管一定要彻底分开;(2)任何资产的流动都必须进行详细的记录,不仅进入企业和流出企业要记录,而且企业内部各个部门之间的资产流动也一定要有详细的记载;(3)需要建立完善的资产管理制度,包括岗位责任制度、惩罚制度以及激励制度等;(4)需要对资产进行定期和不定期的盘点,并确保资产的账面记录与实际存有数量一致。

3. 报告目标

报告目标是指财务报告所披露的信息应当真实、完整和公允的目标。财务信息的披露主要有对内和对外两种方式,财务报告的真实完整目标最初是由审计人员为了划清审计责任而提出的。企业通过实现财务报告目标来满足社会责任的需要。可靠的财务报表是获得自有资本和债权资本的前提,并对获得补偿合同和应对供应商十分关键。投资者、债权人、顾客和供应商通常借助财务报表来评估管理层业绩,并将其与同行业以及其他可供选择的投资机会进行比较。保证财务报告的真实可靠是管理层的首要责任,也是企业内部控制的第一目标。尽管企业内部控制的目标已经不再仅仅局限于防止财务报告舞弊,而是由以防弊为主发展到了以兴利为主,但防止舞弊以保证财务报告的可靠性仍是企业内部控制的重要任务之一。

为了达到财务报告可靠性的目标,企业内部控制在运行过程中必须达到以下要求:(1)保证所有交易和事项都能够在恰当的会计期间内及时地记录于适当的账户;(2)保证会计报表的编制符合会计准则和有关会计制度的要求;(3)保证账面资产与实存资产定期核对相符;(4)保证所有会计信息都经过必要的复核手续,并确认有关记录正确无误。

4 经营目标

经营目标是企业董事会及高级管理层追求的目标,包括经营业绩、赢利目标和保护资产避免损失。经营目标根据管理层有关组织结构和业绩选择的不同而不同,需要反映企业经营的特定业务、行业和经济环境。例如,这些目标与质量的竞争压力、缩短从产品到市场的运作周期或技术变化相关。一旦目标设置清楚合理,企业就能优化资源配置。如果一个企业的经营目标不甚清晰,企业资源可能就会被浪费。

虽然企业运营的最终目的是生存和发展,但由于企业所处的环境不同,各企业经营的目标和计划也不尽相同,但无论是什么样的经营目标,都要追求经营的效率性和效果性,即企业总的经营目标是经营的效率和效果,企业其他的经营目标都要为这一目标服务。在现实中,企业视经营的效果和效率至上,因为只有提高了经营效果和效率,才可能言及其他目标。期望内部控制能提高企业经营的效果和效率是来自企业内部的、自发的一种"本能"。

通常情况下,合理的内部控制能够通过三种方式提高企业内部的经营效率和管理效果:(1)内部控制要求组织精简、权责划分明确,使每个人的责任清楚,不能推卸,从而使各个部门和环节密切配合,协调一致,充分发挥资源潜力,充分有效地使用资源,提高经营绩效;(2)内部控制要求有良好的信息和沟通体系,可以使会计信息及其他方面的经济管理信息快速地在企业内部各个管理层次和业务执行系统之间流动,从而提高经济决策和反应效率;(3)内部控制拥有与岗位职责相一致的业绩考评制度,可以对经济效率的高低进行准确的考核,并对优秀者予以奖励,对落后者予以惩罚,从而形成有效的激励机制。

5. 战略目标

战略目标是指以长远发展的角度,使企业效益最大化或企业价值最大化。战略目标源于企业的使命或愿景,是内部控制目标体系的核心,在内部控制目标体系中起着承前启后的连接作用。因此,对内部控制战略目标的定位是企业内部控制目标管理的重心,也是企业构建完善、有效的内部控制体系的关键。

战略目标的层次比其他目标更高,是与企业的愿景或使命相关的高层次目标,其他目标是战略目标的具体化。我国《企业内部控制基本规范》引入了战略目标,说明内部控制不仅可确保短期经营的效率与效果,而且介入了企业长期战略(包括经营目标)的制订过程。一个企业的战略管理是否正确、有效,不仅影响企业的日常经营,而且影响企业的长远发展,还会对反映企业经营成果的财务报告的可靠性产生直接影响。因此,为了有效地控制企业的风险,就必须从其产生的源头着手,从战略系统观对企业经营风险进行分析、测试、评价和决策,并通过对企业保持和加强竞争优势的战略及其恰当性进行分析评价,才能从源头上解决"合规性"问题,控制企业风险,保证企业报表的真实可靠。战略目标的引入体现了内部控制目标新的变化,顺应了内部控制演进的趋势,将战略作为内部控制建设的目标之一,突出了战略的基本地位。

5.2.2　内部控制目标系统

企业内部控制的五个目标之间不是相互独立的,而是相互联系的,战略目标是总目标,其他四项目标都是为其服务的。因此,战略目标是最高层次的目标,其他四个为具体目标,是战略目标的具体细化,在每项具体控制目标下,还可细化为若干更具体的控制目标。例如,报告目标就是保证财务报告信息披露的可靠性目标,可分解为保证会计凭证的准确性、保证会计账簿的准确性、保证会计报表的准确性等几项具体目标,其中的"保证会计凭证的准确性"的具体控制目标又可进一步分解为保证会计原始凭证的准确性、保证会计记账凭证的准确性,其他两项具体控制目标同样也可分解为若干更具体的控制目标。由此可见,企业内部控制五大目标是以战略目标为出发点与归宿的,战略导向的内部控制体系目标可以更好地完成企业战略制订、实施和改进,实现企业战略意图,获得企业生存发展的契机和方向,并最终为企业价值最大化服务。

企业内部控制的五目标只是一个对内部控制目标所进行笼统、概括性的阐述,在实务中它必须转化成企业的目标,例如利润最大化、企业价值最大化、相关者利益最大化等。企业本身是一个契约的集合,本质上它自己没有目标或动机,其目标的实现只能通过企业的参与主体按照相互的协议和规则在实现个人目标的过程中来完成。现代企业制度下,企业的目标并不是由全体利益相关者一起实施的,而是由所有者的代理人——董事以及董事会来实施的。董事及董事会代表所有者的利益,并代替所有者与企业的管理者一起制订公司的整体战略和计划,确定战略目标,然后由企业的管理者来实施战略和计划,最后由企业的一般员工具体落实。因此,根据系统的整体性原理和控制层次差异,内部控制的内容可分为三个方面:企业治理控制、企业管理控制和作业控制。

因此,企业内部控制目标设定也应分为三个层次,即治理层面、管理层面、作业层面,这不仅使内部控制概括性目标转化为可操作的目标,也为目标的实现提供了执行路线。企业首先在既定的使命或愿景指导下制订企业的战略目标,然后根据战略目标制订管理业务层面的目标并将这些目标在企业内层层分解,最后根据设定的目标合理确定企业整体风险承受能力和具体业务层面的可接受的风险水平,以此来采取措施进行控制活动。因此,企业内部控制是一个总目标、四个具体目标及三个层次目标相互关联组成的目标系统(如图5-2所示)。

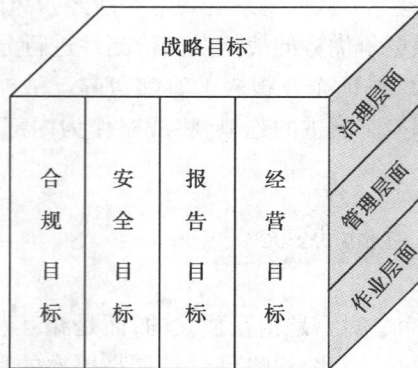

图 5-2　内部控制目标系统

5.3　内部控制目标的设定

5.3.1　设定内部控制目标的重要性

1. 目标的设定有利于及时发现问题,控制企业风险

一般来说,企业在认识到影响其业绩的潜在事项之前必须有一定的目标。2004 年 12 月四川长虹上市 10 年来首次预告亏损,主要是由于对一单项应收账款计提巨额坏账准备引起的。1998—2004 年,美国 APEX 公司已经累计拖欠长虹 4.67 亿美元(折合人民币近 39 亿)货款,2004 年底对该应收账款计提坏账准备 3.1 亿美元(约 25 亿元人民币)。如果企业在开始时就对企业的应收账款授信额度、信用政策等管理设定了目标,并建立了相应的控制机制,这种情况就不可能出现,或者说会尽早采取措施终止交易,而不至于恶化到如此地步。可见,目标是否设定以及设定是否合理对企业而言都是很重要的,因此企业应设立适当的目标,并且使选择的目标能支持、连接企业的使命,并与其风险偏好相一致。此外,中航油公司管理层在没有向董事会报告并取得批准的情况下,无视法律法规的禁止,擅自将企业战略目标移位于投机性期货交易,这种目标设立的随意性以及对风险的藐视,最终将企业陷入惊涛骇浪之中。事实上,中航油集团在海外设立公司的初衷是非常明确的,就是为了取得一个价格相对平稳的国际油价。但是,这一目标最后被陈久霖擅自改变为通过投机性场外交易来搏击利差。可见,目标的随意更改导致了中航油最终受到毁灭性的打击。因此,在风险防范方面,目标设立起到非常大的作用。企业要想有效地管理风险,必须借助于目标的设定对风险进行事前管理,借助于内部控制对风险进行事中的控制,根据内部控制目标采取风险应对措施。

2. 目标的设定是内部控制的出发点与归宿

从控制论的角度分析,目标是控制的出发点和归宿,控制的最高宗旨就是实现预定的目标,因而目标设定自然成了实施控制的第一步,内部控制的目标定位是内部控制的根本所在。只有目标定位明确了,相应的内容范围才能够确定。内部控制目标既是管理经济活动的基本要求,又是实施内部控制的最终目的,也是评价内部控制的最高标准。在设计内部控制系统时,应该通过对环境因素的调查分析,弄清内部控制系统的约束条件,依据经济活动的内容特点和管理要求提炼内部控制目标,然后针对不同的控制层次与内容分解为具体目标,最后采用相应的内部控制措施、程序和方法组成控制系统。确定控制目标应是构造业务流程、鉴别控制环节和确定控制措施的出发点,只有以控制目标为起点才能选择有效的控制方法,最终形成有效实现企业目标的控制系统。

3. 目标的设定可以为企业所有者提供可靠的财务信息

在现代企业制度下,委托方与受托方的目标是不尽一致的。企业经营者关心的是如何加强企业内部经营管理,全面履行其受托经管责任、实现企业经济效益最大化,确保企业经营管理目标的实现。所有者关心的是其投入企业资本的安全性和收益性,要求实现其资本保值、增值目标,他们要求提供的会计信息不但真实、可靠而且相关,能够据此客观评价企业的经营成果,正确估价企业的财务状况以便进行正确的投资决策。双方目标的实现都需要内部控制,经营者内部控制的目标是通过规范会计行为、查错纠弊,保护企业财产的安全完整,及时向企业所有者提供财务报告及其他会计信息,以解脱其受托责任;所有者内部控制的主要目标除了经营者内部控制目标的内容之外,还要求通过对可靠、相关的会计信息的分析,以了解其资本的安全性、收益性和对企业长远发展的影响。因此,内部控制目标的定位不能仅考虑经营者的目标即完成受托责任,更重要的是考虑所有者的目标即通过决策有用的会计信息进行现时和潜在的投资决策。

5.3.2 设定内部控制目标的原则

1. 一致性原则

一致性原则是指每一业务流程设计的目标应当与相关目标相一致,具体包括以下几点:

(1) 业务流程目标与企业总体目标保持一致。

企业的每一项业务和管理活动都是为了实现企业既定的目标,因此每一业务流程目标的设定应当从企业总体目标出发,与总体目标保持一致,这是内部控制的本质体现。

(2) 业务流程目标与内部控制总体目标保持一致。

业务流程内部控制目标是内部控制总体目标的具体化,因而应当与内部控制总体目标(企业经营管理合法合规、资产安全、财务报告及相关信息真实完整、提高经营效率和效果、促进企业实现发展战略)保持一致。

（3）业务流程目标与流程内容的一致性。

每一业务流程都有其特殊的业务内容,因而为其设定的内部控制目标应当与业务流程内容保持一致。

2. 全面性原则

全面性原则是指在设定每一业务流程目标时,应当尽量全面反映对该业务流程实施控制的多方面目标。每一业务流程虽然其内容可能是较为单一的,但对其要达到的目标却可能是多维的。例如对内投资业务既要考虑企业规模的扩大以及企业竞争能力的提升等;一项生产业务既要考虑企业产量问题,又要考虑质量问题、成本问题、环境问题等。因此,为每一业务流程设定的控制目标,应当尽量反映对该业务流程实施控制所要实现的多方面目标[1]。

3. 具体性原则

具体性原则是指目标设定必须具体,不能空泛。只有具体的目标才是可实现的目标。具体的目标也应该是可计量的。如果一项目标不能计量,就无法衡量其完成的程度,也就无法对其进行考核,这样的目标不会对部门或员工起激励作用。如果一项目标经过努力仍不能够达到,这样的目标只能挫伤员工的积极性,反而起消极作用。

目标设定时需要注意以下问题:

（1）目标一般是以定量的数量指标形式设定的,它不但上下需要衔接,而且左右之间的相关目标也需要衔接平衡,因此目标不应只关注某单一目标而应关注企业的总目标,某一目标的完成不可影响其他目标或总目标的完成。此外,企业在确定内部控制目标的范围时不应仅限于基本目标,还应包括实现这些目标的具体目标,企业应该按照这些内部控制目标之间内在的关系设置全面的内部控制目标。

（2）设定的目标应该使部门和员工经过努力能够达到,如果经过努力也难以做到,就会使员工丧失完成目标的积极性。目标的制订必须做到目标执行部门或执行人员的共同参与,要通过上下反复多次协商后确定。只有这样,目标才能变成他们的自觉行动导向,才能发挥激励作用。

5.3.3 设定内部控制目标的方法

企业内部控制目标设定的主要方法包括访谈法、研讨会法、问卷调查法、专家调查列举法、专业机构独立评估法、案例分析法等。不同的目标可以采用不同的方法,并且同一目标的制订可以同时采取各种不同的方法。这里主要介绍访谈法、研讨会法和问卷调查法。

---

[1] 徐荣才,李三喜.内部控制规范化操作指南.北京:人民邮电出版社,2008.

1. 访谈法

访谈法就是研究性交谈,是以口头形式根据被询问者的答复搜集客观的、不带偏见的事实材料,以准确地说明样本所要代表的总体的一种方式。此法尤其适用于研究比较复杂的问题。在研究比较复杂的问题时,需要向不同类型的人了解不同类型的材料。访谈法收集信息资料是通过研究者与被调查对象面对面直接交谈方式实现的,具有较好的灵活性和适应性,既有事实的调查,也有意见的征询,但访谈法调查的样本小,需要较多的人力、物力和时间,应用上受到一定限制。另外,该法无法控制被试者受主试者的种种影响(如角色特点、表情态度、交往方式等)。因此,访谈法一般用于对象较少,个性、个别化研究情况下的内部控制目标的设定,且常与问卷法、测验法等结合使用。

企业在制订内部控制战略目标时,需要运用访谈法了解企业的各种外部及内部环境,在此基础上确定企业服务于此战略的内部控制目标,分配相应的资源并采取相应的措施来实现内部控制的战略性目标。企业经营风险及存在的竞争优势等都需要进行详细的访谈后确定。此外,企业其他四个具体目标的制订也需要采用访谈法。合规目标要求根据企业各项规章制度的制订及执行进行访谈收集信息,制订相应的内部控制目标。报告目标要求根据企业资产负债表、损益表及其他附表等财务信息的分析来制订财务报表及财务状况方面的内部控制目标。例如通过资产负债表中的应收账款情况进行访谈,确定其控制的目标及关键点,从而确定其内部控制目标。安全目标则要根据各种资产的性质、特征进行访谈,掌握各种人为造成损失的形式、防止各种贬值,以此确定安全目标。经营目标需要访谈的内容更多,包括企业目前产品、服务状况、企业组织结构、人力资源、技术等。

2. 研讨会法

研讨会法是指采用集体讨论的方法进行分析的一种方法,企业组织其员工或者外部专家等在一起就某一问题进行讨论。它与访谈法的区别是:访谈是就某一事项直接向其最接近的或最了解的负责人了解,而研讨是就某一问题进行针对性的讨论,对象不一定是直接的责任人。

研讨会法的适应范围也很广泛,企业可以就内部控制目标制订过程的任何问题进行研讨,访谈中发现的问题也可以拿出来研讨,例如企业战略方向的规划、风险分析、产品组合、商场竞争、技术创新以及企业文化、企业形象和人力、财务、组织结构的重构、流程再造、治理结构的设置、预算资源的分配及制定、各种规章制度的确定、人员安排等。研讨的形式可以采用专家研讨的形式,也可以组织员工进行研讨,这取决于问题的专业化程度。

3. 问卷调查法

问卷调查法是以书面形式提出问题,由被调查对象书面回答的方式搜集资料的一种方法。研究者将所要研究的问题编制成问题表格,以邮寄方式、当面作答或者追踪访问方式填答,从而了解被试者对某一现象或问题的看法和意见,因此它又称为问题表格法。问卷调查法的运用关键在于编制问卷,选择被试对象和结果分析。

5.3.4　内部控制目标的设定

在设定企业内部控制目标时,将企业内部控制的目标分为整体目标、具体目标两个层次的目标体系,以解决企业内部控制目标多头协调的问题。将企业的战略目标设定为总体目标,战略导向的内部控制体系目标可以更好地完成企业战略制订、实施和改进,实现企业战略意图,获得企业生存发展的契机和方向,并最终为企业价值最大化服务。具体目标分为合规目标、安全目标、报告目标及经营目标四个方面。

1. 战略目标的设定

战略是实现企业目标的全面性、方向性的整体行动规划,战略目标反映了管理层就主体如何努力为其利益相关者创造价值所作出的选择,是最高层次的目标,与其使命相关联并支撑其使命。企业在考虑实现战略目标的各种方案时,必须考虑与各种战略相伴的风险及其影响,对于同样的战略目标可以选择不同的战略加以实现,而不同的战略则具有不同的风险。企业在战略选择前,应采用战略分析方法对当前的经营状况进行评估,分析内外部环境因素以及企业在行业中所处的位置及面临的机遇和挑战,不断审视当前的目标与使命。

战略目标设定包括以下几个阶段:①

(1) 明确企业的发展方向,并通过培训、宣传手册、领导讲话等方式将企业战略目标清晰地传达给员工。

(2) 制订实现目标的战略规划。运用 SWOT 分析,以便帮助企业制订实现目标的战略规划。

(3) 制订年度计划及资金预算,明确企业长期效益目标、投资方向和投资结构等。

(4) 编制《企业预算管理办法》,明确编制预算的基本原则、内容、编制依据等。

从战略系统观对企业经营风险进行分析、测试、评价和决策,并通过对企业保持和加强竞争优势的战略及其恰当性进行分析评价,确定企业风险控制的重点,从而确定以战略目标作为基本前提的内部控制目标。

2. 具体目标的设定

(1) 报告目标。

报告目标与财务报告提供信息的可靠性有关,可靠的财务报告为管理层提供准确、完整的信息,以支持管理层决策,并对主体活动和业绩实施有效监控。企业内部控制范围包括企

---

① 张颖,郑洪涛.企业内部控制.北京:机械工业出版社,2009.

业的所有子公司和单位部门,因此在整理信息的过程中,不仅包括企业总部的信息搜集,还需获得来自各子公司及下属部门的有效信息。内部控制不仅要保证企业所有组织内部的信息真实可靠,还要制定相应的信息系统以保证信息快速、准确地传递,它是实现其他目标的基础。

(2) 合规目标。

合规目标与企业活动的合法性有关。企业从事活动必须符合相关的法律法规,并且采取必要措施予以保证。企业要根据相关的法律法规制定最低的行为准则并作为企业所有员工遵循的目标。企业内部有很多子公司或单位、部门,每个子公司、单位、部门都会有自身的规章制度,而这些制度都必须符合国家法律法规和企业的规章制度,这样才能保证内部控制的总体目标有效实施。

(3) 经营目标。

经营目标是指企业对各个子公司、单位、部门的资源进行有机整合,以达到资源在整个企业内部的高效利用,避免不必要的浪费,提高资源利用的效率。经营目标与企业运营的有效性和效率有关,包括业绩、盈利目标及资源利用等目标。经营目标需要反映企业经营所处的特定的行业和经济环境,其目的在于推动企业实现其终极目标的过程中提高经营的有效性和效率。

经营目标的制订需要根据企业所处特定的经济环境,全面考虑产品质量的竞争压力,产品的生命周期,技术变化等因素。经营目标必须反映现实与市场要求,并且有明确的绩效衡量指标。管理层必须确保经营目标明确且与子目标衔接良好,因为经营目标引导企业的资源流向,经营目标不明确或不成熟,会造成企业资源的浪费。

(4) 安全目标。

安全目标是指通过各项制度的完善及遵循,保证企业各项资产的安全完整,不仅要保证实物资产的安全,更要保证资产价值的保值、增值。企业需要制定相应的实物资产和各种文档资料的保管制度,以确保其不被盗窃、毁损。

内部控制的四个具体目标之间并非独立的,而是密切联系、相互影响的,共同确保战略目标的实现。管理者控制组织行为的决策系统依赖于信息系统提供相关、可靠和及时的信息,通过信息收集、处理和报告系统,企业管理层将其制定的内部控制体系传达给所有员工;所有员工也通过这一系统向企业管理层反馈制度的执行情况,以便对企业内部控制执行情况进行评价、纠正存在偏差和错误的活动,保证资产安全完整、预定计划的完成及法律法规的遵循。在这一过程中,企业从战略角度即整体效益最优原则出发,实现企业范围内的资源整合和高效利用。

总体目标和具体目标之间的关系如图5-3所示。

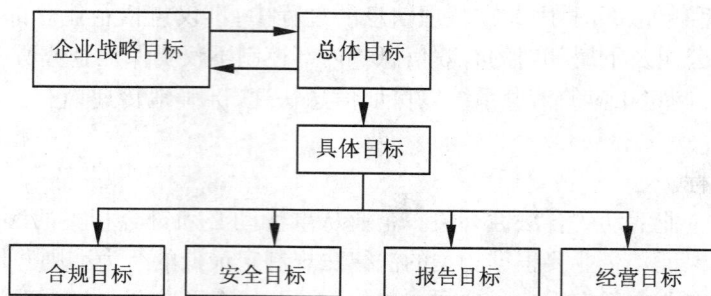

图 5-3　内部控制目标关系

5.3.5　内部控制目标分解

目标分解是一种事前控制,企业应将内部控制目标分别在治理层面、管理层面、作业层面进行分解。

1. 治理层面内部控制目标分解

治理控制是内部控制的第一个层次,一般表现形式主要是股东会、董事会以及其所属委员会、高级管理人员之间的控制、约束、激励,其目标是确保董事会对企业的战略性指导、对管理层的有效监督,以及董事会对公司和股东的受托责任。它关注公司高层,是直接影响企业经营效率和效果的根本因素,旨在从源头上解决内部控制失效。

现代企业根据权力机构、决策机构、经营机构、监督机构相互分离、相互制衡的原则,形成了由股东大会、董事会、经理层及监事会组成的公司治理结构,其基本目的是弥补各利害关系人在信息不对称性、契约的不完全性和责任上的不对等性,以便使各利害关系人在权利、责任和利益上相互制衡,实现企业效率和公平的合理统一。科学合理的公司治理结构能够发挥其固有的相互监督、相互制约、相互牵制的功能。因此,内部控制与公司治理结构的关系是内部管理监控系统与制度环境的关系,良好的内部控制框架是公司法人主体正确处理各利益相关者关系、实现公司治理目标的保证,而科学合理的公司治理结构因其固有的相互监督、相互制约、相互牵制的功能成为一个有效的内部监督体系。

内部控制目标按公司治理结构的组成部分进行分解。首先,股东会实施内部控制的目的是要求企业经营者提供真实、完整、有用的会计信息,监督经营者的管理行为,作出正确的投资及管理决策;其次,企业经理实施内部控制的目的主要是建立和完善符合现代经营管理要求的内部经营管理组织机构,保护企业资产的安全、完整,保证及时提供决策有用的会计信息,确保法律法规的贯彻执行;最后,监事会实施内部控制的主要目的是对企业经营管理作出决策,对日常经营管理活动及行为实施监督,保证会计信息的决策有用,确保股东会目标的实现。内部控制目标的实现实际上是一个系统工程,在这个系统工程中,公司治理结构各目标相互作用,共同促成内部控制总目标的实现。

2. 管理层面内部控制目标分解

管理控制处于战略计划和作业控制的中间,是内部控制的第二个层次,主要通过战略目标分解及控制目标的确定、控制标准的制定与执行、业绩评价与激励等环节对日常生产经营活动进行控制和约束,其目的是高效地利用企业各种资源,确保企业战略目标的实现。为了实现企业战略,管理层需要对战略目标进行分解和细化,制订相应的更详细的目标和达成目标的行动方案,并根据方案配置资源。管理控制是内部控制的核心,直接影响企业资源的利用效率和效益,影响企业利润目标的实现,企业必须根据管理层面的要求制订内部控制目标。

管理层面的控制目标包括经营目标、报告目标、合规目标及安全目标,它来自企业战略目标及战略规划,并制约或促进企业战略目标的实现。管理层面的控制目标应具体且具有可衡量性,并与作业层面的业务流程密切关联。

管理层面控制目标分解可划分为四个阶段。

(1) 根据企业的总目标及战略规划、自身的实际情况及总体目标的要求提出管理层面各单位的目标,该目标通过上下级共同最终确定。企业管理层面的目标应包括以下几个方面:① 提供良好的产品与服务。产品的改进与开发是企业生存和发展的必要策略;良好的服务是扩展市场、促进销售的基本法则。② 超越竞争对手。企业要想超越竞争对手,除了提供良好的产品与服务外,还需要健全而有效的管理制度和正确的营运策略;企业经营者必须具有综观全局的能力,随时都能通盘思考经营策略,掌握最佳机会,制订有效的"竞争策略"。③ 维护正常的发展,防范风险。企业要想有效地使用资源,规避风险,就应该有长远的整体规划,并能合理地调度资金,保障企业的经营活动沿着正常轨道持续不断地向前发展。④ 为职工提供合理的待遇。职工待遇不合理,一定会影响到工作效率、向心力及流动率。合理的待遇包括物质条件和精神享受两个方面,前者主要指工作环境和工资、福利等,后者指合理的管理制度、工作考核及娱乐活动等。企业管理者应使职工尽可能得到应有的满足,使之充满竞争活力。⑤ 维持合理的投资报酬。任何企业都应注意资金的使用效益,给投资者以合理的报酬,增进投资意愿,以利于吸收各方面的资金,扩大再生产。⑥ 重视社会整体利益。企业是社会结构中的一个组成部分,它的存在与发展有赖于社会交互关系的改善。因此,维护良好的社会关系,重视社会公益,促进社会进步,应该成为其经营的基本目标。

(2) 根据企业的发展不断修正管理层面各项活动的目标,将人、财、物等资源进行合理配置。

(3) 配置资源以保证管理层面目标的顺利实现。

（4）分解管理层面的控制目标并下达。企业确定管理层面的控制目标后,应再将其分解到各具体作业层面的业务活动中,明确相应岗位的目标[1]。

企业需要制订这些资源分配及执行过程的内部控制目标,保证资源的有效、合理地分配,并保证企业各项活动的高效地执行。

3. 作业层面内部控制目标分解

作业控制是内部控制的第三个层次,是内部控制系统最基础的部分,主要以部门及部门内部的职责分工为基础,是企业员工和作业之间的一种控制,其目的在于保护单位财产物资的安全完整,保证会计信息的真实可靠。企业实际存在的操作规章制度大多是这个层面上的控制。作业层面的控制是管理控制及治理控制的基础与支持,只有作业基础的内部控制有效,才能谈得上更高层次的有效。企业可以根据采购流程、销售流程、生产成本流程、货币资金流程、投资流程、融资流程等分别设定内部控制的合规目标、安全目标、报告目标及经营目标。

作业层面的内部控制,通常情况应当包括以下控制系统。① 信息处理控制系统:手工信息控制系统、计算机信息控制系统;② 货币资金控制系统:现金控制系统、银行存款控制系统;③ 存货控制系统:采购控制系统、存储控制系统、领发控制系统;④ 固定资产控制系统:固定资产购置控制系统、固定资产退出控制系统、固定资产折旧控制系统;⑤ 成本费用控制系统:工资费用控制系统、生产费用控制系统、产品成本控制系统;⑥ 销售控制系统:销售(非托收承付)控制系统、销售(托收承付)控制系统;⑦ 投资控制系统:短期投资控制系统、长期投资控制系统;⑧ 财务成果控制系统:销售利润控制系统、营业外收支控制系统、利润分配控制系统。

这里以原材料采购业务流程内部控制目标的设定为例,介绍内部控制目标的设定。

（1）经营目标。

优选供应商,确保材料供应质量优良;严格按照生产经营计划的要求采购原料,确保原料的稳定供应,满足生产的需要;合理确定原料采购价格,努力降低原料的采购成本;及时组织资金,严格审查付款手续,降低付款风险。

（2）报告目标。

按照企业内部会计制度,真实、准确、完整地核算产品价值及相关债务债权。

（3）合规目标。

采购行为规范、过程公开、竞争公平公正,符合国家法律法规;原料采购合同符合《合同法》等国家法律、法规和企业内部规章制度[2]。

---

① 张颖,郑洪涛. 企业内部控制. 北京:机械工业出版社,2009.

② 徐荣才,李三喜. 内部控制规范化操作指南. 北京:人民邮电出版社,2008.

（4）安全目标。

保证原料的账实相符,原料的领用与保管分开;采购过程发票的审核、保管等要分开进行。

从企业整体来看,企业治理控制、企业管理控制和作业控制构成内部控制系统的全部内容,三个控制层次之间存在着严密的逻辑关系:一方面如果治理控制无效,则导致管理控制无效、作业控制低效,也就是说管理控制、作业控制高效的前提是治理控制的有效;另一方面,如果治理控制有效,从长期看企业的管理控制和作业控制也是有效的。

内部控制是围绕目标展开的,企业应当依据《企业内部控制基本规范》等法规、规章规定的基本目标,并结合企业业务和管理的性质、内容、特点,分别在三个层次设计控制目标。每个层次的目标都包括在风险分析及业务梳理的基础上制订公司风险战略或各项风险的应对措施,明确风险监控体系和风险预警体系,明确各项控制措施,确定各部门及相关岗位的控制职责,完善企业内部控制制度。企业将这些具体目标逐级分解落实到组织内部的各个单位或企业的分支机构,直至落实到每个员工。

设定内部控制目标的分解步骤如图 5-4 所示。

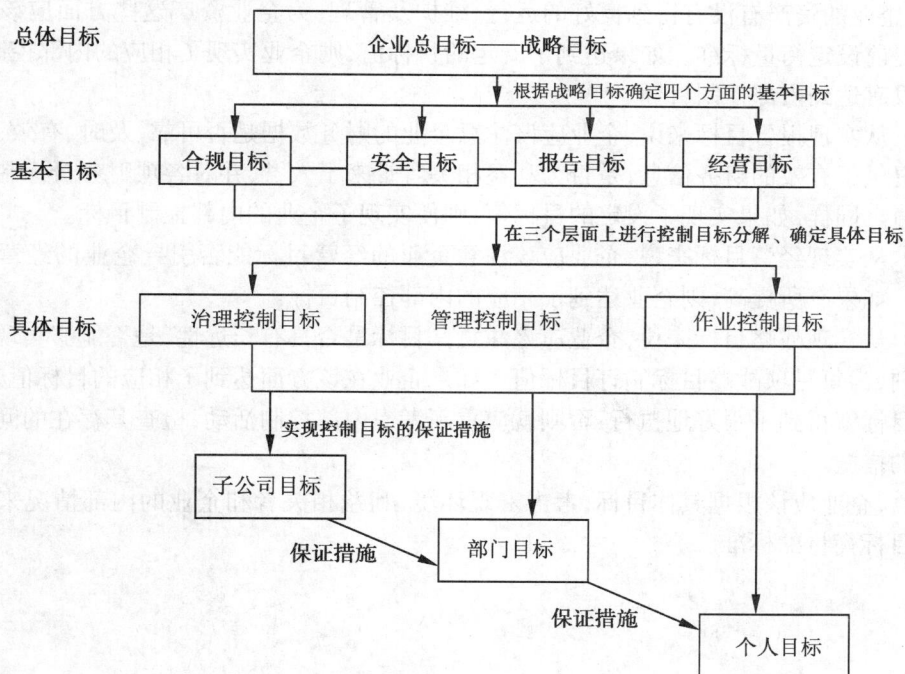

图 5-4　内部控制目标分解

5.3.6　设定内部控制目标的衡量标准

为了达到内部控制的目的,还应为每一个目标预先确立一个衡量实际绩效的标准,正确记录经济业务执行情况,并将工作实绩与标准进行比较,借以发现差异并分析造成差异的原因以及各种因素对差异的影响程度。针对偏离标准的现象,应提出纠正的措施予以补救。此外,还应注意一些特定控制程序的执行,例如核对会计记录数字的准确性,保持调节表、日常编报资料和试算表的准确性,将现金、银行存款、有价证券的执行记录与预算比较等。具体来说,设定内部控制目标衡量标准包括以下几个层面。

（1）从实现合规目标来说,企业设定的目标应该符合法律及社会各个阶层的要求,能够及时履行社会责任。企业在实现自身目标的同时能够为利益相关者或者全社会带来积极影响的目标是合规的,是符合规定的目标。

（2）从实现安全目标来说,企业可以经过一段时间的实践,在实施企业具体目标的同时,检查企业的资产有没有得到良好的运行、维护及管理,为企业资产这些方面应该达到的目标值提前设定衡量标准。如果达到了既定的目标值,则企业实现了相应的内部控制目标,否则就没有达到内部控制目标。

（3）从实现报告目标来说,企业应该注意企业的财务数据是否可靠、及时、有效,是否为决策者提供了有效的财务信息,是否为利益相关者带来了效益,并对各项财务目标制订相应的目标值。同样,如果实现了设定的目标值,则便实现了企业的内部控制目标。

（4）从实现经营目标来说,企业应该注意企业的经营目标能否引导企业的经营业绩有所突破。如果有所提高,则企业达到了相应的内部控制目标。

（5）从实现战略目标来说,企业应该注意其目标是否具有长远性,是否能够实现企业的战略规划,为每一项战略目标制订目标值。如果企业在该方面达到了相应的目标值,则其内部控制目标就得到了很好地执行,否则就应重新考虑内部控制活动,检查其存在的问题并采取相应的措施。

总之,企业应该根据具体目标,考虑宏观环境、利益相关者和企业的内部情况来设定内部控制目标衡量的标准。

第6章

内部控制要素（上）

6.1 内部环境

　　环境是指周围的境况,如自然环境、社会环境、管理控制系统的环境。从系统角度看,环境是指管理控制系统之外的、对管理控制系统有影响的一切系统的总和。现代企业是在一定的环境中进行经营的,构成企业内部控制环境的因素分为企业外部环境和企业内部环境。外部环境对企业内部控制的影响更多体现的是约束和规范,但不能把它作为内部控制系统组成的部分,因为它超出了企业的控制能力;而内部环境是直接造成各企业内部控制形式和内容差异的根本原因。相对于企业的内部控制来讲,内部控制环境显得格外重要,并被视为内部控制的基本构成要素。

　　内部控制的内部环境是指企业内部的、对内部控制有直接或间接影响的要素总和。内部环境的因素主要包括治理结构、内部机构职责权限的配置、内部审计、人力资源政策、职业道德修养与专业胜任能力、企业文化以及法制观念等内容。

6.1.1 公司治理结构

　　完善的公司治理结构有利于企业稳定和健康发展,可以为企业内部控制的建立和有效实施提供保障。企业应当根据国家有关法律法规和企业章程建立规范的公司治理结构。我国《公司法》及证监会发布的《上市公司规则》中对公司治理结构作出了明确规定,明确董事会、监事会以及经理层在内部控制中的职责,规定董事会负责内部控制的建立健全和有效实施,监事会对董事会建立与实施内部控制进行监督,经理层负责组织领导企业内部控制的日常运行。

　　公司治理结构如图6-1所示。

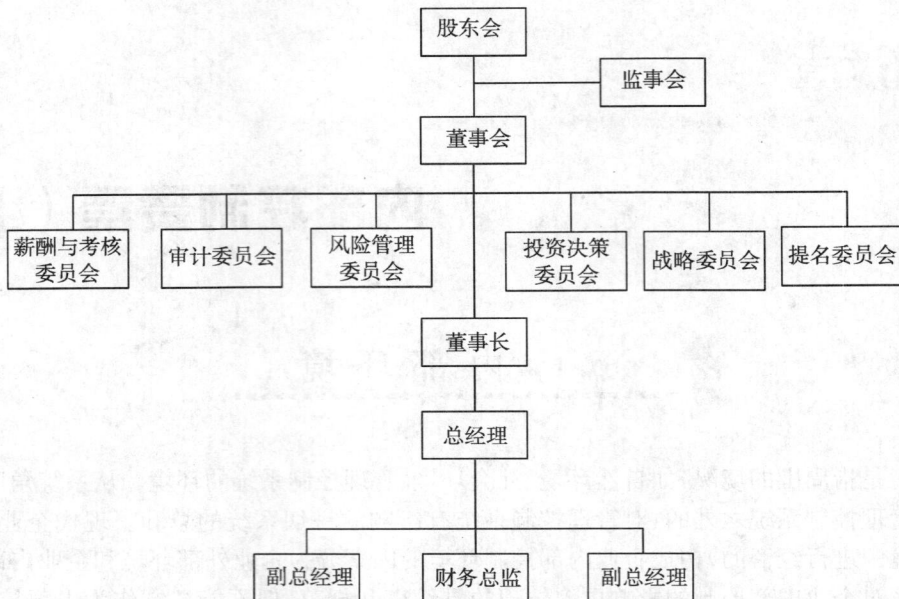

图 6-1　公司治理结构

公司治理与内部控制的关系是密不可分的,完善的公司治理结构是促使内部控制有效运行、保证内部控制功能发挥的前提和基础,是实行内部控制的制度环境;而内部控制在公司治理结构中担当内部管理监控系统的角色,是有利于企业受托者实现企业经营管理目标、完成受托责任的一种手段。完善的公司治理有利于内部控制制度的建立和执行,健全的内部控制机制也将促进公司治理的完善和现代企业制度的建立。

6.1.2　内部机构职责权限的配置

科学合理的职责权限配置有助于在企业经营活动中形成各负其责的工作机制,发挥企业内部各级管理人员和员工在经营活动中的主动性和积极性,保证各项控制措施得以落实,为内部控制有效实施创造良好的条件。

内部机构职责权限的配置主要包括三方面的内容:

(1)要求企业制定相应的议事规则,明确决策、执行、监督等方面的职责权限,形成科学有效的职责分工和制衡机制。这一要求主要是解决企业股东会、董事会、监事会等机构的职责权限的配置问题。

(2)要求企业结合业务特点和内部控制要求设置内部机构,明确职责权限,将权利与责任落实到各责任单位。这一要求主要是解决企业管理层下设内部机构的职责权限的配置问题。

(3)要求企业编制内部管理手册,通过内部管理手册使全体员工掌握内部机构设置、岗位职责、业务流程等情况,明确权责分配,正确行使职权。为了保证内部控制建立和实施,企业应成立专门机构或者指定适当的机构具体负责组织协调内部控制的建立实施及日常工作。

1. 股东会、董事会、监事会、经理层职责权限的配置

(1)股东会的职责。

股东会享有法律法规和企业规章规定的合法权利,依法行使企业经营方针、筹资、投资、利润分配等重大事项的表决权。其职权为:决定企业的经营方针和投资计划;选举和更换非由职工代表担任的董事、监事,决定有关董事、监事的报酬事项;审议批准董事会的报告;审议批准监事会的报告;审议批准企业的年度财务预算方案、决算方案;审议批准企业的利润分配方案和弥补亏损方案;对企业增加或者减少注册资本作出决议;对发行企业债券作出决议;对企业合并、分立、解散、清算或者变更企业形式作出决议;修改企业章程;企业章程规定的其他职权。对以上所列事项,若股东以书面形式一致表示同意的,可以不召开股东会议,直接作出决定,并由全体股东在决定文件上签名、盖章。

(2)董事会的职责。

董事会对股东会负责,依法行使企业的经营决策权。其职权为:召集股东会会议,并向股东会报告工作;执行股东会的决议;决定企业的经营计划和投资方案;制订企业的年度财务预算方案、决算方案;制订企业的利润分配方案和弥补亏损方案;制订企业增加或者减少注册资本以及发行企业债券的方案;制订企业合并、分立、解散或者变更企业形式的方案;决定企业内部管理机构的设置;决定聘任或者解聘企业经理及其报酬事项,并根据经理的提名决定聘任或者解聘企业副经理、财务负责人及其报酬事项;制定企业的基本管理制度;企业章程规定的其他职权。

(3)监事会的职责。

监事会对股东会负责,监督企业董事、经理和其他高级管理人员依法履行职责。其职权为:检查企业财务;对董事、高级管理人员执行企业职务的行为进行监督,对违反法律、行政法规、企业章程或者股东会决议的董事、高级管理人员提出罢免的建议;当董事、高级管理人员的行为损害企业的利益时,要求董事、高级管理人员予以纠正;提议召开临时股东会会议,在董事会不履行《公司法》规定的召集和主持股东会会议职责时,召集和主持股东会会议;向股东会会议提出提案;对董事、高级管理人员提起诉讼;企业章程规定的其他职权。

(4)经理层的职责。

经理层负责组织实施股东会、董事会决议事项,主持企业的生产经营管理工作。经理由董事会决定聘任或者解聘,经理对董事会负责。其职权为:主持企业的生产经营管理工作,组织实施董事会决议;组织实施企业年度经营计划和投资方案;拟订企业内部管理机构设置方案;拟订企业的基本管理制度;提请聘任或者解聘企业副经理、财务负责人;决定聘任或者解聘除应由董事会决定聘任或者解聘以外的管理人员;董事会授予的其他职权。

股东会依法行使企业经营方针、筹资、投资、利润分配等重大事项的表决权;董事会对股东会负责,依法行使企业的经营决策权;监事会对股东会负责,监督企业董事、经理和其他高级管理人员依法履行职责。经理层负责组织实施股东会、董事会决议事项,主持企业的生产经营管理工作。

2.内部机构的职责权限的配置

企业内部机构应结合企业的生产经营特点和管理要求设置,每个企业不尽相同,这里主要介绍市场部、技术服务部和财务部的职责。

(1)市场部的职责。

市场部的职责主要包括:实现企业销售目标;制订和实施销售计划;销售管理、销售政策的制定和实施;销售人员的管理;市场调研与市场预测;营销策划;销售工作的监督与评估。

(2)技术服务部的职责。

技术服务部的职责主要包括:拟订企业年度技术支持、技术服务工作开展计划,并组织协调计划的分解和落实;负责企业技术支持系统的建立和完善;搜集国家、地区及行业的相关技术标准、规定,并负责在企业内宣传和推广;负责企业范围内技术问题的汇总分析,拟订解决方案,并组织、协调各部门去解决;面向企业其他部门进行技术咨询,提供技术支持服务,并接受一定范围内的技术投诉;负责对企业技术服务体系人员的指导、考核和监督;对企业内其他员工进行技术培训及指导;负责解答客户的相关技术问题。

(3)财务部的职责。

财务部的职责主要包括:严格遵守国家财务工作规定和企业规章制度,认真履行其工作职责;组织编制企业年(季)度成本、利润、资金、费用等有关的财务指标计划,定期检查、监督、考核计划的执行情况,结合经营实际及时调整计划,并组织实施;负责制定企业财务、会计核算管理制度;负责按规定进行成本核算,定期编制年、季、月度会计报表,搞好年度会计决算工作;负责编写财务分析及经济活动分析报告;负责固定资产及专项基金的管理;负责流动资金管理;负责对企业低值易耗品盘点核对;负责企业产品成本核算工作,制定规范的成本核算方法,正确分摊成本费用;负责企业资金缴、拨,按时上交税款;负责会计稽核工作。

6.1.3 内部审计

内部审计机构是企业各项经济业务和管理活动的"检察官",对各项活动加以检查监督,以有效地防范风险。内部审计作为内部控制工作的重要一环,一方面对企业经营活动进行审计,及时发现存在的问题并报告有关方面采取措施予以纠正;另一方面对内部控制的建立和实施进行持续性的监控,对内部控制进行自我评价,这对企业内部控制的完善和有效实施发挥不可或缺的作用。

在公司治理结构中,董事会下设置审计委员会,而内部审计部门作为内部控制的重要组成部分,应该独立于管理层并对审计委员会负责(如图 6-2 所示)。内部审计机构对监督检查中发现的内部控制缺陷应当按照企业内部审计工作程序进行报告;对于监督检查中发现的内部控制重大缺陷,有权直接向董事会及其审计委员会、监事会报告,做到事前、事中、事后三方面的控制。

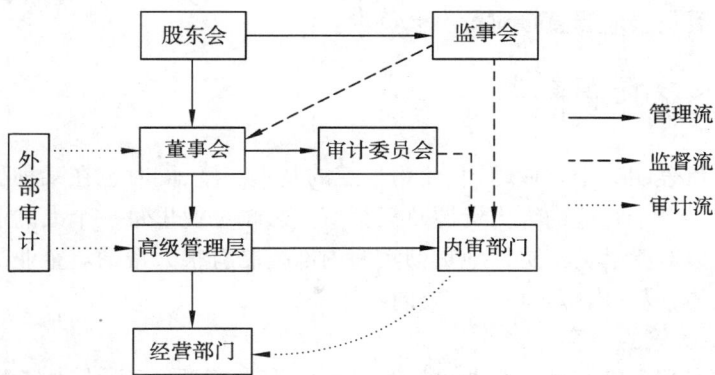

图 6-2　企业内部审计结构

1. 内部审计机构设置及管理

在实际中,我国内部审计存在着一些问题,例如内部审计机构不健全,组织架构不科学,职责分工不清,内部审计人员不具备应有的知识、技能和经验,不遵守内部审计职业道德规范等。因此,企业在设置内部审计机构时,应注意以下几方面:(1) 职责分工、权限范围和审批程序应当明确规范,机构设置和人员配备应当科学合理;(2) 内部审计机构应当按照有关法律法规的要求以及内部审计规范的要求,制定内部审计工作手册,规范内部审计程序,以指导内部审计人员的工作,并严格执行;(3) 企业内部审计机构应当建立健全有效的质量控制制度,并积极了解、参与企业的内部控制建设;(4) 内部审计人员应当具备必要的学识及业务能力,熟悉本企业的经营活动和内部控制,并不断通过继续教育来保持和提高专业胜任能力,且具有较强的人际交往沟通能力;(5) 内部审计机构和人员应当遵守职业道德规范,保持应有的客观性、独立性和职业谨慎,内部审计人员应当避免对自己提供咨询的事项实施监督和评价。

2. 审计委员会

企业应当在董事会下设立审计委员会,并赋予审计委员会监督企业内部机制建立和实施情况的相应职权。

审计委员会负责审查企业内部控制,监督内部控制的有效实施和内部控制自我评价情况,协调内部控制审计及其他相关事宜等。审计委员会在企业内部控制建立和实施中承担的职责包括:审核企业内部控制及其实施情况,并向董事会报告;指导企业内部审计机构的工作,监督检查企业的内部审计制度及其实施情况;处理有关投诉与举报,督促企业建立畅通的投诉与举报途径;审核企业的财务报告及有关信息披露内容;负责内部审计与外部审计之间的沟通协调。

企业应当保证审计委员会及其成员具有相应的独立性,并具备良好的职业操守和专业胜任能力。审计委员会应当直接对董事会负责。

6.1.4　人力资源政策

人力资源政策表明一个企业聘用、使用员工的基本态度,同时也在某种程度上反映企业员工的基本状况。一个企业的人力资源政策会直接影响企业里每一个人的业绩与表现。良好的人力资源政策对激励员工更好地贯彻实施内部控制有很大帮助。企业员工作为实施内部控制的基层主体,属于内部环境的重要内容之一。

1. 人力资源政策的内容

企业应当制定和实施有利于企业可持续发展的人力资源政策,人力资源政策的内容至少应当包括:员工的聘用、培训、辞退与辞职;员工的薪酬、考核、晋升与奖惩;关键岗位员工的强制休假制度和定期岗位轮换制度;掌握国家秘密或重要商业秘密的员工离岗的限制性规定;有关人力资源管理的其他政策。

企业应当将职业道德修养和专业胜任能力作为选拔和聘用员工的重要标准,并适当关注应聘者的价值取向和行为特征是否与本企业的企业文化和内部控制的有关要求相适应。

2. 招聘、培训与离职

企业应当规范招聘培训及离职的程序。

企业招聘员工时,应当明确招聘对象的技术要求,业务素质要求,公开竞聘,择优录用。企业员工培训应当以提高员工道德素养和专业胜任能力为目标开展培训工作,制订科学、合理的培训计划,提高培训的针对性和实效性,不断提升员工的道德素养和业务素质。培训是由企业专门设计的、以提高岗位绩效为核心、通过提供给员工知识与技能来满足当前工作需要的活动,确保员工专业知识和业务能力达到岗位要求。

企业员工在工作过程中因个人原因提出辞职申请时,应当根据劳动合同规定的时间要求提前向有关部门或人员提交辞职报告,并按照企业要求和技术保密协议规定办理有关离职交接手续。离职人员提出辞职申请后,除非属于办理交接手续或处理遗留问题,原则上不得接触企业的各项资料。员工辞职时必须办理完相关交接手续,并退还所有属于企业的财产,包括实物资产和各种信息资料。对于企业董事、经理、总会计师等高级管理人员提出的辞职申请,企业董事会应当组织离任审计小组对其进行离任审计。对于企业其他管理人员的离任审计,由企业经理根据实际需要确定。

企业员工由于严重违反企业的有关管理规章制度,并给企业生产经营和商业声誉造成严重损害时,企业应当根据双方签署的劳动合同有关条款对员工予以辞退。辞退员工原则上要求部门负责人或上级主管提出违纪事实报告,并要求违纪员工在违纪事实报告上签字确认。对高级管理人员的违纪行为实施辞退处罚,应当经董事会批准后方可执行。企业作出辞退员工的裁定后,应当通知各部门为员工办理离职交接手续。员工被辞退前给企业造成经济损失的,应当按照合同及企业有关规定向企业支付一定的经济赔偿。

3. 人力资源考核政策

人力资源考核政策应当科学合理,应能引导员工实现企业经营目标。企业应当制定科学合理的人力资源考核制度,对员工履行职责、完成任务的情况实施全面、公正、准确的考核,客观评价员工的工作表现,引导员工实现企业经营目标。企业应当针对各层级员工建立明确的标准、执行严格的考核和落实配套的奖惩措施,促进员工责、权、利的有机统一和企业内部控制的有效执行。

为了正确而有效地进行人员考核,应坚持公平、客观、公正原则,差别奖惩原则,结果公开反馈原则,年终考核和专项考核相结合的原则。从个人素质、工作态度、专业知识、工作能力、工作成果等方面制订考核计划,建立人力资源考核记录制度,定期审阅考核评价结果。

4. 薪酬及激励政策

企业的薪酬及激励政策的合理性对吸引人才、留住人才、激励人才、满足企业需要等方面有十分重要的作用。企业应当规范薪酬发放标准和程序,建立和完善针对各层级员工的激励约束机制,促进员工责、权、利的有机统一和企业内部控制的有效执行。

企业应当制定与人力资源考核相挂钩的、科学的内部薪酬制度,以规范分配行为,调动员工积极性和创造性,促进企业及员工自身的发展。企业在设计薪酬制度时,应在员工的收入与贡献基本相当的基础上,为与企业自身的发展要求相适应建立一套强度适中的激励与约束机制,使企业的发展与员工的发展相互促进。薪酬及激励政策应当体现对员工的激励作用和对人力资源的保护作用,注重长期激励与短期激励相结合、物质激励与精神激励相结合,应当有利于保持和吸引优秀的人才。

企业可以在董事会下设薪酬委员会,负责制定本单位的薪酬制度并监督实施。企业的薪酬一般由基本工资、绩效工资、专项奖励和长期奖励等组成。企业应当根据有关法律法规、国家统一会计制度的规定,准确确认、计量并发放员工薪酬,并对薪酬发放的真实性、合规性和准确性进行严格的审核,以防虚报冒领等行为。在发放薪酬的同时,企业应当向员工提供薪酬清单,供员工核对确认。

5. 职业道德修养和专业胜任能力

职业道德修养是某一职业组织以公约、守则等形式公布的,其会员自愿接受的职业行为标准。职业道德是内部控制框架不可缺少的环境因素。内部控制关键在执行,而内部控制需要专人来执行,执行内部控制人员的职业道德水平直接关系到内部控制的效果。企业应当从内部控制出发对职业道德进行规范和控制,以确保各项控制目标的实现。

胜任能力反映管理层、经营层和员工拥有完成工作任务所需的知识和技能的状况。企业需要选用具备什么样知识和技能的人员,通常根据其目标和实现目标的战略规划,在胜任能力和成本之间进行平衡后作出决策。即使内部控制体系设计得再完善,如果没有具备胜任能力的人员,内部控制就无法得到有效实施。若要保证内部控制得到充分有效的实施并实现预定的控制目标,必须保证经营管理人员和关键岗位员工的胜任能力。

6.1.5　企业文化

我国著名经济学家于光远曾说过,国家富强靠经济,经济繁荣靠企业,企业兴旺靠管理,管理关键在文化。这反映出企业文化是一个企业的灵魂,是一个企业兴旺发达、长盛不衰的重要支柱。所谓企业文化,是指随着现代工业文明的发展,企业组织逐步形成的具有本企业特征的基本信念、价值观念、道德规范、管理理念、规章制度、生活方式、人文环境以及与此相适应的思维方式和行为方式的总和,包括物质文化、精神文化、制度文化、作为文化和风险文化。

企业文化体现了企业高层领导塑造良好企业文化氛围的愿望和要求,传递了希望员工建立什么样的价值观、遵循哪些成文规则或不成文惯例的信息,它代表了一个企业的风范。从内部控制来说,应形成合理的经营管理理念、内部控制意识等。

1. 价值观和社会责任感

企业价值观不是泛指企业管理中的各种文化现象,而是指企业或企业员工在从事商品生产与经营中所持有的价值观念。它是关于客观事物对企业是否具有价值,以及价值大小的共同认识或看法。具体来说,它包括对企业存在的意义的判断和对经营宗旨、经营目标、经营目的以及对自身行为的根本看法和价值评价等。正确的价值观为企业的生存和发展提供基本的方向和行动指南,为员工形成共同的行为准则奠定基础。在正确价值观的指导下,企业的经营活动才有可能取得成功。因此,每一个企业要想在市场竞争中立于不败之地,要想取得卓越的成就,就必须树立正确的企业价值观,并号召企业员工自觉推崇和尊重自己企业的价值观。如果一个企业缺乏明确的价值准则或价值观念不正确,那么现有的经营和未来的发展都有可能受挫。

企业是多种社会利益的交汇点,直接影响着社会的稳定与发展。企业不能只谋取自身利益,还要肩负兼顾各方面利益的社会责任。企业对社会承担责任在于企业可以在获取利润的同时满足社会需要。企业满足社会需要,表现在不仅要满足用户和顾客的需要,还要满足股东、员工、供应商、经销商、银行、同行业竞争者的需要,并要满足政府机关、社区、媒体及一切与企业相关社会团体的需要。企业应根据社会的需要,在组织生产经营活动时事事、处处为顾客和用户着想,在实现经济效益的同时注重社会效益,并争取收到良好的社会效益。只有这样,企业才能在竞争中求生存、谋发展。

企业管理人员有责任在企业范围内培育健康向上的价值观,培养社会责任感,倡导诚实守信、爱岗敬业、开拓进取、锐意创新和团队协作精神。

2. 管理理念和经营哲学

管理理念确立了企业的运作规则,它把企业的价值观转换成更直观的描述,在具体操作中运作企业的价值观念。企业的管理理念是企业管理的核心思想,将渗透并影响一个企业成长的方方面面。

企业在激烈的市场竞争环境中面临着各种矛盾和多种选择,需要一个科学的方法论作指导,需要一套逻辑思维的程序来决定自己的行为,这就是经营哲学。经营哲学是一个企业特有的从事生产经营和管理活动的方法论原则,是企业一切行为的逻辑起点,是指导企业行为的基础。

经营哲学决定了企业经营的思维方式和处理问题的程序法则,这些方式和法则指导经营者作出正确的决策,指导员工采用科学的方法从事生产经营活动。确立正确的经营哲学是企业文化建设的一项重要任务。企业管理人员应对本企业的经营状况和特点进行全面的调查和了解,运用某些哲学观念分析并研究企业的发展目标和实现途径,在此基础上形成自己的经营理念,确立企业经营哲学,并将其渗透到员工的思想深处,让其也成为员工处理经营问题的共同思维方式。

企业经营哲学一般应在代表企业精神的文字中体现,这样不仅有利于内部渗透,也便于顾客识别。

3. 风险意识

风险是指在特定客观情况下,某一事件的预期结果与实际结果之间的变动程度。从管理角度来说,风险是指发生某种不利事件或损失的各种可能情况的总和,具体地说,它是指发生损失的可能性、必然性、变动性和不确定性等。企业风险就是指企业在其进行生产经营过程中,由于不确定因素和经营失误的影响而遭受损失的程度与可能性。

企业风险并不可怕,因为它是客观存在的,是企业与生俱来的,关键在于是企业以什么样的态度来看待风险。如果企业缺少风险意识,风险就会转化为可见的损失和危机,它不仅能使企业既定的发展目标无法实现,甚至还可能令企业陷入生存的困境。企业的风险意识就是企业对风险的客观性和普遍性的警醒和觉悟,它来自企业对经营环境的真实认知,是一个成功企业不可缺失的文化基因。企业可通过管理活动形成适度的风险偏好,积累风险承受能力,将企业风险控制在合理的范围之内。

企业应将风险意识融入企业文化,管理人员和全体员工都应当强化风险意识。这就需要管理人员在风险管理的各个环节,大力培育和塑造良好的风险管理文化,树立正确的风险管理理念,学习、掌握风险识别与防范的技术,增强员工风险意识,将风险意识转化为员工的共同认识和自觉行动,促进企业建立系统、规范、高效的风险管理机制,保证企业更好地生存和发展。

6.1.6　法制观念

企业要生存和发展,首先必须守法,遵循国家的法律法规。市场经济是法治经济,企业内部控制的基本目标之一就是保证经营活动的合规合法。企业应当加强法制教育,为实现内部控制的合规合法目标奠定基础,主要包括:增强董事、监事、管理人员在内的全体员工的法制观念;要求企业严格依法决策、依法办事、依法监督;要求企业建立健全法律顾问制度和重大法律纠纷案件备案制度。

1. 法制教育

企业应当加强法制教育,增强董事、监事、经理及其他管理人员和员工的法制观念,严格依法决策、依法办事、依法监督。管理人员有责任在企业范围内培育遵纪守法精神。

2. 法律顾问制度

法律顾问制度是与现代企业制度同时诞生的,是现代企业制度的重要组成部分。法律顾问制度对于维护企业的合法权益,促进企业依法经营管理,加强内部监督和风险控制都有重大影响和重要意义。企业应注重通过完善企业法律顾问制度来建立健全法律监督机制,促进依法决策,依法经营。

法律顾问包括企业法律顾问和企业总法律顾问。企业法律顾问,是指取得企业法律顾问执业资格,由企业聘任专门从事企业法律事务工作的企业内部专业人员。企业总法律顾问,是指具有企业法律顾问执业资格,由企业聘任全面负责企业法律事务工作的管理人员。

企业应确立企业总法律顾问的地位、权利、职责等。企业总法律顾问全面负责企业法律事务工作,参与企业重大经营决策,对企业法定代表人或总经理负责,全面领导和处理企业的法律事务工作,保证企业决策的合法性。企业可根据自身实际具体细化决策标准,切实提高重要决策的法律审核率。企业在重大事项决策之前,应当由企业总法律顾问或法律事务机构出具相应的法律意见,保障企业依法决策。企业总法律顾问的任职实行备案制度。

3. 重大法律纠纷案件备案制度

重大法律纠纷案件备案制度的行政法规包括国务院国有资产监督管理委员会审议通过

的《中央企业重大法律纠纷案件管理暂行办法》。该办法自2005年3月1日起施行,这是国资委为加强企业国有资产的监督管理,维护出资人和中央企业的合法权益,保障国有资产安全,防止国有资产流失,促进中央企业建立健全企业法律顾问制度和法律风险防范机制,规范中央企业重大法律纠纷案件的管理,并根据《企业国有资产监督管理暂行条例》制定的。企业可根据此办法并结合企业的实际情况,制定本企业的重大法律纠纷案件备案制度。

重大法律纠纷案件,是指具有下列情形之一的诉讼、仲裁或者可能引起诉讼、仲裁的案件:

（1）涉案金额超过5万元人民币的;

（2）企业作为诉讼当事人且一审由高级人民法院受理的;

（3）可能引发群体性诉讼或者系列诉讼的;

（4）其他涉及出资人和企业重大权益或者具有国内外重大影响的。

另外,企业除可按照上述标准界定重大法律纠纷案件的范围外,还可根据涉外案件、金融债权债务诉讼、知识产权纠纷、劳资纠纷、涉及企业改制和上市公司规范运作等案件的上升趋势,进一步落实重大法律纠纷案件的备案制度。

企业应当依法独立处理法律纠纷案件,加强对重大法律纠纷案件的管理,建立健全有关规章制度和有效防范法律风险的机制。若企业之间发生法律纠纷案件,应鼓励双方充分协商,妥善解决。企业法律顾问应当依法履行职责,对企业经营管理相关的法律风险提出防范意见,减少或者避免重大法律纠纷案件的发生。企业负责人应当重视企业法律顾问提出的有关防范法律风险的意见,及时采取措施防范和消除法律风险。

6.2　风险评估

任何企业都面临着来自内部和外部的风险,风险影响企业的生存能力,影响企业能否在竞争中取得成功。企业每一个决策都在创造风险,因此,只要企业持续经营,风险就会存在。企业唯一能做的就是谨慎地接受风险,并将风险维持在一个合理的水平范围之内。因此,企业必须建立一个有效的风险评估系统,为内部控制目标的实现提供合理保证。

风险评估是指及时识别、系统分析经营活动中与实现内部控制目标相关的风险,合理确定风险应对策略。它包括目标设定、风险识别、风险分析和风险应对。企业应当根据设定的控制目标,全面、系统、持续地收集相关信息,结合实际情况及时进行风险评估。目标设定已在第5章作了介绍,这里不再赘述。

6.2.1 风险识别

风险识别,就是在风险事故和损失发生前,在企业所处的内部和外部环境中寻找引起风险的各种风险因素。风险识别是指对企业所面临的潜在风险进行判断、归类和鉴定的过程。风险识别可以发现企业风险所在,同时还要辨认各种潜在风险的来源,分析风险的性质。具体来说,风险识别应解决以下问题:企业存在哪些风险,哪些风险应予以考虑,引起风险的原因是什么,风险引起的后果及严重程度等。应当说,风险识别是风险管理中最关键的一环,是风险分析和风险应对的基础。

1. 风险识别的因素

企业风险有内部风险和外部风险。内部风险和外部风险在识别时应考虑产生这些风险的因素。

企业在识别内部风险时,应当关注和考虑的因素包括:董事、监事、经理及其他高级管理人员的职业操守、员工专业胜任能力等人力资源因素;组织机构、经营方式、资产管理、业务流程等管理因素;研究开发、技术投入、信息技术运用等自主创新因素;财务状况、经营成果、现金流量等财务因素;营运安全、员工健康、环境保护等安全环保因素;其他有关内部风险因素。这些因素往往是风险存在的基础,它们的变动则往往会诱发新风险的产生。

企业识别外部风险时,应当关注和考虑的因素包括:经济形势、产业政策、融资环境、市场竞争、资源供给等经济因素;法律法规、监管要求等法律因素;安全稳定、文化传统、社会信用、教育水平、消费者行为等社会因素;技术进步、工艺改进等科学技术因素;自然灾害、环境状况等自然环境因素;其他有关外部风险因素。上述因素实际上是企业经营活动所处的外部环境,外部环境的变动必然会影响到企业的经营活动,有可能给企业带来新的风险。例如一项新的技术被其他同行所采用,有可能导致企业所占有的市场份额发生变化而带来风险;再如政府颁布实施较过去更为严格的监管法律,由此可能导致本企业传统加工方法无法继续使用,从而导致风险的产生。

2. 风险识别的工具

1995 年,经济学家请报社连同安达信企业出版了一部介绍风险管理的著作——《商业风险管理:一种整合的方法》。该著作提出了风险识别的工具——商业风险模型。该模型将企业经营风险的不确定性来源分为环境风险、流程风险和决策风险三大类。其中,"环境风险"是指由企业的外部力量使企业所做的关于其策略、运营、客户及供应商关系、组织结构或融资的决策变得过时而无效;"流程风险"是指商业流程不能实现设计的目标来支持企业商业模式,这些不确定性能够影响主要商业策略目标及执行的实现;"决策风险"是指用来支持商业决策的信息不完全、过时、不准确、延迟或者根本与决策流程没有关系。表 6-1

描述了企业经营中的不确定性来源。

表6-1 企业经营中的不确定性来源

不确定性来源	具体含义
环境风险来源	市场变动的因素:利率、通货膨胀、监管、市场需求、劳工供应、竞争产品、客户和大宗原产品价格未来会如何变动并对企业经营产生怎样的影响?
	潜在的灾难性事件:如果发生风暴、地震、战争、恐怖活动或者其他灾难性事件,企业能否减少受损害的程度?
流程风险来源	品牌:企业是否充分明智地投资,以降低和品牌战略发展相悖的风险到一个可接受的水平?
	客户:企业是否比竞争者在满足客户需求上做得更好,或者至少和其他企业一样好?
	供应商:其他企业是否有效地支持本企业的商业模式?
	员工:企业是否赢得了人才市场中硝烟密布的战争胜利,并最佳化企业人力资源的价值?
	运营流程:它们是否表现得有效果、有效率?
	技术:哪些技术最适合被结合到企业的商业流程中,并支持商业流程,增加效率及有效性?
	渠道:它们的运作是否如企业商业模式起初计划的那样?
	知识:企业知识的价值是什么? 是否利用它为企业服务?
	机会成本:企业是否存在未被发现的价值或未被利用的资源?
	潜在的其他事件:如果发生非道德的行为、欺诈、违法及商业控制的失败,企业能否将损害程度控制到最低?
决策风险来源	并购:购买什么资产? 为什么要购买?
	新兴市场:哪些市场能最好地补充企业的商业策略及风险偏好?
	研发投资:企业是否将实现突破并驱动未来增长,在竞争者之前先行抢占市场?
	产品与服务:什么样的产品与服务组合会在最低的风险下提供一组最高可能的未来净现金流?
	收益曲线:企业的融资渠道,企业最佳的资产负债率是多少?

　　商业风险模型中的三个组成部分是相互关联的。企业面对的环境风险及流程风险是由外部及内部的经营来驱动的,决策风险则直接受到信息系统以及非正式的"情报收集"流程的有效性及可靠度的影响。情报收集的流程捕捉相关的数据,将数据转化为信息,并以书面报告及口头交流的方式将信息提供给相关的管理者。当持续的信息流程捕捉并提供了充分的信息后,企业决策层能收到他们所需要的关于企业的外部环境与流程的相关信息,以使其能够有效地管理企业的风险。商业风险的三个组成部分为完整的流程提供了一个广泛的基础,在它之上能够确认并细化特定类别的风险。商业风险模型基本框架如表6-2所示。

表 6-2　商业风险模型基本框架

风险类型	含　义
环境风险	影响商业模式有效性的不确定性
流程风险	影响商业模式有效执行的不确定性
决策风险	影响在价值创造过程中信息决策可靠性的不确定性

随着风险确认深入到一个企业不同的业务部门或者流程,基本的风险语言扩展了更多的细节。每一个细节都与三大类的风险组成部分有关,将其集合起来就缔造出了一个更为清晰的风险模型(如表 6-3 所示)。

表 6-3　商业风险模型

环境风险	竞争者　　敏感性　　股东关系　　资金充足性　　金融市场 灾难性损失　　独立/政治　　法律　　行政管理　　行业		
流程风险	营运风险 　客户满意 　人力资源 　产品开发 　效率 　能力 　表现差异 　循环时间 　资源 　商品定价 　过失或损失 　符合性 　业务中断 　健康和安全 　环境 　产品或服务失败 　商标或产品名侵蚀	授权风险 　领导力 　权力 　限制 　表现激励 　沟通 信息技术风险 　使用权 　完整性 　相关性 　可得到性 　基础设施 廉政风险 　管理欺诈 　雇员欺诈 　非法行为 　无授权使用商誉	财务风险 　货币 　利率 　流动性 　结算 　再投资 　信用 　双边关系 　现金转移或流速改变
决策 信息风险	营运 　价格 　合同投入衡量 　结盟 　完整性和精确性 　管理报告	财务 　预算和计划 　完整性和精确性 　会计信息 　财务报告评价 　税收 　养老基金 　投资评估 　管理报告	战略 　环境检视 　业务组合 　价值衡量 　组织结构 　资源分配 　计划 　生命周期

表6-3所示的商业风险模型描绘了每一个商业风险根源的风险类别,这些风险是相互动态关联的。换句话说,有些风险事件实质上是其他风险事件的根源或驱动力。例如,信息技术风险被置于模型"流程风险"的中心,因为这些风险以某种方式影响其他所有流程风险,甚至还会影响到决策风险中的许多环节。在一般适用模型的基础上,根据企业特定的情况来改变风险分类,就可建立起一套因地制宜的风险沟通桥梁——风险语言。

3.风险识别的方法

风险识别一般采用定性分析方法,主要有以下几种方法。

(1)现场调查法。

现场调查法是对风险进行实地的全面普查,一般分为三步:调查前的准备、现场调查以及形成调查报告与反馈。调查前的准备工作需要设计调查表格和确定调查内容(包括调查对象、时间、地点)。

编制调查表的方法主要有三种:

1)事实检查表。

填表人不需要具备风险管理方面的知识,就可以逐项回答、填写已经列好的表格(见表6-4)。事实检查表不足之处是:对于填表人回答满意的结果,风险管理人员可能不满意;填表人认为不存在风险隐患的地方,可能存在着很大的风险,因此需要进一步改进。遗漏检查对象是遗漏重要风险因素的原因,这也是事实检查法的缺陷。

表6-4 某企业仓库财产安全检查表

检 查 对 象	满 意	不 满 意
房屋 　防盗门 　防盗窗 　门锁 　房顶 　报警系统		
存货记录 　半成品 　包装物 　原材料 　产成品		
人员 　保安人员		
		检查人签字: 日期:

2）回答问题检查表。

回答问题检查表只要求被调查单位说明问题，不需要表述具体情况。如果存在问题，需要说明采取的风险防范措施（见表6-5）。这种检查表的优点是将各种风险因素非常直观地表达出来，填表人即使不具备风险管理方面的专业知识，也能够回答调查的问题，不会遗漏风险隐患。这种检查表的缺点是制作调查表比较麻烦，而且容易遗漏一些重要的问题。

表6-5　某车间识别火灾风险调查表

调查问题	是	不　是	措　施
工序中有易燃易爆品吗？			
工序中有火苗吗？			
加工设备安全吗？			
加工设备有防护装置吗？			
工序废物经常清扫吗？			
加工完的货物撤走了吗？			
消防设备安全吗？			
灭火器放在消防手册规定的位置吗？			
防火门安全吗？			
火灾报警格安全吗？			
按照消防手册演习了吗？			
车间有禁止烟火的标志吗？			
您认为还有不符合标准的吗？			
签字（车间主任）： 填表日期：			

3）责任检查表。

责任检查表一般只调查风险管理人员是否履行了有关的职责，如果未履行有关的职责或者未按照要求工作，则表明存在风险隐患。例如，一新建的住宅区要投保火险，根据保险公司的要求，投保人要获得折扣价格优惠，必须配备灭火设备。合格的灭火设备分为六组：活动水泵；室外消火栓；水龙带和带小口径水龙带的室内消火栓；灭火器；水桶；小型手动泵。为取得保险费打折的资格，房产所在地必须备有一台或多台随时可用的活动水泵。在压力100磅/平方英寸的条件下，每台泵的额定流量不得少于100加仑（0.45立方米）/分；同时，必须具备足够数量的水平带以及不间断的水源。泵必须安装于小室内，使之免受火灾和其他因素的破坏，室内温度必须保持在4.4℃以上。泵动力必须每周试车，并随时装有至少可以工作2小时的燃料。消火栓的接口必须适合公共消防使用，或者备有适用的异径接口。

对于装备有活动水泵和消火栓的房产,同时需要配备会操作水泵和消火栓的人员,才能获得保险费折扣的资格。根据以上情况,编写的消防设备责任检查表如表 6-6 所示。这种调查表提供了行为或者财产等情况,填表人必须说明检查标的适合情况。检查表送到风险管理部门,风险管理人员会针对低于标准的情况采取措施,这种检查表起到了潜在风险的预警作用。这种检查表的缺点是不容易简要地描述出状态和标准,需要借助于风险管理者以往现场调查的经验和相关资料才能编制适合的调查表;填表人对存在严重问题或者低于标准的情况不予反映,从而影响了调查的真实性和有效性。企业应当根据设计的调查表格进行现场调查,调查结束后应该撰写调查报告。

表6-6 消防设备的责任检查表

措　　施	答　案	A 低于标准	B 正常
活动水泵		水源不正常或达不到标准	水源正常、达到标准
室外消防栓		不能使用	可以使用
水龙带和室内消火栓		不正常	正常
灭火器		有灭火器	有灭火器、会操作
水桶		不易拿到	随时可以拿到
手动水泵		手动水泵可以使用	手动水泵可以使用 2 小时
			签字: 日期:

现场调查法的优点是可获得第一手资料,有助于与基层人员和一线员工建立良好关系;缺点是耗时较长,成本较高,有时因疲于应付调查还会引起员工的反感。

(2)风险清单分析法。

1977 年,美国风险和保险管理学会制定了一份较全面的风险损失清单分析表。风险损失清单所列项目是人们已经识别的、最基本的各类损失风险,它运用规范的方法识别风险管理单位所面临的潜在损失。在风险识别时,人们可以参照这个风险损失清单表检查本企业在生产经营中所面临的各种风险,并视情形采取各种措施。

风险损失清单表是按照直接损失风险、间接损失风险和责任损失风险编制的。其中,直接损失风险分为无法控制和无法预测的损失、可控制和可预测的损失、主要财务价值的损失三类;间接损失包括附加费用增加、资产集中损失,式样、品味和需求变化的损失,破产、营业中断的损失,经济波动的损失,流行病、疾病、瘟疫,技术革命,版权侵权和管理失误等损失;责任损失包括航空责任损失、运输责任损失、出版商责任损失、汽车责任损失、契约责任损失、雇主责任损失、产品责任损失和职业责任损失等。风险损失清单如表 6-7 所示。

表 6-7　风险损失清单

一、直接损失风险

（一）无法控制和无法预测的损失

1. 电力干扰：闪电、歇火、太阳黑子活动、电力波动、磁带去磁

2. 降落物体：飞行器、陨石、导弹、大树

3. 地质运动：地震、火山、山体滑坡、雪崩

4. 声音和震动波：声纳、震动、水的拍打声

5. 下陷：倒塌、沉降、腐蚀

6. 战争：暴动、反叛、武装反抗、阴谋破坏

7. 水灾：洪水、水平面上升、暴雨、泥石流、潮汐波（海啸）、间歇泉、地下水、水管裂缝、下水道溢出

8. 冰、雪：暴雪、冰冻

9. 风暴：台风、飓风、旋风、龙卷风、冰雹、降雨、灰尘、沙暴

（二）可控制或可预测的损失

1. 玻璃或其他易碎品破碎

2. 故障：部件或润滑油的故障等

3. 碰撞：水上交通工具、空中交通工具、陆上交通工具

4. 污染物：液体、固体、气体、放射性、污染

5. 锈蚀：磨损、撕裂、滥用、疏于保养

6. 员工疏忽

7. 爆炸和内破裂

8. 环境控制失败：温度、湿度、气压

9. 动物区系：哺乳动物、啮齿类动物、昆虫、害虫

10. 火

11. 卸载货建筑危险：物体不慎摔坏

12. 国际破坏：向海中投废弃物

13. 海上风险：海盗、船长或者海员的非法行为

14. 物理变化：缩水、蒸发、变色、生霉、膨胀、收缩

15. 桶、箱、罐、槽的破裂或刺穿

16. 烟尘危害、熏烟

17. 溢出、渗漏、颜料泼洒

18. 建筑缺陷，起重机或者升降机失控

19. 恐怖分子袭击、爆炸

20. 运输：翻倒、碰撞

21. 无意过失：雇员、电脑、顾问

22. 植物

23. 破坏行为、恶意损害、损坏财产

(三)一般财务风险

1. 雇员的欺诈行为:造假、挪用公款、盗窃

2. 征用:国有化、查封、充公

3. 欺诈、伪造、小偷、窃贼、抢劫

4. 契约、所有权、专利权或版权的失效

5. 存货短缺:神秘消失、财产遗失

6. 荒废

二、间接损失风险

(一)所有直接损失暴露对以下因素的影响:

1. 供应商

2. 消费者

3. 公用设施

4. 运输:职员和财产

5. 雇员

(二)额外费用:租金、通信、产品

(三)资产集中

(四)风格、味道和期望的变化

(五)破产:雇员、管理人员、供应商、消费者、顾问

(六)教育系统的破坏

(七)经济波动:通货膨胀、衰退、萧条

(八)流行病、疾病、瘟疫

(九)替代成本上升、折旧

(十)版权或专利权遭到侵犯

(十一)成套、成双、成组部件的遗失

(十二)档案受损造成的权利丧失

(十三)管理上的失误

1. 定价、市场营销

2. 分销方式

3. 生产

4. 扩张

5. 经济预测

6. 政治预期

7. 投资

8. 分发红利

9. 缴税

（十四）产品取消

（十五）废品

三、责任(补偿性和惩罚性损失)风险

（一）飞行责任

1. 自己拥有的或者租赁的飞行器

2. 非所有者：官员和雇员

3. 地面责任和连带责任

（二）运动责任：运动队的资助关系、娱乐设施

（三）广告商和出版商的责任

1. 作为代理人的责任

2. 对产品特征的诽谤、诬陷

3. 媒体应用：广播、电视、报纸、样品、展览

（四）机动车责任

1. 驾驶车辆：所有者和非所有者

2. 装货和卸货

3. 危险物品：易燃物品和易爆物品

（五）合同责任

1. 购货协议

2. 销售协议

3. 租赁协议：动产和不动产

4. 服务

5. 债务、抵押、票据

6. 无害条款

7. 保险协议

（六）董事长和高级职员的责任

（七）地役权

1. 总的地役权

2. 附属物

3. 普通法的支持和反对

4. 获得阳光、水、排水设施支持设施的权利

（八）业主责任

1.《员工赔偿法》或者其他类似法律

2.《联邦雇员责任法》

3. 普通法

4.《美国码头装卸工人和港口工作人员法》

5.《琼斯法》

6.《军事基地法》

7.《外大陆架法》

8. 失业赔偿

9. 就业歧视

（九）受托人和额外福利计划责任

1. 养老金、托管金、利润共享计划、投资

2. 保险：人寿保险、意外事故保险、健康保险

3. 信托协会

（十）玩忽职守责任

1. 医疗事故：医生、护士、专家

2. 律师

3. 工程师

4. 养老金计划理事

5. 侵犯专利权

（十一）普通的玩忽职守责任

1. 雇员

2. 代理商

3. 受邀请的和未受邀请的客人

4. 承包人和次级承包人

5. 未能提供安全设备和安全警示

6. 法律法规没有得到充分执行

7. 食物准备不当

（十二）非所有者责任

1. 租赁的动产和不动产

2. 受托者责任

3. 雇员使用交通工具、飞行器和水上交通工具

（十三）业主责任

1. 障碍、损害、妨害

2. 受邀请的顾客

3. 其他权利：河岸权、矿产权、阳光、空气、视野、侧面支持、在他人土地上的通行权、局部墙壁、执照、排水、征用权

（十四）产品责任

1. 暗示担保

　2．明示担保

（十五）保护责任

1．受雇的工业承包人

2．建筑物损害

（十六）铁路责任

1．旁轨协议

2．道路权

3．（道路与铁路的）平面交叉

（十七）董事长和高级职员的责任（股东的派生责任）

（十八）水上交通责任

1．所有权、租赁、操作

2．类型：小船、游艇、轮船、潜水工具、钻探平台、工作平台

表6-7从整体角度分析了企业可能面临的各种风险。风险管理单位面临的风险与损失可以对照该表逐一列出，使企业可以用比较简单的方式来识别风险，以便进行有效的风险管理。

风险清单分析法有诸多优势，包括风险识别过程简单迅速，可以同时跟踪检测整个风险管理过程，不断修订检查表以适应变化的情况；其缺点是检查表的初次制作比较费时，检查表的回收率可能较低，而且质量难以有效控制。

（3）财务状况分析法。

财务状况分析法又称财务报表分析法，是指通过资产负债表、损益表和其他附表等财务信息的分析来识别风险。该方法的具体应用包括趋势分析法、比率分析法、因素分析法。

1）趋势分析法。

趋势分析法是指根据企业连续期的财务报表，比较各期有关项目的增减变化的方向和幅度，从而揭示当期财务状况和营业情况的增减变化及其发展趋势，如营业利润率分析。营业利润率的公式为：

$$营业利润率 = \frac{利润总额}{同期营业收入} \times 100\%$$

该指标表明企业经营的获利能力。但是，单独计算这一指标是没有意义的，只有将这一指标同以往各年的可比指标进行对比，如上年度营业利润率、计划营业利润率、行业平均利润率等，揭示出企业利润的变化趋势，才能确定企业本期的经营效益和管理水平，才能分析是否存在着经营风险。同样，企业的成本率、费用率也可以运用趋势法进行分析。

2）比率分析法。

比率分析法是根据同一会计期间的相关数据的相互比较，求出相关数据之间的比例，以

分析财务报表所列项目与项目之间的相互关系。比率分析法运用比较广泛。如流动比率分析。流动比率的公式为:

$$流动比率 = \frac{流动资产}{流动负债} \times 100\%$$

流动比率即流动资产总额与流动负债总额的比率,这一比例反映企业资产的流动状况,即短期内资产能够转换为现金的容易程度。一般情况下,流动资产是指在一年内变现或者被耗用的资产。如果该比率过低,则企业的偿债能力低;如果该比率过高,则会影响企业的利润。

3)因素分析法。

因素分析法是指在测定各个因素对某一指标的影响程度时,必须对各有关因素顺序地进行分析。当分析某一因素的影响时,假定其他因素的影响不变,就可以确定风险因素对风险事故的影响。例如,企业的资本金利润率分析就可以采用因素分析法。资本金利润率公式为:

$$资本金利润率 = \frac{利润总额}{实收资本} \times 100\%$$

该指标反映了企业拥有资本金的盈利能力,即企业资本能获取多少利润。一定时期资本金利润率的高低,与资金使用率、财务杠杆比率和营业利润率等密切相关。因此,可以利用财务杠杆比率、资金使用率和营业利润率等因素分析、识别企业的经营风险。资本金利润率因素的公式为:

$$资本金利润率 = \frac{资产平均余额}{实收资本} \times \frac{营业收入}{资本平均余额} \times \frac{利润总额}{营业收入} \times 100\%$$

其中,"资产平均余额/实收资本"为资本收入率,"营业收入/资本平均余额"为资金使用率,"利润总额/营业收入"为营业利润率。

财务状况分析法的优点是信息准确、客观、清晰、扼要,而且易于内部人员和外部人员接受;其缺点是无法反映企业风险全貌,部分信息仅能被专业人士利用。

(4)流程图法。

流程图法是识别企业潜在风险的系统方法,它将企业组织按照生产经营过程的内在逻辑联系绘制成作业流程图,然后针对其中的关键步骤或薄弱环节进行调查和分析,即通过描述产品、服务与会计、营销等过程来识别流程中的风险。流程图法的工作步骤分为三步:分析、识别产品从设计到销售所历经的各个阶段;据此绘制流程图,解释流程中的所有风险;用流程图进一步解释风险发生的原因及可能造成的影响。在复杂的流程图中可以通过简表的方式进行解释,直观反映可能发生的风险、原因及其结果。产品销售流程如图 6-3 所示。

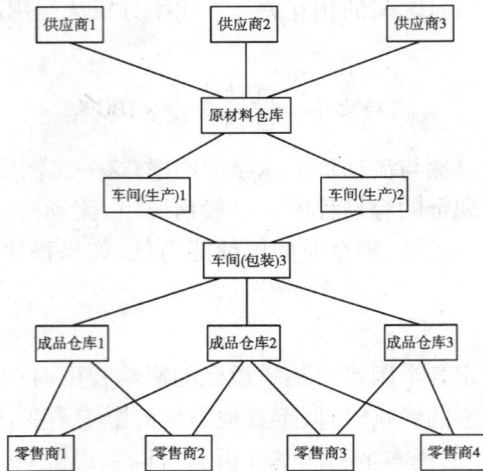

图 6-3　产品销售流程

流程图可以比较清楚地显示产品生产销售各个环节的风险,原材料的来源、生产、包装、存储、销售等产品生产的不同阶段都可以反映在流程图上。在产品生产销售流程中,如果一个环节出现问题,就会引发企业生存的危机。如果原材料供应不上或者遭遇意外损失,就会导致生产的中断;生产过程中的意外事故也会导致生产的中断,引起企业财产和人员损失;成品仓库的事故会引起企业财产损失,导致企业利润损失;产成品批发不出去会引发企业利润损失和经营危机。

在采购原料阶段存在的潜在风险事故及其可能造成的后果,可以通过表 6-8 得到解释。

表 6-8　流程图解释表

阶　段	采购原材料阶段
可能发生的事故	原料供应不及时
导致事故发生的原因	供货商无法供应原材料、采购员出现意外
可能产生的后果	企业减产、支付工伤费用

流程图法的优点在于可以将复杂的生产过程或业务流程简单化,从而易于发现风险;其缺点是流程图的绘制耗费时间。

（5）事故树法。

事故树法又称故障树法,是风险识别中一种常用的方法。事故树法从某一风险结果出发,运用逻辑推理的方法推导出引发风险的原因,即遵循风险事件—中间事件—基本事件的逻辑结构。事故树把影响企业整体目标实现的诸多因素及其因果关系一步步清楚地列示出来,有利于进行下一步深入风险分析。

图 6-4 为某企业自动化生产橡胶系统的流程图,它可用于识别自动化生产体系所面临的风险。

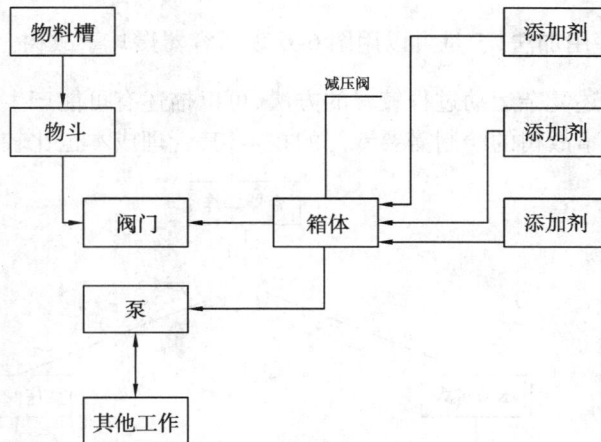

图 6-4 自动化橡胶生产流程

从图 6-4 可以看出,系统的工作原理是:天然橡胶被吸到箱体的一端,添加剂进入箱体的另一端,二者混合后由电泵从箱体内抽出。系统中箱体内的压力达到一定程度时就会爆炸。如果箱体内压力升高,安全阀失效,就会发生爆炸。

爆炸事故在树顶,引起爆炸的风险事件为树的分枝。一般来说,顶上事件表示爆炸事故的树顶;中间事件、基本事件表示风险事故的分枝。方框表示引起事故的子原因,但不是根本原因,称为中间事件;圆圈表示引起事故的根本原因或者引起事故发生的最小事件,即基本事件。这样图 6-4 就可以转化为图 6-5。

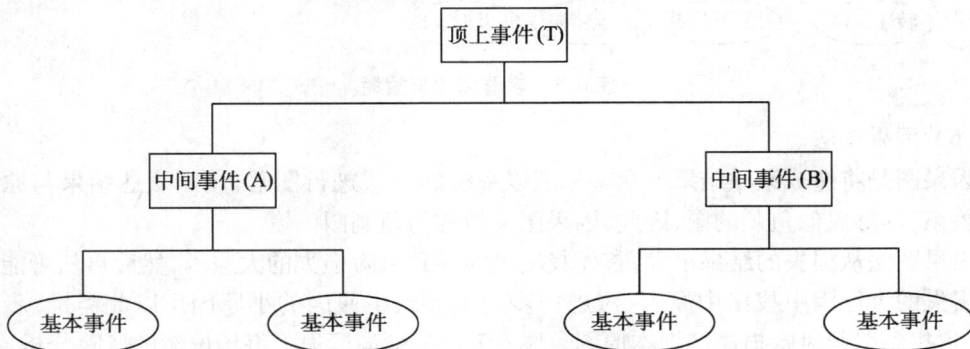

图 6-5 引起事故的风险事件

两事件同时发生才能导致风险事故的发生,用"⬡"表示;多种事件中,只要有一个事件发生,就会导致风险事故发生,用"◇"表示。"⬡"相连事件的概率用乘法,"◇"相连的概率用加法,于是可以用图6-6表示容器爆炸事故树。

事故树是一种描述复杂运动过程较好的方法,可以描述有可能产生事故的风险事件,能有效识别风险。不过事故树的绘制需要专门的技术,其管理成本也比较高。

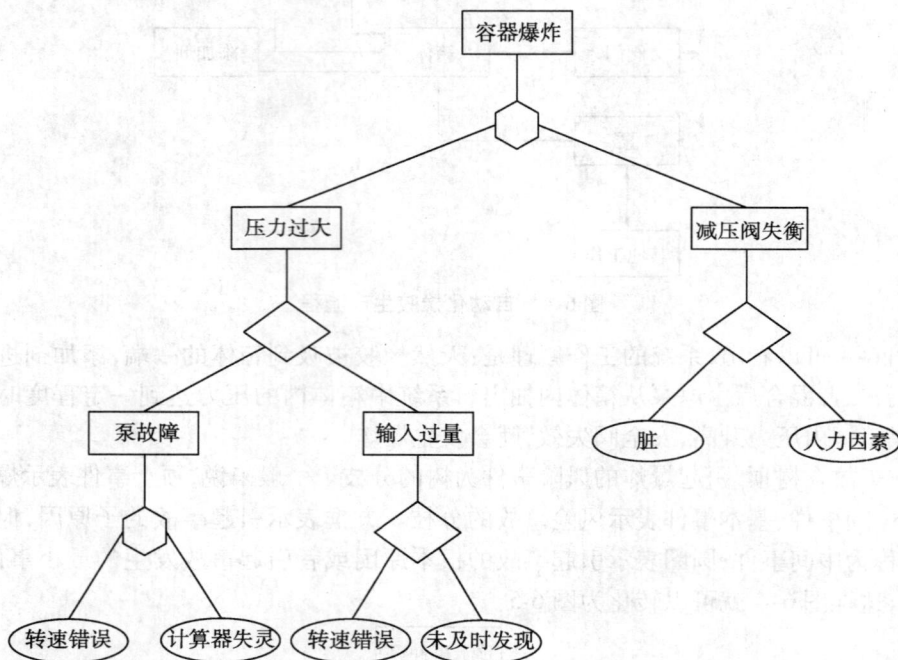

图6-6　容器爆炸事故树

(6)因果图法。

因果图是将造成某项结果的众多原因以系统的方式进行图解,用图表达结果与原因之间的关系,其形象似鱼刺的图,因此,因果图又被称为鱼刺图。

因果图法从损失的结果出发,首先找出可能导致风险损失的大原因,然后再从可能导致风险损失的大原因中找出中原因,再进一步找出导致中原因的小原因。以此类推,步步深入,直到找到引起风险损失的根本原因。图6-7为某炼油厂失去市场份额的风险分析。

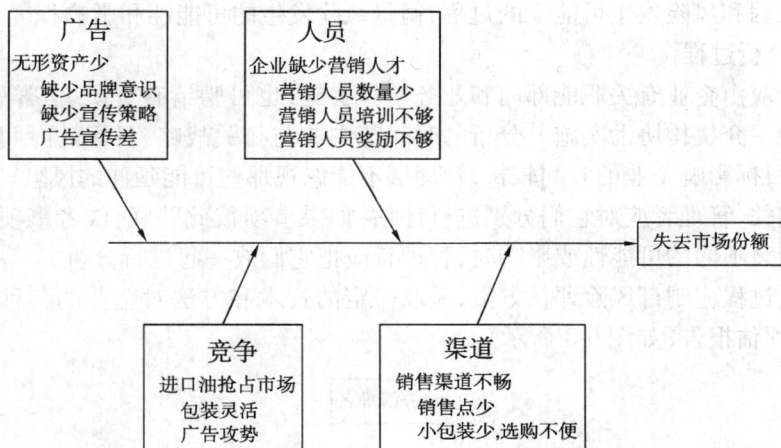

图 6-7 因果图风险分析

在绘制因果图时,应注意不要遗漏重要原因,确定原因时应尽可能详细、具体。如果疏漏导致风险事故的原因,将会影响因果图分析的结论。

(7)组织结构图分析法。

组织结构图分析法是通过勾画整个经济单位的组织结构图来发现风险可能产生的区域,以识别风险的方法,其工作程序为:先画出组织整体结构图,然后细化组织结构和管理结构,以识别风险可能产生的区域,重点应注意职能重复出现的部门、过分依赖性和过度集中性的部门。组织结构图分析法主要用于寻找风险产生的区域或环节。

(8)可行性研究。

可行性研究是在项目计划阶段即对风险进行定性识别的方法。它的工作步骤为检查各部分原始意图,发现有无偏离意图的情况,并寻找偏离的原因,以预测偏离的后果。可行性研究的优点是可在项目实施前发现风险并加以处理,其缺点是比较费时,且需要详细的设计系统图的支持。

风险识别的方法很多,也有各自的优缺点和适用条件,不存在一个适用于全部风险识别的最好的方法,即使识别同一种风险也可以同时使用几种方法。在风险识别过程中要根据企业经营活动特点、内外环境变化和经营管理的需要,对其作出适当的选择和组合。

6.2.2 风险分析

企业在识别风险后必须进行风险分析,以衡量风险对企业目标实现的影响程度。风险分析是在风险识别的基础上,要求企业应当采用定性和定量相结合的方法对风险进行分析,以确定风险成因和风险发生可能性的过程,衡量风险发生的可能性和影响程度。

1.风险分析过程

风险分析应由企业有关职能部门和业务单位实施,也可聘请有资质、信誉好、风险管理专业能力强的中介机构协助实施。分析的时间范围应与相关战略、目标的时间范围保持一致,企业战略目标影响企业的时间较长,管理层不能忽视那些可能延伸的风险。如果潜在事项之间并不相关,管理者应对它们分别进行评估,如果事项彼此关联,或者事项结合或相互影响会产生显著不同的可能性或影响时,管理者应把它们放一起进行分析。

风险分析过程应制订风险评估方案,采取一定的技术和方法对企业的各种风险进行评估,写出风险评估报告(如图6-8所示)。

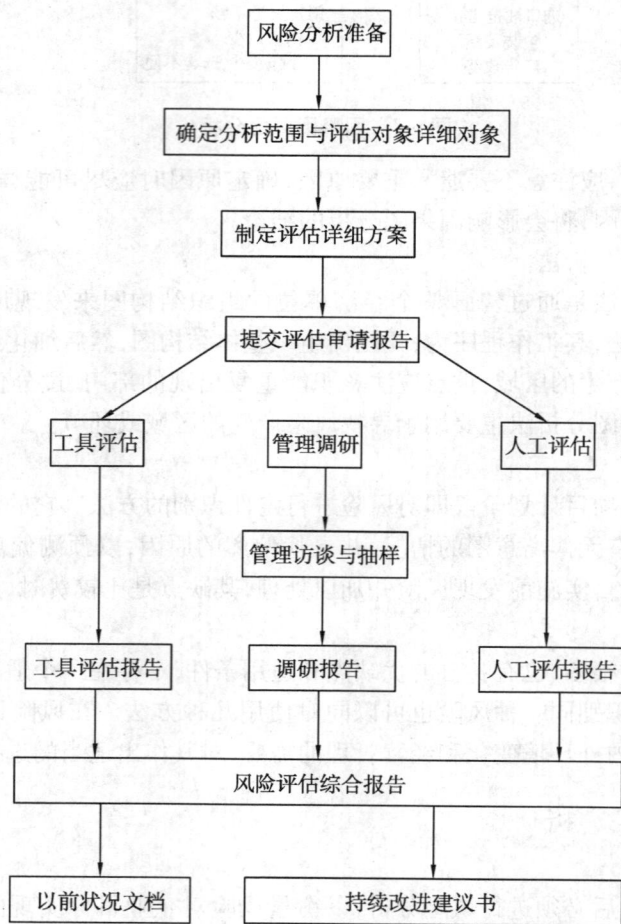

```
                    ┌──────────────┐
                    │  风险分析准备  │
                    └──────┬───────┘
                           │
          ┌────────────────┴────────────────┐
          │  确定分析范围与评估对象详细对象      │
          └────────────────┬────────────────┘
                           │
                ┌──────────┴──────────┐
                │   制定评估详细方案     │
                └──────────┬──────────┘
                           │
                ┌──────────┴──────────┐
                │   提交评估审请报告     │
                └──────────┬──────────┘
          ┌────────────────┼────────────────┐
     ┌────┴────┐      ┌────┴────┐      ┌────┴────┐
     │  工具评估  │      │  管理调研  │      │  人工评估  │
     └────┬────┘      └────┬────┘      └────┬────┘
          │           ┌────┴─────┐          │
          │           │ 管理访谈与抽样 │          │
          │           └────┬─────┘          │
     ┌────┴────┐      ┌────┴────┐      ┌────┴────┐
     │ 工具评估报告 │      │  调研报告  │      │ 人工评估报告 │
     └────┬────┘      └────┬────┘      └────┬────┘
          └────────────────┼────────────────┘
                ┌──────────┴──────────┐
                │   风险评估综合报告     │
                └──────────┬──────────┘
          ┌────────────────┴────────────────┐
     ┌────┴─────┐                     ┌─────┴──────┐
     │ 以前状况文档 │                     │  持续改进建议书  │
     └──────────┘                     └────────────┘
```

图6-8　风险分析过程

2. 风险分析技术

风险分析的方法包括定性分析和定量分析。在不要求定量分析时,或者定量分析所需的充分可靠数据无法取得时,或者获取这些数据不具有成本效益时,管理者通常采用定性分析的方法。定量分析能带来较高的精确度,但要求数据较多,分析较为复杂。

风险分析定性方法包括访谈、集体讨论、专家咨询、问卷调查、标杆分析等;比较常用的定量分析方法包括概率技术和非概率技术。这里主要介绍定量分析方法。

(1)概率技术。

1)传统概率分析。

传统概率分析是风险管理理论中较成熟的一种度量方法。根据企业风险的含义,风险体现了实际损失或收益和预期损失或收益的偏差,这种偏差可以借助一些概率统计量来衡量,包括损失或收益率的期望值、方差、标准差、变异系数等。这些统计量事实上是测量损失或收益率围绕其期望值变化的程度,如果围绕期望值发生剧烈变化,则表明收益率具有很大的不确定性。

为了度量偏差,首先要确定损失或收益率的期望值,或者更广义地说,应对存在风险的目标进行中心趋势的测量,这是确定风险概率分布中心的重要方法。在各种不同的中心趋势测量方法中,主要有以下几种方法。

① 算术平均数。

算术平均数是指用平均数表示的统计指标,分为总体的一般平均指标和序时平均指标。一般平均指标是指同质总体内某个数量标志在一定时间内的平均值;序时平均指标是某一个统计指标在不同时间段数量平均值。假设 $k_1, k_2, \cdots, k_n$ 是变量 K 的 n 个观测值,则其平均指标为

$$\bar{K} = \frac{k_1 + k_2 + \cdots + k_n}{n}$$

在平均指标的计算中,每一次观察值的权数是相等的,即认为各种情况出现的概率是相同的。

② 加权平均数。

与算术平均数相对应的是加权平均数,即通常所说的期望值,它是根据每一项目或事件的概率加权平均计算出来的。仍假设 $k_1, k_2, \cdots, k_n$ 是变量 K 的 n 个观测值,$V_1, V_2, \cdots, V_n$ 是各变量观测值出现的次数,则其加权平均数为

$$\bar{K} = \frac{k_1 V_1 + k_2 V_2 + \cdots + k_n V_n}{V_1 + V_2 + \cdots + V_n}$$

如果已经通过经验数据获得了 $k_1, k_2, \cdots, k_n$ 发生的概率为 $p_1, p_2, \cdots, p_n$(确定各种可能损失或收益率下的概率时,需要根据企业历史资料、市场分析和行业特点、现状、前景及社会经济环境等因素进行综合考虑),则有

$$\bar{K} = \sum_{i=1}^{n} k_i p_i$$

加权平均数是中心趋势测量中最为常用的方法。

③ 中位数。

衡量变量中心趋势的另一种方法是计算中位数。中位数也称中值,位于一组数据的中心位置。确切地说,将任意一组数据 $k_1, k_2, \cdots, k_n$ 由小到大顺序排列,得到数列 $k_{(1)} \leqslant k_{(2)} \leqslant \cdots \leqslant k_{(n)}$。若 $n = 2m+1$,则 $k_{(m+1)}$ 就是中位数;若 $n = 2m$,则处于中心位置的两个数为 $k_{(m)}$ 和 $k_{(m+1)}$,这时称它们的算术平均数为中位数,记为 Mek,即

$$Mek = \begin{cases} k_{(m+1)} & n = 2m+1 \\ (k_{(m)} + k_{(m+1)})/2 & n = 2m \end{cases}$$

在衡量风险目标的中心趋势后,需要进一步量化变量与期望值之间的离散程度,方差 δ^2、标准差 δ 和变异系数 υ 都是这一类指标。

ⅰ. 方差和标准差。

假设 $k_1, k_2, \cdots, k_n$ 是变量 K 的 n 个观测值,并已知 $\bar{K}$ 是 K 的算术平均值,则称 $(k_i - \bar{K})^2$ $(i = 1, 2, \cdots, n)$ 为观测值 k_i 的平方偏差,称 $(k_1 - \bar{K})^2$, $(k_2 - \bar{K})^2$, $\cdots$, $(k_n - \bar{K})^2$ 的算术平均数为这组数据的平均平方差,简称方差,即

$$\delta^2 = \frac{1}{n} \sum_{i=1}^{n} (k_i - \bar{K})^2$$

方差的算术平方根就是标准差,换为概率式表示法,其公式为

$$\delta = \sqrt{\sum_{i=1}^{n} (k_i - \bar{K})^2 p_i}, \text{其中} \bar{K} = \sum_{i=1}^{n} k_i p_i$$

具体来说,方差、标准差越大,表明各种可能结果的数值距离期望值就越远,则期望值的代表性就越差,风险就越大;方差、标准差越小,表明各种可能结果的数值距离期望值就越近,则期望值的代表性就越强,风险就越小。

ⅱ. 变异系数。

如果将其他行业、企业进行比较,它们的期望值往往不同,在这种情况下应该使用变异系数指标来衡量风险。变异系数是标准差与均值或期望值之比。风险的稳定性可以通过变异系数反映。变异系数越大,风险的稳定性越弱,风险也就越大;相反,风险的稳定性越强,损失的风险越小。变异系数的公式为

$$\upsilon = \frac{\sigma}{\bar{K}}$$

2) β 指标分析法。

β 指标分析法是近年西方发展起来的风险计量方法,是一种重要的整体性分析方法。

该分析法的优点在于运用数理统计理论,具有较强的科学依据,能够反映收益与风险的关系;而缺点在于 β 系数的计算相对比较复杂,需要有较强的专业理论知识和判断能力。这种分析方法主要适用于金融市场风险的分析,具有一定的局限性。β 指标按使用分析的数据不同可分为市场 β 值和会计 β 值。

① 市场 β 值。

市场 β 值使用单项资产和资产组合市价的历史数据,运用线性回归技术进行估计。其具体步骤为:首先计算出企业股票的收益率与市场组合收益率,然后将两者进行回归拟合,所得回归直线的斜率即为该股票的市场 β 值。

这种方法的最大局限性在于只有在股票被交易,并方便得到市场价格时才能使用。对于公开上市时间不长的企业和想要估计其股权成本的企业分支机构,这种方法的使用则受到限制。此外,计算过程中对市场指数的选择应十分谨慎,选择的合理与否直接影响到 β 值的可靠性。

② 会计 β 值。

会计 β 值可以通过计算企业的每季或每年的收益率相对于同一时期行业的收益率进行回归求得,其特点在于会计 β 值的计算是基于企业的会计收益而不是基于交易价格进行的,这种方法在实际中主要应用于非公开上市企业。

3)风险价值。

在确定时间区间和置信水平 α 后,某项风险资产的风险价值(Var)一般被看做是给定时间区间和置信水平下预期的最大损失额,即最坏情况下的损失额,用公式可表示为

$$Prob(\Delta P \leq -\text{Var}) = 1 - \alpha$$

其中 $Prob(\ )$ 表示某事件的概率;ΔP 表示投资组合价值的变动;α 为置信水平。风险价值分析如图 6-9 所示。

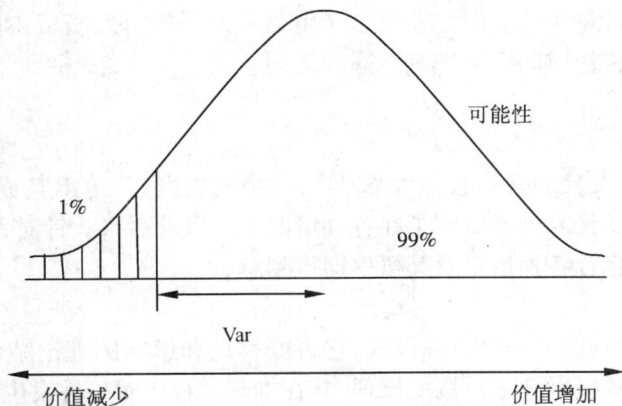

图 6-9 风险价值分析

　　总的来说,风险价值分析法具有很强的科学性,提供了一个统一的方法测量不同行业的风险,并充分考虑了不同资产价格变化之间的相关性。此外,这一方法同样需要较强的数量统计知识,已在金融市场风险领域发展较为成熟,并有待进一步拓广应用。

　　4)经济资本。

　　在风险分析中,另一个常用的计量项目是经济资本。在企业整体水平上,经济资本代表了在给定的置信水平和企业期望承担风险之下,为了确保企业的偿付能力,企业理论上必须拥有的财务资源数量。因此,经济资本是两个变量的函数:企业偿付能力标准及其风险。

　　企业偿付能力标准是企业的信用度,并且可以从其债务评级中推断出来。例如,一家机构具有的目标偿付能力标准为99.9%,则平均而言1 000年只会违约一次。粗略地说,这相当于被标准普尔信用评级服务企业授予"A"的评级。

　　对于给定的风险水平,较高的偿付能力标准意味着要拥有较多的经济资本。换言之,一个企业承担的风险越大,为了维持给定的偿付能力标准,它必须具有越多的财务资源。这一分析思路是建立在罗伯特·莫顿的违约模型的基础上的,它强调企业股东有权在支付债权人时违约,并且在企业权益价值(净资产)下跌到零时将会如此做。因此,债权人会通过要求相对于提供资金的无风险利率的差额,向股东征收违约风险费用。此外,违约概率是企业净资产值的当前水平和潜在变化(概率分布)所决定的。

　　一个企业的经济资本的计算一般是自上而下的。换句话说,企业应先针对每一类风险分别估算经济资本,然后把分散化效应考虑进来进行汇总,以得到整个企业的总经济资本。具体来说,就是先计算出每一种风险源所引起的企业价值的变化的单独分布,然后把单独分布联合起来并以合理的目标偿付能力标准为基础计算出总经济资本,最后基于每一项业务活动所产生的风险额对经济资本进行规划。

　　经济资本是一种具有前瞻性的风险衡量,采用这种方法分析风险将赋予企业更多的主动性,并且可以有效计量可能会给企业带来严重后果的风险。经济资本的不足是这种方法的理论性很强,难以在短时间内被熟练掌握和运用。

　　5)其他概率技术。

　　① 事件树法。

　　事件树的每一分支代表每一控制系统作用成功或失败,并给出其成功或失败的概率。因此,在事件树分支的最末处就得到了在各种情况下的风险后果。针对每一种后果,可计算其导致的损失,最后综合各种后果及其概率即得到总风险。

　　② 概率影响图。

　　概率影响图是影响图的一种特殊形式,它将概率论和影响图理论结合专门处理随机事件间的相互关系,对随机事件进行概率推理,并在推理过程中对事件发生的概率及其依赖于其他事件的发生概率作出完整的概率评估。

③ 贝叶斯推断原理。

当未来决策因素不完全确定时,必须利用所有能够获得的信息,包括样本信息和先于样本的所有信息,其中包括来自经验、直觉、判断的主观信息,以减少未来事物的不确定性,这就是贝叶斯推断原理。

④ 模糊数学法。

风险的不确定性常常是模糊的,因此模糊数学方法可用于风险评估和分析,模糊数学从二值逻辑的基础上转移到连续逻辑上来,把绝对的"是"与"非"变为更加灵活的东西。在相当的限度上相对地划分"是"与"非",这并非表示数学放弃其严格性而造就模糊性,相反是以严格的数学方法去处理模糊现象。

⑤ 蒙特卡罗模拟法。

蒙特卡罗模拟法的基本思想是将待求的风险变量当做某一特征随机变量。通过某一给定分布规律的大量随机数值,可以算出该数学特征的统计量,来作为所求风险变量的近似解。蒙特卡罗模拟法已被用来计量各种不同类型的风险,包括信用、市场、保险和营运风险。

实际应用时,不同的风险因子可以应用许多的统计分布族,正态分布是其中使用最广泛的一类模型。应根据具体情况设计模拟的实施步骤,一般情况下蒙特卡罗模拟至少要经过以下五步:

第一,量化风险,将需要分析评估的风险进行量化,明确其度量单位,得到风险变量,并收集历史相关数据。

第二,根据对历史数据的分析,借鉴常用建模方法建立能描述该风险变量在未来变化的概率模型。建立概率模型的方法很多,如差分和微分方程法、插值和拟合方法等。这些方法大致分为两类:一类是对风险变量之间的关系及其未来的情况作出假设,直接描述该风险变量在未来的分布类型(如正态分布),并确定其分布参数;另一类是对风险变量的变化过程作出假设,描述该风险变量在未来的分布类型。

第三,计算概率分布初步结果,利用随机数字发生器将生成的随机数字代入上述概率模型,生成风险变量的概率分布初步结果。

第四,修正完善概率模型,对生成的概率分布初步结果进行分析,用实验数据验证模型的正确性,并在实践中不断修正和完善模型。

第五,利用该模型分析风险评估情况。

正态分布是蒙特卡罗模拟法中适用最广泛的一类模型。一般地,如果一个变量受到很多相互独立的随机因素的影响,而其中每一个因素的影响都很小,则该变量服从正态分布。

(2)非概率技术。

1)敏感性分析。

敏感性分析针对潜在的风险性,当研究项目各种不确定因素变化一定幅度时,计算其主要经济指标变化率及敏感程度的一种方法。换句话说,这是一种弹性分析方法,主要分析各个风险因素变化对损益变化的影响,先进行个别分析,然后绘出敏感性分析图以分析敏感度,找出不确定因素变化的临界值即最大允许的变化范围,此时就可以对不同类型的风险进行比较和评价。

2)情景测试。

情景测试是当考虑多个因素变化而达到某个状态时,通过对风险标志性指标报告的预测来分析企业的整体风险。这是一种自上而下的分析方法,衡量的是某事件或事件组合将对企业产生的影响。

3)压力测试。

压力测试是情景测试的一种特殊形式,专门针对特定的风险因子,评估那些具有极端影响的事项的影响。压力测试不同于一般的情景分析,因为它关注的是单个事项或活动在极端情况下的一个变化对企业产生的直接影响,而一般的情景分析更加关注正常规模的变化所产生的影响。压力测试一般被作为概率度量的一种补充,分析那些通过与概率技术一起使用的分布假设可能没有充分注意到的低可能性、高影响事项的结果。

4)设定基准。

一些企业使用设定基准技术从可能性和影响方面来评价一个特定的风险,再以此为基础寻找改善风险应对决策、降低其可能性或影响的途径。常用的指标评价标准有两类:一是公认标准,即对各类企业不同时期都普遍适用的指标评价标准;二是行业标准,它是反映某行业水平的指标评价标准。

5)沃尔评分法。

财务状况综合评价先驱之一亚历山大·沃尔在《信用晴雨表研究》和《财务报表比率分析》中提出了信用能力指数的概念,把若干个财务比率用线性关系结合起来以评价企业信用水平。

沃尔比重评分法的公式为

$$评分 = 实际比率 \div 标准比率 \times 比重$$

具体计算方法如表6-9所示。

表6-9 沃尔评分法

财务比率	比重①	标准比率②	实际比率③	相对比率④[=③÷②]	评分⑤[=①×④]
流动比率	25				
净资产/负债	25				
资产/固定资产	15				
销售成本/存货	10				
销售额/应收账款	10				
销售额/固定资产	10				
销售额/净资产	5				
合　计	100				

3. 分析风险的可能性与重要性

风险分析主要分析风险发生的可能性及其对企业目标的影响程度。

(1) 风险发生的可能性分析。

风险发生的可能性分析是指假定企业不采取任何措施去影响经营管理过程时,将会发生风险概率的大小。一般地,风险发生概率大于 0 且小于或等于 5% 时,确定为风险"几乎不会发生";风险发生概率大于 5% 且小于或等于 50% 时,确定为风险"可能会发生";风险发生概率大于 50% 且小于或等于 95% 时,确定为风险"很可能发生";风险发生概率大于95% 时,确定为风险"基本上会发生"。对于风险发生概率的估计,主要考虑以下因素:风险相关资产的变现能力、经营管理中人工参与的程度、经营管理中是否涉及大量繁杂的人工计算等。

为了准确地评价风险,可以根据风险发生的概率细分为以下几类,如表 6-10 所示。

表 6-10 基于风险发生概率的风险度标准

风险发生的可能性	说　　明	风险度标准
几乎肯定	在未来 12 个月内,这项风险几乎肯定会出现一次	5
极可能	在未来 12 个月内,这项风险极可能会出现一次	4
可能	在未来 2 ~ 10 年内,这项风险可能出现一次	3
低	在未来 10 ~ 100 年内,这项风险可能出现至少一次	2
很低	这项风险出现的可能性极低,估计在 100 年内出现的可能性少于 1 次	1

(2) 风险重要性分析。

风险重要性分析主要是指风险对企业目标实现的负面影响程度进行分析。重要性大小是针对既定目标而言的,因此对于不同的目标,企业应采取不同的衡量标准,如表 6-11 所示。

表 6-11 基于风险重要性的风险度标准

损失程度	说　　明	风险度标准
灾难	令企业失去继续运作能力(损失占税前利润20%以上)	5
重大	对于企业在争取完成其策略性计划和目标,造成重大影响(损失占税前利润5% ~20%)	4
中等	对于企业在争取完成其策略性计划和目标,在一定程度上造成障碍(损失占税前利润1% ~5%)	3
轻微	对于企业在争取完成其策略性计划和目标造成一定损失(损失占税前利润1%)	2
几乎没有	影响程度十分轻微(损失小于税前利润1%)	1

4. 风险分析结果的描述

风险坐标图是一个或多个风险的可能性和影响程度的图形表示法。风险坐标图可以采用坐标形式定量或定性估计风险的可能性和影响。风险的描述方式要突出哪些风险是更重要的(较高的可能性或影响)和哪些风险是不重要的(较低的可能性或影响)。依据详细水平和分析深度,风险坐标图既可以表示整体预期的可能性和影响,也可以包括可能性和影响的可变性的一个要素。

风险可以用一个矩阵风险坐标图来描述,横轴表示可能性,纵轴表示影响程度。风险坐标图提供了更多的信息,管理层能更容易地优先考虑需要注意的地方。例如,某企业对以下9项事件发生的可能性和影响程度进行了定性评估,风险①发生的可能性为"极低",风险发生后对目标的影响程度为"低";……;风险⑨发生的可能性为"高",对目标的影响程度为"极低"。风险坐标图如图 6-10 所示。

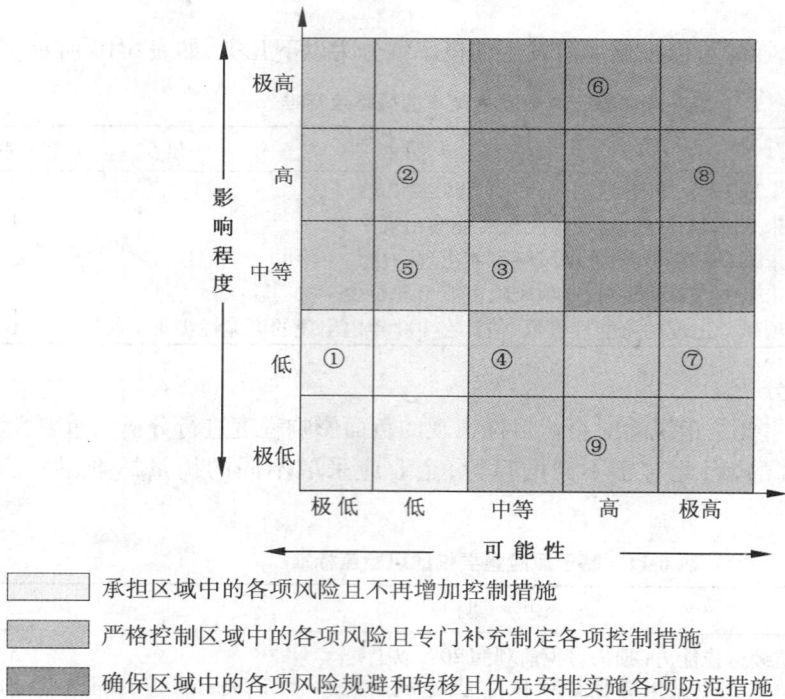

图 6-10 风险坐标图

通过图 6-10 可以直观地看出各类风险的大小,从而确定风险管理的优先顺序和策略。对风险①,企业可以采用风险接受的策略,即对风险不再增加相应的管理措施;对风险⑥、⑧,应给予高度重视,可以采用风险规避或风险转移策略;对其他风险,可以通过优化控制流程等管理方式来减少或控制风险。

6.2.3　风险应对

在风险分析后,管理层就需确定如何应对风险。企业应根据风险的可能性和影响程度、企业对风险的偏好和风险承受度以及成本效益原则来选择合适的风险应对方案。

风险应对是企业管理层采取一系列行动,以便把风险控制在企业可以接受的范围之内。风险应对具体包括四种类型:风险规避、风险降低、风险转移、风险承受。企业可以根据实际情况进行选择,对不同的风险可以选择相同的应对策略,对相同的风险可以选择不同应对策略,甚至选择两种或两种以上的应对策略进行组合使用。

1. 风险应对策略

（1）风险评估结论。

风险评估是风险管理的基础。风险事实来源认定、评估手段及结论等都基于科学的方法而得出的结论,而风险应对策略源自风险评估结论,从而实现管理从感性决策到理性决策的转变,最终提高企业的安全水平。风险评估技术在企业运用的差距,决定了企业市场竞争力的差异,风险管理水平高企业核心竞争力就强,反之则企业核心竞争力就弱。

在风险分析中,企业已经就风险发生的概率和损失程度进行了排序,也就是说已经对需要采取控制活动列出了一个优先顺序,并得出了评估报告。企业应根据自身的风险偏好和承受度水平选取风险应对策略和方案。

（2）风险偏好与风险承受度。

从广义上看,风险偏好（也叫风险容量）是指企业在实现其目标的过程中愿意接受的风险的数量。它反映了一个企业的风险管理哲学,反过来也会对企业文化与经营风格产生影响。许多企业定性地考虑风险偏好问题,将风险分为高、中、低几个大类;另外一些企业采用定量方法,在增长、收益与风险之间进行平衡。企业的风险偏好与企业的战略直接相关,企业在制订战略时,应考虑将该战略的既定收益与企业的风险偏好结合起来,目的是要帮助企业的管理者选择与企业的风险偏好相一致的战略。

风险偏好引导企业的资源配置。高风险偏好的企业愿意将企业的大部分资本投入高风险领域;相反,低风险偏好的企业可能为了限制资本短期内的巨大损失而仅仅投资于成熟、稳定的市场。

风险承受度的概念是建立在风险偏好概念基础上的。风险承受度是指在企业目标实现过程中对差异的可接受程度,是企业在风险偏好的基础上设定的对相关目标实现过程中所出现差异的可承受限度。在确定企业目标的风险承受度时,企业应考虑相关目标的重要性,并使其与企业风险偏好联系起来。

确定风险偏好和风险承受度,就是确定企业愿意承担哪些风险,明确风险的最低限度和不能超过的最高限度,并据此确定风险的预警线及采取的对策。

实际上在如何处理风险之前,必须明确企业的风险偏好。如果不知道管理层可以承受多大的风险存在,就无法行动。管理者就是要在管理层给出的风险偏好基础上,在平衡风险管理成本和承担风险所受的损失中给出原则以及具体措施。企业风险应对有规避、减少、转移和接受风险四种策略。作为风险管理的一部分,管理者应比较不同方案的潜在影响,并且应在企业风险承受度范围内考虑风险应对方案的选择。在个别和分组考虑风险的应对方案后,管理者应从总体的角度考虑企业选择的所有风险应对方案组合对企业的总体影响。

（3）风险组合观。

风险应对策略的选择要求从整个企业的角度来考虑风险。一般来说,管理层采取的方式是:首先考虑每个业务单位、部门的风险,再由管理者为各自单位制订一份综合风险应对的方案,该方案应能够反映该单位相对于其目标和风险承受度的方案。

由于对每个个体单位的风险都有认识,企业的管理层就可以站在较高的层面采取风险组合的方法,以确定企业的风险曲线是否与企业的总体风险容量相一致,制订企业的风险应对策略,以降低企业的风险。

2. 风险应对策略

风险应对策略是企业管理层采取一系列行动,以便把风险控制在企业可以接受的范围之内。风险应对策略以下四种:

（1）风险规避。

风险规避即企业对超出风险承受度的风险,通过放弃或者停止与该风险相关的业务活动以避免和减轻损失的策略。例如某国政治动荡、政局不稳,对该国的投资存在重大的风险,企业可以放弃对该国家的投资计划。这是一种不作为、比较消极的控制风险的策略,比较适应危害性风险控制。

风险规避策略不是盲目地、一味地避开风险,而是在恰当的时候以恰当的方式予以回避,是一种策略性的回避。这种风险应对策略可以完全消除某种风险,但是选择放弃某项具有高风险的经营活动同时也会部分或全部地丧失伴随风险而来的盈利机会。一般来说,企业最好应在选择决策方案或方案实施的早期阶段,考虑是否选用规避的风险应对策略。

（2）风险降低。

风险降低即企业在权衡成本效益之后,采取适当的控制措施降低风险或者减轻损失,将风险控制在风险承受度之内的策略,是一种积极主动避免风险的策略,这包括降低风险发生的可能性或影响程度或两者同时降低。风险降低虽然不可能完全消除损失,但它仍不失为一种积极主动应对风险的策略。风险降低类别的划分通常有三种:按控制目的,可分为损失预防和损失抑制;按措施的执行程序,分为事前、事中和事后控制;按采取措施的性质不同,分为工程法、教育法和程序法。风险降低策略适应于企业不愿放弃也不愿转移,且在整体风险承受能力和具体业务层次上可接受风险水平之内的风险。

（3）风险转移。

风险转移即企业借助他人力量,采取业务分包、购买保险等方式和适当的控制措施,将风险控制在风险承受度之内的风险应对策略。

一般来说,如果风险发生时的影响是重大的,但在当前的情况下风险发生的可能性不大,企业就可以将风险转移到别处去。进一步来说,当风险不能通过风险降低的方法降低发生的可能性、发生频率、损失额时,或采用风险降低方法,企业仍然受到威胁时,企业就应该采取风险转移的风险应对策略。

（4）风险承受。

风险承受即企业对风险承受度之内的风险,在权衡成本效益之后不准备采取控制行为降低风险或者减轻损失的策略。当企业采用这种策略时,一旦风险发生,企业能够应付,或者企业能够承受风险带来的损失,或者采取控制行为的成本高于损失,风险承受是企业积极的风险管理策略,即容许少量风险存在。风险承受策略有时候是无意的,或者属于无奈的、被动的选择。选择风险承受策略时,企业的财力足以承担由风险可能造成的最坏后果,一旦发生,不会使企业的生产经营活动受到很大影响。

风险策略是基于风险分析的结果,根据企业的实际情况选择使用,可以选择使用某一风险应对策略;也可以选择两种或两种以上的应对策略进行组合使用。合理选择风险应对策略的关键是要有针对性,即实现对风险的有效控制。表 6-12 是对风险应对策略的具体说明。

表 6-12　风险应对策略的具体方法

风险应对策略	具体实施方法
风险规避	处置一个业务单元、生产线、地域性部门;确定不参与会产生风险的新方案或活动
风险转移	给重大意外损失投保;参加合资或合伙;签订企业联合组织协议;通过资本市场工具防范风险;外包业务流程;通过合同协议与客户等分担风险
风险降低	提供多样化的产品;设立经营范围;建立有效的经营过程;加强对制定决策的参与;调整资产组合以降低特定类型损失的风险;在经营单元之间重新分配资本
风险承受	"自我保险"防范措施;依靠组合中的自然抵消;承受已经符合风险容量的风险

在选择风险应对策略时,还要考虑成本和收益以及选择风险应对方案的机遇。

3. 风险应对策略的实施

企业选择风险应对策略后,管理层就可以根据风险应对策略制订具体实施方案来管理风险,并选择可以将剩余风险控制在风险承受度范围内的风险应对方案或风险应对组合方案。企业在确定方案时需要注意两点:第一,选择的方案并不一定意味着剩余风险最小化,管理层需要综合考虑可能的风险应对方案的成本和效益,以及剩余风险对目标的影响程度;第二,选择的方案应确保剩余风险控制在风险承受度范围之内。风险承受度并不是一成不变的,即在风险应对方案导致剩余风险超出风险承受度的情况下,管理层需要重新考虑风险应对方案,或者重新考虑已经确立的风险承受度,风险和风险承受度的平衡是一个反复的过程。

在决定风险应对方案之后,管理层还需要安排适当的组织、人员、流程及其他资源等,以支持和督促风险应对方案得到正确、及时的贯彻实施。这主要包括:明确由哪些员工或部门来负责落实这项风险应对方案的实施,明确时间计划、预期效果、预算、业绩指标、监督部门;风险应对方案应当与控制活动相互关联,包括相关的政策、风险应对方案执行的流程、汇报的流程以及监督审核的流程;风险应对方案的实施过程中需要不断沟通和协商;关注和记录剩余风险,管理层关注剩余风险的性质和范围是非常重要的,应确保其得到定期的复核,以衡量风险应对方案的有效性并予以及时修正。

企业风险评估是一个持续的反复的过程。企业应当结合不同发展阶段和业务拓展情况,持续收集与风险变化相关的信息以进行风险识别和风险分析,并根据情况的变化及时调整风险应对策略,以避免所选择的风险应对策略无效,影响企业目标的实现。特别是当企业经营活动所处的外部环境发生变化时,企业必须保持应有的敏感,针对变化的外部环境进行相应的风险评估,以使企业的目标在变化了的外部环境中得以实现。

第7章

内部控制要素（下）

7.1 控 制 活 动

控制活动是指帮助管理层确保其指令能够被执行的政策和程序,它贯穿于企业所有层级和职能部门。管理层在确定控制活动时,需要考虑控制活动之间的联系。在某些情况下,一个风险应对策略需要多个控制活动。控制活动是企业根据风险评估结果,采用相应的控制措施将风险控制在可承受的范围内。控制措施一般包括不相容职务分离控制、授权审批控制、会计系统控制、财产保护控制、预算控制、运营分析控制和绩效考评控制等。

7.1.1 不相容职务分离控制

所谓不相容职务,是指由同一人员承担具有产生错误或导致舞弊可能性的岗位,如会计职务与出纳职务、收款与销售等。实施不相容职务分离控制的目标就在于从人员职务配置上预防舞弊或错误的产生,以实现内部控制的目标。不相容职务分离控制要求企业全面、系统地分析、梳理业务流程中所涉及的不相容职务,对其实施相应的分离措施,形成各负其责、相互制约的工作机制。

不相容业务通常包括以下内容:授权批准职务与执行业务职务;业务经办职务与审核监督职务;业务经办职务与会计记录职务;财产保管职务与会计记录职务;业务经办职务与财产保管职务。

企业应当建立健全岗位职责,明确分工,设立管理控制机构,推行职务不相容制度,强化职责分工的有效性。

7.1.2 授权审批控制

内部控制要求进行交易和经营活动时应有授权审批制度,以确立完善的工作程序。

　　授权审批控制要求企业根据常规授权和特别授权的规定,明确各岗位办理业务和事项的权限范围、审批程序和相应责任。企业应当编制常规授权的权限指引,规范特别授权的范围、权限、程序和责任,严格控制特别授权。常规授权是指企业在日常经营管理活动中按照既定的职责和程序进行的授权;特别授权是指企业在特殊情况、特定条件下进行的授权。在实施授权审批控制活动过程中,企业各级管理人员应当在授权范围内行使职权和承担责任,不得超越授权进行经营活动。对于重大的业务和事项,企业应当实行集体决策审批或者联签制度,任何个人不得单独进行决策或者擅自改变集体决策。

7.1.3　会计系统控制

　　会计系统控制是指对会计信息系统实施的,以确保财务报告可靠性为主要目标的控制活动。会计系统既是一个对外报告系统,也是一个对内报告系统。作为对外报告系统,要求其按照有关法律法规的规定对外披露财务及其他相关的信息;作为一个对内报告系统,要求其向管理当局提供经营决策所需要的信息,以服务于企业的经营活动,服务于经营目标的实现。为了规范企业的会计核算行为和信息披露,国家制定发布了相应的会计准则和会计制度以及其他会计工作规范。为此,会计系统控制要求企业严格执行国家统一的会计准则、制度,加强会计基础工作,明确会计凭证、会计账簿和财务会计报告的处理程序,保证会计资料真实、完整。企业会计工作是由会计人员执行的,为了保证会计系统的有效性,国家法律法规对企业工作机构和会计人员的设置与配备作了相应的规定。会计系统控制要求企业依法设置会计机构,配备会计从业人员,要求从事会计工作的人员必须取得会计从业资格证书。会计机构负责人必须具备会计师以上专业技术职务资格。鉴于大中型企业的特殊性,有关法律法规明确要求大中型企业设置总会计师职位。大中型企业设置总会计师职位后,不得设置与其职权重叠的副总经理等副职。之所以强调这一点,主要是使企业的总会计师能够真正发挥其职能,使总会计师职务名副其实,成为企业财务会计工作的直接责任人。

7.1.4　财产保护控制

　　财产保护控制要求企业限制未经授权的人员对财产的直接接触和处置,采取财产记录、实物保管、定期盘点、账实核对、财产保险等措施,确保财产的安全完整,企业内部控制的目标之一就是保证财产的安全完整。财产保护控制的措施主要包括以下几方面:

1. 限制接近

　　限制接近是内部控制中一条重要的原则。限制接近是指接近财产的限制,只有经过严格授权的人员才能接触财产。它旨在划清责任、减少舞弊的发生。

2. 财产清查

财产清查是会计核算工作的重要制度，又是加强财产物资管理的一项重要制度。财产清查是通过定期或不定期、全面或部分地对各项财产物资进行实物盘点和对库存现金、银行存款、债权债务进行清查核对的一种制度。

3. 财产保险

财产保险通过对资产投保增加实物受损后的补偿机会，从而保护实物的安全，如企业投保火灾险、盗窃险和责任险等。

4. 财产记录监控

企业应当建立资产档案，对资产增减变动进行及时、全面的记录，确保财产记录的真实和完整。

7.1.5　预算控制

按照道格拉斯·R·卡迈克尔的观点，预算是保证内部控制结构运行质量的监督手段。预算是用数量形式反映企业在未来一定期间的经营活动所要达到的目标，是控制和考核企业一定期间经营活动的依据。预算控制要求企业实施全面预算管理制度，明确各责任单位在预算管理中的职责权限，规范预算的编制、审定、下达和执行程序，强化预算约束。

预算体系通常包括销售预算、生产预算、采购预算、成本费用预算、利润预算及预计资产负债表和现金流量表。企业应当根据预算体系的内容进行预算控制，完整的预算控制体系包括预算编制、预算执行和预算考评三个环节(如图7-1所示)。

7.1.6　运营分析控制

运营分析是对企业经营活动等情况运用相关信息进行比较、分析，发现问题、查找原因，以改进和提高经营活动的效率与效果的活动。运营分析控制要求企业建立运营情况分析制度，经理层应当综合运用生产、购销、投资、融资、财务等方面的信息，通过因素分析、对比分析、趋势分析等方法定期开展运营情况分析，发现存在的问题，及时查明原因并加以改正。

7.1.7　绩效考评控制

绩效考评就是对企业各项经营活动和职能部门当期实现的实际业绩，通过将其与预算、计划目标等进行对比以考核和评价其经营业绩。绩效考评控制首先要求企业建立和实施绩效考评制度，科学设置考核指标体系，以作为绩效考评的依据；其次，要对企业内部各责任单位和全体员工的业绩进行记录，客观反映其业绩情况，并对其进行考核和评价；最后，要求将考评结果作为确定员工薪酬以及职务晋升、评优、降级、调岗、辞退等的依据。

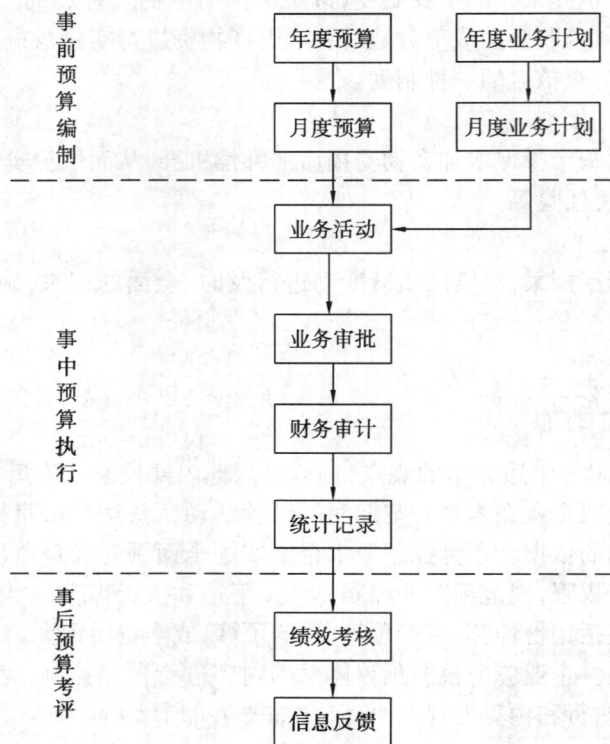

图 7-1　全面预算控制体系

　　企业应当根据自身经营活动的特点,按照设定的内部控制目标并结合风险应对策略的综合运用,对各种经营活动和事项实施控制。应当注意的是,企业在内部控制实务中的措施多种多样,实施控制活动时应当根据内部控制理论,在借鉴、运用他人有效的控制措施的同时,立足于本企业的实际,创新控制活动,以满足本企业内部控制的实际需要,实现内部控制目标。另外,在实施控制活动的过程中,为了保证各项经营活动的顺利进行,企业应当建立和完善重大风险预警机制,明确风险预警标准,使企业能够对经营活动中存在的重大风险及时预警,防患于未然,及时采取措施化解风险。企业建立和完善突发事件应急处理机制,对可能发生的突发事件制订应急预案,确保突发事件得到及时妥善处理。在应急预案中,应当明确责任人员、规范处置程序,使发生应急事件时责任到人,按规定的程序进行处理。

7.2　信息与沟通

信息与沟通是指及时、准确、完整地采集与企业经营管理密切相关的各种信息,并使这些信息以适当的方式在企业有关层级之间、企业与外部之间进行及时传递、有效沟通和正确使用的过程,是实施内部控制的重要条件。企业应当建立有效的信息收集系统和信息沟通渠道,确保与影响内部环境、风险评估、控制活动和内部监督有关的信息得以有效传递,促进企业董事会、管理层和员工正确履行相应的职责。

7.2.1　信　　息

企业的各个层次都需要利用信息来确认、评估和应对风险、运营企业并实现目标。就风险管理而言,信息流动贯穿于企业的整个内部控制过程。

企业的大量信息涉及各种不同的目标。从内部或外部来源获得的经营性信息,包括财务的和非财务的,都与企业的经营目标相关。财务信息一方面为实现报告目标而编制财务报表,另一方面也是满足经营决策的需要,例如监控企业的经营业绩、分配资源等。可靠的财务信息是企业进行计划、定价、评估供应商绩效、评估战略合作伙伴以及其他一些管理活动的基础。同样,经营信息也是编制企业财务报告和其他报告的前提,它包括日常的信息,如采购、销售和其他交易等,也包括竞争者的新品发布和经济环境的变化信息。这些信息会影响对企业存货、应收款项的估值。

1. 信息的获取

信息包括内部信息和外部信息。从内部信息来讲,要求企业根据经营目标等建立与其经营活动相适应的信息系统,持续性地收集经营活动所生成的各种信息。企业应当通过财务会计资料、经营管理资料、调研报告、专项信息、内部刊物、办公网络等渠道获取内部信息。从外部信息来讲,要求企业通过行业协会组织、社会中介机构、业务往来单位、市场调查、来信来访、网络媒体以及有关监管部门等渠道获取外部信息。由于所收集的各种信息来自于不同的渠道和信息源,属于零散的、非系统的,必须对所收集信息进行必要的筛选、整理和加工,以将有用的信息提供给有关方面。

2. 信息的传送

信息必须服务于内部控制,服务于内部控制的有效性。为了提高内部控制的有效性,企业应当将相关信息在企业内部各管理级次、责任单位、业务环节之间进行内部传递。内部信息传递一方面要完善信息向下传递机制,使企业内部参与经营活动各个方面、全体人员了解企业实现经营目标方面的信息,明确各自职责,了解自身在内部控制体系中的地位和作用;另一方面要完善信息向上传递机制,使企业员工能够及时将其在企业经营活动中所了解的重要信息向管理层及董事会等方面传递。此外,还须建立信息横向传递机制,使各种信息能够在各业务单位和部门实现共享,特别应使信息在管理层、企业董事会及其委员会之间进行沟通。

7.2.2 沟 通

企业通过信息系统提供有效信息给适当的人员,通过沟通使员工能够了解其经营、财务报告及遵循法律的责任。沟通的方式有员工手册、财务报告、备查簿,以及口头交流或管理示例。沟通是信息系统的一部分,包括内部沟通与外部沟通。

1. 内部沟通与外部沟通

(1)内部沟通。

内部沟通包括企业风险管理哲学和方式的明确陈述、明确授权等。与活动流程和程序相关的沟通应与企业所希望建立的文化相协调,并支持这种文化的建立。

有效沟通的内容应该包括:有效的企业风险管理的重要性和相关性;企业的目标;企业的风险偏好与风险承受度;共同的风险语言;每个员工在企业内部控制中角色和职责。所有的员工,特别是负责经营或财务管理的管理人员,都必须得到企业最高管理层的明确指令,严肃认真地对待企业内部控制。

(2)外部沟通。

企业不仅要有适当的内部沟通,还需要建立一个开放的外部沟通平台。客户或供应商的沟通有助于企业了解自己产品或服务质量,促使企业满足不断变动的需求或偏好。例如,客户或供应商抱怨或询问有关交货、收款、支付或其他交易活动时,经常会反映出经营中的问题,甚至涉及欺诈或其他不道德的行为。管理者应该意识到问题所在,对其进行调查并采取有效的纠正措施,消除或减少其对实现报告目标、遵循目标以及经营目标所产生的不良影响。

与供应链上的其他关系密切者在企业风险偏好或风险承受度上的外部沟通也是非常重要的。与商务合作伙伴的沟通,可以确保企业不承受合作伙伴带来的过多风险;与股东、监管者和其他外部利益相关者的沟通,有助于他们了解企业面临的环境和风险,更好地遵循相关的法律和监管要求。

2. 沟通的控制

企业必须按照某种形式在某个时间之内辨别、获取有效的信息并进行沟通,以使企业内部每一个员工能够很好地履行其职责。如果上下级之间沟通的效率较高、效果较好,下级便能较好地领会管理的意图,减轻上级管理的工作量,节约工作时间;上级也能够及时了解内部控制的运行情况,从而有效地发挥内部控制的作用。企业在信息沟通过程中发现问题,应当及时报告并加以解决,重要信息应当及时传递给董事会、监事会和经理层。企业各预算责任部门应当加强与企业内部有关业务部门的沟通和联系,确保相关业务预算的执行情况相互监督、目标一致。审计委员会在企业内部控制建立和实施中负责内部审计与外部审计之间的沟通协调。

企业有责任建立良好的外部沟通渠道,对外部有关方面的建议、投诉和收到的其他信息进行记录,并及时予以处理、反馈。企业应当建立良好的外部沟通渠道,加强与外部投资者、客户、供应商、中介机构和监管部门等有关方面之间的沟通和反馈。

外部沟通应重点关注以下方面:

(1) 加强与投资者之间的沟通,根据有关法律、行政法规和企业章程,建立本企业的信息披露政策与程序,及时、公平地向投资者披露企业的战略规划、经营成果、投融资计划、年度预算、重大财务担保、合并分立、资产重组、财务状况、经营成果、利润分配方案等方面的信息。

(2) 加强与客户的沟通,通过座谈会、走访等形式采集客户对消费偏好、销售政策、产品质量、售后服务、货款结算等方面的意见和建议,及时发现并处理存在的问题。

(3) 加强与供应商的沟通,通过供需见面会、订货会、业务洽谈会等与供应商就供货渠道、产品质量、技术性能、交易价格、信用政策、结算方式等问题进行沟通,及时发现并处理存在的问题。

(4) 加强与监管机构的沟通和协调,及时了解监管要求,积极反映诉求和建议。

(5) 加强与注册会计师的沟通和协调,听取注册会计师对内部控制等方面的建议,保证内部控制的有效运行。

(6) 企业应当根据有关法律、行政法规要求和管理需要,与律师保持有效沟通。

7.2.3　加强信息技术的运用

随着信息技术的发展,新技术在信息系统中得到越来越广泛的运用。在建立内部信息系统时,企业应当利用信息技术促进信息的集成与共享,充分发挥信息技术在信息与沟通中的作用,并根据企业经营目标、内部控制目标以及经营活动的特点,建立企业信息系统。企业的信息系统在内部控制体系中发挥控制活动的作用。此外,由于信息系统在内部控制中的重要性,其本身又是内部控制的对象,企业应当加强对信息系统的开发与维护、访问与变更、数据输入与输出、文件储存与保管、网络安全等方面的控制,保证信息系统安全、稳定地运行。

1. 信息系统控制

企业信息系统的控制可分为一般控制和应用控制。信息系统的一般控制是指与多个应用系统有关的政策和程序,有助于保证信息系统持续恰当的运行(包括信息的完整性和数据的安全性),支持应用系统控制作用的有效发挥,通常包括数据中心和网络运行控制,系统软件的购置、修改及维护控制,接触或访问权限控制,应用系统的购置、开发和维护控制。信息系统的应用控制是指主要在业务流程层次运行的人工或自动化程序,与用于生成、记录、处理、报告交易或其他财务数据的程序有关,通常包括检查数据计算准确性,审核账户和试算平衡表,设置对输入数据和数字序号的自动检查,以及对例外报告进行人工干预。

企业信息系统控制应从职责分离、人工控制、自动控制和数据保密四个方面进行控制(如表7-1所示)。

表 7-1 信息系统控制

政策和措施	具体内容
职责分离	内部控制的关键就在于不相容职务的分离,职责分离的基本要求就是业务活动的批准、记录、经办尽可能做到相互独立
人工控制	人工控制最首要的一点就是有效授权,系统使用人员根据控制程序、各项规章制度判断业务活动的合理性、合法性,保证录入系统的交易活动或修改数据都经过授权;其次是对系统应用人员的培训,使他们能够熟练、准确有效地使用系统
自动控制	信息系统可以通过对数据类型的校验、重复输入校验、系统匹配等方式对应用系统的输入、处理和输出进行有效控制
数据保密	在使用信息系统过程中,企业可根据员工所承担的责任,分配其可登录查阅相关信息的权限

2. 信息技术内部控制模型

信息及相关技术的控制目标(COBIT)是由信息技术治理协会提出的 IT 内部控制框架,COBIT 控制目标体系是从商业需要(也称业务需要)、IT 资源、IT 流程这三者之间所产生的循环。为了满足商业需要,企业使用相关的 IT 资源,通过对 IT 流程的管理和控制满足 IT 控制目标,提供企业需要的信息,促进企业目标的达成。因此,COBIT 是由商业需要发起的,促进对 IT 资源的有效管理,IT 资源通过 IT 流程支持企业的业务活动为企业创造价值。COBIT三要素关系如图7-2 所示。

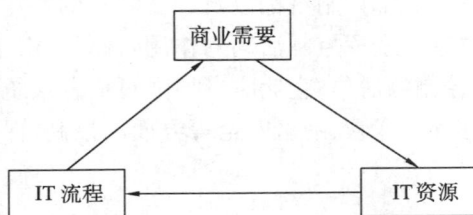

图 7-2 COBIT 三要素关系

　　为了使 IT 满足企业的要求,COBIT 将 IT 流程与企业的需要结合,对 IT 流程进行组织,对信息的要求进行定义,并且辨别出相关的 IT 资源。

　　对于企业的需要,IT 流程提供支持,并提供其需要的信息。IT 流程需要的 IT 资源是基础构造和人,IT 流程需要运行应用程序。COBIT 4.0 对于每个 IT 流程都给出了业务需求、信息需求、IT 资源、详细的控制目标、活动目标、测评标准等相关内容。

　　IT 流程是对信息及相关资源进行计划、处理和控制的过程。COBIT 按照信息系统的生命周期将 IT 流程划分为 4 个域,并确定各个域内的 IT 流程。

　　因此,COBIT 将企业对 IT 信息的要求、IT 资源的要求以及 IT 的各个流程紧密地融为一体(如图 7-3 所示)。

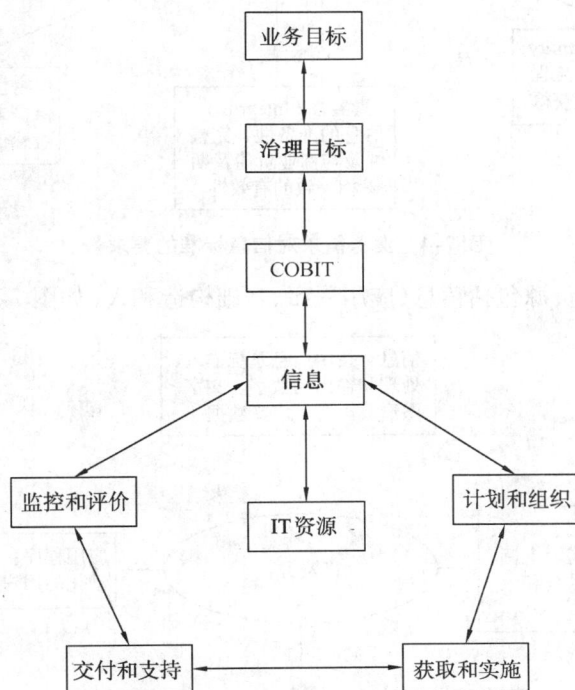

图 7-3　COBIT 总图

　　在 COBIT 4.0 中,业务需求对信息标准的要求有七个特征(如图 7-4 所示):有效性、效率性、保密性、真实性、可获得性、遵循性和可靠性。

可靠性(Reliability)
所提供的信息能有助于管理层履行其受托及治理责任

有效性(Effectiveness)
提供的信息要与商业过程相关,并以及时、正确、一致、可使用方式传递

遵循性(Compliance)
遵循企业内外部的法律、法规、规章、商业标准及内部政策

IT信息

效率性(Efficiency)
通过最佳使用资源的方式提供信息

可获得性(Availability)
现在及将来公司流程需要时信息可以获得

真实性(Integrity)
信息的准备性、完整性及与商业价值及期望相一致的有效性

保密性(Confidentiality)
保护未经授权披露的敏感信息

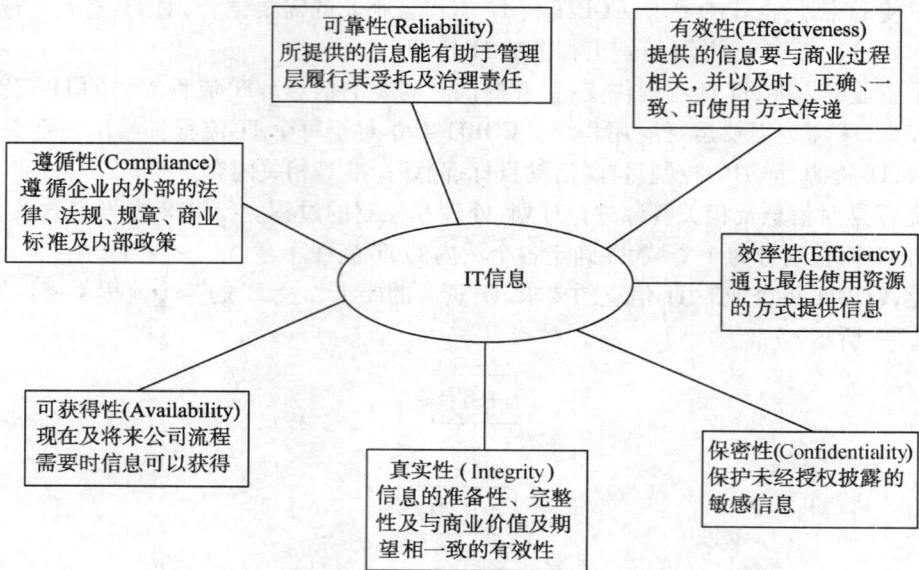

图 7-4　业务需求对信息标准的要求

COBIT 定义的 IT 资源包括信息、应用程序、基础构造和人(如图 7-5 所示)。

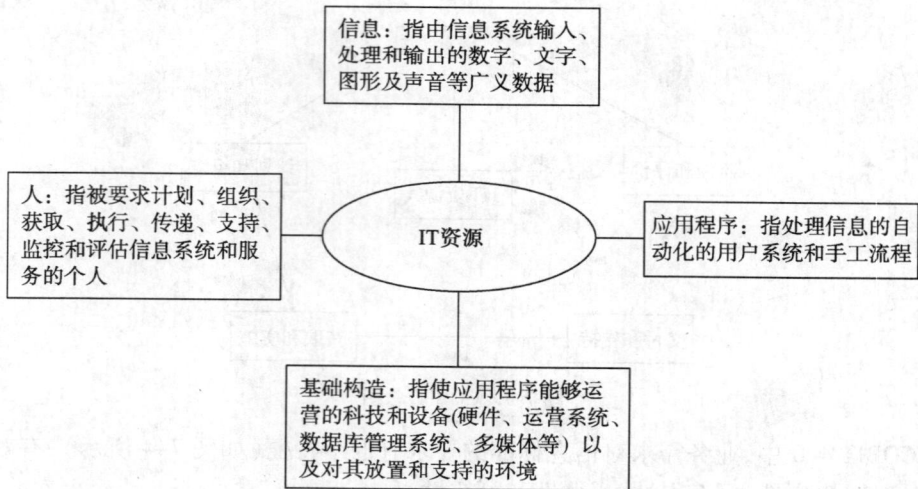

信息:指由信息系统输入、处理和输出的数字、文字、图形及声音等广义数据

人:指被要求计划、组织、获取、执行、传递、支持、监控和评估信息系统和服务的个人

IT资源

应用程序:指处理信息的自动化的用户系统和手工流程

基础构造:指使应用程序能够运营的科技和设备(硬件、运营系统、数据库管理系统、多媒体等)以及对其放置和支持的环境

图 7-5　IT 资源的定义

计划和组织域分为 11 个 IT 流程(如图 7-6 所示)。

计划和组织域

PO1:定义战略性IT计划
PO2: 定义信息体系结构
PO3:决定技术方向
PO4:定义IT组织及其关系
PO5:管理IT投资
PO6:沟通管理目标和方向
PO7:管理人力资源
PO8:确保遵循外部要求
PO9:评估风险
PO10:项目管理
PO11:质量管理

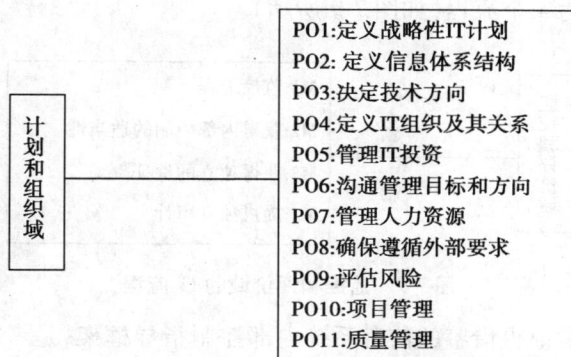

图 7-6　计划和组织域的 IT 流程

获取和实施域分为 6 个 IT 流程(如图 7-7 所示)。

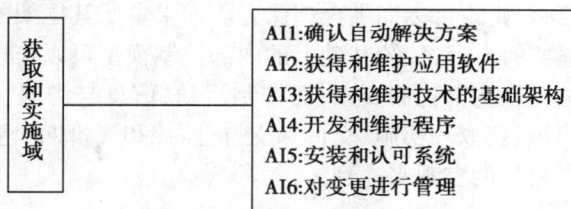

获取和实施域

AI1:确认自动解决方案
AI2:获得和维护应用软件
AI3:获得和维护技术的基础架构
AI4:开发和维护程序
AI5:安装和认可系统
AI6:对变更进行管理

图 7-7　获取和实施域的 IT 流程

交付和支持域分为 13 个 IT 流程(如图 7-8 所示)。

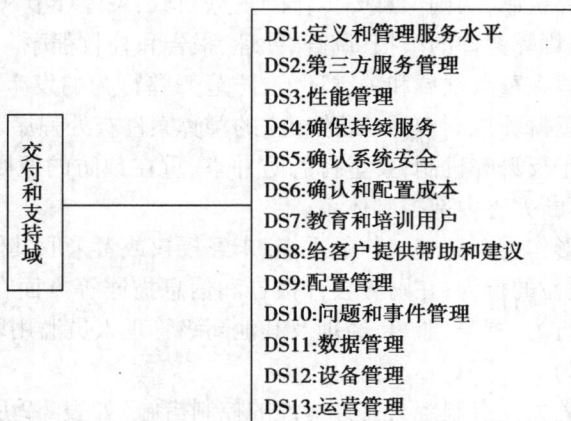

交付和支持域

DS1:定义和管理服务水平
DS2:第三方服务管理
DS3:性能管理
DS4:确保持续服务
DS5:确认系统安全
DS6:确认和配置成本
DS7:教育和培训用户
DS8:给客户提供帮助和建议
DS9:配置管理
DS10:问题和事件管理
DS11:数据管理
DS12:设备管理
DS13:运营管理

图 7-8　交付和支持域的 IT 流程

监控和评价域分为 4 个流程(如图 7-9 所示)。

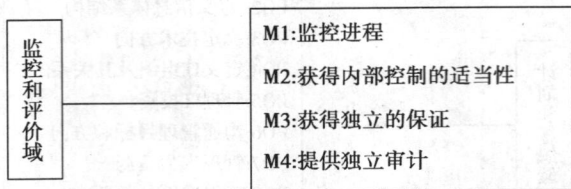

```
┌──────┐        M1:监控进程
│ 监控 │
│ 和   │        M2:获得内部控制的适当性
│ 评价 │
│ 域   │        M3:获得独立的保证
└──────┘
                M4:提供独立审计
```

图 7-9   监控和评价域的 IT 流程

COBIT 是一个非常值得借鉴的信息系统内部控制指导框架,是考察信息化建设过程的一个重要参照体系。COBIT 作为一种先进的 IT 治理工具,必须考虑实施层次和实施成本,并加以改进。

COBIT 框架模型的架构和控制流程将企业的内部控制和信息技术的应用融为一体,通过 IT 目标的实现为达到企业的目标提供合理保证。如果参照其框架的控制流程、控制目标以及 COSO 内部控制框架的内容,传统基础上的内部控制模型可以作以下改变:保留 COSO 中控制环境和风险评估两个内部控制要素,而控制活动、信息与沟通、监控三个要素替换成 COBIT 框架中计划和组织、获取和实施、交付和支持、监控和评价四个要素,这四个要素的有效实施可以根据其控制目标的实现来达到。

7.2.4 建立反舞弊机制

企业应建立反舞弊机制,明确反舞弊工作的重点领域、关键环节和有关机构在反舞弊工作中的职责权限,规范舞弊案件的举报、调查、处理、报告和补救程序。反舞弊机制的建立可将反舞弊工作的重点放在重点领域和关键环节,防范舞弊行为的发生并及时发现发生的舞弊行为。在所建立的反舞弊机制中,要规范相应的舞弊案件查处程序,以便对舞弊案件及时进行处理和纠正。对于反舞弊机制,要坚持惩防并举、重在预防的原则,避免舞弊行为的发生,在反舞弊过程中不断完善内部控制体系。

企业应将下列情形作为反舞弊工作的重点:未经授权或者采取其他不法方式侵占、挪用企业资产,牟取不当利益的行为;在财务会计报告和信息披露等方面存在虚假记载、误导性陈述或者重大遗漏等行为;董事、监事、经理及其他高级管理人员滥用职权的行为;相关机构或人员串通舞弊的行为。

企业应针对反舞弊关注点制定具有针对性的控制措施(如表 7-2 所示)。

表7-2 反舞弊控制

主要措施	具体内容
建立舞弊报告制度	企业定期召开舞弊情况通报会,由审计、监管部门通报反舞弊工作情况,分析当前反舞弊形式,评估舞弊风险的可能性和重要性,评价现有反舞弊程序及控制措施,协调反舞弊审计与调查工作,研究防范舞弊行为发生的制度及措施
建立反舞弊数据库	企业根据监督管理部门历年查处的信访案件情况及审计部门开展的经济责任审计情况,组织建立反舞弊数据库,定期分析舞弊风险,有针对性地提出解决措施,不断建立和完善内部控制制度
企业审计与监督管理部门建立联合反舞弊机制	企业成立由审计与监督管理机关人员组成的反舞弊协调小组,负责组织、协调反舞弊工作

7.2.5 建立投诉和举报人保护制度

投诉是信息沟通的重要手段之一,是信息自下而上沟通的重要形式。企业员工处于经营活动的第一线,能够及时发现经营活动及内部控制实施过程中存在的不足、问题和缺陷以及舞弊行为,并能就完善内部控制体系提出合理化建议和改进意见。为此,企业应当建立举报投诉制度,设置举报专线,明确举报投诉处理程序、办理时限和办结要求,确保举报、投诉成为企业有效掌握信息的重要途径。同时,企业要建立举报人保护制度,保护投诉人的积极性,维护举报人的利益。

7.3 内 部 监 督

▶▶▶▶▶▶▶▶▶▶▶▶▶▶▶▶▶▶▶▶▶▶▶▶▶▶▶

企业在设计内部控制制度时,由于当时认识的局限或者考虑不周等原因,设计的内部控制可能不完善;在内部控制运行过程中,实际情况的变化或员工对内部控制制度理解上的差异也可能使内部控制不能很好地发挥其应有的作用,导致内部控制运行中存在问题。为此需要对内部控制运行情况实施必要的监督检查,发现其不足和问题乃至缺陷,不断改进以完善内部控制,提高内部控制的有效性。因此,内部监督是保证内部控制体系有效运行和逐步完善的重要措施。

企业应当制定内部控制监督制度,明确内部审计机构(或经授权的其他监督机构)和其他内部机构在内部监督中的职责权限,规范内部监督的程序、方法和要求。

7.3.1 内部监督制度

内部监督制度是指导企业进行内部监督的规范,也是企业开展内部控制、内部监督的依据。企业应当制定内部控制监督制度。在内部监督制度中,应当明确内部审计机构等类似其他监督机构的职责,明确内部审计机构与其他内部机构之间的关系,明确开展内部监督的程序、方法和要求等。内部监督主要有监事会和独立董事对企业内部控制进行监督。

1. 监事会

监事会也称公司监察委员会,是股份公司法定的监督机关,是在股东会领导下与董事会并列设置,对董事会和总经理行政管理系统行使监督权的内部组织。监事会对股东会负责,对企业财务以及公司董事、总经理、副经理、财务总监和董事会秘书履行职责的合法性进行监督,维护企业及股东的合法权益。企业应采取措施保障监事的知情权,及时向监事提供必要的信息和资料,以便监事会对企业财务状况和经营管理情况进行有效的监督、检查和评价。总经理应当根据监事会的要求,向监事会报告重大合同的签订、执行情况,资金运用情况和盈亏情况。总经理必须保证该报告的真实性。

2. 独立董事

独立董事是指不在上市公司担任董事之外的其他职务,并与其所受聘的上市公司及其主要股东间不存在可能妨碍其独立作出客观判断的利害关系(尤其是直接或者间接的财产利益关系)的董事。独立董事由股东大会选举产生,不是由大股东委派或推荐,也不是企业雇佣的经营管理人员,他们代表全体股东和企业整体利益,不能与企业、企业的内部人、大股东存在任何影响其作出独立客观判断的关系,因此独立董事的法律地位是独立的。独立董事履行自己的职责,监督高层管理人员及董事会和执行董事的表现,确保其遵守行为准则,就企业的发展战略、业绩、资源、主要人员任命和操守标准、薪酬等问题作出独立判断,因此独立董事的意志独立。

独立董事功能的发挥是通过参与董事会下设的各种专门委员会来实现的。《上市公司治理准则》规定,上市公司董事会设立的审计委员会、提名委员会、薪酬与考核委员会中,独立董事应占多数并担任召集人,审计委员会中至少应有一名独立董事是会计专业人士。审计委员会主要对企业进行财务监督,负责定期与企业的内部审计员或财务总监协同工作,并充分利用外部的审计员,有效地监督企业的财务报告过程,督察企业内部的审计程序,详细讨论审计业务中的问题,收集审计师们关于审计管理方面的建议,评估企业的内部控制制度。薪酬委员会和提名委员会通过制定内部董事和经理人员的薪酬政策、方案提名董事和经理人选,对其起到监督与督促的作用。

7.3.2 日常监督和专项监督

内部监督包括日常监督和专项监督。

1. 日常监督

日常监督是指企业对建立与实施内部控制的情况进行常规、持续的监督检查,它实际上是持续监控活动。日常监督应当与企业日常的经营活动相结合,整合于企业的经营活动中,对于发现的内部控制缺陷,应当及时向有关方面报告并提出解决问题的方案,对存在的问题予以纠正。

为了做好日常监督,企业应采取以下控制政策和措施。

(1) 维护、变更、监督和考评控制活动。企业应对内部控制的体系进行维护,规范标准变更、监督及考评等活动,以保证内部控制体系的有效运行。

(2) 获得内部控制执行的证据。企业员工在实施日常经营活动时,应取得必要的、相关的证据以证明内部控制系统发挥功能的程度。

(3) 内外信息印证。来自外部相关方的信息应该能够支持内部产生的结果或反映出内部的问题。

(4) 内外部审计建议的反馈。企业内外部审计师定期提供加强内部控制建议,企业应当作出积极的反应,并根据实际情况提出整改方案并监督方案的执行。

(5) 会计记录与实物资产的核对。企业应定期将会计记录的数据与实物资产进行比较,做到账实相符。

(6) 管理层对内部控制执行的监督。管理层应通过各种方式了解内部控制执行情况及控制缺陷的反馈情况,例如可通过审计委员会接收、保留及处理各种投诉及举报,并保证其保密性。

(7) 内部审计活动的有效性。企业应制定内部审计规范,明确审计的范围、责任和计划,并以此作为基础合理配置审计人员,并遵守企业职业道德规范及内部审计规范,审计部门对管理中的薄弱环节和内部控制的漏洞,应向管理层提出整改意见。

2. 专项监督

专项监督是指在企业发展战略、组织结构、经营活动、业务流程、关键岗位员工等发生较大调整或变化的情况下,对内部控制的某一方面或者某些方面进行有针对性的监督检查。企业应当定期拟定内部控制专项监督计划,确定当期专项监督的内容和对象。对于专项监督的范围频率,企业应当根据风险评估结果以及日常监督的有效性等进行确定。对于控制风险评价结果认为具有重要性的内部控制以及关键业务的内部控制,应当优先对其进行专项监督。对于专项监督中发现内部控制存在的问题,要及时向有关方面报告,提出完善内部控制的意见和建议,并对内部控制进行监督完善。

(1)专项监督范围和频率。

专项监督的范围和频率应该视被控制对象的风险大小及控制的重要性而定。一般来说,处理风险顺序排列在前的控制应经常进行监督;在相同顺序中,最不可缺失的控制更要经常进行监督;对整体控制监督的次数,通常应少于对特定控制监督的次数,如有重要策略改变、管理层变动、重要的收购或处分、重大的营运方法改变或财务资讯处理方式改变等,就需要对整体内部控制制度进行监督。当管理阶层决定要对单位整体控制制度进行监督时,必须注意内部控制的每个组成要素及其所有重大活动的关系,同时还要考虑监督的范围受内部控制的影响程度。

(2)专项监督主体。

专项监督应由企业内某一部门对其内部控制制度的执行情况进行监督。部门主管应指导本部门内部控制的贯彻执行。生产经理主要关注经营和符合性目标,而财务经理更重视财务报告目标。

监督内部控制的执行也是内部审计人员的职责之一。在董事会、高级管理层、子公司及部门主管的特殊要求下,内审人员负责对内部控制进行监督。管理层也可借助外部审计人员对企业内部控制进行监督。在管理层认为必要的时候,也可结合以上两种方式来执行特定的监督。

(3)专项监督的程序。

对内部控制系统进行监督本身也是一种程序。当方法或技术改变时,这种监督程序应有所改变。

监督者须理解企业每项活动及内部控制系统的每项要素。因此,必须关注内部控制系统的设计和运行过程。

监督者需要确定内部控制系统是如何工作的。已经设计好的操作程序可能因时间的推移而有所变动,抑或不再实施。有时确立了新控制,但却不知道或未将之归入文件。为确定内部控制系统的工作,可以通过与实施控制或受控制影响的人进行讨论,或通过检查控制执行记录和其他程序的组合来进行。

监督者需要分析内部控制运行的结果。必须在已确定内部控制制度下,结合内部控制系统是否对既定目标提供了合理保证进行分析。

(4)专项监督的方法。

专项监督的方法有检查清单、调查问卷和流程图等方法。另外,还可以列示所有控制目标的清单,用以辨认内部控制的基本目标。

内部控制监督过程中,可与其他企业的内部控制进行比较。需要注意的是,在比较内部控制制系统时,必须考虑目标、事项和环境的差异。另外,还必须考虑内部控制的五项要素及内部控制的局限性。

7.3.3　内部控制缺陷报告

　　企业对内部监督中发现内部控制缺陷时,需要对内部控制的缺陷进行认定和报告。为此,企业应当根据自身的实际情况,制定本企业内部控制缺陷认定标准。另外,在对内部控制进行内部监督的过程中,应根据确定的标准对内部监督所发现的内部控制缺陷进行认定,分析缺陷的性质和产生的原因,提出整改方案,并采取适当的形式及时向董事会、监事会或者经理层报告。企业还应当跟踪内部控制缺陷整改情况,并就内部监督中发现的重大缺陷,追究相关责任单位或者责任人的责任。

　　1. 缺陷的定义

　　内部控制"缺陷"从广义上讲是指内部控制系统中值得注意的问题。因此,缺陷可能代表一个假想的、潜在的或实际的缺点,或一个强化内部控制系统的机会,以提供更大的可能性来实现企业目标。

　　内部控制缺陷包括设计缺陷和运行缺陷。所谓设计缺陷,是指缺少为实现控制目标所必需的控制,或内部控制设计不适当,即使正常运行也难以实现控制目标而形成的内部控制缺陷,也就是建立的内部控制不能充分实现内部控制目标而形成的内部控制缺陷。所谓运行缺陷,是指设计完好的内部控制没有按设计意图运行,或执行者没有获得必要授权或缺乏胜任能力以有效实施控制而产生的内部控制缺陷,也就是内部控制不能按照建立阶段的意图运行,或运行中错误很多,或实施内部控制的人员不能正确理解内部控制的内容和目标等而产生的内部控制缺陷。内部控制的缺陷可以是单项的缺陷,也可以是多项组合的缺陷。按照内部控制缺陷影响整体控制目标实现的严重程度,内部控制缺陷分为一般缺陷、重要缺陷和重大缺陷。重大缺陷是指一个或多个一般缺陷的组合,可能严重影响内部控制整体的有效性,进而导致企业无法及时防范或发现严重偏离整体控制目标的情形。重要缺陷是指一个或多个一般缺陷的组合,其严重程度低于重大缺陷,但导致企业无法及时防范或发现偏离整体控制目标的严重程度依然重大,必须引起企业管理层关注。除重要缺陷和重大缺陷以外的其他缺陷,则为一般缺陷。

　　2. 缺陷的信息来源

　　内部控制缺陷信息的一个最佳来源是内部控制系统本身。企业的持续监控行为,包括管理行为和对雇员的日常监管,是深入了解企业活动的最佳来源。这些洞察是实时获得的,能迅速识别内部控制缺陷。其他了解控制缺陷的来源是对内部控制系统的独立评估,包括由管理层、内部审计师或其他人进行的评估。

　　很多外部因素也是提供企业内部控制系统运行的重要信息来源。这些外部因素包括顾客、供货商和其他与企业交易的人员、独立注册会计师和监管部门等。企业必须仔细考虑外界报告中涉及内部控制方面的内容,并采取适当的纠正措施。

3. 缺陷报告的主要内容

缺陷报告的主要内容也就是它应该报告什么,这不可能有一个普遍适用的答案,因为这是高度主观的。当然,若发现内部控制缺陷可能影响企业实现既定目标,应向能采取必要行为的人士报告,所报告情况的性质取决于听取汇报人员处理问题的职责。

在考虑何种情况需要汇报时,有必要弄清所发现情况的本质。例如,销售人员认为自己所获佣金算错了,工资部门人员经过调查,发现某个产品仍使用过去的旧价格,所以少算了该销售人员的佣金,也少收了顾客的货款。针对这种情况,应采取的措施可能包括重新计算所有销售人员的佣金和所有顾客的账单。但是,这些措施也许仍不能解决一系列相关问题。为什么没有在第一时间采用新价格? 存在什么控制来确保价格上调能及时准确进入信息系统? 计算销售佣金和顾客账单的计算机程序是否存在问题? 如果存在的话,是否需要注意软件开发或更换软件? 如果该销售人员没有提出质疑,有没有其他内部控制程序能及时发现这一问题? 因此,对于一个看似简单的问题,提出一个显而易见的解决方案时可能还有更深远的内部控制方面的意义。这就强调了向上级报告错误或其他问题的必要性。最根本的是,不仅应汇报特别交易或事件,潜在的人员控制也应重新评价。

4. 缺陷报告的汇报对象

雇员在日常经营活动中获得的信息通常是通过正常渠道传递给其直接上司,上司再向上或横向传递这些信息,使得信息能到达最终负责人。企业应有可供汇报非法或不当行为的多条渠道,即不仅应向负责的个人汇报,由他采取正确的措施,还至少应向该责任人的上一级汇报。这一过程使得责任人能提供所需的支持或进行监督以保证采取正确的措施,并与企业中受影响的他人进行沟通。缺陷的发现突破了企业各部门的界限,横向传递和向上级汇报都将确保正确措施的实行。

7.3.4 内部控制自我评价

内部控制自我评价是对整个内部控制系统进行的评价活动,可以等同于个别评价。企业对内部控制活动进行日常监督和专项监督,前者结合各项业务活动分散进行内部监督,后者针对企业内部某一特定业务或某一特定领域部门进行局部内部监督。由于企业内部控制体系是一个整体,内部控制体系的各组成部分相互配合发挥作用,因此还需要对企业内部控制整个系统整体进行评价,以论证其有效性。企业应当结合日常监督和专项监督情况,定期对内部控制的有效性进行自我评价,出具内部控制自我评价报告。内部控制自我评价的方式、范围、程序和频率,应由企业根据经营业务调整、经营环境变化、业务发展状况、实际风险水平等自行确定。

7.3.5 内部控制记录和资料保管

内部控制的建立与完善是企业内部管理制度建设的重要内容。记录和保存内部控制设计和建立的资料,有利于内部控制的实施,也有利于未来对内部控制进一步的完善。内部控制实施情况记录,反映着企业内部控制运行情况,是对本企业内部控制进行自我评价、发表内部控制评价意见的依据,也是未来完善内部控制体系的基础资料。企业应当以书面或者其他适当的形式,对内部控制建立与实施过程中的情况进行合理的记录,确保内部控制建立与实施过程的可验证性,内部控制建立和实施有关情况的记录应妥善保存。

第8章

内部控制设计与实施

8.1　内部控制设计要求

>>

每个企业在建立之初都有一定的内部控制制度,并在执行过程中不断完善。但是,为什么仍有很多的企业因内部控制的失败而陷入困境,甚至走上破产的道路呢? 这是因为其内部控制设计得不尽合理,或者说其内部控制只发挥了较小的作用。由此可以看出,内部控制制度的设计是需要满足一定的要求的。

8.1.1　强化预防作用

内部控制制度是因企业风险的存在而产生的,风险贯穿于企业的每一个业务流程。正是有了业务流程和风险,并能够对风险进行分类管理,才有了风险控制点。完善的内部控制可以起到预防作用。预防作用要求明确规定业务活动的程序,制定相应的规章制度,保证业务活动有条不紊地进行,尽量避免错误、舞弊等现象的发生。

强化预防作用强调的是"预防",因为内部控制不可能消除企业所有的风险,只能在设计内部控制制度之前进行全面、深入的调研,预测可能发生的风险和舞弊现象,然后针对这些现象制定出相应的措施来防范这种风险或舞弊现象的发生。当然,每个企业在建立时都有内部控制制度,并且在执行过程中不断改进和完善,强化预防作用。

8.1.2　利于制度完善

内部控制设计是在系统论的指导下进行的,而系统的形成又是一定外部环境和内部环境共同作用的结果。所以,随着外部环境和内部环境的不断变化,任何完美的内部控制制度也需要不断地完善。但是,有的内部控制制度由于设计上的原因可能导致在完善的过程中出现改动整体框架的可能,从而造成人力和物力资源的浪费。然而在非特殊情况和非特殊需要的情况下,内部控制制度是不需要作重大调整的。所以,在设计之初就应考虑完善制度的可能,以确保制度整体结构在一定时期的基本稳定。这可以从形式和内容两方面进行说明。

在形式上,进行内部控制设计时需要考虑增加业务流程、控制步骤或控制点以及调整某些控制方法,以完善某种控制手段的可能性。因此,对于框架的设计应考虑其可增减性的调整。这要求企业在设计内部控制制度时按照统一规范的格式,例如严格按照内部控制制度设计的一般格式,就可较好地满足对业务流程、控制步骤和控制点随时进行增补、修改或删除的需要。

在内容上,凡属于普遍适用的内容,如基本原则、要求、一般规定、方法,都应尽可能在制度大纲中描述,而不宜在业务流程中描述。对可能或必然会发生变化的方法及运作要求等,可以在文体大纲中采用指向的方法加以明确,例如"参见某某方法"、"执行某某规定"、"另行制定"等。这样设计的系统简单明了,且在完善时不需要改动其他部分。

8.1.3　选择关键控制点

注重选择关键控制点是指企业在设计内部控制制度时,从众多繁琐的控制流程及控制点中选择出发挥作用最大、影响范围广甚至决定全局成效的控制点,以及虽然不是影响全局的,但是最容易出现差错和舞弊的控制点,并采取相应的措施加强控制。

企业内部控制主要包括人事控制、组织控制、财务控制和实务控制,这些内容贯穿在企业内部控制的每一个业务流程中。企业内部控制包含的内容众多,使得企业内部控制的设计显得异常繁琐。但是,由于人力、财力、物力的限制,企业不可能将每一项内容都包含其中或者均衡地分配人力、财力、物力在每一项控制内容上,其重点是防范风险,避免和减少差错、舞弊、效率低下、违法乱纪行为的发生。所以,企业应该选择与生产、销售、财务等业务相关的关键控制点,设立可辨认、分析和管理相关风险的机制,以了解企业所面临的来自内部和外部的各种不同风险,并在关键控制点上分配较多的人力、财力和物力以使企业的资源达到优化配置,促进企业长足、有效地发展。

企业在选择关键控制点时应考虑的因素包括:① 能够最好地衡量企业的业绩的控制点;② 能够反映重要的偏差的控制点;③ 能够以最小的代价纠正偏差的控制点;④ 最为有效的控制点。

在考虑以上因素的基础上,全面衡量企业的关键控制点和采取一定的措施对关键控制点实施控制。

8.1.4　引入软控制

软控制是指企业在制定刚性的政策、实施刚性程序等技术手段的同时引入人的因素,使人的主观能动性及控制性在内部控制中发挥作用。人在内部控制中既是控制的主体又是控制的客体,内部控制的设计应该充分考虑人的主观能动性以及人的道德、观念、态度、风格等,这样才能充分调动员工的积极性,才利于内部控制作用的发挥。因此,在内部控制中应该更多地体现以人为本的精神。企业的发展与命运前途不仅取决于其资产的规模和设备的先进,还更多地取决于其员工的素质和能力的发挥。控制环境是企业内部控制的一个重要组成部分。它是构成一个单位的氛围,影响内部人员控制其他成分的基础,是由企业全体职工(主要是企业管理者)所造就的,是充分有效的内部控制体系得以建立和运行的基础和保证。充分有效地发挥人的主观能动性,重视人的价值,提升人的能力,又是内部控制制度健全性的体现。企业不仅要关心自身利益的最大化,而且必须将企业的服务对象从内部人扩展到外部人,例如供应商、客户、消费者、债权债务人、政府、社区和社会公众。企业应向社会提供更多优质的产品与服务,更加关心企业的社会责任,为社区建设、环境保护、劳动就业、文化发展和社会进步作贡献,追求企业更广泛的社会责任和可持续发展。企业能否实现上述目标取决于人的思想。

要解决人的思想问题,就要在思想观念上转变旧的观念,树立以人为本的管理观念,围绕人的价值管理来展开企业内部控制活动的各项内容,协调企业内部控制中的环境控制关系,创造良好的环境氛围,使企业每个职工都以主人翁的态度参与企业管理,充分调动人的积极性和创造性,最终实现企业的发展。

因此,在进行企业内部控制制度设计时应该引入柔性控制手段,以企业文化为契机,将人与内部控制制度结合起来,发挥人的主观能动性,促进企业员工素质与企业的共同发展。

8.1.5　加强风险管理

企业内部控制制度的设计应该以利益相关者的利益为出发点,将风险管理贯穿于企业的每一项活动,采取相应的风险管理措施,使企业的经营风险和财务风险等降至利益相关者能够承担的风险范围之内。这就要求内部控制制度的建立过程不能仅从企业的角度、从管理者自身的角度出发,更要权衡所有利益相关者的利益,有效控制风险。因为不同的利益相关者投入的生产要素不同,承担的风险也不同,所以内部控制制度的设计应考虑各利益相关者所具有的权利和相应的风险责任。因为每一类利益相关者都从不同的角度关注企业的风险和发展方向。内部控制的设计及运行过程如同企业产品生产一样,应符合利益相关者的需要,以利益相关者的需求为导向。所以,内部控制的总体设计思路和方法要站在利益相关者的角度来设计规则。总之,内部控制的设计必须建立在全面风险管理的基础上,重视利益相关者的需求。只有这样,才能设计出符合企业要求的、合理有效的、保证企业和员工有效实施的内部控制制度。

8.2 内部控制设计原则

企业内部控制制度的设计应该遵循一定的原则,内部控制设计的原则主要有:

8.2.1 全面性原则

全面性原则是内部控制应当贯穿决策、执行和监督全过程,覆盖企业及其所属单位的各种业务和事项。

内部控制的全面性原则有三层含义:一是全员控制,即企业内部控制制度应该是对全体员工的控制和全体员工参与的控制制度。企业每一成员既是施控主体,又是受控客体,保证每一位员工包括高层管理人员及基层执行操作人员都受到相应的控制,并且每一位员工需要认真履行职责,切实执行内部控制制度。二是全过程控制,即对企业整个经营管理活动过程进行全面的控制,它包括企业管理部门用来授权与指导进行购货、生产等经营管理活动的各种方式方法,也包括核算、审核、分析各种信息及进行报告的程序与步骤等。三是全方位控制,它将企业作为一个全方位的整体考虑,要求内部控制制度必须考虑企业内部控制的目标、要素以及控制活动。全面性原则要求:在设计内容上,必须突破会计控制的局限,在一个更为广阔的视野中结合治理层面、管理层面和作业层面去构建内部控制,以确保管理层能有效地付诸管理活动、利用企业资源,员工有效地从事具体业务的操作,信息使用者能获得相关、可靠的企业信息;在设计对象上,内部控制制度应该包括对人的约束和激励、各项业务活动的控制;在设计流程上,既应考虑各流程的风险控制点,又应考虑各控制要素、控制过程之间的相互关联,使各业务循环或部门的子控制系统构成企业的一个科学、合理的管理系统,保证企业经营活动在预定的轨道上进行。在设计内部控制制度时还应关注制度的严谨性和完整性,讲究控制时效,把握控制要点,全面、准确地对企业经营管理作出有效的控制。

8.2.2 重要性原则

重要性原则是内部控制应当在全面控制的基础上,关注重要业务事项和高风险领域。这一原则符合企业内部控制设计要求中的"注重选择关键控制点"。

重要性原则是在全面性原则的基础上产生的。企业内部控制不但应满足内部控制设计中"全员、全过程和全方位"控制的要求,还应针对业务处理过程中的关键控制点以及关键岗位加以控制。关键控制点是指业务处理过程中容易出现漏洞,且一旦存在差错会给企业带来巨大损失的高风险领域。关键岗位是指有关人员容易实施舞弊的职务。对于关键控制点和关键岗位,企业应采取更严格的控制措施,使企业的风险降到最低。在关键控制点上,企业应该加大人力、财力、物力的投入力度,以保证差错及风险降到企业能够接受的限度之内;在关键岗位上,企业应制定严密的措施,利用先进的设备和加强人为监督或制定相关的激励与惩罚制度,使关键岗位人员舞弊的可能性降到最低。对于一些相对次要的控制点,可以减少人力、财力、物力的投入进行简单控制。一些对控制流程或者整个企业几乎不产生任何风险的控制点可以不加控制。

需要说明的是,企业内部控制的关键控制点并不是不变的。随着内外部环境和人员的变化,关键控制点可能变成次要控制点,次要控制点也可能变成关键控制点。这就需要企业在执行内部控制制度时进行持续的监控,及时调整控制点,合理安排人力、财力、物力,达到企业资源的优化配置。这也是重要性原则与成本效益原则紧密联系的直接体现。

8.2.3 制衡性原则

制衡性原则是内部控制应当在治理结构、机构设置及权责分配、业务流程等方面形成相互制约、相互监督,同时兼顾运营效率。

制衡性原则要求企业内部控制在人事控制、组织控制、财务控制和实务控制等方面形成一个相互制约、相互配合的有机整体。一项完整的经济业务,仅靠单一的控制是不可能把风险降到可接受的限度的。如果经过两个以上的相互制约环节对其进行监督和核查,其发生错误的几率就很低。制衡性必须考虑横向控制和纵向控制两个方面的制约关系。从横向关系来说,完成某个环节的工作需要来自彼此独立的两个部门或人员协调运作、相互监督、相互制约、相互证明;从纵向关系来说,完成某个工作需经过互不隶属的两个或两个以上的岗位和环节,以使下级受上级监督,上级受下级牵制。经过横向关系和纵向关系的核查和制约,可使发生的差错减少到较低程度,或者即使发生问题也易尽早发现,便于及时纠正。

制衡性的前提是责、权、利相结合,即权利和责任相匹配、收益与业绩相联系。在构建内部控制制度时,企业必须明确各责任主体的责任,赋予其完成责任所必需的权限,并根据责任完成情况分配收益。责任产生压力,应使管理者和员工产生责任感;权利使管理者有办法完成责任,并产生责任心;利益产生动力,能把管理者与员工的积极性调动起来。责、权、利相结合要求企业应对不同的责任主体规定作业任务、职责权限、操作程序和处理手续,制定相应的、科学严格的考核标准,并根据评价结果进行奖励和惩罚,以实现约束和激励相统一,促使内部控制制度有效实施。

但是,制衡关系并不是越多越好,越复杂越好。因为企业的内部结构、人员、组织等本来就复杂,如果每个机构或者每个流程都相互制衡,必然导致组织结构或业务流程繁杂,不利于节约时间、人力、财力和物力,造成工作效率和经营效率低下,不利于企业的发展。

8.2.4 适应性原则

适应性原则是内部控制应当与企业经营规模、业务范围、竞争状况和风险水平等相适应,并随着情况的变化及时加以调整。

适应性原则可以从两个方面来说明:一是企业内部控制制度的设计要适应当前的环境;二是企业内部控制制度的设计要适应环境的变化,及时调整。内部控制设计必须从企业所处环境出发,设计出符合企业需要的内部控制制度。从系统论角度看,内部控制是一个系统,系统和包围该系统的环境之间具有紧密的联系,系统适应环境是系统存在和发展的前提。构建内部控制体系关注企业内外环境非常重要。适应内部环境,就要求企业在设计内部控制制度时,对设计的环境因素进行深入的分析和了解,只有控制措施、机制及氛围与所处环境相适应,才能实现较为理想的控制效果。例如,在信息化程度低的企业,应对各种风险的内部控制制度基本是依靠员工的素质和诚信、牵制法则、监督与问责机制;在信息化程度高的企业,内部控制制度除依赖以上理念和方法外,还需考虑信息系统规划建设的治理风险、信息系统运转的不稳定性风险、软件中内部控制机制的漏洞风险等。适应外部环境,就要求企业在设计内部控制制度时,要注重外部环境对企业的影响,从而在内部控制制度设计时进行相应的调整和补充。适应性要求企业:① 应该设置专门收集情况变动的信息;② 职能部门能够及时处理收集的信息;③ 能够及时制定相应的制度并纳入内部控制制度。

8.2.5 成本效益原则

成本效益原则是内部控制应当权衡实施成本与预期效益,以适当的成本实现有效控制。

企业经营的目的是获利,无论从哪一个角度说,企业都非常注重效益。效益是所有企业的出发点和归宿,也是企业最关心的问题。如果单纯从控制的角度来考虑,参与控制的人员和环节越多,控制措施越严密,控制的效果就越好,其发生的错误和舞弊现象就越少,越能将风险降低到可接受的限度之内,但控制成本也会越高。因此,在设计内部控制时,一定要考虑控制投入成本和控制产出效益之比。一般来讲,企业要对那些在业务处理过程中发挥作用大、影响范围广的关键控制点进行严格控制;对那些只在局部发挥作用、影响特定范围的一般控制点,不必花费大量的人力、物力进行控制,甚至对一些无关紧要的控制点可以不予控制。企业应防止由于一般控制点设立过多、手续操作繁杂,造成企业经营管理活动不能正常、迅捷地运转。因此,控制点的设定应根据实际情况进行科学设立,不设立不必要的控制点,力争以最小的控制成本获取最大的经济效果。

成本效益原则应与重要性原则结合运用,在选择关键控制点时应满足成本效益原则的要求。

8.3 内部控制设计程序

内部控制制度的设计要遵循一定的程序,在这个程序的指导下进行每一项内部控制设计工作,最终使内部控制成为一个完整的内部控制制度体系。内部控制设计程序分为设计前的准备、确定控制目标、整合业务流程、鉴别控制环节、确定控制措施、制定制度六个流程(如图 8-1 所示)。

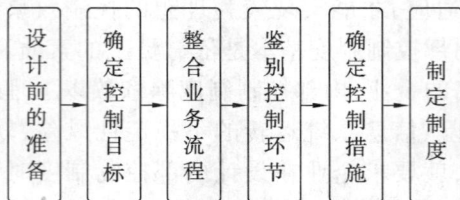

设计前的准备 → 确定控制目标 → 整合业务流程 → 鉴别控制环节 → 确定控制措施 → 制定制度

图 8-1   内部控制设计程序

8.3.1 设计前的准备

内部控制设计工作是一个繁琐而细致的工作,在设计前应进行充分的准备工作,才能在设计中得心应手。设计前的准备工作需要达到两个目标:一是安排工作进度;二是研究、分析内外部环境,初步确定企业控制点。具体来讲应该从以下几个方面进行设计前的准备工作。

1. 确定设计范围

企业内部控制制度设计分为全面设计和局部设计。全面设计是对企业的所有业务的内部控制进行设计。一般地说,新建企业需要进行全面设计;在某些企业中,由于原有制度不健全,或企业规模和经营业务发生较大变化时也需要进行全面性的设计。局部设计是对部分经济业务的内部控制进行设计,它又可分为补充性设计和修订性设计。补充性设计是对新业务而产生的内部控制业务进行设计。修订性设计是指当原有控制制度已不适应国家规定或已不符合业务变化要求时,对原有内部控制制度进行的修改。

2. 确定设计人员

企业应成立专职小组,负责统筹内部控制制度的建立。专职小组应以最高管理层为中心,并至少指定其中一人负责。小组成员应包括各单位主管、具有专业知识的在职员工,且这些员工必须是对企业有比较全面的认识和了解,具有良好的思想道德素质的人员。必要时,可以聘请专家辅导协助。

3. 制订设计计划

企业应制定出时间表,规定完成各项工作的时间,并进行合理分工,确定每个成员的工作任务。在确定每个参与人员的工作时要考虑专业知识、能力水平等。此外,各成员之间应能够进行沟通,密切配合。

4. 分析企业内外部环境

对企业内外环境进行分析,以明确建立该系统的约束条件和基础。外部环境主要包括企业所处行业、竞争对手、法律制度、经济环境、社会文化环境等。内部环境主要包括企业价值观、风险文化、组织机构、信息技术等,是企业构建内部控制制度的基础。在此基础上,可以了解企业面临的外部风险因素。

5. 深入调查研究,获得必要信息

企业应深入调研,收集整理相关资料,分析财务报表,并采用一定的方法识别企业风险。这是前期准备比较重要的阶段,在此阶段可以获得大量的信息,因此,应进行相关的培训,例如访谈的前期准备工作、访谈的形式、访谈的对象、访谈的步骤、访谈应该记录的内容等。

6. 梳理业务流程,初步确定风险点

企业应对每一项经济业务的初始点和终点都作出描述,并将相关环节串起来形成业务流程,然后找出哪些是重要的业务活动。流程中所有的作业环节必须明确作业内容及其目标和标准。由于每个流程会涉及很多环节,涉及多个部门,所以每个流程中的各个环节都必须有任务描述,即对流程的说明,包括某岗位是做什么的、应该做到什么程度、什么时候完成、可能发生什么问题、发生时如何处理等。

设计前的准备关键是要收集全面、丰富的资料和制订项目开展的计划,而资料准备是在大量调研的基础上进行资料整理、分析而来的,计划是项目负责人结合实际情况制订的。只要做到了以上两点,前期准备的目标也就实现了。

8.3.2 确定控制目标

控制目标既是管理经济活动的基本要求,又是实施内部控制的最终目的,也是评价内部控制的最高标准。因此,在设计内部控制制度时,首先应该根据经济活动的内容和管理要求提炼内部控制目标,然后据以选择具有相应功能的内部控制要素组成控制制度。控制目标的设定已在第5章介绍,这里不再重复。

8.3.3　整合业务流程

业务流程是指处理业务活动的顺序。企业内部有很多业务活动,由于企业完成活动方式的多样性以及不同活动承担部门和承担者的不同,企业形成变化多样的业务流程。企业业务流程是业务周而复始的过程,它是指一次贯穿于某项业务活动中的基本控制步骤及相应环节,通常同业务流程相吻合,主要由控制点组成。当企业的业务流程存在控制缺陷时,则需要根据控制目标和控制原则加以整合。不同类型的企业的业务也不一样,因此在构造企业业务流程时要根据企业业务的特点,从企业内部控制角度出发构造企业业务流程。

在构造企业业务流程时应遵循以下要求:

① 以价值运动为主线,以资金流为中心;

② 反映企业经营活动全貌,符合企业经营特点;

③ 满足企业内部控制的需要。

企业业务流程有多种形式,常见的有销售与收款循环、采购与付款循环、生产循环、筹资与投资循环等。

当然,企业业务流程的设计也要根据企业的实际情况,例如企业的人员安排、部门设置、财务制度、组织结构等,使每个业务流程都对应相应的部门和人员,达到全员参与的目的。图 8-2 为银行存款业务流程。

(1) 授权经办业务。业务部门负责人根据单位规定和业务需要,授权业务人员办理涉及银行存款收支的经济业务。

(2) 取得原始凭证。业务经办人员按照财务会计制度规定填制或取得原始凭证,作为办理银行存款收付业务的书面凭证,例如购货发票、销货发票等。

(3) 审签原始凭证。业务部门负责人审核签批业务经办人员的原始凭证。

(4) 取得结算凭证。出纳员根据已审签的原始凭证,按照会计规定手续和结算方式填制或取得银行存款结算凭证。

(5) 办理结算业务。出纳员向银行办理存款收付业务。

(6) 审核结算凭证。会计主管人员或指定人员审核结算凭证回联并同原始凭证进行核对。

(7) 编制记账凭证。会计人员根据审签的结算凭证及原始凭证编制银行存款收付记账凭证。

(8) 复核记账凭证。稽核员或指定人员复核记账凭证及所附结算凭证和原始凭证。

(9) 记账。出纳员根据审签的记账凭证逐笔登记银行存款日记账,会计人员根据审签的记账凭证登记相应的明细分类账、总分类账。

(10) 对账。出纳会计人员核对银行存款日记账和有关明细分类账、总分类账。

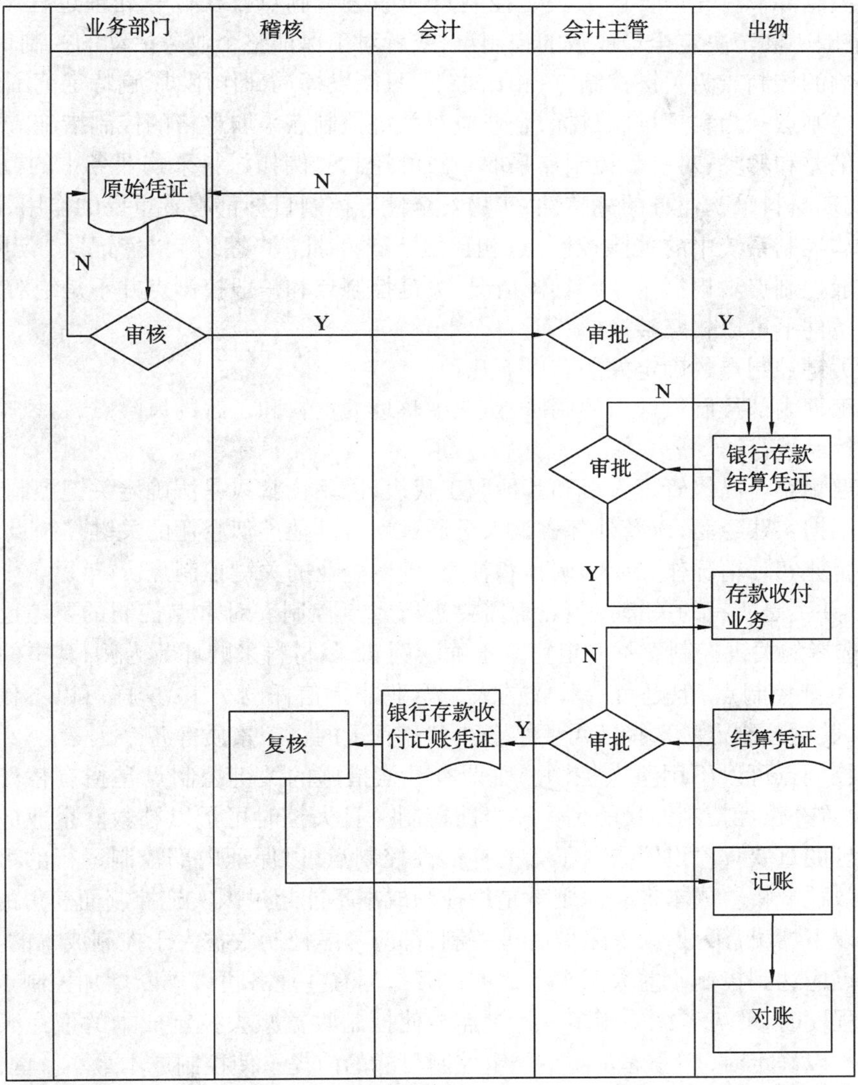

业务部门	稽核	会计	会计主管	出纳

原始凭证

N

审核

N

Y

审批

Y

N

审批

银行存款结算凭证

Y

存款收付业务

N

复核

银行存款收付记账凭证

Y

审批

N

结算凭证

记账

对账

图 8-2　银行存款业务流程

8.3.4　鉴别控制环节

控制流程整合是鉴别控制环节的前提,但并不是每个业务流程上的每个流程点都需要控制。

　　鉴别控制环节首先需要区分关键控制点和一般控制点。在业务处理过程中发挥作用大、影响范围广甚至决定全局成败的控制点,或者对于保证整个业务活动的控制目标具有至关重要影响的控制点为关键控制点;相比之下,只能发挥局部作用、影响特定范围的控制点,则为一般控制点。为实现控制目标,企业应对关键控制点采取严格的控制措施,这些控制点容易发生偏差和舞弊;对一般控制点采取一般的控制。例如材料采购业务中的"验收"控制点,对于实现材料采购业务的完整性、实物安全性等控制目标都起着重要的作用,因此,验收是材料采购控制系统中的关键控制点;相比之下,"审批"、"签约"、"登记"、"记账"等控制点即为一般控制点。根据企业的具体情况,关键控制点和一般控制点并不是绝对的,且它们在一定的条件下可以相互转换。

　　企业关键控制点的确定方法有以下几种:

　　(1)根据内部控制设计前的调研、访谈中整理的资料和了解的风险点,将风险较大的点作为关键控制点。

　　(2)召集企业高级管理人员和其他职工代表,采用头脑风暴法确定关键控制点。

　　(3)根据实践经验,以及外部咨询人员通过参考其他类似企业的关键控制点,并在此基础上根据企业实际情况作相应的调整和补充,确定企业的关键控制点。

　　然而,并不是所有的关键控制点都需要进行重点控制。对重点控制的要考虑以下三个因素:① 选择的关键控制点不一定完全正确。例如,以材料采购环节为例,其中的"验收"环节是一个关键控制点,但是负责验收的人是企业非常信任的员工,这样可以不作为重点控制。所以,关键控制点的选择还需要结合业务流程上的员工素质等各个因素。② 有补偿措施的关键控制点可以不用重点控制。所谓有补偿措施的关键控制点是指有替代控制的控制,通常设置补偿性控制的目的是保障当前控制一旦失控时可予以补救。企业应根据每一类业务处理的重要程序设置数目不等的补偿性控制点,以保证内部控制运行的可靠性。③ 进行成本效益分析。成本效益原则就是指控制成本不能超过因实施控制而获得的利益。这里需把握以下情况:第一,无论采取哪种控制,都应考虑控制收益大于控制成本的基本要求,所有控制点应达到控制收益大于控制成本;第二,当有些业务可以不断增加控制点来达到较高的控制程度时,就应考虑采用多少控制点能使控制收益减去控制成本的值最大;第三,当控制收益难以确定时,应考虑在满足既定控制目标的前提下使控制成本最小。因此,当将某一点作为关键控制点进行控制的成本高于发生错误或舞弊的费用时,企业就不应作为关键控制点。

　　以银行存款为例,其关键控制点包括:

　　(1)审批。办理银行存款有关业务需经有关负责人审批并签字盖章,以避免违纪违规情况发生。

　　(2)审核。会计主管人员或指定人员审核原始凭证和结算凭证,签章同意办理银行存款结算。

（3）结算。出纳人员根据审签的凭证或按照授权办理银行存款收付业务。

（4）复核。稽核人员审核银行存款收付记账凭证是否附有原始凭证,结算金额是否一致,记账科目是否正确,有关人员是否签章等。

（5）记账。出纳员根据银行存款收付记账凭证登记银行存款日记账,会计人员根据收付凭证登记相关明细账,总账会计登记总分类账银行存款科目,各记账人员在记账凭证上签章。

（6）对账。核对银行存款日记账和有关总分类账,及时发现和防止银行存款核算错误及记账失误。

8.3.5　确定控制措施

在确定了控制目标、整合控制流程,并区别了关键控制点和一般控制点之后,就应该根据控制点的分类和需要采取相应的控制措施,以实现控制目标。这些措施就是设置具体的控制技术和手段。针对控制点的特点及企业的实际情况制定切实可行的控制措施,是内部控制制度建设的根本目的。在确定控制措施时要根据内部控制要素进行设计。

（1）与内部环境有关的制度设计主要从经营管理道德观念、方式、风格方面控制,组织结构方面控制,授权和分配责任方面控制,人事政策方面控制,根据一定的法律法规制定相应的控制措施。

（2）与风险管理有关的制度设计主要采用预算、内部审计、个人现场观察等方式进行,达到降低相关风险的目的。

（3）与内部控制活动有关的制度设计主要从业务授权控制、凭证与记录控制、资产接触与使用控制、职责分工控制、独立稽核控制等几个方面建立相关的制度来约束内部控制活动。

（4）与信息沟通与监督有关的制度的设计采用个别评估控制、内外部沟通控制、持续监督活动控制等方式,并制定相应的措施对这些方式的执行进行约束。

另外,在制定内部控制措施中应该重点关注不相容职务分离,并贯穿于企业的每个业务流程。不相容职务是指如果由一个人担任,既可能发生错误和舞弊行为,又可能掩盖其错误和舞弊行为的职务。也就是说,能够导致错误及舞弊行为的职务和能够掩盖其错误和舞弊行为的职务不能由同一人担任。

当然,内部控制设计的具体措施不是这么简单的,企业要根据自身的特点以及业务流程、关键控制点、职工素质等多方面制定适合企业发展的内部控制措施。

以银行存款为例,其控制措施包括:

（1）审批。明确有关业务负责人的权限，保证业务办理的合法性，加强经办人员的责任感，避免违纪违规情况发生。

（2）审核。会计主管人员审核原始凭证，检查经济业务是否合理合法，保证银行存款的安全完整及其结算适时合法。

（3）结算。财务专用章、签发支票印鉴和财务负责人印鉴应由会计和出纳人员分别保管，转账支票和结算凭证必须按编号顺序连续使用，作废的转账支票应加盖作废戳记等。

（4）复核。复核记账凭证，预防银行存款收付错误和记账凭证编制差错，保证银行存款核算正确。

（5）记账。有关记账人员分别在记账凭证和账簿上签章，增强责任心，保证银行存款业务的可查性。

（6）对账。定期核对银行存款日记账和有关明细分类账、总分类账，保证账证相符、账账相符和会计记录真实可靠。

8.3.6 制定内部控制制度

经过前面几个步骤，企业可以制定内部控制制度，但为了保证内部控制制度在实施的过程中能够有效的控制，可以进行一段时间的试运行。试运行的时间应根据企业自身的情况、制度的范围以及在试运行过程中发现问题的多少进行安排。试运行后可以正式颁布企业内部控制制度。内部控制制度应该符合一定的格式规范。

一般情况下，内部控制制度有两种表述方式：

1. 文字说明

用文字说明内部控制制度的有关内容，是使用较多的方法。该方法在使用时可用文字单独说明，例如内部控制制度的总体说明、货币资金管理制度、物资采购管理制度、财务管理制度等；也可以文字附以图式说明，例如对内部控制组织机构及岗位职责、业务处理程序、凭证、账簿、报表的使用说明，对各类业务处理程序的说明等。应用文字说明法，要能恰当地表达有关内容，行文要规范，定义要严谨，语句要确切，避免无关紧要的修饰，防止过于冗长，避免使用易于误解的句子。以文字说明法表示的内部控制制度的内容要注意排列得体，同一层次的语句段落要采用相同的字号排列；不同层次的要采用合适的编号形式等。具体格式和内容按内部控制制度设计要求进行表述。

2. 流程图法

流程图法是在内部控制制度设计中用一定图形反映各项业务的处理程序的方法。该方法反映业务流程要比文字说明法更直观、形象，容易为人们所了解和掌握，使用流程图有利于提高工作效率，能为实施 ERP 和会计电算化等创造条件，同时也有助于审计人员进行内部控制测试,从而确定审计重点和需要审查的详细程度。

流程图有多种形式,但无论何种流程图均需满足以下要求:

(1) 注明业务处理流程经过的部门和经办人;

(2) 注明凭证、报表名称和份数,用流程线反映其传递的流程;

(3) 反映业务处理记账情况及凭证和报表归档保存情况。

流程图的绘制应该遵循以下规则:① 业务部门设置以业务处理程序先后为序。② 流程图绘制要求从左到右、从上到下,介质符号在上,作业符号在下。在绘制流程图时,控制环节不要太多,一般限制在 4~10 个。③ 业务流程中信息载体符号(如凭证、账簿、报表)在上端,信息处理操作(如作业、转记、汇总)及存档符号在下端。

无论采用文字说明方式还是流程图方式,作为内部控制制度的最终格式,其主要目的是将内部控制制度简单明了、通俗地告诉执行者,使执行者能够很容易读懂制度并且按制度执行,以满足内部控制的需要。

当内部控制制度颁布后,一个完整的内部控制制度设计程序已经基本完成,至此,它经历了设计前的准备、确定控制目标、整合控制流程、鉴别控制环节、确定控制措施和制定内部控制制度等环节。其特点是后一个步骤都是在前一个步骤的基础上完成的,并且都严格体现了内部控制制度设计的要求和设计的原则,程序之间也有一定的联系。然而,内部控制制度本身是一个不断完善的体系,它是对企业可能发生的错误和舞弊现象进行控制,所以,其本身需要在执行过程中不断完善;同时,内部控制的要素也是不断变化的,而内部控制制度的设计又是以要素为依据的,因此,内部控制制度需要在实施的过程中不断完善。

8.4 内部控制实施

内部控制制度的颁布就是内部控制实施的开始。虽然在制定制度的过程中进行了周密的考虑,但这毕竟是在"预防"的前提下完成的,可能还有一些未预测到的情况没有包含于制度中;或者制定的制度虽然包含了各种情况,但是制定出来的制度仍有可能不符合实际情况。这些情况包括以下几方面:要么制度过分简化,不能达到管理控制的目的,不能充分提供管理上需用的信息;要么制度较为繁琐,费工费时,难以在实际工作中应用;要么制度对某些环节控制不严,存在轻微漏洞。因此,内部控制制度的实施是内部控制制度是否完善的试金石,也是进一步完善内部控制制度必须经历的过程。当然,内部控制制度的实施需要一定的执行环境,需要对其执行过程和制度进行不断地检查与评价,并在此基础上对内部控制制度进行修订和完善,以达到内部控制的目的。

8.4.1 内部控制制度的执行

内部控制制度的执行是企业内部控制的核心。内部控制制度的设计和执行在企业内部的不同管理层次有不同的分工。在组织中层次越高,设计性的职责越多,执行性的职责越少;层次越低,设计性的职责越少,执行性的职责越多。用数学语言可表达为:内部控制设计性职责与管理层次高低成正比;内部控制执行性职责与管理层次成反比。例如,董事会的职责是设计重大的方针政策,方针政策也是企业的内部控制;高级管理层的职责是执行董事会的方针政策,并设计相应的控制制度;中低级管理层的职责主要是执行高级管理层制定的有关政策和程序,并设计一些具体的控制措施;最基层的操作人员只负责执行与自己岗位有关的操作规程和内部控制制度。

为了保证内部控制制度的执行,达到内部控制设计的目的,在执行环节中要做到以下几点:

(1)内部控制的有效执行需要一个良好的控制环境。在企业内部营造一种浓厚的"控制文化"和"控制氛围",是内部控制得以有效执行的基础。强调内部控制对单位管理与个人切身利益的关系,可以使全体管理人员与职工理解贯彻执行控制制度的意义,清楚管理层的决心、意向与要求,明确本职工作的地位与影响力,能够真正地做到全员、全过程和全方位的控制。

(2)企业管理人员要做好表率,认真执行企业内部控制制度。董事会和管理层要通过自己的言行,向广大员工表明内部控制的重要性。企业各级管理人员特别是高层管理者要自觉遵守与自己有关的各项控制制度,要自觉接受违反制度后的惩罚。在执行各项事务的过程中要做到分清权责,明确奖惩的观念。

(3)可靠的信息系统是内部控制得以有效执行的前提。有效的内部控制系统应该是一个有效的信息数据系统。内部控制得以执行的前提是相关的控制信息能及时、准确地传达到执行者,因此应保持有效的信息沟通渠道,以保证所有企业职员能充分了解和遵守涉及其责任和义务的所有政策和程序,并保证信息能够及时送达有关人员。在一般企业中,可以根据企业的实际情况采用扁平式或者垂直式的组织结构体系,这样便于信息及时准确地传递;在有一定规模和资金实力的企业中可以运用先进的管理信息系统,使企业的信息传递达到可靠、及时,便于内部控制制度的执行。

(4)制定贯彻执行的切实措施。在制度执行前应进行培训和模拟试验,使每个岗位的工作人员清楚应遵循的制度和规定,克服执行制度的随意性。企业应注意制度执行中的检查与调节工作,一旦发现违反制度的行为,应按照规定进行严肃处理。

8.4.2　内部控制制度的检查与评价

内部控制制度的检查与评价,是指对内部控制制度设计的有效性和运行的有效性进行测试和评价。内部控制的检查监督是保证执行效果的重要手段,内部控制制度评价是内部控制循环过程中一个非常重要的环节,它是内部控制持续改进的一个重要信息反馈渠道,通过总结经验和教训,为下一步工作提供依据和建议,从而使内部控制系统不断得到完善和提高。

内部控制制度的检查与评价主要是衡量控制结果和分析控制差异。衡量控制结果是用预先设定的控制目标与实际控制情况进行检查和比较,衡量所指定任务的执行轨迹和实际完成状况,以及时反映偏差信息。内部控制要能正确地衡量结果,首先要获得能正确反映实际工作结果的信息,这主要依赖于统计部门、会计部门及业务部门正确的记录,提供完整的执行数据。可以采取以下三种方法来获得实际工作结果方面的资料。

(1)观察。通过控制主体的观察,了解工作现场的实际情况,还可以与工作人员现场交谈,以了解工作的进展情况。

(2)利用内部报表和报告。这是用书面资料了解工作情况的常用方法,但所获得资料是否全面、准确取决于内部报表和报告的质量。

(3)抽样调查。从调查对象中抽取部分样本进行调查,并把结果看成调查全体的近似值以获得实际工作结果方面的资料。

除此之外,还可以通过召开会议或根据某些现象推断实际工作结果,例如从员工的工作热情下降推断管理工作中存在的问题。因此,在衡量实际工作结果的过程中必须综合运用多种方法,以确保获得的信息质量。

在此基础上,只有将本期实际完成的数据与计划或定额比较,才能准确地计量出两者是否相符或差异的多少。计量结果的准确程度直接影响到对差异成因的分析,因此要十分注意进行比较的双方有无可比性,其计算的口径或方法是否一致等。从检查与评价的人员来说,内部控制的检查与评价可以聘请外部机构或人员进行,也可以由内部审计机构或人员进行。内部审计是监督内部控制制度的一项基本措施,内部审计工作的职责不仅包括审核会计账目,还包括稽查、评价内部控制制度是否完善,企业内部机构执行职能的效率,并向企业管理者提出报告,从而保证企业内部控制制度更加完善和严密并得到有效的执行。企业应重视对内部控制制度的研究,在充分调查研究的基础上将现行制度与理想模式进行比较,找出差异与薄弱环节,着重对其中缺陷进行深入细致的分析,评价缺陷可能造成的影响,提出弥补缺陷、改进措施与备选方案。

8.4.3 内部控制制度的持续改进

在检查与评价的基础上,就可将衡量结果与控制目标进行比较,检查差异程度。如果差异较大,就应分析造成差异的原因以便于采取矫正措施。

在分析差异时,首先要判别差异的严重程度,判断是否会对组织活动的效率和效果产生影响;其次要分析产生差异的主要原因。现实中,同一差异可能是由各种不同的原因造成的,这就要求工作人员认真了解差异的信息并对各影响因素进行深入透彻的分析,透过表面现象找出造成差异的深层原因以对症下药。企业可以先找出形成差异的各项因素,再分析各项因素对差异的影响程度。例如,对成本降低情况的审查,首先分析影响成本降低的各种因素,然后分析这些因素影响单位成本、总成本下降的情况。由于差异的多样性,其影响程度和检查的难易程度都不同。因此,进行差异调查分析和纠正时,必须考虑其经济效果,即调查差异和改正缺点的成本必须小于差异发生的成本,否则就没有分析和纠正的必要。企业可以制定一个需要调查和纠正差异的界限,以避免花费精力去调查和纠正那些并不重要的差异。

在确定重要差异后,需要对其采取补救措施。在进行补救过程中,应该遵循以下原则:如果内部环境存在问题,要及时改善内部环境,调整认为可改善的环境,或调整制度来适应不可改善的环境;如果制度中的目标有问题,要分析产生问题的原因,研究到底是目标制订得过高,还是执行过程中不认真,所付出的精力不够。属于目标过高的情况要及时调整目标,属于制度执行不认真的情况要及时强调执行制度的纪律控制,力求努力完成既定目标;如果是制度本身有缺陷,应及时调整和完善。采取措施时应根据差异程度而定,首先解决差异大、性质严重的问题,然后解决差异小、一般性质的问题。此外,采取措施时还应考虑成本效益问题。

内部控制制度经过实施阶段的执行、检查与评价以及持续改进以后,完善了企业的内部控制,提高了企业的内部控制水平。这时的内部控制制度已经比较符合企业实际情况,但这并不是内部控制制度的最终结果,还应根据不断变化的内部环境和外部环境继续完善,以适应企业发展的需要。

总之,内部控制制度实施是一个不断完善、不断提高的过程。内部控制制度在实施的过程中不断地接受检查与评价,并且将这种检查与评价结果反馈到内部控制制度本身。根据反馈的信息,应修正内部控制目标、重构业务流程、修订内部控制制度、采取内部控制措施,在这个过程中要随时考虑内部控制制度设计的要求和原则,对内部控制制度进行不断的完善,同时调整内部控制实施的环境,以使其有利于企业降低风险、提高管理水平,有利于企业的发展。

第9章

内部控制评价

9.1 内部控制评价的概念

9.1.1 内部控制评价的定义

目前,国内外理论界对内部控制评价的界定存在不同的理解。

AS5 中将内部控制评价定义为:内部控制评价是一个风险评估的过程,这个过程被企业管理者和外部审计师同时用来评价企业会计信息系统的各个方面。

张国康认为,内部控制的评价是指由企业内部审计或者外部有关监管部门对企业内部控制系统的建立、健全与执行情况进行的审查测试与分析评价工作。

杨宝琴将内部控制评价定义为:内部控制评价即审计人员通过对被审计单位内部控制系统的审查、测试、评价,确定其可信度,从而对内部控制系统产生的结果作出鉴证意见的一种现代审计方法。

阎金锷在《内部控制评价应用》中将内部控制评价定义为:内部控制评价是对内部控制制度的完整性、合理性和有效性进行分析和评定的工作。

李凤鸣在《内部控制学》中认为:内部控制评价即比照内部控制理想、合适的理论模式,对单位现行的内部控制的恰当性和有效性进行分析以及价值评定工作。

所谓内部控制评价,是通过评价主体对企业现有的内部控制系统的设计和执行的合理性、完整性和有效性进行审查、测试、分析和评价的活动。它为发现企业内部控制的缺陷和薄弱环节提供依据,便于企业有针对性地提出改进意见和建议,从而使企业内部控制系统建设进一步完善。内部控制评价伴随着内部控制理论和实践的发展而不断完善,内部控制理论和实践的不同发展阶段,内部控制评价也有着不同的内涵和侧重点。

我国还没有颁布内部控制评价相关规范,但在其发布的《企业内部控制评价指引》中,明确指出:"内部控制评价,是指由企业董事会和管理层实施的,对企业内部控制有效性进行评价,形成评价结论,出具评价报告的过程。其中内部控制的有效性是指企业建立实施内部控制能够为控制目标的实现提供合理的保证。"因此,这里所界定的"内部控制评价"属于企业内部对内部控制的评价,也称为企业内部控制自我评价。

9.1.2　内部控制评价的作用

有效的内部控制能够帮助企业实现目标,防止资产流失,并保持正确的交易记录以及提供可靠的财务报告。有效的内部控制评价主要有以下几方面的作用。

1. 内部控制评价有利于优化企业内部控制制度

内部控制评价是内部控制持续改进过程中的一个重要信息反馈渠道,可以对所设计的内部控制程序与政策的健全性、有效性作出合理判断,能够进一步认清内部控制的局限性,由此对内部控制能否发挥其作用,防止和纠正管理缺陷的功能进行风险评价,进而针对内部控制评价过程中发现的缺陷提出优化建议。

2. 内部控制评价有利于企业目标的实现

内部控制评价可使董事会、管理层和其他各级人员提高其实现自身目标的能力,也使企业在实现目标时具备更有利的条件;内部控制评价,可以使企业内的相关人员更好地认识风险的本质、风险是如何确认和评估以及企业应对不可预料的风险准备的程度,从而使企业更好地应对风险,实现企业目标。

3. 内部控制评价有利于社会资源的有效配置

每个企业都是整个社会经济的有机组成部分,企业的内部控制制度直接影响着企业的经营风险,通过评价企业内部控制制度,了解企业经营风险的大小,从而依据风险的大小优化企业经济资源的配置。企业作为整个社会经济的组成部分,每一个企业的经济资源的优化配置都会直接影响到整个社会经济资源的配置。

4. 内部控制评价有利于审计工作的开展

内部控制制度评价有助于审计人员确定合理的审计程序,提高审计效率,有助于审计人员确定审计程序的实施程度,即确定审计的审查方法、抽查重点及审计范围等。此外,健全的内部控制制度还可以保证审计测试的质量。在审计测试中,无论是符合性测试还是实质性测试都存在抽样误差。如果被审计单位内部控制制度健全,则抽出样本的代表性就强,审计结论风险就小;反之,抽样测试所得出的审计结论可能会有较大的风险。

9.2 内部控制评价体系的要素

9.2.1 评价目标与原则

内部控制评价目标和原则是企业内部控制评价整个工作开展的方向和指导哲学,因此在进行内部控制评价之前,有必要对其进行明确和理解。

1. 评价目标

内部控制目标的实质是帮助企业实现企业价值最大化,并减少经营过程中的风险。任何组织的内部控制目标,总是和企业总体目标相一致,是总目标的具体化。ERM框架将内部控制目标发展为战略目标、经营目标、报告目标、合规目标。事实上,内部控制评价目标与内部控制目标是一致的,因为内部控制评价的最终目的是实现内部控制系统的有效性,完善内部控制,使其充分发挥作用。从这一层面上理解,内部控制评价是内部控制的再控制,其最终目的就是为了实现内部控制目标。

内部控制评价目标取决于促使内部控制评价产生的不同方面的需求:内部控制评价的目标可以是为了满足审计的需要,评价那些可能对财务报表可靠性有重要影响的内部控制,判断其可依赖程度,从而合理确定审计程序,保证审计质量,提高审计效率;可以是出于管理方面的要求,对企业整个内部控制系统进行全面的评价,以促进企业经营管理措施的实施及目标的实现;可以是出于对相关法律法规的遵循,例如SOX法案对美国企业的要求、中国证监会对首次公开发行股票公司的要求、上海证券交易所和深圳证券交易所对上市公司的要求等。

总的来说,当企业进行内部控制自我评价时,其内部控制评价的目标审查企业为达到经营效果和效率所付出努力的有效性,以及合理保证企业的内部控制制度有利于企业战略目标的实现。《企业内部控制评价指引》指出,企业需要"结合企业实际情况,对战略目标、经营管理的效率和效果目标、财务报告及相关信息真实完整目标、资产安全目标、合法合规目标等单个或整体控制目标的实现进行评价"。

2. 评价原则

企业实施内部控制评价应遵循以下原则:

(1)风险导向原则。

内部控制评价应当以风险评估为基础,根据风险发生的可能性和对企业单个或整体控制目标造成的影响程度来确定需要评价的重点业务单元、重要业务领域或流程环节。

（2）一致性原则。

内部控制评价应当采用统一可比的评价方法和标准，保证评价结果的可比性。

（3）公允性原则。

内部控制评价应当以事实为依据，评价结果应当有适当的证据支持。

（4）独立性原则。

内部控制评价机构的确定及评价工作的组织实施应当保持相应的独立性。

（5）成本效益原则。

内部控制评价应当以适当的成本实现科学有效的评价。

9.2.2 评价范围

内部控制的评价范围可以从不同的角度来界定，具体来说包括以下几个方面。

1．企业层面控制和作业层面控制

企业内部控制可分为企业层面控制和作业层面控制。企业层面控制包括组织架构、发展战略、人力资源、社会责任、企业文化等，重点控制企业层面的风险，注重企业内部、外部环境的适应性和协调性。

作业层面控制包括资金、采购、资产管理、销售、研究与开发、工程项目、担保业务、业务外包、财务报告、全面预算、合同管理、内部信息传递和信息系统等，重点控制作业层面的经营风险和财务风险。

2．硬控制与软控制

内部控制有硬控制和软控制之分。硬控制是指建立一系列明确且必须得到遵守的制度来控制高风险领域的业务活动；软控制主要指属于精神层面的事物，包括企业文化、管理层的管理风格、管理哲学和内部控制意识等。

保罗·马科斯称："内部控制既可以是正式的，也可以是非正式的。

正式控制包括程序记录、责任分离、授权控制，这些都可以通过传统的内部和外部审计办法来评估。

非正式控制包括企业文化、行为与道德等柔性控制方面。"这实质上就是软控制的理念。COSO 报告中认为控制环境要素中应包括管理风格、管理哲学、企业文化等内容，就是强调"软控制"的作用。

硬控制与软控制的范围和特征如表 9-1 所示。

表 9-1　硬控制与软控制的范围和特征

指标	硬控制（Hard Controls）	软控制（Soft Controls）
范围	政策与程序 组织结构 管理机制 限制性的正式程序	道德价值 能力 信任 共享价值 管理哲学及风格 期望 许诺
特征	正式的 客观的 可测量的	非正式的 主观的 无形的

　　过去,内部控制评价人员大多只关注内部控制政策和其他正式程序,这意味着评价人员很容易忽视真正影响一个组织是否成功或其运营是否处于有效方式的关键因素,即软控制因素。现实中经常出现管理哲学和风格存在差异的情形,规模和业务类型相近的两个企业在执行同一套内部控制制度时,控制效果却出现相当大的差别。众多的财务造假丑闻中的管理层舞弊现象就是一个很好的例证。可见,软控制是内部控制评价中不容忽视的关键因素,必须引起企业的重视。

　　3. 总体控制与应用控制

　　内部控制包括总体控制和应用控制两大部分。

　　总体控制是指对企业内部总体范围的控制,它是对整个企业及企业的各个部分都起作用的控制,也是应用控制得以充分发挥作用的保证。总体控制主要包括组织控制、职责分离、程序控制、监督体系、人事控制、合法合规控制和内部审计等。

　　应用控制是指在内部控制实际作业过程中实施的控制,主要包括实物控制、批准控制和会计控制等。

　　内部控制评价范围应包括上述两类相互交融的控制内容。

　　4. 治理层次控制、管理层次控制与作业层次控制

　　内部控制评价组织结构的角度来界定的,企业层次控制又可分为治理层次控制和管理层次控制,更加强化了治理层次的管理控制。公司治理结构是促使内部控制有效运行、保证内部控制功能发挥的前提,是实行内部控制的制度环境,而内部控制在公司治理结构中担当的是内部监督的角色,两者的关系是相辅相成的,具体关系如图9-1所示。

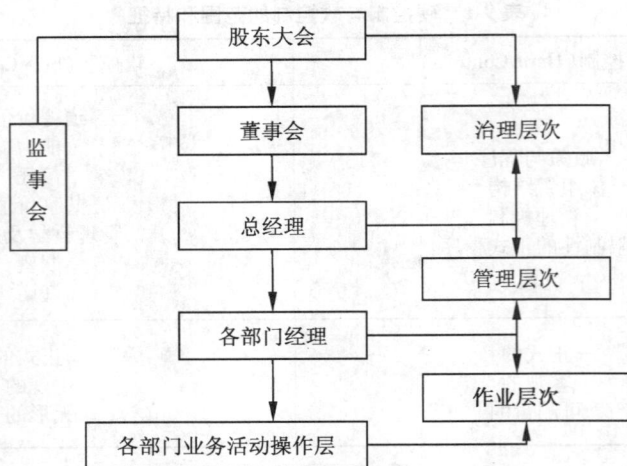

图 9-1　内部控制评价的层次

内部控制评价范围具有非常广泛的内涵,在实践中可以根据风险大小和重要性程度确定企业内部控制评价的频率和范围。当企业发生管理层重大变动、重大并购、重大营运方法改变等情况时,必须对内部控制进行全面、综合的评价。

9.2.3　评价主体与客体

内部控制评价主体和客体是内部控制评价行为中的实施者和被实施者,也是不可分割的两个部分,因此是评价体系中的一个关键要素。

1. 评价主体

企业内部控制的评价主体是指谁需要对客体进行评价。从广义的角度看,内部控制评价是为解决经营活动过程中存在的委托代理矛盾而建立的,这些矛盾主要包括资产所有者(委托人)和经营管理者(代理人)之间的矛盾,也包括政府部门以及其他利益相关主体和企业的矛盾等,这些矛盾的双方构成了系统的主客体。不同的评价目标导致不同的评价主体,出于审计目的对被审计单位内部控制的评价,当然由执行审计业务的注册会计师来执行;出于管理需求而对内部控制的了解,则由内部审计机构来执行;根据法律需要对内部控制的评价,则往往由管理层来完成,但出于对管理层诚实度的合理怀疑,管理层的评价报告往往需要注册会计师的鉴证。注册会计师出于合理职业怀疑的考虑,也需要对管理层评价报告中的内部控制重新评价,以支持其鉴证意见。

从狭义的角度看,上市公司内部控制自我评价主体可界定为股东大会委托的内部控制管理机构,即监事会、审计委员会和内部审计部门,其职责都是对内部控制进行不同程度的再控制。其中,监事会作为最高级别的监控评价主体,主要工作是对董事和经理内部控制执行情况的评价以及对审计委员会工作的评价和指导;审计委员会的工作重点集中在检查和评价关键内部控制指标制订及执行的有效性,检查和评价关键成员的责任、业绩与品质以及监督内部审计部门三个方面,识别企业关键风险,将内部控制目标与战略规划衔接;内部审计部门的工作重心则放在基于业务性质和战略的内部控制评价指标体系的建立、日常内部控制执行的监督评价等工作上。这种层级安排可以将每个执行内部控制的主体同时归为被监督、被评价的客体,通过"三道防线"对执行人进行风险控制,提高内部控制指标的编制和过程控制的效率和效果。

总而言之,不管是广义的评价主体还是狭义的评价主体,企业开展内部控制评价的时候,不能只依靠内部评价主体或外部评价主体,只有各个评价主体的作用充分发挥,相互结合利用,才能合理保证内部控制的评价效果。

2. 评价客体

企业内部控制评价的客体是内部控制评价的对象和内容,它与内部控制评价范围是有区别的,内部控制评价客体是解决"是什么"的问题,而内部控制评价范围则是从不同方面来衡量和界定内部控制评价客体。

企业实施内部控制评价,包括对内部控制设计有效性和执行有效性的评价,内部控制设计有效性是指为实现控制目标所必需的内部控制要素都存在并且设计恰当;内部控制执行有效性是指企业的各项内部控制制度得到了正确贯彻执行。应用信息系统加强内部控制的企业,还应当对信息系统的有效性进行评价,包括信息系统一般控制评价和信息系统应用控制评价。由此可知,内部控制评价客体是内部控制设计的有效性和执行的有效性。

(1)内部控制设计的有效性。

企业应基于《企业内部控制基本规范》来评价内部控制设计的有效性,即从与实现整体控制目标相关的内部环境、风险评估、控制活动、信息与沟通、内部监督等五个要素,来全面系统地评价内部控制制度设计的有效性。

(2)内部控制执行的有效性。

企业应基于《内部控制配套指引》中的内部控制应用指引来评价内部控制执行的有效性,即从与实现具体控制目标相关的资金、采购、存货、销售、工程项目、固定资产、无形资产、长期股权投资、筹资、预算、成本费用、担保、合同协议、业务外包、对子企业的控制、财务报告编制与披露、人力资源政策、信息系统一般控制、衍生工具、企业并购、关联交易、内部审计等22个项目来有针对性地评价内部控制制度执行的有效性。

9.2.4　评价方式

内部控制评价方式可以从评价时间上划分为定期评价和不定期评价。定期评价主要是由注册会计师实施的评价;不定期评价主要是由内部审计实施的评价或者内部审计引导的内部控制自我评价。内部控制评价也可以根据参与人员,将评价方式划分为单一评价和多元评价。单一评价是由单一主体实施的评价,包括注册会计师评价和内部审计评价;多元评价是指内部控制自我评价,它由内部审计进行引导,由内部管理人员和全体员工实施自评,评价主体多元化,涉及企业运营的各个方面。内部控制评价也可分为年度评价与专项评价。年度评价是指企业根据内部控制目标,对企业某一年度建立与实施内部控制的有效性进行评价;专项评价是指企业在特定时点对特定范围的内部控制的有效性进行评价。上市公司可以根据公司的实际情况来选择不同的评价方式。

9.2.5 评价程序

不同的评价主体的评价程序也不完全相同。

1. 外部的相关管理部门或注册会计师的评价程序

(1) 制订内部控制评价计划。

内部控制评价计划是非常重要的一步,有助于充分考虑可能影响评价的所有重要因素。在内部控制评价计划阶段,需要重点关注被评价单位的财务报表整体层次上和个别账户层次上的重要性、是否存在重大舞弊事项以及分支机构对内部控制的潜在影响。

(2) 了解内部控制。

内部控制按照其对企业的影响程度,可以分为对企业有普遍影响的内部控制以及只对个别认定、交易或披露有影响的内部控制两大类,对内部控制的了解也应该分别在企业整体层面和个别认定、交易或披露层面展开。

(3) 记录内部控制。

在进行内部控制评价时,应对企业内部控制进行描述并以文字、图形或者表格的形式将了解的过程记录下来,作为对内部控制进行测试的基础。

(4) 测试内部控制。

内部控制测试的目标主要有两个:一是评价内部控制设计的合理性;二是测试内部控制执行的有效性。前者的评价方法主要包括询问、观察、穿行测试、检查相关文件、对可能发现或防止导致财务报表出现重大错报的内部控制的关键控制的特别评价;后者的评价方法主要包括对适当人员的询问、查阅相关文件、观察控制执行、重新执行特定的控制等程序。

2. 内部的管理层或内部审计人员的评价程序

(1) 评价准备。

在评价准备阶段,首先应组成评价小组,其次是评价小组收集、了解被评价对象的所有信息,最后制订评价实施方案。实施方案应明确评价的目的、范围、准则、时间安排和相应的资源配置。在实施方案中,评价小组需要明确以下问题:被评价机构是否存在内部控制不足,存在的内部控制缺陷对企业的经营目标影响程度如何。

（2）评价实施。

在评价实施阶段,可以按照以下程序进行评价:

① 评价小组要对被评价单位管理层所关注的主要问题、被评价单位最近的财务状况、经营成果和现金流量,以及所有权结构、组织结构和内部控制的变化等方面有所了解。

② 评价人员要对内部控制的研究结果进行详细描述。在调查过程中,应采用"文字叙述法"、"调查表法"和"流程图法"将其记录下来。检查程序要求从各种业务或文件凭证中选取少许样本进行测试。

③ 评价人员要根据掌握的情况及以往的经验评价风险的评估。

④ 设计具体评价指标并选择合适的评价方法对其作出评价,即评价内部控制设计的有效性和执行的有效性。

（3）评价反馈。

评价小组根据评价实施情况撰写评价报告。在评价报告中,评价人员除了对被评价单位的内部控制状况以及等级水平作出总体描述之外,还应重点分析以下方面:①评价人员发现的一些控制薄弱环节或缺陷、趋势,应提请企业管理层注意和采取必要措施予以纠正和改进。②在识别和评估被评价机构的总体内部控制状况的基础上,制订有针对性和操作性措施的提升内部控制水平方案,可采取监测性措施、诊断性措施、预防性措施和化解性措施。

9.2.6　评价指标

内部控制的衡量依赖于指标,或者说内部控制评价的依据就是指标。评价指标是指对评价客体的哪些方面进行评价。评价指标的选择要依据客体的特性和系统目标并按照系统设计的原则进行。评价客体本身具有多方面的特性,因此不可能也没有必要了解它的全部信息。作为战略管理的有用工具,内部控制评价系统关心的是评价客体与战略目标相关的方面。影响企业战略目标实现的关键因素为关键成功因素,能够计量这些关键成功因素的指标即为关键内部控制指标。关键内部控制指标是反映企业竞争能力增强和战略成功的战略指标。除了这些战略指标之外,企业还必须使用日常指标。日常指标是用来监督经营活动是否保持在控制范围内,并且当例外事件发生时能及时进行反映的指标。在进行评价指标设计时,应考虑评价主体、客体及目的等因素,评价指标的选择要尽量避免重复或相互涵盖,在不影响评价结果的情况下,其数量越少越好,这样才能使其符合简便性的要求。

9.2.7　评价标准

评价标准是对评价客体进行分析评判的标准。某项指标的具体评价标准是在一定前提条件下产生的,具有相对性。由于评价的目标、范围和出发点不同,必然要有相应的评价标准与之相适应。随着社会不断进步、经济不断发展以及外部条件的变化,作为评判尺度的评价标准也就不可能一成不变,因此评价标准是相对的、发展的、变化的。目前常见的内部控制评价的标准有经验标准、年度预算标准、历史水平标准和竞争对手标准等。为了全面发挥企业内部控制评价体系的功能,在实际工作中应综合运用各种不同的标准。在具体选用标准时,应与评价客体密切联系。

9.2.8　评价方法

评价方法是企业内部控制评价的具体手段。有了评价指标和评价标准,还要采用一定的评价方法来对评价指标和评价标准进行实际运用,以取得公正的评价结果。没有科学、合理的评价方法,评价指标和评价标准就成了孤立的评价要素,从而也就失去了存在的意义。评价方法有矩阵分析法、模糊评价法、灰色系统评价法等。企业应在深入而全面了解各种评价方法的基础上比较评价方法,找到符合企业实际情况的内部控制评价方法。

9.2.9　评价报告

企业内部控制评价分析报告是系统的输出信息,也是系统的结论性文件。企业应根据综合评价结果及依据发现的内部控制缺陷和薄弱环节撰写内部控制评价报告、提出改进建议。评价报告应做到描述准确,详略得当,涵盖所有重大风险以及实质性缺陷。评价报告应集中体现评价的原则和目标,形式应力求规范。评价报告一般包括评价主体、评价客体、评价执行机构、数据资料来源、评价指标体系和方法、评价标准、评价责任等,还应包括企业基本情况、评价结果和结论、企业主要指标对比分析、影响企业经营的环境、对企业未来发展状况的预测以及企业经营中存在的问题和改进建议等内容。

9.3　内部控制评价指标体系

无论是企业管理层还是外部审计,都需要对企业内部控制的状况作出客观的科学的评价。内部控制涉及面广,定性因素多,利用单一指标不能对其全面评价。企业建立内部控制后,衡量内部控制的好坏需要构造一套内部控制的评价指标体系。

9.3.1 内部控制评价指标体系的构建原则

1. 可操作性原则

内部控制评价指标的选取应具有可操作性。对内部控制有效性的评价既要反映企业内部控制的真实情况,也要兼顾企业评价工作的实际可操作性。

2. 全面性和系统性原则

全面性原则要求选择的指标应尽量能涵盖内部控制的各个方面,但同时还应遵循系统性原则。系统性原则要求指标体系的设计要力求科学、系统、准确地反映内部控制指标之间的关系和层次结构。

3. 定性与定量结合原则

定性和定量指标的自身特点决定了评价指标构成应采用定性指标和定量指标两者结合的方式。对企业内部控制的评价,应充分考虑各种计量指标,选择价值指标和其他内部控制可定量的非价值指标,将定性指标和定量指标结合选择评价指标。

4. 成本效益原则和重要性原则

构建内部控制体系是为了实现经营目标、减少可能发生的损失,而设计、实施内部控制制度需支付一定的成本,企业必须关注实施内部控制的收益和成本,控制收益应大于控制成本。企业内部控制涉及方方面面,它们对企业的影响程度各不相同。为合理、有效的实施内部控制,必须将控制应用在关键环节上。反映和影响内部控制成败的因素很多,随实践的发展可供评价的因素将不断扩大。对内部控制的评价,应分析主要控制点和关键影响因素。在选择评价指标时应随着具体环境和评价目的的不同有所侧重,遵循重要性原则。

5. 灵活运用原则

灵活适用原则体现了内部控制评价指标体系的因时、因地制宜的特点。灵活适用主要关注内部控制评价指标的实际效果,内部控制系统因企业所处的行业和自身特征存在很大差异,在建立综合性的内部控制评价指标体系时,应充分考虑指标的适用性、综合性,以便使企业根据自身特点作出适当的调整。

6. 行为指导原则

企业内部控制设计的目的和宗旨并非要借助其束缚企业员工的手脚,来实现一定的控制。从企业的自我控制和可持续发展战略高度来认识内部控制的本质,内部控制的建立和健全需要具有自觉性和主动性,并且它的建立是为了赋予单位的每一位员工一个可以自由、充分、全面施展才华的可靠平台。因而,在内部控制指标体系设计的过程中需坚持行为指导原则,避免形式主义。

9.3.2　内部控制评价指标体系的构建

内部控制评价指标是内部控制评价的载体,也是内部控制评价内容的外在表现。最佳的评价指标体系应能综合反映多种内部控制因素。内部控制评价指标体系的构建应从两个角度来设计内部控制的综合评价指标体系:一是从内部控制设计的有效性来构建内部控制评价体系;二是从内部控制执行的有效性来构建内部控制评价体系。

1. 内部控制设计有效性的评价指标体系

构建内部控制设计有效性的评价指标体系的基本步骤是:首先以评价的一般标准为基础,形成评价的目标指标体系;其次,根据《企业内部控制基本规范》中规定的内部控制的五个基本要素,即内部环境、风险评估、控制活动、信息与沟通、内部监督作为内部控制设计有效性的评价体系的基本评价内容,将各个控制要素按照以上基本原则进行细化,选用关键、重要的内部控制项目作为详细评价内容指标;最后,对每项详细评价内容指标细分,形成具体评价内容指标。

(1)目标指标体系。

内部控制设计有效性是指为实现控制目标所必需的内部控制要素都存在并且设计恰当。因此,对内部控制设计有效性的评价应当确保为实现企业各种目标所建立的内部控制制度的完整性。这种完整性评价的具体标准为:将内部控制的完整性程度分为“完整”、“基本完整”、“不够完整”、“不完整”四个不同等级,用来作为内部控制设计的有效性的评价标准,如表9-2所示。

1)完整。

“完整”表示各项内部控制制度全面、完整,覆盖所有的业务领域和操作环节,适应业务发展和风险防范的需要,符合国家的法律和监管部门的规章制度。

2)基本完整。

“基本完整”表示重要业务领域均制定了相应的内部控制制度,基本适应业务发展和风险防范的需要,但部分内部控制制度的操作性、指导性不强,个别业务领域和管理环节缺少内部控制制度。

3)不够完整。

“不够完整”表示内部控制制度不够全面,部分重要业务领域或操作环节缺乏相应的内部控制或存在缺陷,不利于业务发展和风险防范的需要,可能影响企业安全运营或造成损失。

4)不完整。

“不完整”表示内部控制制度存在严重缺陷,重要业务领域或操作环节缺乏相应的内部控制,业务发展缺乏管理控制,潜在风险已影响企业的安全运营。

表 9-2 内部控制设计完整性评价目标指标体系

评价目标	评价标准	内部控制特征
完整性	完整	内部控制系统全面、完整
	基本完整	重要业务领域均制定了相应的内部控制制度,个别业务领域和管理环节缺少内部控制系统
	不够完整	部分重要业务领域或操作环节缺乏相应的内部控制或存在缺陷
	不完整	内部控制系统存在严重缺陷,重要业务领域或操作环节缺乏相应的内部控制

（2）具体指标体系。

评价目标是实现内部控制评价的出发点,但对企业内部控制进行全面、系统的评价更重要、更具体的是构建评价的具体指标体系。具体指标体系的构建是基于《企业内部控制基本规范》的五个要素,通过五个要素划分为具体的评价指标并进一步细分为各项子指标。

1）内部环境评价指标。

内部环境是企业实施内部控制的基础,一般包括治理结构、机构设置及权责分配、内部审计、人力资源政策、企业文化等。按照"内部环境"要素的内涵,内部环境评价指标可以划分为治理结构、机构设置及权责分配、内部审计、人力资源政策以及企业文化等具体指标。具体评价指标参见表9-3～表9-7。

表 9-3 "治理结构"具体评价指标

具体评价指标	具体评价指标的细分指标
董事会	董事会规模是否合适,是否与企业规模相匹配 董事会成员是否具有行业经验、专业知识以及充足时间 董事会的外部董事与内部董事是否具有合适的比例 外部董事是否具有独立性 董事会内部、董事会与高级管理人员之间是否沟通渠道畅通 董事会是否建立风险决策制度
监事会	监事会成员结构是否合理 监事会成员是是否具备相应的监事能力 监事会是否每年度对企业财务状况进行两次或两次以上的检查 监事会是否定期对财务报告的真实性与完整性进行审核 监事会行使权利是否存在障碍

具体评价指标	具体评价指标的细分指标
审计委员会	是否建立了审计委员会或类似机构 审计委员会等机构是否与内审人员及注册会计师适时沟通 审计委员会成员是否具备适当的经验和资历 审计委员会是否具有独立性 审计委员会或类似机构是否充分地参与了财务报告的过程 审计委员会或类似机构会议的数量和时间是否与企业规模和业务复杂程度相匹配

表 9-4 "机构设置及权责分配"具体评价指标

具体评价指标	具体评价指标的细分指标
组织机构	组织结构是否与企业的规模和战略相符 董事长与总经理是否为同一人 各层级管理者的责任是否明确 管理者对其自己所负责任是否非常了解 各管理者是否具有相应的知识和经验且具有履行责任的能力
权责分配	企业内部是否有明确的职责划分,是否将业务授权、业务记录、资产保管和维护,以及业务执行的责任尽可能地分离 是否由适当的机构来划分数据的所有权 是否已针对授权交易建立适当的政策与程序 授予员工的权利与责任是否相称

表 9-5 "内部审计"具体评价指标

具体评价指标	具体评价指标的细分指标
内部审计机构独立性	内部审计机构或人员是否具有独立性 是否建立内部审计机构或配备专人负责内部审计工作
内部审计机构运行情况	内部审计机构是否定期对内部控制有效性进行监督与检查 内部审计人员的业务水平如何 内部审计机构对发现的内部控制缺陷是否按照内部审计工作程序进行及时报告

表 9-6 "人力资源政策"具体评价指标

具体评价指标	具体评价指标的细分指标
基本政策与程序	在招聘、培训、考核、晋升、薪酬、调动和辞退员工方面是否都有适当的政策和程序 是否有书面的员工岗位职责手册,或者在没有书面文件的情况下,对于工作职责和期望是否作出了适当的沟通和交流 人力资源政策与程序是否清晰,并且定期发布和更新 是否设定适当的程序对分散在各地区和海外的经营人员建立相应的人力资源政策

续表

具体评价指标	具体评价指标的细分指标
员工职业发展规划	现有人力资源政策与程序是否有利于招聘到可信赖的员工,发展员工能力 管理层是否定期与员工见面,共同评价其工作业绩、讨论提高业绩的途径 个人业绩目标的设立是否考虑企业长期利益与短期利益的一致性,业绩评价标准是否有效
激励制度	高级管理人员股权激励计划的合理性如何 管理层与员工的奖金等收益与业绩的相关度如何 员工对激励制度是否能清晰理解

表 9-7 "企业文化"具体评价指标

具体评价指标	具体评价指标的细分指标
企业经营理念	企业是否具有明确的、诚实守信的经营理念和积极向上的价值观 企业是否具有为社会创造财富并积极履行社会责任的企业精神
规章制度	企业是否建立企业文化相关制度,如员工行为准则,企业文化评估制度 企业员工是否清晰理解企业文化,遵守员工行为守则,忠于职守,勤勉尽责 企业是否定期对企业文化进行评估,分析总结文化在企业发展中的积极作用,研究发现不利于企业发展的文化因素,并及时采取措施加以改进
人文环境	企业是否重视企业文化的建设与培育 企业高级管理人员是否重视企业文化,其主要负责人是否能在文化建设中发挥主导作用,以自身的优秀品格和脚踏实地的工作作风带动影响整体团队,共同营造积极向上的文化环境

2）风险评估评价指标。

风险评估是企业及时识别、系统分析经营活动中与实现内部控制目标相关的风险,合理确定风险应对策略。按照"风险评估"的内涵,上市公司风险评估评价指标可以划分为目标设定、风险识别、风险分析以及风险应对等具体评价指标,具体评价指标参见表 9-8 ~ 表 9-11。

表 9-8 "目标设定"具体评价指标

指标类型	具体评价指标的细分指标
目标设定	企业是否已建立并沟通其整体目标,并辅以具体策略和业务流程层面的计划 所设定的控制目标各层级是否协调一致 所设定的控制目标是否先进和合理,且具有具体的衡量标准 全体成员是否对所设定的目标非常了解

表 9-9　"风险识别"具体评价指标

指标类型	具体评价指标的细分指标
风险识别	企业是否已建立风险评估过程,包括识别风险,估计风险的双重性,评估风险发生的可能性
	企业是否已建立某种机制,识别和应对可能对企业产生重大且普遍影响的变化,例如在金融机构中建立资产负债管理委员会,在制造型企业中建立期货交易风险管理组
	会计部门是否建立了某种流程,以识别会计准则的重大变化
	当企业业务操作发生变化并影响交易记录的流程时,是否存在沟通渠道以通知会计部门
	风险管理部门是否建立了某种流程,以识别经营环境包括监管环境发生的重大变化

表 9-10　"风险分析"具体评价指标

指标类型	具体评价指标的细分指标
风险分析	企业是否根据影响目标实现的内外在因素,判断风险的严重度
	企业是否通过分析相互联系的作业过程,辨识风险发生的可能性
	企业是否采用定性与定量相结合的方法,按照风险发生的可能性及其影响程度等对识别的风险进行分析和排序,确定关注重点和优先控制的风险
	企业的风险分析团队是否按照严格规范的程序开展工作,确保风险分析结果的准确性

表 9-11　"风险应对"具体评价指标

指标类型	具体评价指标的细分指标
风险应对	企业是否根据风险评估分析的结果,结合风险承受度来权衡风险与利益,采取适当的风险应对策略,避免因个人风险偏好给企业经营带来重大损失
	企业是否结合不同发展阶段和业务拓展情况,持续收集与风险变化相关的信息进行风险识别和风险分析,及时调整风险应对策略

3）控制活动评价指标。

控制活动是企业根据风险评估结果采用相应的控制措施,将风险控制在可承受的范围内。按照"控制活动"的内涵,控制活动具体评价指标可以划分为不相容职务分离控制、授权审批控制、会计系统控制、财产保护控制、预算控制、运营分析控制、绩效考评控制等具体指标。具体指标评价参见表 9-12 ～表 9-18。

表 9-12　"不相容职务分离控制"具体评价指标

指标类型	具体评价指标的细分指标
不相容职务分离控制	授权进行某项经济业务的职务与执行该项业务的职务是否分离
	执行某项经济业务的职务与批准该项业务的职务是否分离
	执行某项经济业务的职务与记录该项业务的职务是否分离
	保管某项财产的职务与记录该项财产的职务是否分离
	保管与记录某项资产的职务与账实核对的职务是否分离

表 9-13　"授权审批控制"具体评价指标

指标类型	具体评价指标的细分指标
授权审批控制	企业是否建立授权审批制度来规范权限范围、审批程序和相应责任
	企业授权审批制度是否编制常规授权的权限指引和特别授权范围、权限、程序和责任
	企业各级管理人员是否在授权范围内行使相应的职权和承担责任
	企业对于重大业务和事项是否实行集体决策审批或联签制度
	企业是否存在个人单独决策或擅自改变集体决策的现象

表 9-14　"会计系统控制"具体评价指标

指标类型	具体评价指标的细分指标
会计系统控制	企业是否建立凭证制度,包括凭证设计、登录、传递、归档等一系列凭证管理制度,确保正确记载经济业务,明确经济责任
	企业是否建立账务组织和账务处理体系,正确设置会计账簿,有效控制会计记账程序
	企业是否建立复核制度,通过会计复核和业务复核防止会计差错的产生
	企业是否建立完善的财务报告管理体系,包括会计报表、分析报表、成本报表、对账报表、经营信息快报,并制定财务报告编制奖惩管理机制,确保财务报告信息真实、完整、及时、统一和安全
	企业是否建立严格的成本控制和业绩考核制度,强化会计的事前、事中和事后监督
	企业是否制定完善的会计档案保管和财务交接制度,财会部门是否妥善保管、业务用章、支票等重要凭据和会计档案,严格会计资料的调阅手续,防止会计数据的毁损、散失和泄密
	企业是否严格制定财务收支审批制度和费用报销办法,自觉遵守国家财税制度和财经纪律
	企业是否按照企业会计准则和统一会计制度,结合企业实际情况,选择适合会计政策,并统一颁布实施
	企业是否在统一会计科目的基础上,结合企业经营管理需要,设置明细科目、部门核算、项目核算等,确保统一口径,统一核算,以提高会计报表合并的时效性和准确性
	企业是否依法设置会计机构,并配备具有相应从业资格和专业能力的会计人员
	大中型企业是否设置总会计师,且是否存在与其相重叠的副职

表 9-15　"财产保护控制"具体评价指标

指标类型	具体评价指标的细分指标
财产保护控制	企业是否建立财产日常管理制度和定期清查制度
	企业是否采取财产记录、实物保管、定期盘点、账实核对等措施,以保护财产的安全

表 9-16 "预算控制"具体评价指标

指标类型	具体评价指标的细分指标
预算控制	企业是否建立全面预算管理制度,强化预算约束,明确预算编制、执行考核等环节
	企业是否建立预算委员会,明确预算的审核与批准
	企业是否综合考虑预算期内市场环境变化等因素,按照上下结合、分级编制、逐级汇总的程序编制年度全面预算
	全面预算指标是否层层分解,落实到各个责任单位
	企业是否建立预算执行情况的预警机制和报告制度,确定预警和报告指标体系
	企业是否建立严格的预算执行考核奖惩制度,坚持公开、公正、透明的原则,对所有预算执行单位和个人进行考核

表 9-17 "运营分析控制"具体评价指标

指标类型	具体评价指标的细分指标
运营分析控制	企业是否建立运营情况分析制度,并根据制度定期对企业运营情况进行分析
	对于运营分析发现的问题,是否及时查明原因并加以改进
	企业进行运营情况分析时是否综合运用了生产、购销、投资、筹资、财务等方面的信息
	企业通过运营情况分析,是否达到提高运营绩效的结果

表 9-18 "绩效考评控制"具体评价指标

指标类型	具体评价指标的细分指标
绩效考评控制	企业是否建立了绩效考评制度,科学设置考核指标体系,定期对企业内部各责任单位和全体员工的业绩进行定期考核和客观评价
	企业是否将考核结果作为确定员工薪酬以及职务晋升、评优、降级、调岗、辞退的依据
	绩效考评的结果是否调动员工工作积极性、创造性,并确保企业经营目标的实现

4)信息与沟通评价指标。

信息与沟通是企业及时、准确地收集、传递与内部控制相关的信息,确保信息在企业内部、企业与外部之间进行有效沟通。按照"信息与沟通"的内涵,信息与沟通评价指标可以划分为信息系统、信息质量与沟通等三个具体评价指标。具体评价指标参见表 9-19 ~ 表 9-21。

表 9-19 "信息系统"具体评价指标

指标类型	具体评价指标的细分指标
信息系统	信息系统是否能够向管理层提供有关企业业绩的报告,包括相关的外部和内部信息
	向适当人员提供的信息是否充分、具体和及时,使之能够有效地履行职责
	信息系统的开发及变更在多大程度上与企业的战略计划相适应,以及如何与企业管理层面和业务流程层面的目标相适应
	管理层是否提供适当的人力和财力以开发必须的信息系统
	管理层是如何监督程序开发、变更和测试工作
	对于主要的数据中心,是否建立了重大灾难数据恢复计划

表 9-20 "信息质量"具体评价指标

指标类型	具体评价指标的细分指标
信息质量	信息是否适当,且确实为企业所需
	所提供的信息是否及时的、可靠的
	所提供的信息是否具有时效性
	各信息需求者是否能够很容易取得资讯,能理解其意义并迅速作出反应

表 9-21 "沟通"具体评价指标

指标类型	具体评价指标的细分指标
沟 通	管理层对于员工的职责和控制责任是否进行了有效沟通
	对于可疑的不适当实现和行为是否建立了沟通渠道
	组织内部沟通的充分性是否能够使人员有效地履行职责
	对与客户、供应商、监管者和其他外部人士的沟通,管理层是否及时采取适当的进一步行动
	被评价单位是否受到某些监管机构发布的监管要求的约束
	外部人士如客户、供应商在多大程度上获知被评价单位的行为守则

5)内部监督评价指标。

内部监督是企业对内部控制建立与实施情况进行监督检查,评价内部控制的有效性,发现内部控制缺陷,应当及时加以改进。按照"内部监督"的内涵,内部监督的具体评价指标可以划分为监督机构与监督活动两个具体指标,具体评价指标参见表 9-22 ~ 表 9-23。

表9-22　"监督机构"具体评价指标

指标类型	具体评价指标的细分指标
监督机构	是否建立内部控制监督制度,明确内部审计机构或类似机构和其他内部机构在内部监督中的职责权限,规范内部监督的程序、方法和要求 是否有明确的监督机构,执行内部监督职能 是否定期询问员工了解企业的行为守则,是否遵守以及有无执行守则的控制活动制度 监督人员是否有明确的监督任务和相应的经验和专业能力 是否存在协助管理层监督内部控制的职能部门

表9-23　"监督活动"具体评价指标

指标类型	具体评价指标的细分指标
监督活动	各监督活动是否具有一定的制度安排,包括监督的对象、监督的时间间隔、实施监督的方法和最后形成的文件等内容 各管理层与各职能部门之间是否能够互相配合 是否具有自我监督的机制 监督人员是否将已确认的内部控制缺失及时、详细地向董事会和管理层报告,提出有关改进措施,以保证今后监督活动的有效性 管理层是否会采纳内部审计人员和注册会计师有关内部控制的建议 管理层及时纠正控制运行偏差情况的报告方法

2. 内部控制执行有效性的评价指标体系

构建内部控制执行有效性的评价指标体系的基本步骤是:首先,以评价的一般标准为基础,形成评价的目标指标体系;其次,根据内控应用指引将其作为内部控制执行的有效性的评价体系的基本评价内容;再次,将这些项目按照构建内部控制评价体系的基本原则进行细化,每个项目选用关键、重要的内部控制要素作为详细评价内容指标;最后,对每项详细评价内容指标细分,形成具体评价内容指标。

（1）目标指标体系。

内部控制执行有效性是指现有内部控制按照规定程序得到了正确执行,内部控制执行有效性除了运行有效性,还包括各责任人履行的情况。因此,对内部控制执行有效性的评价应当确保为实现企业具体目标所建立的内部控制执行的有效性。内部控制执行有效性程度分为"有效"、"基本有效"、"不够有效"、"无效"四个等级,用来作为内部控制执行有效性的评价标准。执行有效性评价的具体标准如表9-24所示。

1）有效。

"有效"表示各项内部控制得到认真贯彻执行,所有业务领域和操作环节所承受的风险得到有效的控制。内部控制能有效地发现、管理、控制各种风险,并且与企业规模和业务发展相适宜。

2）基本有效。

"基本有效"表示各项内部控制制度基本得到贯彻执行,重要业务领域和操作环节所承受的风险得到控制,但局部有违章操作现象。

3）不够有效。

"不够有效"表示所设计的内部控制制度基本没有得到认真执行,导致部分重要业务领域或操作环节的风险未得到有效控制,或存在的内部控制缺陷或违章操作可能引致风险,若不采取措施可能对企业的安全运营带来严重影响。

4）无效。

"无效"表示所设计的内部控制制度没有得到有效执行,内部控制有效性存在严重问题,不能有效防范和控制重大风险,很可能导致管理失控或业务损失,并危及企业的安全运营。

表9-24 内部控制执行有效性评价目标指标体系

评价目标	评价标准	内部控制特征
有效性	有效	内部控制得到认真贯彻执行并且能有效地发现、管理、控制各种风险
	基本有效	内部控制基本得到贯彻执行,重要业务领域和操作环节所承受的风险得到控制
	不够有效	内部控制没有得到认真执行,部分重要业务领域或操作环节风险未能有效控制
	无效	内部控制没有得到有效执行,不能有效防范和控制重大风险

（2）具体指标体系。

评价目标是实现内部控制评价的出发点,但对企业内部控制进行全面、系统的评价,更重要、更具体的是构建评价的具体指标体系。具体指标体系的构建是基于内部控制应用指引中的全部项目,这里以"全面预算"为例构建全面预算控制执行有效性的评价指标体系,其他项目可以参照该指标体系。

全面预算控制是指企业对一定期间的各项生产经营活动作出的预算安排,而预算是指企业结合整体目标及资源调配能力,经过合理预测、综合计算和全面平衡,对当年或者超过一个年度的生产经营和财务事项进行相关额度、经费的计划和安排的过程。全面预算控制的关键控制点主要有岗位分工与授权批准、预算编制控制、预算执行控制、预算调整控制、预算分析与考核控制等。因此,根据全面预算控制的关键控制点的内容,可以将全面预算控制评价指标体系划分为以下几个具体评价指标。

1）"岗位分工与授权批准"具体评价指标。

"岗位分工与授权批准"是指企业应当建立预算工作岗位责任制,明确相关部门和岗位的职责、权限,确保预算工作中的不相容岗位相互分离、制约和监督。具体来说,可以分别从

"岗位分工"与"授权批准"两方面来定义其具体评价指标,具体评价指标可参见表9-25、表9-26。

表9-25 "岗位分工"具体评价指标

指标类型	具体评价指标的细分指标
岗位分工	企业是否建立明确的岗位责任制,以确保全面预算中不相容的岗位相互分离,不相容的岗位包括预算编制(含预算调整)与预算审批、预算审批与预算执行、预算执行与预算考核
	企业是否设立预算委员会、预算领导小组等专门机构或指定财会部门负责企业全面预算管理工作
	企业预算管理部门的职责履行情况如何,具体职责包括:拟订预算目标和预算政策;制定预算管理的具体措施和办法;组织编制、审议、平衡年度等预算草案;组织下达经批准的年度等预算;协调、解决预算编制和执行中的具体问题;考核预算执行情况,督促完成预算目标
	企业内部相关业务部门负责人是否参与企业全面预算管理工作
	企业内部相关业务部门和所属分支机构是否切实做好本部门或本单位业务预算的编制、执行、控制、分析等工作,并配合预算管理部门做好企业总预算的综合平衡、控制、分析、考核等工作
	企业所属子企业是否做好本企业预算的编制、执行、控制和分析工作,并接受上级企业的检查和考核
	企业是否制定预算工作流程,明确预算编制、执行、调整、分析与考核等各环节的控制要求,并设置相应的记录或凭证,如实记载各环节工作的开展情况,确保预算工作全过程得到有效控制

表9-26 "授权批准"具体评价指标

指标类型	具体评价指标的细分指标
授权批准	企业是否建立预算工作组织领导与运行体制,明确企业最高权力机构、决策机构、预算管理部门及各预算执行单位的职责权限、授权批准程序和工作协调机制
	企业股东大会或企业章程规定的类似最高权力机构是否负责审批企业年度预算方案
	企业董事会或者企业章程规定的经理办公会等类似决策机构是否负责制订企业年度预算方案

2)"预算编制控制"具体评价指标。

"预算编制控制"是指企业应当加强对预算编制环节的控制,对编制依据、编制程序、编制方法等作出明确规定,确保预算编制依据合理、程序适当、方法科学。"预算编制控制"的具体评价指标可参见表9-27。

表 9-27　"预算编制控制"具体评价指标

指标类型	具体评价指标的细分指标
预算编制控制	企业年度预算方案是否符合企业发展战略、整体目标和其他有关重大决议,反映企业预算期内经济活动规模、成本费用水平和绩效目标,满足控制经济活动、考评经营管理业绩的需要
	企业预算编制是否综合考虑预算期内经济政策变动、行业市场状况、产品竞争能力、内部环境变化等因素对生产经营活动可能造成的影响
	预算编制的方案是否达到内容完整、指标统一、要求明确、权责明晰的要求
	企业是否对预算目标制订与分解、预算草案编报的流程与方法、预算汇总平衡的原则与要求、预算审批的步骤以及预算下达执行的方式等作出具体规定
	企业年度预算方案是否在预算年度开始前就编制完毕
	企业预算编制是否遵循了全员参与、上下结合、分级编制、逐级汇总、综合平衡的原则
	企业预算编制选择了什么编制方法,该预算编制方法是否遵循经济活动规律,并符合自身经济业务特点、生产经营周期和管理需要

3)"预算执行控制"具体评价指标。

"预算执行控制"是指企业应当加强对预算执行环节的控制,对预算指标的分解方式、预算执行责任制的建立、重大预算项目的特别关注、预算资金支出的审批要求、预算执行情况的报告与预警机制等作出明确规定,确保预算严格执行。"预算执行控制"的具体评价指标可参见表 9-28。

表 9-28　"预算执行控制"具体评价指标

指标类型	具体评价指标的细分指标
预算执行控制	企业预算下达后,各预算执行单位是否认真组织实施,将预算指标层层分解并落实到各部门、各环节、各岗位
	企业是否建立预算执行责任制度,对照已确定的责任指标,定期或不定期地对相关部门及人员责任指标完成情况进行检查,实施考评
	企业是否将年度预算细分为季度预算或月度预算,通过实施分期预算控制,实现年度预算指标
	企业对重大预算项目是否密切跟踪其实施进度和完成情况,实行严格监控
	企业是否重视货币资金收支业务的预算控制,及时组织预算资金的收入,严格控制预算资金的支付,调节资金收付平衡,严格控制支付风险
	企业各预算责任部门与企业内部有关业务部门的沟通与联系如何
	企业是否建立预算执行情况的内部报告制度,及时掌握预算执行动态及结果
	企业是否建立预算执行情况预警机制,通过科学选择预警指标,合理确定预警范围,及时发出预警信号,积极采取应对措施
	企业是否建立预算执行结果质询制度,对预算指标与实际结果之间的重大差异作出解释,并采取相应措施

4）"预算调整控制"具体评价指标。

"预算调整控制"是指企业应当加强对预算调整环节的控制,保证预算调整依据充分、方案合理、程序合规。"预算调整控制"的具体评价指标可参见表9-29。

表 9-29　"预算调整控制"具体评价指标

指标类型	具体评价指标的细分指标
预算调整控制	企业正式下达执行的预算是否随意修改
	当出现可能会由于市场环境、经营条件、国家法规政策等发生重大变化,或出现不可抗力的重大自然灾害、公共紧急事件等致使预算的编制基础不成立,或者将导致预算执行结果产生重大差异,需要调整预算的,是否报经原预算审批机构批准
	预算调整书面报告内容是否阐述预算执行的具体情况、客观因素变化情况及其对预算执行造成的影响程度,提出预算的调整幅度
	预算管理部门是否对预算执行单位提交的预算调整报告进行审核分析,集中编制企业年度预算调整方案,提交原预算审批机构审议批准,然后下达执行
	预算调整方案中的调整事项是否符合企业发展战略和现实生产经营状况
	预算调整方案中的调整重点是否放在预算执行中出现的重要的或非正常的关键性差异方面
	预算调整方案是否客观、合理
	对于不符合要求的预算调整方案是否予以了否决

5）"预算分析与考核控制"具体评价指标。

"预算分析与考核控制"是指企业应当加强对预算分析与考核环节的控制,通过建立预算执行分析制度、审计制度、考核与奖惩制度等,确保预算分析科学、及时,预算考核严格、有据。"预算分析与考核控制"具体评价指标可参见表9-30。

表 9-30　"预算分析与考核控制"具体评价指标

指标类型	具体评价指标的细分指标
预算分析与考核控制	企业是否建立预算执行分析制度
	预算管理部门是否定期召开预算执行分析会议,通报预算执行情况,研究、解决预算执行中存在的问题并提出改进措施
	预算管理部门和各预算执行单位是否充分收集相关信息资料,采用不同的方法对预算执行差异客观分析其产生的原因,提出解决措施或建议,提交企业决策机构研究决定
	企业是否建立预算执行情况内部审计制度,通过定期或不定期地实施审计监督,及时发现和纠正预算执行中存在的问题
	企业是否建立预算执行情况考核制度
	企业预算管理部门是否定期组织预算执行情况考核
	企业预算执行情况考核,是否依照预算执行单位上报预算执行报告、预算管理部门审查核实、企业决策机构批准的程序进行

续表

指标类型	具体评价指标的细分指标
预算分析与 考核控制	企业预算执行情况考核,是否坚持公开、公平、公正的原则,且考核结果应有完整的记录
	企业是否建立预算执行情况奖惩制度,明确奖惩办法,落实奖惩措施

9.3.3　内部控制评价方法体系

1. 内部控制评价方法体系的设计条件

尽管不存在适用于所有企业的内部控制评价方法,但无论是对内部控制评价方法进行规制,还是企业选择评价方法,都要考虑评价方法的适用性。一个适当的内部控制评价方法至少要满足以下几个条件。

(1) 评价结论的可靠性。

内部控制评价方法对内部控制的有效性进行评价形成的结论应具有一定程度的可靠性,也就是对内部控制有效性的判断出现错误的风险要足够低,至少要降到适当的水平,这是首先必须具备的条件。评价结论的可靠性不够高,不能达到一个合理水平的评价方法所形成的评价结论是难以被认可的。

(2) 评价的成本效益性。

不但内部控制本身存在成本效益的问题,内部控制评价也存在成本效益的问题。适当的企业内部控制评价方法必须考虑评价引起的成本和效益问题,要符合成本效益原则,具有一定的效益性。

(3) 广泛的适用性和灵活性。

不同企业的内部控制不同,评价内部控制有效性的具体方法也有所不同,这取决于企业的特定情况和控制的重要性。一种评价方法应当具有广泛的适用性和灵活性,才能得到不同规模、不同行业、不同类型企业的应用和参考。尤其是如果制定统一的内部控制评价指南或规范,更要考虑评价方法的普通适用性,还要允许企业根据自己内部控制的特定情况灵活调整具体的评价方法、评价程序和评价内容,设计一个满足企业需要并为评价提供可靠的结论。

(4) 合理的支持证据。

适当的证据文件是内部控制有效运行本身所必需的,一种适当的评价方法必须为内部控制有效性的评价结果提供合理的证据文件支持。提供合理的支持证据一方面是为了确保评价结论的可靠性,另一方面是为其他人评价或审计内部控制保留必要的痕迹。

2. 内部控制评价方法体系的设计

内部控制评价指标体系的分析不能提供对内部控制进行评价的具体方法。寻找到一种对企业内部控制进行评价、判断的分析方法,将便于改进内部控制和提高监督效率。内部控制评价方法体系主要有以下几种。

（1）制度调查法。

1）审阅法。

运用审阅法进行调查和了解内部控制制度,主要通过查阅有关文件或书面资料材料,它是调查制度的一种重要技术。通过对被评价单位有关文件或资料的审阅,可以获得概括性的整体情况。审阅的内容主要包括:以前年度的评价资料;职责说明书或程序手册;有关业务处理流程图;单位组织机构系统图;有关管理决策与经营计划资料;有关会计资料、统计资料或其他核算资料;其他内部规章或管理制度等。审阅时应认真作好记录,为测试评价制度提供依据。

2）询问法。

运用询问法进行调查和了解内部控制制度的方法,主要是指找有关人员谈话,例如了解内部控制制度的内容与实施情况、职务分工情况、人员胜任能力情况等。使用询问法进行调查了解制度虽然方便、灵活,但绝不能掉以轻心,应特别注意以下几点:选择的询问对象应包括管理人员与非管理人员,尤其是那些管理者想极力掩盖问题的单位,更应重视对非管理人员的询问;询问的内容应该明确、具体,能让被询问者理解,便于回答;为了使询问顺利进行,最好能事先拟订出询问提纲;询问时应注意一定技巧,包括审计人员的行为举止等;应对询问内容认真作好记录。

3）观察法。

运用观察法调查了解制度,主要是对被评价单位有关部门进行实地考察。观察能进一步印证审阅与询问了解的制度是否真实可信。例如到办公室、车间或仓库等观察主要业务的操作与流程,了解经管活动的特征及实际运用的内部控制措施,了解业务文件资料的种类、作用、编制单位及人员、传递方式与保管使用状况等。观察活动最好在被评价单位管理人员的陪同下进行,由陪同人介绍有关制度,评价人员则结合实际来判明制度的优劣状况及其有效程度。

4）调查表法。

按照内部控制的一般要求,考虑理想的控制模式,将需要调查的全部内容以提问的方式列出,并制成固定式样的表格,然后交由被评价单位有关部门和人员回答,以此了解制度的方法即为调查表法。调查表法不仅可以单独运用,还可以结合询问法或观察法使用。虽然使用调查表法了解制度可以提高工作效率,节约时间和成本,但该法比较呆板,缺乏灵活性。此外,在具体设计表格时必须将全部内容列出,且要问得绝对明确,每一问题中不能包含两层或两层以上意思,否则被调查人无法问答或由于提问含义不清而提供错误信息。

① 调查表的格式。

内部控制调查表的格式是评价人员根据自身的需要进行设计的,大同小异,其主要内容有调查单位、调查内容、调查时间、被调查人、调查的问题、答案、评价人员等。

内部控制调查表按其问题的形式,可以分为开放式调查表和封闭式调查表。开放式调查表的问题是开放性的,需要被调查人自己组织答案,而不是在现有答案中进行选择。例如,"你们单位的财会人员是如何分工的?"就需要被调查人根据自己掌握的情况描述财会人员的分工状况。封闭式调查表的问题是有限性的(或封闭性的),只需要被调查人在调查表中所列示的答案进行选择即可。例如,对于"出纳与记账职务是否由不同人员担任?",被调查人只要从现有答案中选择"是"或"否"即可。两者相比,开放式调查表对调查内部控制系统的健全性和完善性可能更为有效。因为被调查人可以用自己的语言来表达对内部控制的认识和理解,但对这种答复进行分类、汇总和用数量表示比较困难,需要评价人员分析整理后才能确定内部控制的弱点和数量,有时还会出现被调查人因感到麻烦而不认真回答问题的现象。与此相反,封闭式调查表的答案比较容易分类汇总和用数量表示,只要问题切中要害,就能迅速作出结论。然而,封闭式调查不能反映被调查人对内部控制的看法,因此评价人员难以确切知道答案表示的程度和答案之外的有关信息。由于时间和费用的关系,评价人员一般采取封闭式调查表,设计和采用简单的选择性答案,即内部控制调查表的答案基本上由"是"或"否"组成。为了弥补封闭式调查表的局限性,有时也在"否"栏下面再分设"轻"、"重"两栏,或者在"是"、"否"两栏之间增加"弱"栏,这需要评价人员根据具体情况而定。其中"否"栏代表控制的薄弱环节,"弱"栏表示该项控制不尽完善,或做得不彻底。

② 调查问题的设计。

采用调查表法中最重要的工作就是针对需要了解的控制系统及其控制点,编制调查提纲,设计调查问题。调查问题设计得当与否,直接关系到测试和评价的工作质量,应针对各种经济业务的一般控制点和关键控制点提出询问,而不是泛泛了解经营性质、规模和内容等企业概况。设计调查问题一般可通过以下三个步骤进行:确定被评价单位内部控制的调查目标;根据调查目标,列示内部控制系统的测试要点,主要是一般控制点和关键控制点;根据内部控制系统的测试要点,拟定针对性的调查问题。

国外许多审计机构通常按照各个业务系统,如现金、银行存款,或者材料采购、产品销售等系统,分别制定内容比较固定的标准化、程式化、系统化的问题调查表。这些调查表是评价人员根据长期的工作经验,就其实施所需了解的重要问题拟定的,可用于业务类型相似的各个单位。

③ 调查表的填写与汇总。

评价人员选择调查对象和被调查人应有计划地进行,必须保证发放的调查表能够按照填表要求认真填写,并按期收回。内部控制调查表一般由被评价单位填写,当然评价人员也可以亲自填写。无论采取哪种方法,都应该对调查表进行分类整理,登记"内部控制弱点登记表",最后评价小组负责人汇总,并进行总体分析评价。

（2）制度记录法。

1）书面说明法。

书面说明法是评价人员通过对被评价单位的调查了解,听取企业各有关部门负责人的情况介绍,查阅企业各项管理制度、规定、章程、办法等书面文件,或口头向管理人员和职工群众询问制度执行情况及存在的问题,并以书面文字的形式记录下来,作为评价企业内部控制系统依据的一种评价方法。

采用这种方法记录内容主要有：一是基本情况。主要包括与评价项目有关内部控制系统的管理职能部门的组织分工、人员结构、职务分离等情况；有关管理制度的内容和组织措施及实际执行情况；有关各项经济业务的生产经营活动及其经济效益状况及其他有关情况。二是有关经济业务的内部控制情况。主要记录与评价项目有关的该项经济业务的处理程序和方法、管理方式、控制重点、控制效果及评价人员的初步判断。

书面说明法具有灵活简便的特点,可以减少被询问人员不必要的顾虑,容易取得书面材料所不能反映的问题,但是最终评价的可靠性却取决于评价人员本身的业务素质与工作能力。在一般情况下,书面说明法可以与其他评价方法结合使用,取其所长,弥补由于评价人员经验不足而造成的疏漏。

2）制表法。

制表法是将了解的有关制度用一定的表格概括表示的方法。具体地说,就是对被评价单位组织机构系统是否健全,权责的划分是否明确,不相容职务是否进行了分离,是否建立了岗位责任制等方面用表格的形式作出判断。利用表格描述内部控制制度的情况,具有条理清楚,问题突出,比较直观,便于理解、阅读和评价的特点。评价人员通过直接询问、观察和审阅、使用调查表获取的有关制度情况,经过分析归纳后可编制内部控制制度弱点记录表和强点记录表。

3）流程图法。

流程图法是通过绘制内部控制流程图来测试和评价企业内部控制系统的方法。内部控制流程图是用特定语言符号表示企业内部控制系统运行状况的直观图式。它综合了企业业务活动中的实物流程、货币流程和信息流程,表明了企业职务分离、权责划分的状况,突出了控制点和关键控制点,是评价人员据以分析、研究和评价企业内部控制系统的有效方式。

企业的管理部门为了控制生产经营活动,往往将各项业务活动的处理程序绘制成流程图。在这种情况下,评价人员可以直接对现有的流程图进行复查,然后从中检查控制系统的各个控制点。如果企业没有绘制流程图,评价人员则应按照企业的业务程序进行绘制。

① 选定流程图符号。

流程图是由一系列几何符号组成的,图形符号是流程图的语言,因此,绘制流程图必须首先确定符号语言。目前,各国确定的流程图符号很不一致,国外评价人员在绘制流程图时常常使用流程图板,即把规定好的流程图符号制成塑料的或其他质地的尺板。在绘图使用符号时即可比照相应的符号绘制,既规范整齐,也经济高效。而国内目前还未形成标准的流程图符号,各个企业绘制时,应事先对流程图符号进行定义,再进行绘制。

② 确定流程图的绘制规则。

绘制内部控制流程图应该符合以下各项规则:明确表示业务流程;明确表示职责分工;明确表示控制区域和界线;明确表示控制方法和措施;明确表示控制点和关键控制点;尽可能用符号表示,力求简洁流畅。

③ 确定控制主线。

绘制内部控制流程图,一般应沿着某条控制主线自始至终反映业务活动的流程。例如,材料采购业务的申请购料、办理订货、到货验收和入库保管、货款承付、账实稽核等业务活动的流程,可用于体现其中的主要业务环节以及在这些环节中发生控制作用的主要控制点。

④ 确定流程图的绘制方式。

流程图按其绘制方式,一般可分为纵式流程图和横式流程图两种。纵式流程图的绘制方法是将一项经济业务的处理过程,按照次序先后用选定的控制主线垂直串连起来,纵向表示业务处理过程中发生的凭证以及凭证的分类、记录、归类和汇总等处理步骤,并以流程图的形式描绘出来,同时,用简单明了的概括性文字说明它的内容和控制性质。这种方法的不足是难以反映各部门之间的联系。横式流程图则以业务处理过程中各部门的控制和实施范围以及各部门之间的联系为基础,横向表示经济业务处理的程序和步骤,并标出控制点和关键控制点。这种方法能比较完整地反映业务处理过程中各职能部门之间的联系与各控制环节之间的关系,但当业务内容比较复杂且缺少文字说明时,就较难看清全部业务的控制系统。

采用流程图法应注意以下几点:第一,标明业务流程的各职能部门或有关人员;第二,标明业务流程的起止点,用流程连接线将各种业务和控制的符号顺序连接起来,箭头表明业务流程的处理方向;第三,注明单据、凭证、账册、合同等所有资料的名称和份数;第四,注明多联式凭证的流程去向,以及最后归档处理情况;第五,着重标出控制点和关键控制点。

在国外,有的企业采用框式图法来反映企业的内部控制系统,它兼有流程图与调查表的某些特征,既采用了流程图的框式,又加上了调查表的有关文字说明,但框式图不采用特定的图形符号,而是用注明该环节涉及的职能部门和控制内容的方框表示业务处理过程的环节。

(3)制度一般评价法。

1)证据检查法。

证据检查法是评价人员抽取一定数量的账户、凭证等书面证据和其他有关证据,检查其是否存在控制措施线索,以判断内部控制是否得到有效贯彻执行的方法。证据检查法的原理是被评价单位的内部控制执行情况总要在资料文件等证据上表现出来,因此,抽取一定数量的书面证据即可证明被评价单位制定的内部控制措施是否在实际工作中得到执行。例如各项费用的支出,如果单位规定必须由发生此项业务支出的部门负责人批准并签字才能办理,评价人员即可检查费用支出凭证上是否有部门负责人的核准意见及签字,来判断企业实际工作中是否执行了批准控制手续。

2)穿行试验法。

穿行试验法亦称重复检查法,是指评价人员抽取某项控制系统的几笔业务,按照被评价单位规定的业务处理程序从头至尾地重新执行一遍,以检查这些经济业务在办理过程中是否执行了规定的控制措施,并通过其处理结果是否相符来判断各项控制措施能否有效发挥作用的技术方法。例如评价人员选择差旅费报销业务,故意加入某些不符合报销规定的支出,让被评价单位财务人员给予模拟办理,即可查明其是否履行"经办人员签字说明——业务发生部门负责人核准签字——财务部主管会计审核、制证并签章——出纳人员核对、付款并记录"的控制程序和手续,同时通过其是否剔除不该报销的支出,来验证其是否真正具备业务素质并严格执行控制措施。

一般情况,穿行试验没有全部重做的必要,只需选择若干重要环节进行验证即可,但对于特别重要的业务系统,则必须进行全面的检查验证,以免造成不必要的失误。

3)实地观察法。

所谓实地观察法,是评价人员按照有效性测试和评价的要求,对被评价项目的工作现场实地观察,以检查验证其规定的控制措施是否得到严格执行的一种技术方法。该方法有一定的局限性,在评价实际工作中一般应结合其他技术方法一并进行。同时,评价人员在实施这一方法时,应尽可能不让被评价事项的有关人员事先察觉,这样才会取得比较理想的效果。

(4)制度综合评价法。

目前常用的综合评价方法有专家打分法、矩阵分析法、层次分析法、主成分分析法、TOPSIS法、DEA法、模糊评价法、灰色系统评价法、专家系统评价法、人工神经网络法以及各类方法的综合运用法等,但用于综合评价内部控制的方法并不多。这里主要介绍矩阵分析法和模糊综合评价法。

1)矩阵分析法。

矩阵分析法是线性内部控制评价方法的代表。矩阵(矩阵表)作为信息储存的一种格式,被誉为"数据结构之母",是指由集合 S 中的元素所构成的 m 行 n 列的矩形表,称为 $m \times n$ 矩阵,简记为 $S = (a_{ij})_{m \times n}$,其中 a_{ij} 为 S 的第 i 行第 j 列的元。矩阵分析法是数学分析的重要工具,矩阵论是一门发展完善、理论严谨、方法独特的数学基础,它广泛应用于各个领域。在经济管理中,矩阵分析法作为一门管理决策工具,其应用范围越来越广,理论越来越完善。

在实际工作中,矩阵分析法具有简单明了、易于掌握的特点,深受管理者喜爱,而在内部控制评价中,矩阵分析法的主要步骤是:① 将企业内部控制划分为若干要素,并分别赋予不同的权重,每一要素包含若干关键指标或关键因子,确定各因子在不同状况下的得分;② 确定各关键指标或关键因子对各要素的重要程度,求各要素的综合得分系数;③ 建立各要素对内部控制的重要系数,求内部控制综合得分系数;④ 建立内部控制不同状态下的得分标准,求内部控制整体得分。

2)模糊综合评价法。

模糊综合评价法是将层次分析法与模糊评价法的结合的综合运用。

① 层次分析法。

层次分析法(Analytic Hierarchy Process,简称 AHP)是由美国运筹学家 T. L. Saaty 教授于 20 世纪 70 年代针对解决大型的复杂问题而提出的一种能综合进行定性与定量分析的方法。这种方法能够描述相当复杂系统下众多因素并行的内部运动,通过测量和估价整体中各个部分对系统的影响来综合所需要的结果,并保证解决问题的模型具有良好的合理性、适用性、有效性和系统性。层次分析法的基本原理是:根据问题的性质和所要达成的目标把一个复杂的无结构化问题,分解为若干组成部分或因素。按照各因素的属性和隶属关系对因素分组,形成一个按层次自上而下的互不相交的关系结构,上一层次的因素对下一层次的因素起着支配作用。针对上一层的某一个准则或要求,对下一层与之相关的各个不能精确度量的因素进行两两比较,按重要性等级赋值并对比较结果进行一致性检验,直到符合实际情况为止,完成从定性分析到定量分析的过渡,然后由下至上、由局部到整体逐步对各层因素进行评价,从而使一个复杂系统问题得以解决。

对于内部控制这一复杂系统,应用 AHP 能够把内部控制作为一个整体,从内部控制构成的角度对其各个构成要素分别进行评价,然后综合各部分的评价结果,实现对内部控制整体质量的综合评价。这种方法既能克服传统评价方法所存在的不足,又可以对评价对象进行量化,具有很强的操作性。

具体来说,层次分析法计算权重大体可以分为四个步骤:

第一步:建立递阶层次结构。

把复杂问题分解成称为元素的各组成部分,把这些元素按属性不同分为若干组,以形成不同层次。以企业内部控制评价的优劣为目标层,各个业务为准则层,下面的具体控制点为方案层来构建逐层支配关系的递阶层次结构。

第二步:构成两两比较判断矩阵。

按照一定的准则,比较同一层次同一类指标下的两个元素中哪一个更重要,对重要多少赋予一定数值,这里采取 1 ~ 9 比例标度,其意义见表 9-31。根据专家对各级指标相对重要性的打分构造出各级别的判断矩阵 *A*。

$$A = (a_{ij})_{n \times n} = \begin{pmatrix} a_{11} & \cdots & a_{1n} \\ \vdots & & \vdots \\ a_{51} & \cdots & a_{5n} \end{pmatrix} \tag{9-1}$$

判断矩阵应具有以下性质：① $a_{ij} > 0$；② $a_{ij} = \dfrac{1}{a_{ji}}$；③ $a_{ii} = 1$。

表 9-31　判断矩阵的比较标度

标　度	说　明
1	两个因素比较,具有同样的重要
3	两个因素比较,一个因素比另一个因素稍微重要
5	两个因素比较,一个因素比另一个因素明显重要
7	两个因素比较,一个因素比另一个因素重要得多
9	两个因素比较,一个因素比另一个因素极端重要
2,4,6,8	上述相邻判断的中间值

同理可构造出其他各指标的判断矩阵。

第三步：计算各个指标的权重向量。

利用"方根法"或"和积法",都可得到判断矩阵的特征向量 $\boldsymbol{w} = (w_1, w_2, \cdots, w_n)^{\mathrm{T}}$ 和最大特征根 $\lambda_{\max}$。这里采用"和积法"计算。

首先将判断矩阵每一列归一化,得

$$\overline{a}_{ij} = \frac{a_{ij}}{\sum\limits_{k=1}^{n} a_{kj}} \ (i,j = 1,2,\cdots,n) \tag{9-2}$$

然后将每一列经归一化后的判断矩阵按行相加,得

$$\overline{w}_i = \sum_{j=1}^{n} \overline{a}_{ij} (i,j = 1,2,\cdots,n) \tag{9-3}$$

最后对向量 $\overline{\boldsymbol{w}} = (\overline{w}_1, \overline{w}_2, \cdots, \overline{w}_n)^{\mathrm{T}}$ 归一化,得

$$w_i = \frac{\overline{w}_i}{\sum\limits_{j=1}^{n} \overline{w}_j} \ (i,j = 1,2,\cdots,n) \tag{9-4}$$

所得到的 $\boldsymbol{w} = (w_1, w_2, \cdots, w_n)^{\mathrm{T}}$ 即为所求的向量。

计算判断矩阵最大特征根 $\lambda_{\max}$,得

$$\lambda_{\max} = \sum_{j=1}^{n} \frac{(AW)_i}{nW_i} \tag{9-5}$$

第四步：一致性检验。

检验判断矩阵的一致性时,应先计算一致性指标 *CI*:

$$CI = \frac{\lambda_{max} - n}{n - 1} \tag{9-6}$$

RI 为判断矩阵的平均随机一致性指标,判断矩阵的一致性指标 *CI* 值与同阶平均随机一致性指标值 *RI* 之比称为判断矩阵的随机一致性比例,即

$$CR = \frac{CI}{RI} \tag{9-7}$$

式中,*RI* 为平均随机一致性指标,其值与矩阵阶数有关,应按表 9-32 所列数值计算。当 *CR* < 0.1 时,则判断矩阵具有满意的一致性,其对应的特征向量各分量即为权重向量;当 *CR* > 0.1 时,应对判断矩阵作适当修正。

表 9-32 各阶数对应的 *RI* 值

阶数	1	2	3	4	5	6	7	8	9	10	11	12	13
RI	0	0	0.52	0.89	1.12	1.26	1.36	1.41	1.46	1.49	1.52	1.54	1.57

② 模糊评价法。

经典的集合论认为,一个元素要么属于某个集合,要么不属于某个集合,没有介于二者之间的其他情况。1965 年,美国加利福尼亚大学的查德(L. A. Zadeh)教授创立了"模糊集合论",用于定量描述边界模糊和性状模糊的事物。客观世界的不确定性分成两种:随机性和模糊性。模糊数学中采用一个隶属度(即隶属于某个集合的程度)的概念来描述那些处在"属于"和"不属于"之间的模糊事物,并记为 $\mu_A(X)$。当 $\mu_A(X)$ 取"0"时,表示"不属于"集合;当 $\mu_A(X)$ 取"1"时,表示"属于"集合,这时的集合 A 就是一个经典集合;当 $\mu_A(X)$ 取"0~1"之间的小数时,A 就成为一个模糊集合。例如 0.9 表示隶属于集合 A 的程度比较高,而 0.1 则表示隶属于集合 A 的程度比较低。因此,对那些模糊事物的性状就有了一种可靠的定量分析方法。

模糊数学的出现为学术研究提供了一个新的视野,让学者们有机会去评价一些似是而非的问题,并可以不再使用明确的逻辑判断"是"(值为 1)或"否"(值为 0),而是适用一个逼近于某个属性的数值或函数。例如在评价一个人是不是高个子时,如果说他更接近于高个子,便用 0.7 表示,说他较少接近于矮个子,便用 0.3 表示。当然,这与随机数学中的概率是截然不同的,人们称其为隶属度(或隶属函数)。有了隶属函数,便可以比较容易的描述、评价遇到的许多模棱两可的事物。模糊数学目前是研究现实中许多界限不分明问题的一种数学工具,其基本概念之一是模糊集合。利用模糊数学和模糊逻辑能很好地处理各种模糊问题。模糊评价的基本思想是许多事情的边界并不十分明显,评价时很难将其归于某个类别,于是可先对单个因素进行评价,然后对所有因素进行综合模糊评价,防止遗漏任何统计

信息和信息的中途损失,这有助于解决用"是"或"否"等确定性评价带来的对客观事实的偏离问题。对象评价的模糊模型包含以下几部分:一是由评价指标体系构成的因素集;二是由表明隶属度的模糊因子构成的模糊向量;三是用于对单个因素进行评价的评语集;四是将模糊关系矩阵与模糊向量结合起来的合成算子(普通乘法与有界和不失为一种好的合成算子);五是与模糊评语等级相关的向量,得出评价结论。模糊数学在经济中应用的关键概念是隶属度和权重。

模糊数学运用隶属度进行测量。调查了解各项实际指标的后进水平点(低值)和先进水平点(高值),并将后进水平点设定为"0",先进水平点设定为"1",建立起区间$[0,1]$,然后分别将各项指标的实际数据映射到对应的区间$[0,1]$上,得到各项实际指标的隶属度。为了简化运算过程,可以通过简单的线性插值法来求得各项指标在$[0,1]$区间上的隶属度。根据平面上的两点决定一条直线,设后进水平点的坐标为(x_1,y_1),先进水平点的坐标为(x_2,y_2),则能够建立直线方程式:

$$\frac{x-x_1}{x_2-x_1}=\frac{y-y_1}{y_2-y_1} \tag{9-8}$$

在式(9-8)中已经规定$y_1=0,y_2=1$,则式(9-8)可以整理简化为

$$y=\frac{x-x_1}{x_2-x_1} \tag{9-9}$$

利用公式(9-9),可近似地求出各项指标的隶属度。

由于各项实际指标的重要程度并不完全一样,所以还必须给出它们的隶属度在分配上的不同权重。权重也是一个模糊集合问题,具有多种不同的计算方法,例如幂法(也称几何平均法)较科学但计算较复杂,主观概率设定法计算过于粗糙等。为了兼顾科学和简便,人们设计了一种"排序打分法",具体做法是:邀请若干评分人员,让其根据自己的理解和判断对各项实际指标从重要到次要进行排序打分,其中最重要的指标打11分,次重要的指标打9分,以此类推,排在最后的一项指标打1分,随即得出每位评分人员对各项实际指标的打分总和为相同的常数,之后将各项具体指标的得分分别求和,并分别除以上述打分总和评分人员人数的乘积,得到各项实际指标的权重。当然也可采用AHP法,这也正是模糊综合评价法中采用的权重确定方法,具体做法参见前面对AHP的介绍。

有些综合评价因素是模糊的,由于主观的原因,人们对某些因素的褒贬程度不尽相同,很难直接用统计学的方法确定这些因素的具体判断值。在模糊综合评价模型中,当因素较多时,权重的分配极难确定。同时,由于每个表示重要度的权重分量都很小,单因素评价矩阵在求评价结果的合成运算中使用的因素会减弱到不起作用的程度,导致评价结果难以分辨。解决这些问题,可以对模糊综合评价模型作改进,形成多级模糊综合评价模型。多级模糊综合评价方法的创新之处在于:一是引入AHP法,构建多层次的单因

素评价模型;二是以隶属度指标值获得对很多定性指标值的量化处理;三是以模糊算子取代统计运算中的线性运算规则。这些处理使得评价过程较为真实、全面地反映了现实的项目样本数据结构。

③ 人工神经网络法。

在很多综合项目评价中,影响因素众多,而且因素之间的联系复杂,很难在它们之间建立确定的关系模型。具体地说,评价中存在以下问题:一是目标属性间的关系大多为非线性关系,一般的方法很难反映这种关系;二是在评价的多目标中,难以描述评价方案各目标间的相互关系,更无法用定量关系式来表达它们之间的权重分配,所能提供的只是各目标的属性特征以及同类方案以往评价结果。人工神经网络评价方法的前提条件之一便是利用已有方案及其评价结果,根据所给新方案的特征就能对方案直接作出评价,因此近来在投资项目综合评价中产生很多有关人工神经网络的应用研究。神经网络的非线性处理能力在信息含糊、不完整、存在矛盾等复杂环境中,神经网络所具有的学习能力使得传统的专家系统最感困难的知识获取工作转化为网络的变结构调整过程,从而大大方便了知识的记忆和提取,通过学习,可以从典型事例中提取所包含的一般原则,学会处理具体问题,且对不完整信息进行补全。神经网络既具有专家系统的作用,又具有比传统专家系统更优越的性能。

④ 灰色系统评价法。

灰色系统评价法是层次分析法与基于灰色系统理论的灰色评价法的结合。灰色系统理论以"部分信息已知,部分信息未知"的"小样本"、"贫信息"不确定性系统为研究对象,主要通过对"部分"已知信息的生成、开发,提取有价值的信息,实现对系统运行行为、演化规律的正确描述和有效监控。社会、经济、农业、工业、生态、生物等许多系统,是按照研究对象所属的领域和范围命名的,而灰色系统却是按颜色命名的。灰色系统评价法是一个专门针对灰色性事物的综合性评价方法,由于大部分事物具有灰色性,故灰色系统评价法被广泛应用于社会、经济、管理、生产、教育等领域的综合评价。

企业内部控制制度是由一系列相互依存、相互制约的制度、措施和方法所组成的复杂系统,而这类系统并不是真正的原系统,缺乏确定关系的信息,即企业内部控制制度是一个本征性灰色系统,含有灰色信息。在实践中,人们对企业内部控制制度进行评价时常通过选取多个评价指标,采用一定的方法进行整体判断,然而却存在用于评价的各项指标与企业内部控制制度的关系不甚明确和现实中可以获得的数据较少(即小样本)的问题。此外,在企业内部控制制度评价过程中离不开评价专家的定性分析与价值判断,因而很难完全排除个人的偏好、知识水平、认识能力等人为因素带来的偏差,这就使得评价信息不确定、不完全,即具有灰色性。因此,内部控制评价可采用灰色系统评价法。

第10章

内部控制信息披露

10.1 内部控制信息的质量特征

内部控制信息的质量特征主要有相关性、可靠性、重要性、可比性、清晰性、完整性和及时性等特征。

10.1.1 相关性

相关性要求内部控制信息披露所提供的内部控制信息应当与使用者的决策相关,满足外部信息使用者的决策需要,应有助于使用者了解企业内部控制情况,证实或修正某些预测,从而具有反馈价值,并对未来内部控制情况进行预测。

充分考虑到内部控制信息使用者的要求,内部控制应反映以下内容:

(1)企业内部控制的建立和执行情况,尤其是企业内部风险管理系统的完整性、合理性和有效性;

(2)内部控制中存在的薄弱环节,针对企业内部控制的缺陷提出可行的改进建议。

10.1.2 可靠性

可靠性要求披露的内部控制信息应当以真实业绩为依据,根据内部控制评价标准作出的符合客观实际、去除个人好恶的结论,如实地反映企业内部控制的状况。使用者可以对可靠的内部控制信息给予充分信赖,这是内部控制信息有用的基础。如果企业公布虚假信息,不仅无法帮助企业分析内部控制中存在的问题,而且往往会误导信息使用者,导致决策的失误。

10.1.3　重要性

重要性要求内部控制信息能影响信息使用者的决策,而重要程度一般应从性质和数量两个方面进行综合分析。从性质上来看,当某一事项有可能对投资者决策产生一定程度的影响时,就属于重要项目。从数量上来看,当某一项目的数量达到一定规模时,就可能对投资者决策产生影响。对评价企业内部控制的风险管理系统有较大影响的重要项目,必须按照规定的格式予以充分准确地披露。

10.1.4　可比性

可比性要求内部控制的评价应当按照国家规定的评价标准进行,评价标准的统一是保证内部控制信息可比的基础,因此,依据可比性原则,企业必须按照国家统一规定的评价标准和程序来评价内部控制的合理性、有效性和完整性,从而保证同一时期不同企业的内部控制信息建立在可比的基础上,有利于信息使用者进行比较、分析。

10.1.5　清晰性

清晰性要求披露的内部控制信息应当清晰明了,强调披露信息的可理解性,便于信息使用者的理解和利用。投资者、债权人及其他外部信息使用者使用内部控制信息时,首先必须了解内部控制信息的内涵,这就要求管理层防止空泛地议论,避免使用过多专业术语。编制内部控制评价报告时,力求项目完整,文字简练,观点明确,简洁扼要。

10.1.6　完整性

完整性要求管理层不得在内部控制报告中故意隐瞒事项,或者存在重大遗漏的事项。企业不仅要按照规定的格式编制内部控制报告,做到要素齐全、格式规范,而且披露的信息不应遗漏,按照规定必须披露所有项目,尽可能披露对信息使用者决策有用的、并非法定披露的其他事项和情况,充分评价企业内部控制的完整性、合理性和有效性。

10.1.7　及时性

及时性要求企业的内部控制信息披露应当及时,不得提前或延后。信息的价值在于帮助信息使用者作出经济决策,具有时效性。即使是真实、相关、重要、完整的信息,如果不及时提供,对于信息使用者也没有任何意义,甚至会误导信息使用者。坚持及时性原则,必须做到以下几点:一是要及时收集内部控制信息;二是要及时处理内部控制信息;三是要及时传递内部控制信息,即在国家统一的规定的期限内,及时披露内部控制评价报告。

10.2 内部控制信息披露

内部控制信息披露就是企业管理层依据一定的标准定期对本单位的内部控制完整性、合理性和有效性进行评价,并以某种方式提供给外部信息使用者。

10.2.1 内部控制信息披露的主体

建立一套完善的内部控制制度并保证其有效执行以及报告内部控制的执行情况,是管理层解决受托责任的方式,因此,企业管理层是内部控制信息披露的主体。有的学者认为,由注册会计师在提供会计报表审计报告的同时出具内部控制报告,不符合职责分离的内部控制原理,更加重了注册会计师的责任。此外,受审计成本和审计时间的限制,以及注册会计师对企业内部控制的了解、调查的困难,使其不能成内部控制信息披露的主体。

企业内部信息披露应由企业管理层定期对本单位内部控制设计的有效性和执行的有效性进行评估,并提出评估报告,然后由注册会计师对其加以审核,提出内部控制审查报告。根据萨班斯法案及 SEC 相关规则,管理层除了定期对外出具财务报告和内部控制报告外,还要向审计委员会报告内部控制的设计和运行中对财务报告产生负面影响的缺陷,并向审计师指出内部控制的重大缺陷。可见,管理层在内部控制报告和风险管理的责任。

《企业内部控制基本规范》对公司治理结构中的各个主体在内部控制中的责任作了规定:"董事会负责内部控制的建立健全和有效实施,监事会对董事会建立与实施内部控制进行监督。经理层负责内部组织领导企业内部控制的日常运行。企业应当成立专门机构或者指定适当的机构具体负责组织协调内部控制的建立实施及日常工作。"

企业应当明确内部控制缺陷认定标准,对监督过程中发现的内部控制缺陷应分析缺陷的性质和产生的原因,提出相应的整改方案,采取适当的方式及时向董事会、监事会或者经理层报告。此外,企业应跟踪内部控制缺陷整改情况,并就内部监督中发现的重大缺陷追究相关责任单位或者责任人的责任。这一规定明确了内部控制信息披露中相关主体的责任。

10.2.2 内部控制信息披露的形式

企业管理层作为披露主体进行内部控制信息披露时,可以包含在董事会报告或其他报告中,也可以单独提供内部控制报告。

COSO 报告中详细论述了内部控制五个要素的评价标准,首先由企业管理层定期对本单位内部控制设计的有效性和执行的有效性进行评估,并提出评估报告,然后由注册会计师对其加以审核,提出内部控制审查报告。

管理层应对内部控制进行评价,并提供两种报告:一个是提供给外部信息使用者的报告,一个是提供给会计师事务所的关于内部控制的声明书。所谓内部控制报告,就是管理层依据内部控制有效性评价的标准对本企业的内部控制的设计和执行的有效性进行评估后,将结果提供给外部信息使用者的报告,这是内部控制信息披露的主要形式。

我国内部控制信息披露也是建立在管理层对内部控制评价的基础上。为了解内部控制的设计是否适当、执行是否有效,企业管理层应定期根据一定的标准对本单位内部控制设计和执行的有效性进行评估。

10.2.3　内部控制信息披露的时间

COSO 报告认为,内部控制是一个过程,其有效性是指该过程在特定时点的状态和情况,因此,评估者要分析内部控制设计和执行在某一时点的效果,以决定这些制度是否能对已制订目标的达成提供合理保证;同时由于内部控制是动态变化的,因此,还要将内部控制评价作为一个过程,内部控制评价应贯穿于企业日常业务和企业业绩评价中。也就是说,内部控制评价既要关注某一特定时点上内部控制制度的健全性,又要关注内部控制制度某一时期中执行的有效性。在评价报告所涵盖的期间内,如果任何重大缺陷存在的时间较长,则不应该认为内部控制在该整个时期内有效。

我国要求上市公司在上市时对内部控制进行评审并以招股说明书的形式出具报告。上市以后,企业应当以 12 月 31 日作为年度内部控制评价报告的基准日,也可选择 6 月 30 日为基准日。内部控制评价报告应于基准日后 4 个月内报出。企业在内部控制出现重大风险时,董事会应及时出具临时报告。

10.2.4　内部控制信息披露的内容和种类

1. 内部控制信息披露的内容

萨班斯法案规定上市企业应在年度报告中包含一份内部控制报告,该内部控制报告主要包含管理层责任声明和管理层对内控有效性的自我评价。SEC 为贯彻和落实萨班斯法案并便于界定注册会计师内部控制审核责任,专门采用了"财务报告内部控制"(Internal Control Over Financial Report)的概念,即旨在合理保证财务报告的可靠性和财务编报符合公认会计原则的控制程序。财务报告的内部控制报告应包括以下内容:

（1）管理层的声明。管理层应在内部控制报告中明确声明,为了实现内部控制的目标而建立健全的内部控制制度,保证内部控制制度的有效实施是管理层的责任。

（2）管理层评价财务报告内部控制有效性所依据的规则框架,例如宣布"本企业已根据 COSO 框架等的评估方法、标准,制定并已实施了内部控制制度"。

（3）对财务报告内部控制有效性的评价,声明企业内部控制在保证企业财务报告有效性等方面有效;或者在内部控制存在重大缺陷时,应指出该项缺陷及其影响。

（4）如果财务报告内部控制存在重大薄弱环节,则必须予以描述。内部控制的设计和执行中对企业财务报告可靠性等方面有负面影响的重大缺陷,应予以声明。

（5）表明负责年度财务报告审计的 CPA 已经对本报告进行了验证,并出具了验证报告。2007 年 SEC《管理层的财务报告内部控制报告指引》修订为:负责企业报表审计的外部审计师不必对管理层作出的财务报告内部控制报告进行验证,只需就企业财务报告内部控制进行独立评估和报告。

我国对强制性内部控制自我评价报告的规定,企业应提交并披露内部控制自我评估报告,应当披露以下内容:

（1）声明企业董事会对建立健全和有效实施内部控制负责,并履行了指导和监督职责,能够保证财务报告的真实可靠和资产的安全完整。

（2）声明已经遵循有关的标准和程序对内部控制设计与运行的健全性、合理性和有效性进行了自我评估。

（3）对开展内部控制自我评估所涉及的范围和内容进行简要描述。

（4）内部控制评价的程序和方法。

（5）声明通过内部控制自我评估,可以合理保证本企业的内部控制不存在重大缺陷。

（6）如果在自我评估过程中发现内部控制存在重大缺陷,应当披露有关的重大缺陷及其影响,专项说明拟采取的改进措施。

（7）保证除了已披露的内部控制重大缺陷之外,不存在其他重大缺陷。

（8）自资产负债表日至内部控制自我评估报告报出日之间（以下简称报告期内）,如果内部控制的设计与运行发生重大变化的,应当说明重大变化情况及其影响。

（9）声明内部控制评价报告存在的固有缺陷。

2.内部控制报告的种类

根据内部控制报告内容的分析,内部控制报告可以分为无重大缺陷的内部控制报告和有重大缺陷的内部控制报告,现分别介绍其参考格式。

（1）无重大缺陷内部控制评价报告。

××股份有限企业内部控制评价报告

建立和维护有效的内部控制是我企业董事会的责任。企业根据《企业内部控制基本规范》并结合企业自身的具体情况制定内部控制,并予以实施。

我企业对××××年度的内部控制建立和运行情况进行了评价。

评价程序和评价方法:

企业是根据《企业内部控制基本规范》的规定来评价内部控制的建立和执行情况。

我企业就保证财务报告可靠性方面的内部控制出具报告,分别对内部环境、风险评估、控制活动、信息与沟通、内部监督五个要素展开评价。

1. 内部环境:治理结构是否形同虚设;发展战略是否可行;机构设置是否重叠;权责分配是否明晰;不相容岗位是否分离;人力资源政策和激励约束机制是否科学合理;企业文化是否促进员工勤勉尽责;社会责任是否有效履行。

2. 风险评估:风险预警机制、危机事件处理体系是否建立。

3. 控制活动:生产经营活动;采购活动;销售;资产;财务;控股子企业;关联交易;对外担保;募集资金使用;重大投资及信息披露的内部控制。

4. 信息与沟通:信息制度情况。

5. 内部监督:设立内部控制监督机构还是设立内审人员或小组;内审机构受控于总经理还是受控于监事会。

基于以上所述,我企业董事会认为:企业在报告期间的内部控制是完整、合理、有效的,不存在对企业财务报告的可靠性有重大不利影响的情况。

任何内部控制均有其固有限制,存在由于错误或舞弊而导致错报发生和未被发现的可能性。不论设计如何完善、有效的内部控制,也仅能对财务报告的可靠性提供合理的保证,由于情况的变化可能导致内部控制变得不恰当,或降低对控制政策、程序的遵循程度。

××股份有限企业董事会

(2) 有重大缺陷内部控制评价报告。

××股份有限企业内部控制评价报告

建立和维护有效的内部控制是我企业董事会的责任。企业根据《企业内部控制基本规范》并结合企业自身的具体情况制定内部控制,并予以实施。

我企业对××××年度的内部控制建立和运行情况进行了评价。

评价程序和评价方法：

企业是根据《企业内部控制基本规范》的规定来评价内部控制的建立和执行情况。

我企业就保证财务报告可靠性方面的内部控制出具报告,分别对内部环境、风险评估、控制活动、信息与沟通、内部监督五个要素展开评价。

1. 内部环境:治理结构是否形同虚设;发展战略是否可行;机构设置是否重叠;权责分配是否明晰;不相容岗位是否分离;人力资源政策和激励约束机制是否科学合理;企业文化是否促进员工勤勉尽责;社会责任是否有效履行。

2. 风险评估:风险预警机制、危机事件处理体系是否建立。

3. 控制活动:生产经营活动;采购活动;销售;资产;财务;控股子企业;关联交易;对外担保;募集资金使用;重大投资及信息披露的内部控制。

4. 信息与沟通:信息制度情况。

5. 内部监督:设立内部控制监督机构还是设立内审人员或小组;内审机构受控于总经理还是受控于监事会。

① 列举各项内部控制缺陷及其对财务报告可靠性产生的影响。

② 说明拟采取的改进措施;责任追究情况。

有效的内部控制能够为企业及时防止和发现财务报表中的重大错报提供合理保证,而上述重大缺陷使我企业的内部控制失去这一功能。

基于以上所述,我企业董事会认为:除上述重大缺陷外,企业在上述期间的内部控制是合理、有效的。

任何内部控制均有其固有限制,存在由于错误或舞弊而导致错报发生和未被发现的可能性。不论设计如何完善、有效的内部控制,也仅能对财务报告的可靠性提供合理的保证,由于情况的变化可能导致内部控制变得不恰当,或降低对控制政策、程序的遵循程度。

××股份有限企业董事会

10.2.5　内部控制信息披露的方式

内部控制信息披露有强制性披露和自愿性披露两种方式,两种方式的选择都以提高信息质量为目的。强制性信息披露主要依靠强制的法律法规来规范上市公司的内部控制信息披露,自愿性信息披露主要依靠上市公司自愿披露内部控制信息的动机来披露额外的、与决策有关的信息。何种信息是强制披露的,何种信息是自愿披露的,这与一个国家的法律框架体系有很大关系。强制披露的信息与自愿性披露的信息不是完全割裂的,强制披露的信息存在披露格式等的自愿性选择问题,自愿披露的信息往往是强制披露信息的必要补充。对于投资着而言,强制性披露信息和自愿披露的信息是相互补充的信息源,无论是强制披露的信息还是自愿披露的信息都应该及时、准确、可靠。

10.2.6　内部控制信息披露的要求

1. 内部控制信息披露的要求

（1）遵循成本效益原则。

企业对内部控制披露的越详细,发生的成本越大,会计师事务所对所披露的内部控制进行审计时所花费的时间也就越长,相应的成本就越大,此外,由于审验的复杂化导致的审计失败而引起的诉讼风险和开展业务时对注册会计师进行培训发生的成本也将增大。对于内部控制信息披露涉及的社会成本而言,披露的越详细,披露的面越广,则企业受社会公众的监督越多,因内部控制失效而导致的舞弊及企业倒闭带来的损失就会越小,社会成本与披露的详略程度呈反向关系。因此,整个社会成本与内部控制披露详略的关系,随着披露越来越详细,总成本在一定区间内先降低后增大。

（2）关注信息披露的质量。

研究表明,企业按照规定披露内部控制信息,承认自己有不足的企业数远远小于实际数,可靠性不足。有的企业延迟披露内部控制信息,影响内部控制信息的及时性。根据信息不对称理论,少数知悉内情的机构或者个人可以利用其提前掌握的内部控制信息进行内幕交易,牟取暴利,而广大投资者特别是中小投资者由于信息的滞后,很可能成为交易的牺牲品。有的企业即使按时披露了相关信息,也存在敷衍了事的嫌疑,仅仅一句话"本企业建立了内部控制制度"根本不能给投资者、监管部门等提供充分的信息认知。有的企业向投资者提供的信息满足了充分披露的要求,但不考虑投资者的理解和接收能力,清晰性不足。

2. 内部控制信息披露应注意的问题

（1）鼓励企业自愿披露内部控制信息。

自愿性信息的供求平衡符合成本效益原则,对于实现企业经营管理合法合规、提高经营效率和促进企业实现发展战略目标的内部控制,可以采用自愿披露的方式,让企业自主决定是否披露。有关部门应该鼓励企业自愿披露有关信息,为避免管理层面临不该有的诉讼风险和其他问题,有关部门应该对自愿性信息披露行为加以保护。美国证监会为了鼓励企业披露盈利预测等信息,制定了避风港原则。只要企业管理层基于诚信原则和当时合理的基础提供预测性信息,对于未实现预测的结果,管理层不必承担责任。因此,对于出现的信息偏差,应该区分"故意操纵"和"偶发因素"两种不同性质的情况。对于前者,应该追究当事人的法律责任;对于后者,只要企业具有充分、适当的证据并给出合理的解释,就应当免除其责任。

为了避免企业任意发挥,监管部门应当监管和约束自愿披露信息的质量;推出对自愿性信息披露的规范性规定,对企业自愿性信息披露状况进行有效评价,例如上市公司自愿披露信息是否客观完整;规定反欺诈条款及必要的法律责任,对恶意披露误导投资者的企业应当加以处罚;建立企业自愿信息披露的质量保障机制,提高提供信息者的业务能力,使自愿性信息由企业中经验丰富并有较高职业判断能力的人员持适度谨慎的态度编制完成;规范自愿性信息的表达和披露,将其采用的自愿性信息的性质、不确定性和风险列示出来,避免使用者盲目依赖自愿性信息。

(2)建立信息披露的"内省"机制,关注内部控制的"双向运动"。

企业应当建立反舞弊机制,明确反舞弊工作的重点领域、关键环节和有关机构在反舞弊工作中的职责权限,规范舞弊案件的举报、调查、报告和补救程序,并且把在财务会计报告和信息披露方面存在的虚假记载、误导性陈述或者重大遗漏作为反舞弊工作的重点。建立举报投诉制度,设置举报专线,明确举报投诉的处理程序、办理时限和办理要求,确保举报、投诉等成为企业有效掌握信息的途径。

企业在内部各级管理层、责任单位、业务环节之间以及与外部投资者、债权人监管机构之间进行内部控制信息的沟通和反馈时,应及时把发现的问题传递给董事会、监事会和经理层并加以解决。内部控制信息有效的沟通和传递有助于对外披露信息的真实性、完整性和可靠性。

(3)加强内部控制信息披露的法律监督。

对管理层不披露应该披露的内部控制信息或者披露了不符合实际的内部控制评价意见时,管理层应承担什么样的法律责任,注册会计师如果提供了不符合上市公司内部控制实际情况的评价意见时,注册会计师应承担什么样的法律责任,我国还缺乏这方面的规定。不遵循规定而没有相应的法律监督规范进行惩处,会造成企业不披露、少披露或披露不实的内部控制信息。有关部门应该对违反规定的披露行为进行惩处,提高信息披露的质量。

10.3　内部控制评价报告的鉴证

1994年,美国注册会计师协会(AICPA)通过对专业投资者、债权人以及专业顾问进行调查后指出,他们相信注册会计师介入内部控制报告的评价,将有助于年度报告质量的提高。AICPA的审计鉴证准则第六号要求企业对外界公众出具内部控制报告,并要求注册会计师对其进行鉴证,出具验证报告及有关重大问题报告。

内部控制鉴证是指注册会计师接受委托,对企业在特定时点(审计基准日)与财务报告相关的内部控制有效性作出的自我评价进行审计,并发表审计意见。

10.3.1 内部控制评价报告的鉴证

1. 基于合理保证的鉴证业务

2007年5月PCAOB发布AS5,将财务报告内部控制审计定位为合理保证的鉴证业务。既然是鉴证业务,应具备IAASB国际鉴证业务框架中所要求的五个要素。

第一,三方关系人。管理层要对财务报告内部控制有效性进行评估,而注册会计师要对管理层的评估进行评价并出具报告,投资者等根据审计报告作出决策。在整个业务过程中,管理层是责任方,预期使用者则包括投资者、债权人、政府等。

第二,明确鉴证对象。在财务报告内部控制审计业务中,注册会计师要对财务报告内部控制的有效性发表审计意见,财务报告内部控制则为鉴证对象,而财务报告内部控制的有效性则是鉴证对象信息。管理层既要负责设计本单位的财务报告内部控制,也要对财务报告内部控制的有效性负责。

第三,用于评价或计量鉴证对象的标准。尽管财务报告内部控制的评估可以依据不同的标准,但SEC的《最终规则》推荐注册会计师采用已经被社会各界广泛接受的COSO《内部控制——整合框架》作为评价财务报告内部控制的标准,PCAOB在AS5中也推荐采用该标准。因此,在财务报告内部控制审计中,管理层和审计师必须就COSO报告的理解取得一致的认识,并在管理层报告和审计报告中对其作出清楚的说明。审计师必须对COSO框架有清晰而透彻的理解,才能够对管理层的评估过程作出职业判断。只有这样,财务报告内部控制审计才能改进管理层报告的质量,并提高其有用性。

第四,充分适当的证据。审计证据既是支持审计意见的客观基础和控制审计质量的重要工具,也是确定和解除审计师法律责任的重要依据。为了取得合理的保证,审计师在财务报告内部控制审计过程中应该记录以下证据:对企业财务报告内部控制五个组成要素所取得的了解和对各个要素的设计所进行的评估;确定重要金额和主要交易类别的过程,包括确定需要测试的事业分部及地区分部的过程;在重要金额和主要交易类别中,与相关财务报表认定有关的错报关键点的识别过程;审计师依赖其他人工作的范围以及对其胜任能力和客观性的评估;对审计测试中发现的任何控制缺陷的评价;可能引起审计报告改变的其他发现。

第五,书面鉴证报告。根据AS5的要求,注册会计师在财务报告内部控制审计业务完成后,要向被审计单位提交书面审计报告,该报告最终要上交给SEC,并向社会公众公布。当然,注册会计师既可以和财务报表审计一起进行合并报告,也可以单独报告。

根据保证程度,鉴证业务可以分为合理保证业务和有限保证业务。PCAOB将财务报告内部控制审计定位为合理保证的鉴证业务,要求只有具备胜任能力且经过注册的专业人员才能实施财务报告内部控制审计业务,以明确的审计衡量标准,制订周密的审计计划,收集更充分、适当的证据,经过严格的审计过程将业务风险降低到可接受的水平,作为对管理层发表意见的基础。所以其保证程度比有限保证高,一般采用积极方式发表审计意见。

2. 基于责任认定的鉴证业务

根据鉴证对象信息是否能被预期使用者获取,鉴证业务分为基于责任方认定的业务和直接报告业务。在基于责任方认定的业务中,责任方对鉴证对象进行评价和计量,鉴证对象信息以责任方认定的形式为预期使用者获取。在财务报告内部控制审计中,被审计单位管理层(责任方)对与财务报告相关的内部控制的有效性(鉴证对象)进行评价而形成评估报告(鉴证对象信息),即为责任方的认定,该评估报告可为预期使用者获取,注册会计师针对评估报告出具审计报告。财务报告内部控制审计属于基于责任方认定的合理保证的鉴证业务。

PCAOB 发布 AS5 审计准则所定义的"财务报告内部控制"概念,主要为注册会计师对企业内部控制进行审计时,专门针对财务报告领域的内部控制有效性发表审计意见。如果注册会计师对内部控制的所有方面进行评价,其可行性受到一定制约,超出了其专业胜任能力。

3. 对时点进行鉴证

财务报告内部控制有效性是针对某一时点而言的,也就是管理层评估日或者管理层签署管理层评估报告的日期。作出这一规定是由财务报告内部控制的特性决定的,因为财务报告内部控制是一个连续动态的过程,虽然部分控制运行后能够留下控制轨迹,如批准销售、发货等,但也有很多控制在运行后是无迹可查的,如具体的业务活动过程。注册会计师在审计财务报告内部控制时所使用的审计程序往往只能获取审计时点的证据,当然也就只能针对该时点内部控制有效性发表审计意见。必须注意的是,财务报告内部控制审计服务的目标和功能是有限的,财务报告的可靠性并不能过分依赖于内部控制的外部审计来完成,更多的责任仍在于企业管理层建立健全内部控制并努力实现其有效执行;而且对整个年度的内部控制作出评价,其成本是极其高昂的,也是无法实现的。同时,考虑到企业内部控制制度具有一定的持续性,并不是经常变化,从会计期末的内部控制也可以大概了解企业整个期间的内部控制情况。

10.3.2　内部控制鉴证报告的内容

内部控制鉴证报告应当包括以下基本内容:

(1)标题。统一规范为"内部控制鉴证报告"。

(2)收件人。它是指注册会计师按照业务约定书的要求致送鉴证报告的对象,一般是指鉴证业务的委托人。鉴证报告应当载明收件人的全称"××股份企业"。

(3)引言段。它应当说明以下内容:① 指出内部控制鉴证依据的控制标准;② 提及管理层对内部控制的评估报告;③ 指出内部控制的评估截止日期。

(4)管理层对内部控制的责任段。应当说明,按照国家有关法律法规的要求,设计、实施和维护有效的内部控制,并评估其有效性是管理层的责任。

(5)注册会计师的责任段。它应当说明以下内容:① 注册会计师的责任是按照《企业内部控制鉴证指引》的规定,在实施鉴证工作的基础上对内部控制有效性发表鉴证意见。② 鉴证工作包括获取对内部控制的了解,评估重大缺陷存在的风险,根据评估的风险测试和评价内部控制设计和运行的有效性以及实施其他必要的程序。③ 注册会计师相信获取了充分、恰当的证据,为发表鉴证意见提供了基础。

(6)内部控制的定义段。它说明内部控制的定义。

(7)固有局限段。应当说明以下内容:① 内部控制的固有限制;② 根据内部控制评价结果推测未来内部控制有效性的风险。

(8)意见段。它应当说明被审核单位于特定日期在所有重大方面是否保持了与会计报表相关的有效的内部控制。如果发现的内部控制缺陷,单独或组合起来导致一个或多个重大缺陷,除非工作范围受到限制,否则注册会计师应当对企业内部控制发表否定意见。如果工作范围受到限制,注册会计师应当解除业务约定书或出具无法表示意见的报告,表示注册会计师不对内部控制有效性发表意见。如果鉴证范围未受到限制,且企业在所有重大方面保持了有效的内部控制,则注册会计师应当出具无保留意见的鉴证报告。

(9)说明段。如果注册会计师发表的是非标准无保留意见,则应增加说明段,说明内部控制存在的重大缺陷及其对实现内部控制目标的影响。当因工作范围受到限制而无法表示意见时,还应当说明工作范围不足以为发表意见提供保证,并说明无法表示意见的实质性理由。

(10)签章和会计师事务所地址。它应当由注册会计师签名并盖章,加盖会计师事务所公章,标明会计师事务所地址。

(11)报告日期。它是指注册会计师在获取充分适当证据基础上对内部控制形成鉴证意见的日期。

10.3.3 内部控制鉴证报告的种类

企业内部控制鉴证报告可以分为标准鉴证报告、带说明段的无保留意见鉴证报告、否定意见鉴证报告和无法表示意见鉴证报告四种,现分别介绍其参考格式。

1. 标准鉴证报告(无保留意见)

内部控制鉴证报告

××股份有限企业全体股东:

　　我们接受委托,按照《企业内部控制基本规范》及相关指引,对后附的贵企业管理层在××××年××月××日作出的内部控制有效性的评估报告进行了鉴证。

　　一、管理层对内部控制的责任。按照国家有关法律法规的规定,设计、实施和维护有效的内部控制,并评估其有效性是企业管理层的责任。

　　二、注册会计师的责任。我们的责任是在实施鉴证工作的基础上对内部控制有效性发表鉴证意见。我们按照《企业内部控制鉴证指引》的规定执行了鉴证工作。《企业内部控制鉴证指引》要求注册会计师遵守职业道德规范,计划和实施鉴证工作以对企业在所有重大方面是否保持了有效的内部控制获取合理保证。

　　鉴证工作包括获取对内部控制的了解,评估重大缺陷存在的风险,根据评估的风险测试和评价内部控制设计和运行的有效性。鉴证工作还包括实施我们认为必要的其他程序。

　　我们相信,我们获取的证据是充分、适当的,为发表鉴证意见提供了基础。

　　三、内部控制的定义。内部控制是由企业董事会、监事会、经理层和全体员工实施的、旨在实现控制目标的过程。

　　四、内部控制的固有局限。内部控制具有固有局限性,存在错误或舞弊导致的错报未被发现的可能性。此外,由于情况的变化可能导致内部控制变得不恰当,或降低对控制政策、程序的遵循程度。根据内部控制鉴证结果推测未来内部控制有效性具有一定的风险。

　　五、鉴证意见。我们认为,贵企业按照《企业内部控制基本规范》及相关指引于××××年××月××日在所有重大方面保持了有效的内部控制。

　　××会计师事务所　　　　　中国注册会计师:×××(签名并盖章)

　　　(盖章)　　　　　　　　中国注册会计师:×××(签名并盖章)

　　中国×××市　　　　　　　　　　　　　　　　　　年　　月　　日

2. 带说明段的无保留意见鉴证报告

内部控制鉴证报告

××股份有限企业全体股东：

我们接受委托,按照《企业内部控制基本规范》及相关指引,对后附的贵企业管理层在××××年××月××日作出的内部控制有效性的评估报告进行了鉴证。

一、管理层对内部控制的责任。按照国家有关法律法规的规定,设计、实施和维护有效的内部控制,并评估其有效性是企业管理层的责任。

二、注册会计师的责任。我们的责任是在实施鉴证工作的基础上对内部控制有效性发表鉴证意见。我们按照《企业内部控制鉴证指引》的规定执行了鉴证工作。《企业内部控制鉴证指引》要求注册会计师遵守职业道德规范,计划和实施鉴证工作以对企业在所有重大方面是否保持了有效的内部控制获取合理保证。

鉴证工作包括获取对内部控制的了解,评估重大缺陷存在的风险,根据评估的风险测试和评价内部控制设计和运行的有效性。鉴证工作还包括实施我们认为必要的其他程序。

我们相信,我们获取的证据是充分、适当的,为发表鉴证意见提供了基础。

三、内部控制的定义。内部控制是由企业董事会、监事会、经理层和全体员工实施的、旨在实现控制目标的过程。

四、内部控制的固有局限。内部控制具有固有局限性,存在错误或舞弊导致的错报未被发现的可能性。此外,由于情况的变化可能导致内部控制变得不恰当,或降低对控制政策、程序的遵循程度。根据内部控制鉴证结果推测未来内部控制有效性具有一定的风险。

五、鉴证意见。我们认为,贵企业按照《企业内部控制基本规范》及相关指引于××××年××月××日在所有重大方面保持了有效的内部控制。

六、提请关注的事项。我们提醒报告使用者关注,如管理层在内部控制评估报告中第××部分第××段所述,贵企业发生了一项期后事项。(描述期后事项的性质及其对企业内部控制的重大影响,本段内容不影响已发表的鉴证意见。)

××会计师事务所　　　　　中国注册会计师:×××(签名并盖章)
　(盖章)　　　　　　　　中国注册会计师:×××(签名并盖章)

中国×××市　　　　　　　　　　　　　　　　年　　月　　日

3. 否定意见鉴证报告

内部控制鉴证报告

××股份有限企业全体股东:

我们接受委托,按照《企业内部控制基本规范》及相关指引,对后附的贵企业管理层在××××年××月××日作出的内部控制有效性的评估报告进行了鉴证。

一、管理层对内部控制的责任。按照国家有关法律法规的规定,设计、实施和维护有效的内部控制,并评估其有效性是企业管理层的责任。

二、注册会计师的责任。我们的责任是在实施鉴证工作的基础上对内部控制有效性发表鉴证意见。我们按照《企业内部控制鉴证指引》的规定执行了鉴证工作。《企业内部控制鉴证指引》要求注册会计师遵守职业道德规范,计划和实施鉴证工作以对企业在所有重大方面是否保持了有效的内部控制获取合理保证。

鉴证工作包括获取对内部控制的了解,评估重大缺陷存在的风险,根据评估的风险测试和评价内部控制设计和运行的有效性。鉴证工作还包括实施我们认为必要的其他程序。

我们相信,我们获取的证据是充分、适当的,为发表鉴证意见提供了基础。

三、内部控制的定义。内部控制是由企业董事会、监事会、经理层和全体员工实施的、旨在实现控制目标的过程。

四、内部控制的固有局限。内部控制具有固有局限性,存在错误或舞弊导致的错报未被发现的可能性。此外,由于情况的变化可能导致内部控制变得不恰当,或降低对控制政策、程序的遵循程度。根据内部控制鉴证结果推测未来内部控制有效性具有一定的风险。

五、导致否定意见的事项。重大缺陷是内部控制中存在的、具有合理性导致企业年度或中期财务报表出现重大错报不能被及时防止或发现的某项缺陷或几项缺陷的组合。

(描述注册会计师识别的和管理层评估报告中管理层识别的所有内部控制重大缺陷的性质,以及重大缺陷在存在期间对企业编报财务报表产生的实际和潜在影响等具体情况。)

其中,×××重大缺陷已经识别,但没有包含在管理层评估报告中。

×××重大缺陷虽然已包含在管理层评估报告中,但未能在所有重大方面得到公允披露。

有效的内部控制能够为财务报告的可靠性以及按照适用的会计准则、相关会计制度的规定编制财务报表提供合理保证,而上述重大缺陷使贵企业内部控制缺乏这一功能。

六、鉴证意见。我们认为,由于内部控制存在上述重大缺陷及其对实现控制目标的影响,贵企业未能按照《企业内部控制基本规范》及相关指引于××××年××月××日在所有重大方面保持有效的内部控制。

| ××会计师事务所 | 中国注册会计师:×××(签名并盖章) |
| (盖章) | 中国注册会计师:×××(签名并盖章) |

中国×××市　　　　　　　　　　　　　　　　　　　　　年　　月　　日

4. 无法表示意见鉴证报告

内部控制鉴证报告

××股份有限企业全体股东：

我们接受委托，按照财政部发布的《企业内部控制基本规范》及相关指引，对后附的贵企业管理层在××××年××月××日作出的内部控制有效性的评估报告进行了鉴证。

一、管理层对内部控制的责任。按照国家有关法律法规的规定，设计、实施和维护有效的内部控制，并评估其有效性是企业管理层的责任。

二、内部控制的定义。内部控制是由企业董事会、监事会、经理层和全体员工实施的、旨在实现控制目标的过程。

三、内部控制的固有局限。内部控制具有固有局限性，存在错误或舞弊导致的错报未被发现的可能性。此外，由于情况的变化可能导致内部控制变得不恰当，或降低对控制政策、程序的遵循程度。根据内部控制鉴证结果推测未来内部控制有效性具有一定的风险。

四、识别的内部控制重大缺陷。（如果在发现范围受到限制前，执行有限程序未识别出重大缺陷，则应删除本段）

重大缺陷是内部控制中存在的、具有合理性导致企业年度或中期财务报表出现重大错报不能被及时防止或发现的某项缺陷或几项缺陷的组合。

（描述注册会计师识别的和管理层评估报告中管理层识别的所有内部控制重大缺陷的性质，以及重大缺陷在存在期间对企业遍报财务报表产生的实际和潜在影响等具体情况。）

其中，×××重大缺陷已经识别，但没有包含在管理层评估报告中。

×××重大缺陷虽然已包含在管理层评估报告中，但未能在所有重大方面得到公允披露。

有效的内部控制能够为财务报告的可靠性以及按照适用的会计准则和相关会计制度的规定编制财务报表提供合理保证，而上述重大缺陷使贵企业内部控制缺乏这一功能。

五、导致无法表示意见的事项。（描述范围受到限制的具体情况。）

六、鉴证意见。由于存在上述范围限制，我们未能实施必要的程序以获取发表意见所需的充分证据，因此，我们无法对贵企业内部控制有效性发表意见。

××会计师事务所	中国注册会计师：×××（签名并盖章）
（盖章）	中国注册会计师：×××（签名并盖章）

中国×××市　　　　　　　　　　　　　　　　　　　年　　月　　日

第 11 章

内部控制展望

11.1 完善内部控制理论

11.1.1 完美内部控制的目标

企业内部控制目标的确立应从利益相关者角度出发,最终的落脚点是致力于企业目标的实现。不同利益相关者由于其所处的内外部环境不同、所处的管理层次不同而所期望的目标不同。同时,不同的内部控制目标之间又存在重合或交叉的情形。经营信息、会计信息的可靠性,既是企业经营管理者需要实现的目标,也是立法及监管部门要求实现的目标;既是企业内部的目标,也是企业外部的目标。企业经营效率和效果目标,既是董事会和管理者关注的目标,也是经理层、一般员工及企业外部利益相关者共同关注的目标。尽管这个目标与企业财务报告可靠性目标有许多内在的联系,但合规合法性目标更多属于企业外部利益相关者关注的内容。因此,企业内部控制的目标需要向以下方面扩展:

1. 把提升职业道德水平纳入控制目标

人是控制环境中的重要因素,既是内部控制的主体,也是内部控制的客体。内部控制目标最终分解落实到企业员工,员工素质对控制实施有较大的影响。内部控制的作用在于激发员工实现控制目标的积极性,因此要强化对内部控制"人"的认识。不仅企业财务人员、管理人员、内部审计或董事会,组织中每一个人都对内部控制负有责任。各个职能部门相互配合,才有利于发挥每个工作人员的积极性。把提升职业道德水平纳入控制目标,有助于人力资源的合理配置和企业经营效率的提高。

2. 将风险防范明确纳入内部控制目标

企业在市场经济环境中,难免会遇到各种风险。为了规避风险,企业可以建立风险评估机制,通过建立企业风险评估机构、规避风险措施、风险信息反馈、防范风险的奖惩制度等措施更好地防范风险。企业内部控制的实质是控制风险。将风险防范纳入内部控制目标有助于企业更好地控制风险,降低损失,实现企业价值最大化目标。

3. 将政策的适用性作为内部控制的目标

企业经营管理活动中的政策通常有两类:一是为完成经营管理目标而制订的方针政策。这些方针政策必须符合国家的法律法规。二是会计政策的选择。在委托代理关系中,经营者往往利用信息的不对称通过选择有利的会计政策进行盈余管理。为了避免这种现象的发生,有必要通过企业内部控制制度对企业管理中的各项政策实施监控,通过对比分析,使选用的政策符合法律法规的要求,符合企业经营目标的要求。

11.1.2 完美内部控制的要素

我国《企业内部控制基本规范》提出了内部控制五要素论,即内部环境、风险评估、控制活动、信息与沟通、内部监督。COSO《企业风险管理框架》打破了传统内部控制,将公司治理与内部控制结合得更加紧密。其核心理念是将企业的风险管理融入企业战略、组织结构、经营流程等各个环节,使之成为与企业日常经营紧密结合的连续动态的过程。ERM 将内部控制分为八个要素,即控制环境、目标设定、事项识别、风险评估、风险反应、控制活动、信息与沟通、监控等八个相互关联的要素。张先治于 2005 年提出了内部控制十要素,即控制环境、控制变量、控制标准、信息报告、执行评估、纠正偏差、业绩评价、激励机制、沟通交流、监督控制。价值链管理理论对内部控制进行分析,其首要目标是要体现内部控制的价值创造功能,内部控制的要素设置应能涵盖企业管理的全过程。因此,内部控制系统就可以分解为控制环境、目标制订与预算编制、风险识别与应对、控制程序和方法、信息及沟通、绩效评价与激励、监控七项要素,即七要素内部控制系统。人们必须认识到内部环境、风险评估、控制活动、信息与沟通、内部监督等要素的出现并非偶然,内部控制要素的扩展是企业的管理变革和外部环境的变化共同作用的结果。

我国内部控制要素的范围应该更加宽泛,它应涉及企业方方面面的活动,也应涉及对经营取得效果的考虑和对经营效率评价标准的确定问题,例如激励机制和业绩评价的实施。作为企业外部条件的控制环境要素与风险评估要素部分、信息与沟通要素,在今后内部控制规范的制定中应加以强调。同时还应该将内部控制系统与其他管理系统进行有机结合,如信息化系统、ERP 系统、企业预算系统、风险管理系统等,来解决我国企业所面临的实际问题。

11.2 重视内部控制自我评价

内部控制自我评价(control self-assessment,简称 CSA)是由管理层或内部审计机构和人员评价内部控制有效性的过程,目的是为企业目标的实现提供合理保证。CSA 主要包括以下内容:确定组织整体或职能部门的目标,识别其主要风险;评估组织内部控制的适当性、合法性及有效性;确认内部控制重大缺陷或存在严重风险的业务环节;评估组织非正式的控制及其有效性;评估组织的业务流程及其运作效率;对控制自我评估中发现的问题提出改进建议。

内部控制自我评价为企业提供了一个管理控制风险的工具,保证内部审计人员和管理人员共同对风险进行控制。对企业而言,内部控制自我评价是指综合地控制企业的各方面,包括相关的社会效益,以使企业对内部控制有一个更全面的了解。内部控制自我评估不仅要考虑发现的问题,如何改进,促进各部门更有效地履行责任,还要使控制措施便于理解,使董事会更了解管理的情况以及风险,同时也降低了审计成本,使内部审计达到更好的效果。在内部控制自我评价中,内部审计人员不再仅仅是"独立的问题发现者",更成为推动公司改革的使者",将以前消极的以"发现和评价"为主要内容的内部审计活动向积极"防范和解决方案"的内部审计活动转变,从事后发现内部控制薄弱环节转向事前防范,从单纯强调内部控制转向积极关注利用各种方法来改善公司的经营业绩。同时,利用内部控制自我评价可以让审计师获得更多内部控制方面的信息,提供更全面、更客观的审计报告,以利于利用有限的审计资源。审计师利用内部控制自我评估方法还能提高审计效率和质量,并且能收到在传统审计程序中无法取得的信息。

最为重要的是,内部控制自我评价可以评价和改进软控制。人们认为控制就是行政控制,以授权和职责分工为主要内容,而新的控制架构和模型中一个最主要的发展是认识到软控制的基础作用,软控制是控制人文因素,包括领导、团队、文化、价值、交流、责任、预期、弹性和能力。现在用责任代替授权,用信任和监督代替职责分工。由于创造了公开、开放的讨论气氛,内部控制自我评价可以评价软控制,评价小组自身在此过程中也变成控制系统一个明显的软性组成部分,内部控制自我评价也可以改进软控制。它要求不断改进的内部控制自我评价作为控制系统的驱动力,使评价小组得到提高,变得更加理解风险和控制,增强了对风险的敏感性和预测能力,而这种预测和适应性可使所需的控制数量更少而效果更佳。

11.3　公司治理、内部控制、内部审计与风险管理的融合

在现代企业制度的建立与发展的同时,企业舞弊防范、经营和财务风险的防范就成为现代企业所必需面临和解决的问题。一个成功的企业依赖于对其所面临的风险性质及程度的全面、综合的认识与评价,内部控制的目的之一就是帮助企业正确地管理和控制风险。为此,理论界和实务界提出了内部控制、公司治理和风险管理的各种控制规范和控制措施,这三者所要解决的问题在本质上是一致的,没有必要制定三种控制规范,否则只会导致企业控

制重复,并使企业增加控制成本。因此,必须对公司治理、风险管理、内部控制和内部审计进行整合。

11.3.1　公司治理、内部控制、内部审计和风险管理的关系

企业的风险无处不在,无时不在,有效的防范和控制风险,就能使企业立于不败之地,公司治理是企业构建风险管理的基础,完善的公司治理结构,能有效地防范企业风险。如董事会下可设风险治理委员会,全面负责企业的风险管理,甚至可设置首席风险官,为企业风险管理把脉。内部控制是有效控制企业风险的保障,运用现代的技术和方法对企业的风险进行分析和评估,确定风险发生的可能性和影响程度,并采取相应的措施,降低企业风险,减少由于风险而带来的损失,构建了企业风险管理的屏障。内部审计是公司治理的四大基石之一,是监督企业风险治理、内部控制成效的手段和方法,及时发现存在问题,提出改进建议和措施,促进企业强化治理,提高效率。因此,公司治理、风险管理、内部控制和内部审计之间的关系是交叉融合、互为嵌入的关系,如图 11-1 所示。

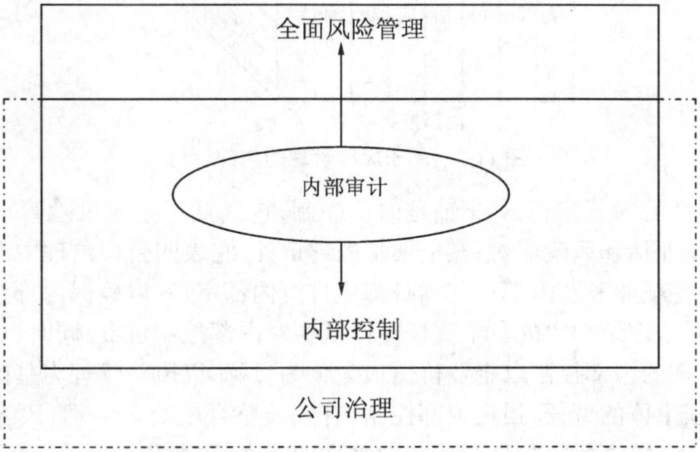

图 11-1　公司治理、风险管理、内部控制和内部审计的关系

如果企业不强化治理结构的基础建设,就很难有效地进行风险管理、内部控制和内部审计。公司治理不完善本身就是一种风险。

如果企业的内部控制不完善,不能有效地控制和防范风险,一旦遇到风险,将会束手无策,给企业带来不可估量的损失,甚至会导致企业破产。

如果企业不重视内部审计,就不能有效地保证财务报告真实可靠,不能对管理层进行监督,不能正确地评价企业的经营业绩,就不能防止舞弊的发生。总之,公司治理不完善、内部

控制缺失、内部审计不力,都会使企业面临失败的风险。

11.3.2 基于风险管理的公司治理、内部控制、内部审计整合

公司治理、风险管理、内部控制、内部审计的目标是完全一致的,都是企业为了完善经营管理,有效地防范风险,实现企业目标。公司治理为企业风险管理构建了组织保障;内部控制实现了风险识别、风险评估和风险应对的具体风险管理的手段和方法;而内部审计是风险管理的又一道防线,监督评价企业风险管理的水平和成效。因此,企业应将公司治理、风险管理、内部控制和内部审计进行整合,构建基于风险管理的内部控制体系,如图11-2所示。

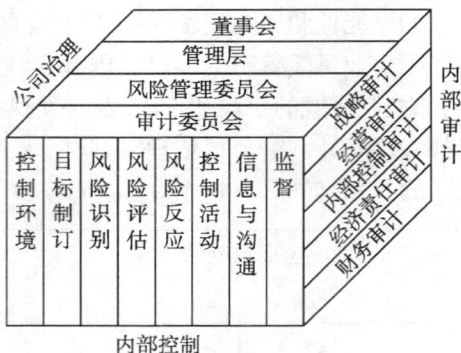

图 11-2　基于风险管理的内部控制

基于风险管理的内部控制,其 x 轴是内部控制,它涵盖了企业风险管理的全面要素,突出风险识别、风险评估和风险应对;其 y 轴是内部审计,它表明公司治理中的各责任主体、企业内部控制中的各项业务和内部控制本身都应进行内部审计,以确保内部控制有效;其 z 轴是公司治理,公司治理结构中的各个责任主体既要对内部控制负责,同时也要接受审计的监督。基于风险管理的内部控制以企业价值最大化为目标,以风险管理为基础,以内部审计为手段,明确各责任主体的责任,强化内部控制,有效地整合了公司治理、风险管理、内部控制和内部审计的资源,提高风险管理和控制的水平和能力,防范各种风险,确保企业战略目标、经营目标、报告目标和合规目标的实现。

实务篇

第 12 章

内部控制基础

12.1　总　　则

1. 为了加强某公司内部控制制度建设,强化企业管理,健全自我约束机制,促进现代企业制度的建设和完善,保障公司经营战略目标的实现,根据《企业内部控制基本规范》、《企业内部控制应用指引(征求意见稿)》、《公司法》、《会计法》和其他相关的法律法规,制定本内部控制制度。

2. 内部控制是指公司为了合理保证财务报告的可靠性、各项经济活动的效率和效果以及对法律法规的遵守,保护资产的安全、完整,防范、规避经营风险,防止欺诈和舞弊,由董事会、经理层及所有员工共同设计与执行的一系列具有控制职能的政策及程序。

3. 制定与修改内部控制制度应遵循以下基本原则:

(1) 合法性原则。内部控制制度必须符合国家法律法规的规定。

(2) 全面性原则。内部控制制度应涵盖公司内部的经济业务、相关部门和相关岗位,并对业务处理过程中的关键控制点落实到决策、执行、监督、反馈等各个环节。

(3) 协调性原则。内部控制制度要符合公司的中、长期规划和短期目标,与公司其他管理控制制度相互协调,注重制度的整体实施效果。

(4) 成本效益原则。内部控制制度建设应当处理好成本与效益的关系,以合理的控制成本达到最佳的控制效果。

(5) 时效性原则。内部控制制度要随着外部经济环境的变化和经营管理的需要,不断评价和及时更新。

4. 本内部控制制度主要包括以下内容:

(1) 组织架构内部控制制度;

(2) 人力资源内部控制制度;

(3) 企业文化内部控制制度;

（4）全面预算内部控制制度；

（5）销售内部控制制度；

（6）采购内部控制制度；

（7）生产内部控制制度；

（8）存货内部控制制度；

（9）固定资产内部控制制度；

（10）无形资产内部控制制度；

（11）货币资金内部控制制度；

（12）筹资内部控制制度；

（13）对外投资内部控制制度；

（14）合同内部控制制度；

（15）关联交易内部控制制度。

5. 使用责任。

本公司内部控制制度是公司关键的内部控制制度，不包括所有的操作流程，使用者应当根据内部控制制度提示的关键控制点建立完整的操作流程。

12.2　内部控制制度架构

12.2.1　内部控制的目标

公司建立健全内部控制制度，应当达到以下目标：

（1）建立和完善符合现代企业制度要求的内部组织结构，形成科学的决策、执行和监督机制，逐步实现权责明确、管理科学。

（2）保证国家法律、公司内部规章制度及公司经营方针的贯彻落实。

（3）建立健全全面预算制度，形成覆盖公司所有部门、所有业务、所有人员的预算控制机制。

（4）保证所有业务活动均按照适当的授权进行，促使公司的经营管理活动协调、有序、高效运行。

（5）保证对资产的记录和接触、处理均经过适当的授权，确保资产的安全和完整并有效发挥作用，防止毁损、浪费、盗窃并降低减值损失。

（6）保证所有的经济事项真实、完整地反映，使财务报告的编制符合《企业会计准则》

和《企业会计制度》等有关规定。

（7）防止、发现和纠正错误与舞弊,保证账面资产与实物资产核对相符。

12.2.2　适用范围

适用范围是指每项具体业务的内部控制制度所适用的范围。

12.2.3　流程图

流程图是描述内部控制行为的主要方法,是通过对经营活动整个过程用图表形式描述来反映公司的内部控制情况的一种方法。

12.2.4　分工与授权

职责分工控制是指对于不相容职务必须进行分工负责,不得由一个人兼办。这项控制保证了有关人员在处理经济业务时能够相互制约,主要包括以下内容:授权批准某项业务与执行该业务分离;执行某项业务与记录该业务职责分离;资产保管与资产记录职责分离;资产保管与资产清查职责分离;记录总账与记录明细账、日记账职责分离。

授权批准控制是指公司各级人员必须经过适当的授权和批准才能执行有关经济业务,未经授权和批准,不得处理有关业务。这种控制方式使公司经济业务在发生之际就可得到控制。

12.2.5　关键控制点

关键控制点是指关键的内部控制行为,保证这些内部控制行为被正确采取并持续执行,以保证企业的内部控制目标的实现。

12.2.6　相关制度

相关制度是指公司已经制定的与各业务相关的规定、办法、制度。

12.3　内部控制方法

1. 内部控制的基本方法主要包括:授权批准控制、分工控制、文件记录控制、财产保全控制、业务人员素质控制、全面预算控制、经营风险控制、内部报告控制、内部审计控制、信息技术控制。

2. 授权批准控制要求公司及各部门明确规定授权批准的范围、层次、程序、责任等相关内容,公司内部的各级管理人员必须按照授权范围行使相应职权,经办人员在授权范围内办理经济业务。

3. 分工控制坚持不相容职务相互分离的原则,合理设置内部机构,科学划分职责权限,形成相互制衡机制。不相容职务主要包括:授权批准与业务经办、业务经办与会计记录、会计记录与财产保管、业务经办与内部审计、业务经办和财产保管、授权批准与监督检查等职务。

4. 文件记录控制是组织规划控制和授权批准控制的手段。内部控制制度规范了公司组织结构职能图和业务授权表,建立岗位说明书,制定业务流程手册,建立严密的内部控制系统。

5. 财产保全控制要求公司严格限制未经授权的人员对实物资产的直接接触,采取定期盘点、财产记录、账实核对、财产保险等措施,确保各种财产安全完整。

6. 业务人员素质控制要求公司建立和实施科学的聘用、培训、轮岗、考核、奖惩、晋升、淘汰等人事管理制度,制定业务人员工作规范,保证业务人员胜任相应的工作。

7. 全面预算控制是企业内部控制的重要组成部分。公司实行全面预算管理,由董事会下设预算管理委员会进行管理,其常设机构预算管理办公室负责预算管理的日常事务。

8. 经营风险控制要求公司树立风险意识,建立有效的风险管理系统,通过风险预警、风险识别、风险报告等措施,对公司的财务风险和经营风险进行全面防范和控制。

9. 内部报告控制要求公司建立和完善内部预算执行报告、资金分析报告、经营分析报告、资产分析报告、投资分析报告等报告制度,全面反映经济活动情况,及时提供经济活动中的重要信息,分析经营管理中存在的问题,提出改进意见,增强内部管理的时效性和针对性。

10. 公司内部审计工作由董事会下设审计委员会负责,审计部负责内部审计日常工作,并对审计委员会负责。审计部按照审计委员会批准的内部审计计划,对公司各部门进行定期或不定期审计,保证公司各项制度的贯彻落实。

11. 信息技术控制要求运用信息技术手段建立内部控制系统,减少和消除人为操纵因素,确保内部控制的有效实施;同时要加强对信息系统开发与维护、数据输入与输出、文件储存与保管、网络安全等方面的控制。

12.4　内部控制基础工作

1. 董事会或经理层应根据审计部和注册会计师对内部控制的评价、建议,及时改进内部控制,调整机构、岗位设置和职责分工,完善授权体系。

2. 各项业务活动应遵守内部控制制度及公司其他管理制度所确定的操作流程,严格按照职责分工和业务授权进行。

3. 各业务部门应及时向财务部传递会计核算所需单据和报告,保证会计信息的及时性、准确性。

4. 财务部定期组织各业务部门进行资产盘点,保证账面资产与实物资产核对相符。

5. 公司各部门应妥善保管各类业务资料,保证内部控制档案的完整。内部控制档案为公司提供利用,原则上不得借出,有特殊需要须经公司领导批准。内部控制档案按照不同业务类型分别确定保管期限及销毁方式。

6. 业务人员工作调动或者因故离职,必须将本人所经管的工作连同负责保管的内部控制档案全部移交接替人员,没有办清交接手续的不得调动或离职。移交人员对移交的资料的合法性、真实性承担法律责任。

12.5　附　　则

1. 内部控制制度适用于公司及其各部门。
2. 内部控制制度由董事会负责解释。
3. 内部控制制度自发布之日起执行。

第13章

组织架构内部控制制度

13.1 控 制 目 标

组织架构的内部控制目标主要包括以下几个方面:

(1)结合公司章程和实际情况,建立规范的法人治理结构,促进公司内部控制的有效运行。公司应当科学界定决策、管理、执行、监督各层面的地位、职责与任务,形成有效的分工和制衡机制,切实发挥相关机构的职能作用,为公司内部控制的建立和实施提供强有力的组织结构保障和工作机制保障。

(2)建立科学合理的组织架构,能够适应企业经营管理的实际需要和外部环境的变化,有利于减少管理层级和提高管理效能,避免机构重叠和效率低下,促进内部控制的有效实施。

(3)根据经营目标、职能划分和管理要求,明确高级管理人员、各职能部门和分支机构以及基层作业单位的职责权限,将权利与责任分解到具体岗位,为内部控制的有效实施创造良好条件。

(4)通过内部管理制度汇编、员工手册、组织结构图、业务流程图、岗位描述、权限指引等适当方式,使公司员工了解和掌握内部机构设置及权责分配情况,促进公司各层级员工明确职责分工,正确行使职权,并加强对权责履行的监督。

13.2 适 用 范 围

本章适用于公司内部的组织结构设计与运行活动。

13.3　控 制 活 动

13.3.1　流程图

组织架构建设流程如图 13-1 所示。

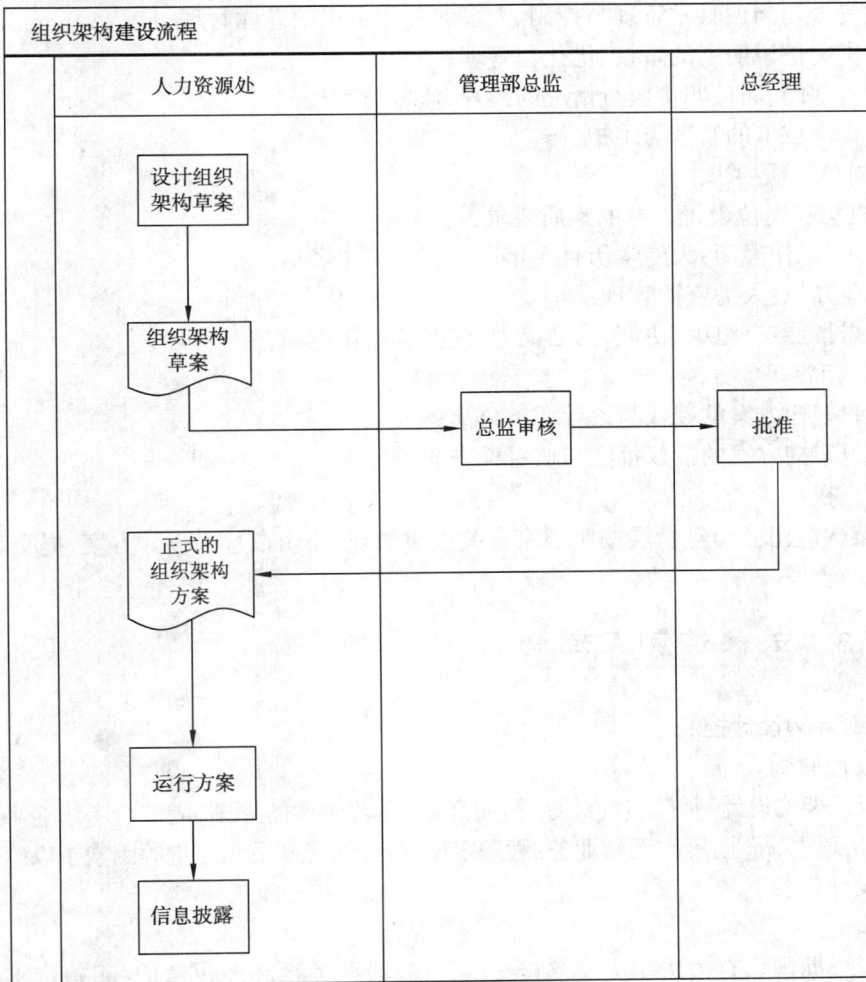

图 13-1　组织架构建设流程

13.3.2 分工与授权

1. 分 工

（1）部门职责。

人力资源处的职责：负责公司组织机构的设置、部门职能、岗位设置。

（2）岗位职责。

组织机构和岗位设置人员的职责：

① 负责公司岗位日常管理与控制、人事调配和员工信息库管理；

② 负责岗位说明书的审核、优化与管理；

③ 负责部门、岗位职责履行情况的检查、监督与考核；

④ 负责岗位卡的管理与维护。

（3）岗位素质要求。

组织机构和岗位设置人员的素质要求：

① 学历/工作经历：大专学历且5年以上相关工作经历；

② 专业知识：人力资源管理；

③ 所需技能：有组织、协调、沟通能力，能熟练操作电脑。

（4）不相容职务分离。

① 组织架构方案的授权与设计职务分离；

② 组织架构方案的授权批准与监督检查职务分离。

2. 授 权

组织架构应由公司经营层按照国家有关法律法规、公司章程来设计方案，提交董事会批准后才能执行。

13.3.3 关键控制点控制

1. 组织架构设计控制

（1）设计原则。

公司组织架构设计，坚持权责对等、精简高效、运转协调的原则，应综合考虑企业性质、发展战略、文化理念、行业特点、经营业务、管理定位、效益情况和员工总量等因素予以确定。

（2）设计内容。

① 决策层。

公司应根据国家有关法律法规，结合公司自身股权关系和股权结构，明确董事会、监事会和经理层的职责权限、任职条件、议事规则和工作程序，确保决策、执行和监督相互分离、有机协调,确保董事会、监事会和经理层能够按照法律法规和公司章程的规定行使职权。公司应在公司章程中规定股东大会对董事会的授权原则、授权内容明确具体。公司重大决策、重大事项、重要人事任免及大额资金支付业务等实行集体决策审批或者会签制度,任何个人不得单独进行决策或者擅自改变集体决策意见。

② 执行层。

公司应按照科学、精简、高效的原则,合理地设置公司内部经理层以下职能部门,明确各部门的职责权限和相互之间的责权利关系,形成各司其职、各负其责、相互协调、相互制约的工作机制。公司应避免设置业务重复或职能重叠的机构,将公司管理层次保持在合理水平。

③ 内部审计机构。

公司应依照有关法律法规和公司章程设立内部审计机构,配备与其职责要求相适应的审计人员,并保证内部审计机构具有相应的独立性。

内部审计机构在建立与实施内部控制中的主要职责包括:对建立健全本公司内部控制提出意见和建议,并对内部控制的有效运行进行监督;根据董事会、监事会或经理层授权,具体组织实施公司内部控制自我评价事宜;协助董事会及其审计委员会,协调内部控制审计及其他相关事宜。

④ 职责分离。

公司应对各部门的职能进行科学合理的分解,确定各具体职位的名称、职责、岗位要求和工作内容等,编制岗位说明书,明确各个岗位的职责范围、主要权限、任职条件和沟通关系。在确定职权和岗位分工过程中,应体现不相容职务相互分离的制衡要求。不相容职务通常包括:可行性研究与决策审批;决策审批与执行;执行与监督检查。

2. 组织架构运行控制

公司应采取有效措施监督、定期检查组织架构运行的情况,并考核组织架构运行效果和效率;建立业绩考评制度,明确绩效评价标准与程序,并通过目标任务书等形式将经营指标层层分解到企业内部各部门,责任到人,促进公司组织架构中各层级员工责、权、利的有效实行。

13.4　相关制度

1.《组织机构图》
2.《组织机构设置及部门职能描述》
3.《岗位说明书》
4.《签字规则》
5.《公司章程》

第 14 章

人力资源内部控制制度

14.1 控 制 目 标

人力资源的内部控制目标主要包括以下几个方面：

（1）建立科学、规范、公平、公开、公正的人力资源政策，有利于调动员工在内部控制和经营管理活动中的积极性、主动性和创造性。

（2）将职业道德素养和专业胜任能力作为选拔和聘用员工的重要标准，并适当关注应聘者的价值取向和行为特征是否与本公司的企业文化和内部控制的有关要求相适应。

（3）重视并加强员工培训，制订科学、合理的培训计划，提高培训的针对性和实效性，不断提升员工的道德素养和业务素质。

（4）建立和完善针对各层级员工的激励约束机制，通过制定合理的目标、建立明确的标准、执行严格的考核和落实配套的奖惩，促进员工责、权、利的有机统一和企业内部控制的有效执行。

14.2 适 用 范 围

本章适用于公司内部的人力资源业务活动。

14.3 控 制 活 动

14.3.1 流程图

1. 招聘管理流程图
招聘管理流程图如图 14-1 所示。

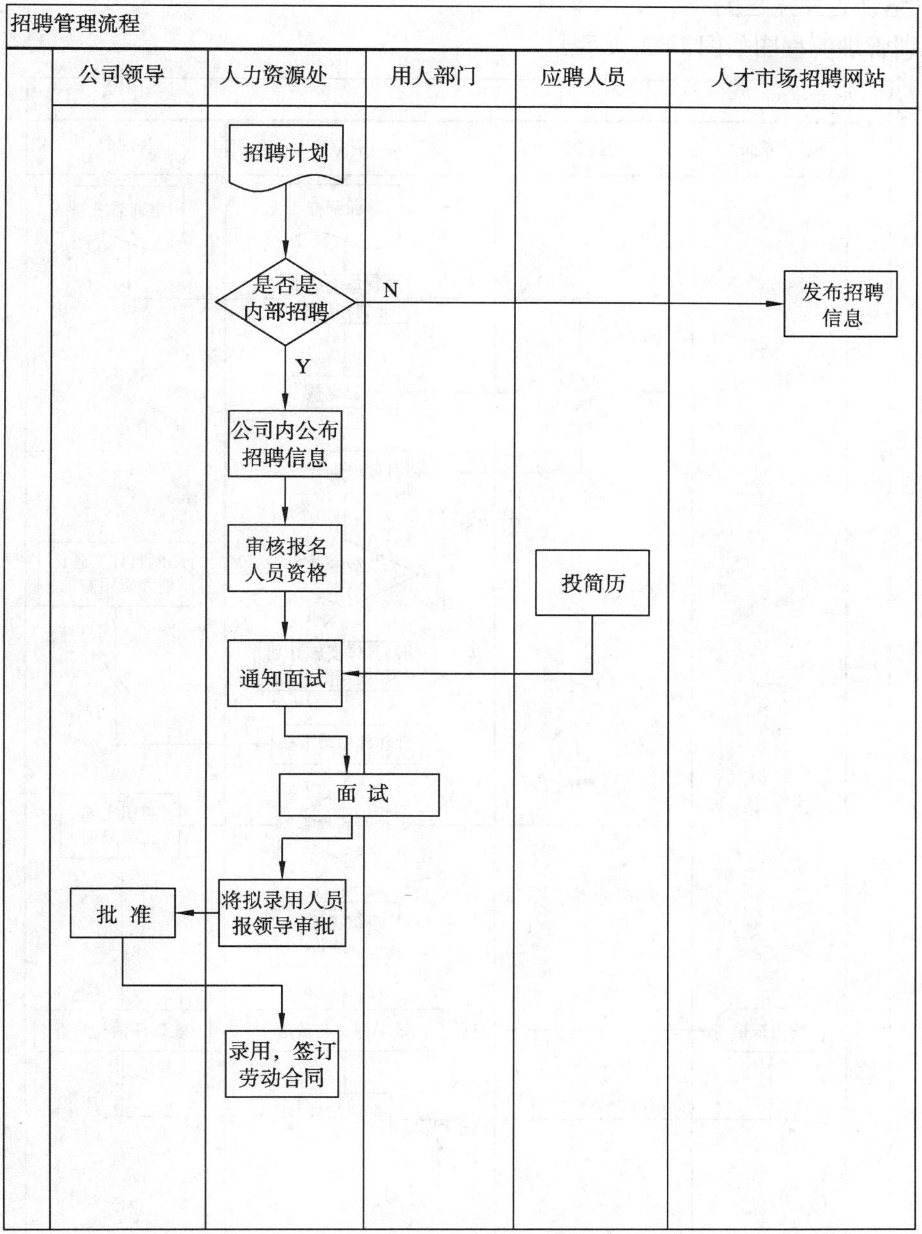

招聘管理流程				
公司领导	人力资源处	用人部门	应聘人员	人才市场招聘网站

招聘计划

是否是内部招聘　N → 发布招聘信息

Y

公司内公布招聘信息

审核报名人员资格

投简历

通知面试

面试

批准 ← 将拟录用人员报领导审批

录用，签订劳动合同

图 14-1　招聘管理流程

2. 培训管理流程图

培训管理流程图如图 14-2 所示。

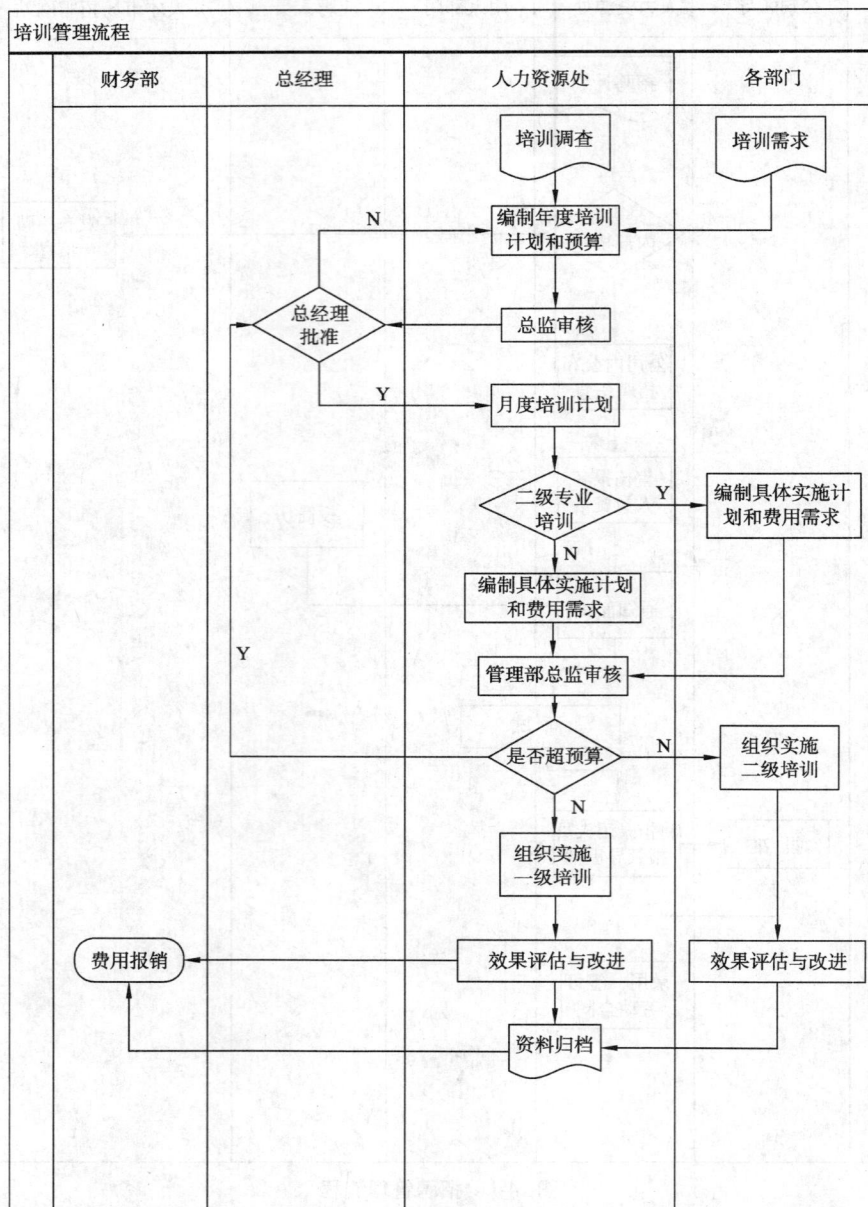

培训管理流程			
财务部	总经理	人力资源处	各部门

培训调查

培训需求

编制年度培训计划和预算

N

总经理批准

总监审核

Y

月度培训计划

二级专业培训

Y

编制具体实施计划和费用需求

N

编制具体实施计划和费用需求

管理部总监审核

是否超预算

N

组织实施二级培训

N

组织实施一级培训

费用报销

效果评估与改进

效果评估与改进

资料归档

Y

图 14-2 培训管理流程

3. 绩效考核管理流程图

（1）部门绩效考核管理。

① KPI 指标考核流程图如图 14-3 所示。

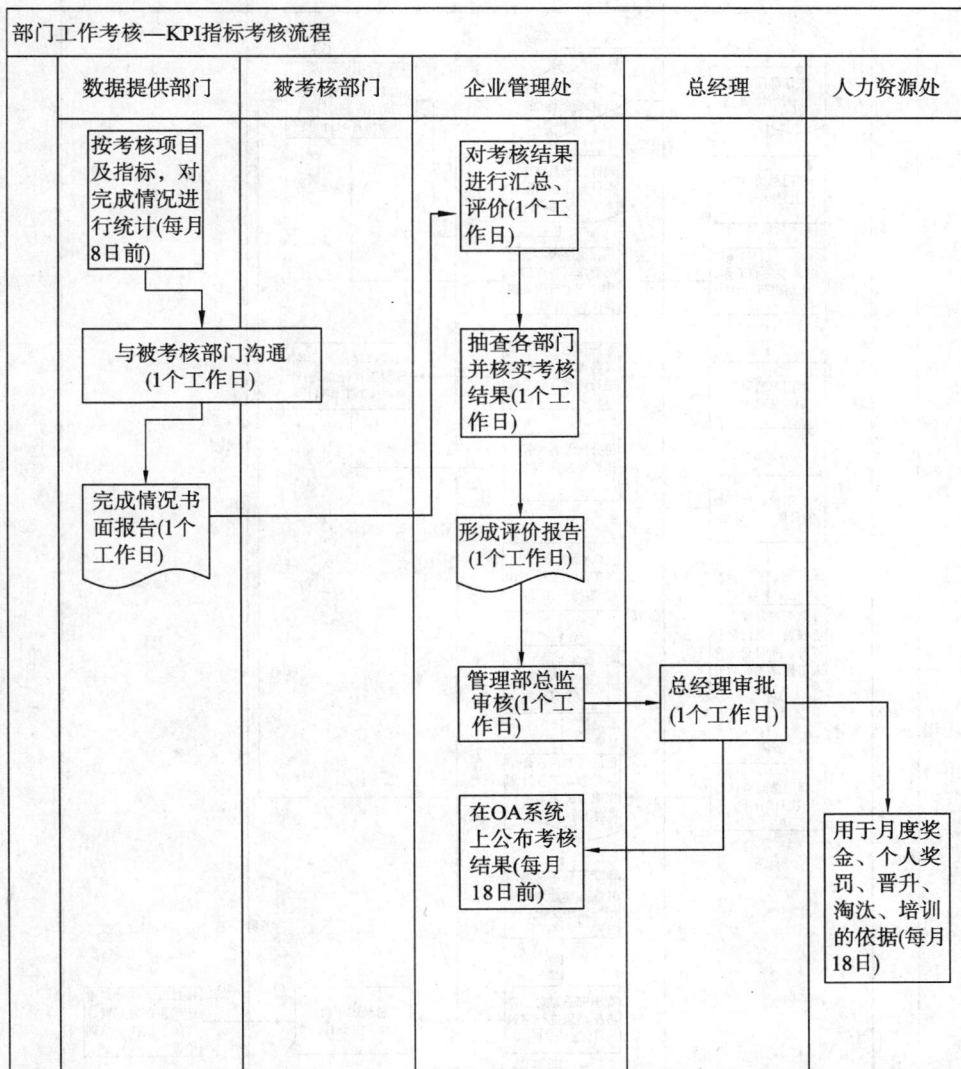

部门工作考核—KPI指标考核流程

数据提供部门	被考核部门	企业管理处	总经理	人力资源处
按考核项目及指标，对完成情况进行统计(每月8日前)		对考核结果进行汇总、评价(1个工作日)		
与被考核部门沟通(1个工作日)		抽查各部门并核实考核结果(1个工作日)		
完成情况书面报告(1个工作日)		形成评价报告(1个工作日)		
		管理部总监审核(1个工作日)	总经理审批(1个工作日)	
		在OA系统上公布考核结果(每月18日前)		用于月度奖金、个人奖罚、晋升、淘汰、培训的依据(每月18日)

图 14-3 KPI 指标考核流程

② 月度工作计划考核流程图如图 14-4 所示。

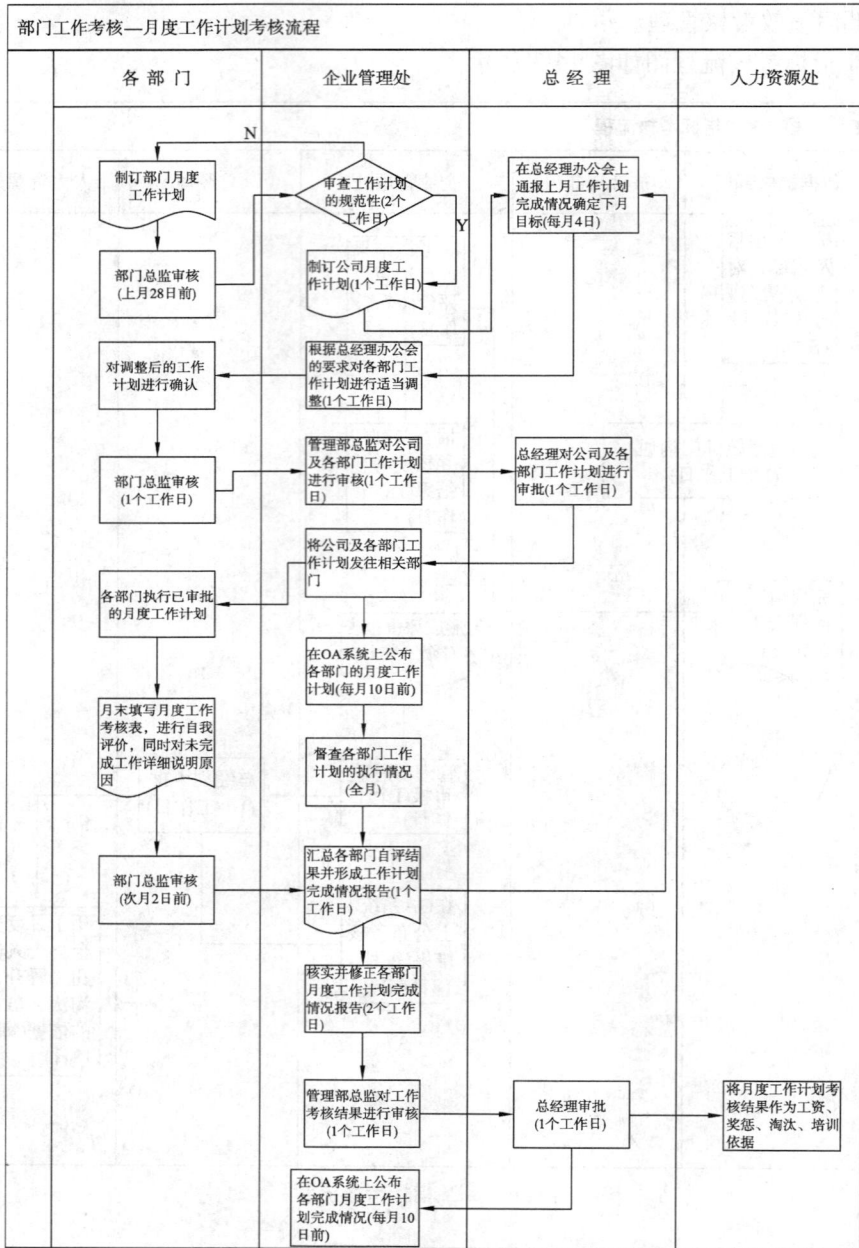

部门工作考核—月度工作计划考核流程

各 部 门	企业管理处	总 经 理	人力资源处
制订部门月度工作计划	审查工作计划的规范性(2个工作日) N / Y	在总经理办公会上通报上月工作计划完成情况确定下月目标(每月4日)	
部门总监审核(上月28日前)	制订公司月度工作计划(1个工作日)		
对调整后的工作计划进行确认	根据总经理办公会的要求对各部门工作计划进行适当调整(1个工作日)		
部门总监审核(1个工作日)	管理部总监对公司及各部门工作计划进行审核(1个工作日)	总经理对公司及各部门工作计划进行审批(1个工作日)	
各部门执行已审批的月度工作计划	将公司及各部门工作计划发往相关部门		
	在OA系统上公布各部门的月度工作计划(每月10日前)		
月末填写月度工作考核表,进行自我评价,同时对未完成工作详细说明原因	督查各部门工作计划的执行情况(全月)		
部门总监审核(次月2日前)	汇总各部门自评结果并形成工作计划完成情况报告(1个工作日)		
	核实并修正各部门月度工作计划完成情况报告(2个工作日)		
	管理部总监对工作考核结果进行审核(1个工作日)	总经理审批(1个工作日)	将月度工作计划考核结果作为工资、奖惩、淘汰、培训依据
	在OA系统上公布各部门月度工作计划完成情况(每月10日前)		

图 14-4　月度工作计划考核流程

（2）员工绩效考核管理。

员工绩效考核流程图如图 14-5 所示。

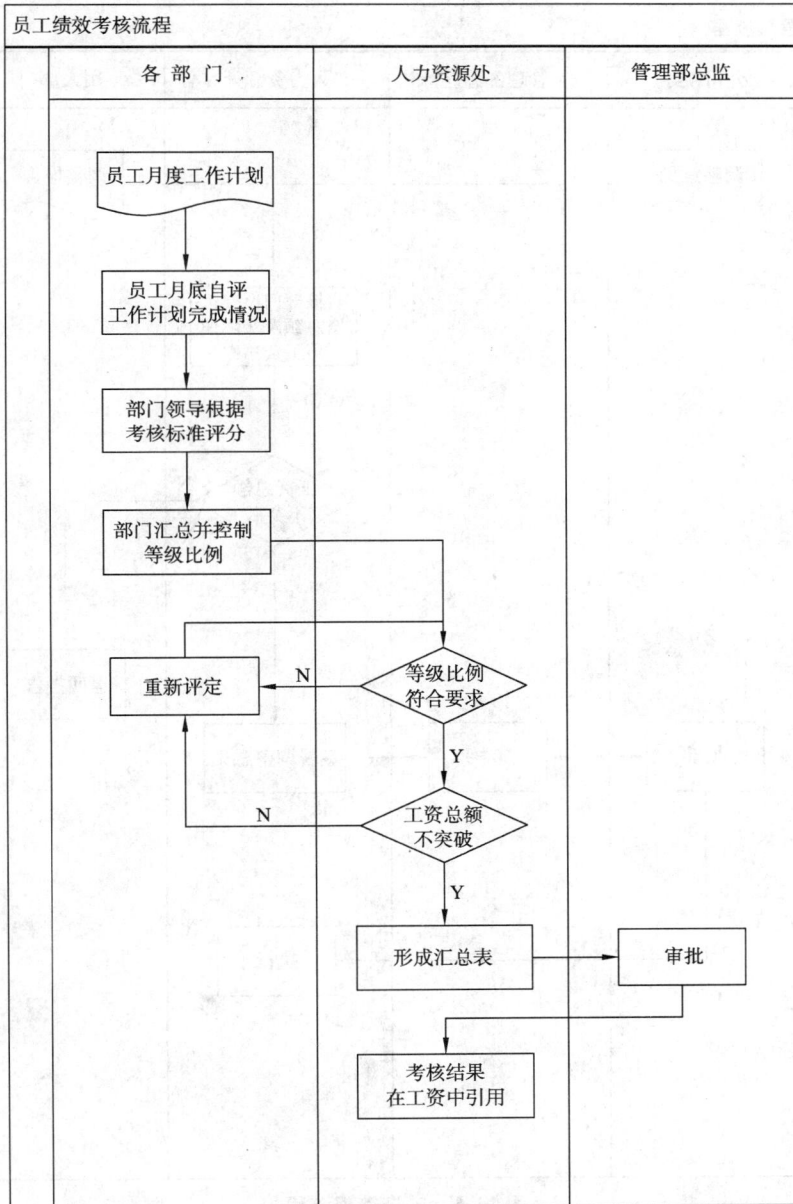

图 14-5 员工绩效考核流程

4. 薪酬福利管理流程图

（1）工资管理流程图如图 14-6 所示。

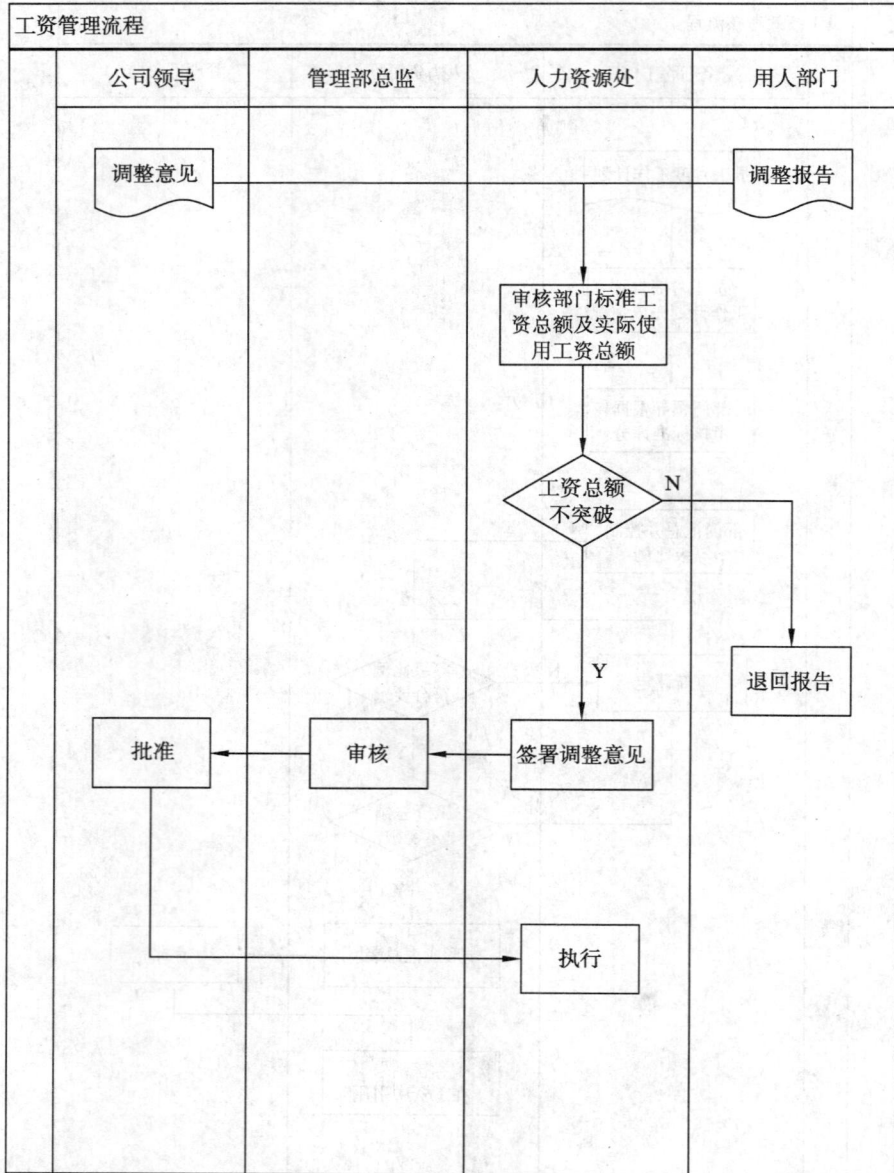

工资管理流程

公司领导	管理部总监	人力资源处	用人部门

调整意见 → 人力资源处

调整报告

审核部门标准工资总额及实际使用工资总额

工资总额不突破 N → 退回报告

Y

批准 ← 审核 ← 签署调整意见

执行

图 14-6　工资管理流程

（2）非计件工资发放流程图如图 14-7 所示。

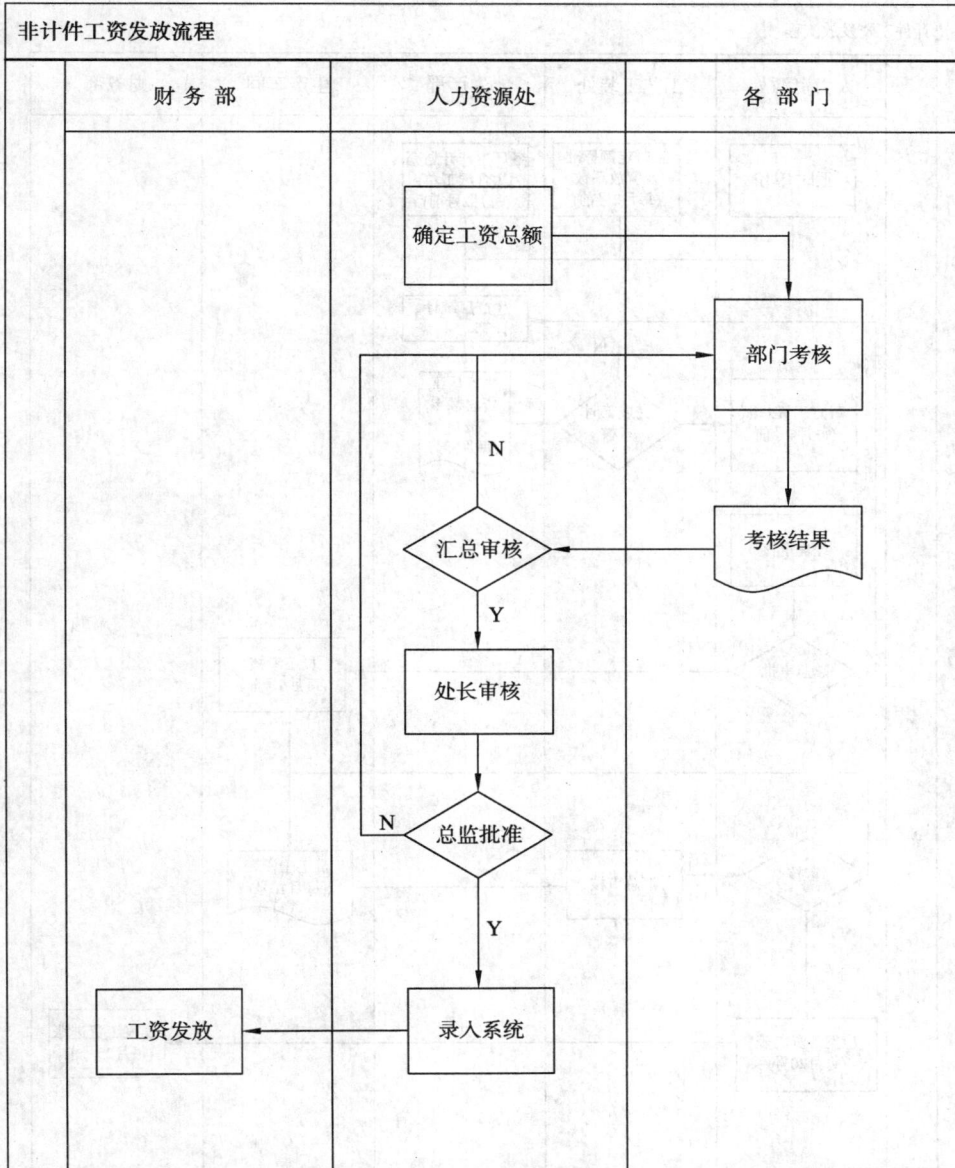

图 14-7 非计件工资发放流程

（3）计件工资发放流程图如图 14-8 所示。

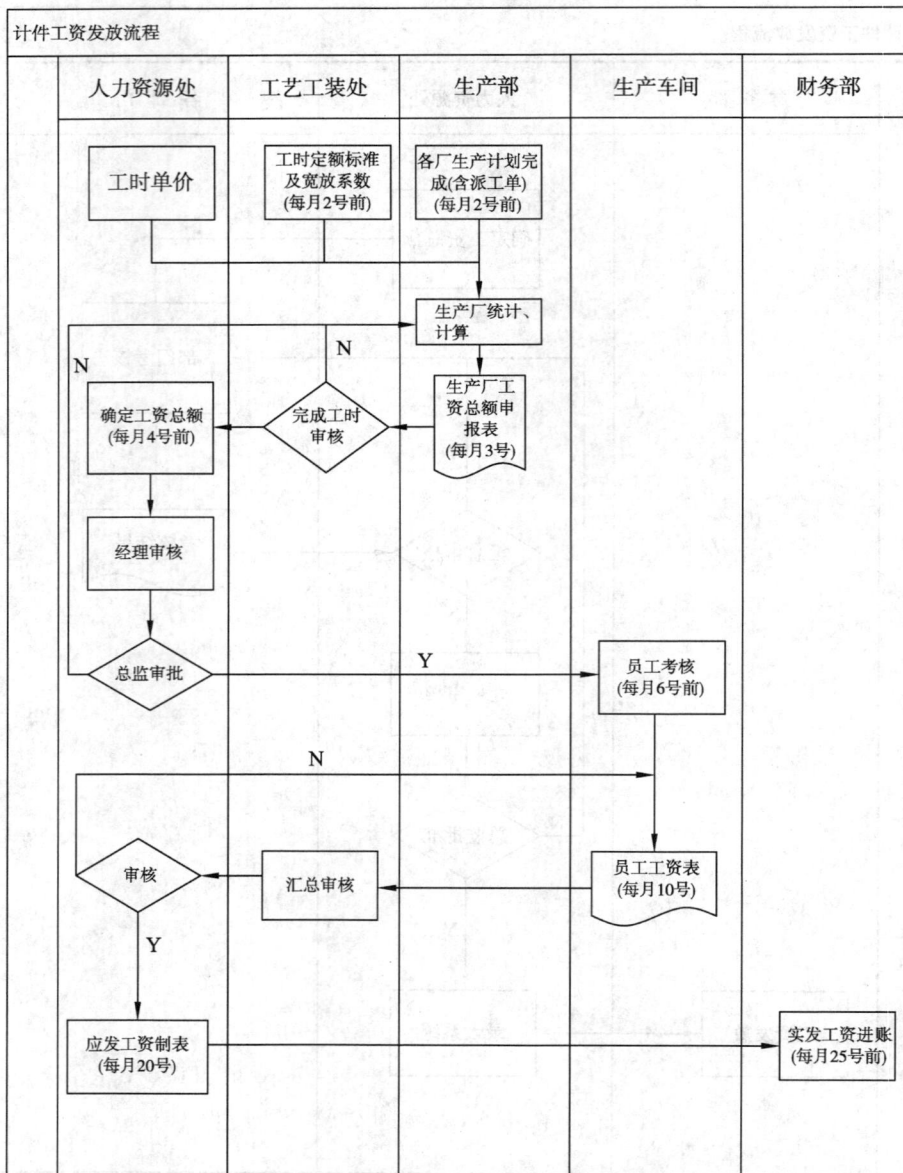

计件工资发放流程

人力资源处	工艺工装处	生产部	生产车间	财务部

工时单价

工时定额标准及宽放系数（每月2号前）

各厂生产计划完成(含派工单)（每月2号前）

生产厂统计、计算

N

N

确定工资总额（每月4号前）

完成工时审核

生产厂工资总额申报表（每月3号）

经理审核

总监审批

Y

员工考核（每月6号前）

N

审核

汇总审核

员工工资表（每月10号）

Y

应发工资制表（每月20号）

实发工资进账（每月25号前）

图 14-8　计件工资发放流程

（4）工资晋升流程图如图14-9所示。

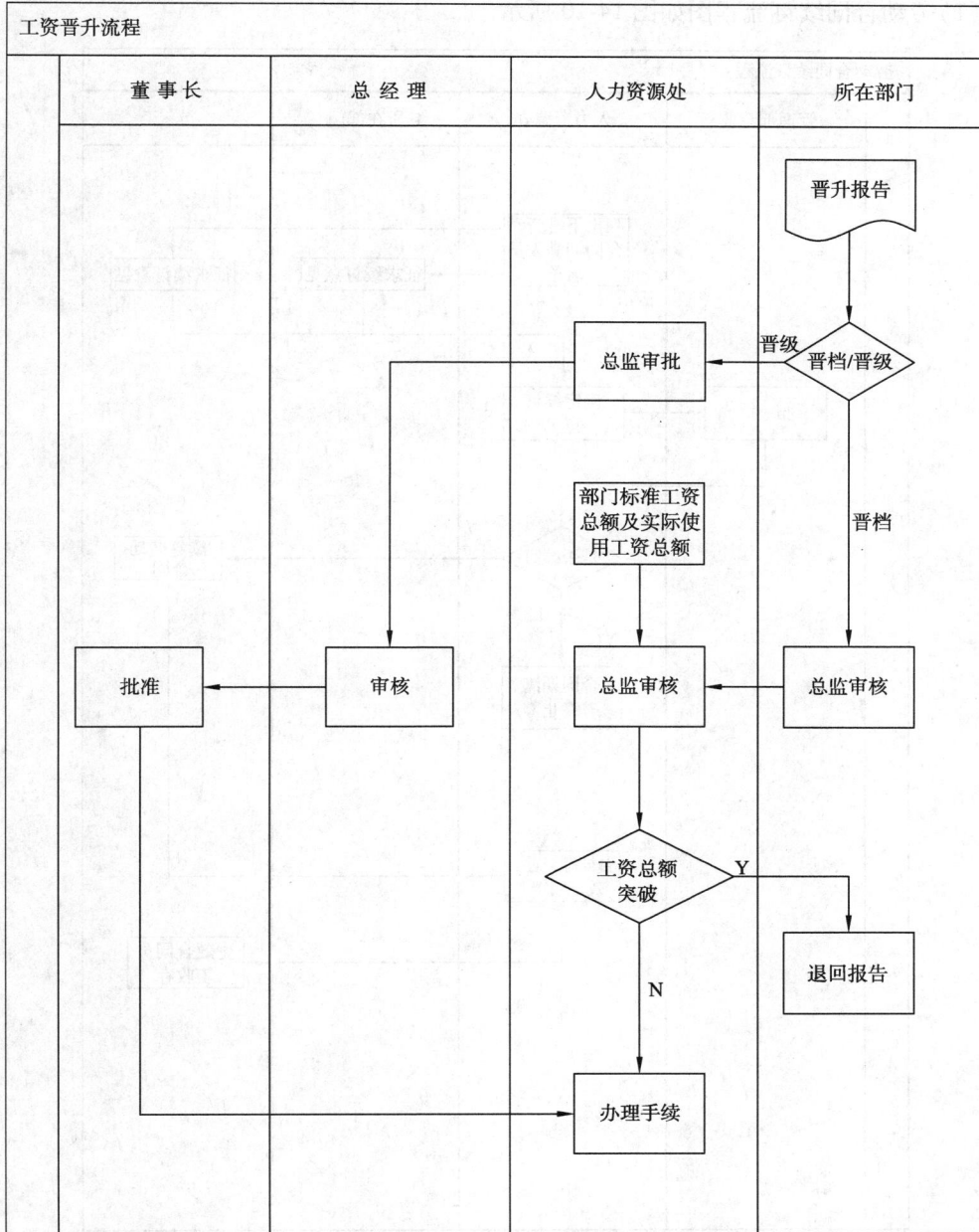

工资晋升流程

董事长	总经理	人力资源处	所在部门

晋升报告

晋档/晋级 ──晋级── 总监审批

部门标准工资总额及实际使用工资总额

批准 ← 审核 ← 总监审核 ← 总监审核 ← 晋档

工资总额突破 ──Y── 退回报告

N

办理手续

图 14-9　工资晋升流程

5. 劳动关系管理流程图

（1）劳动合同续订流程图如图 14-10 所示。

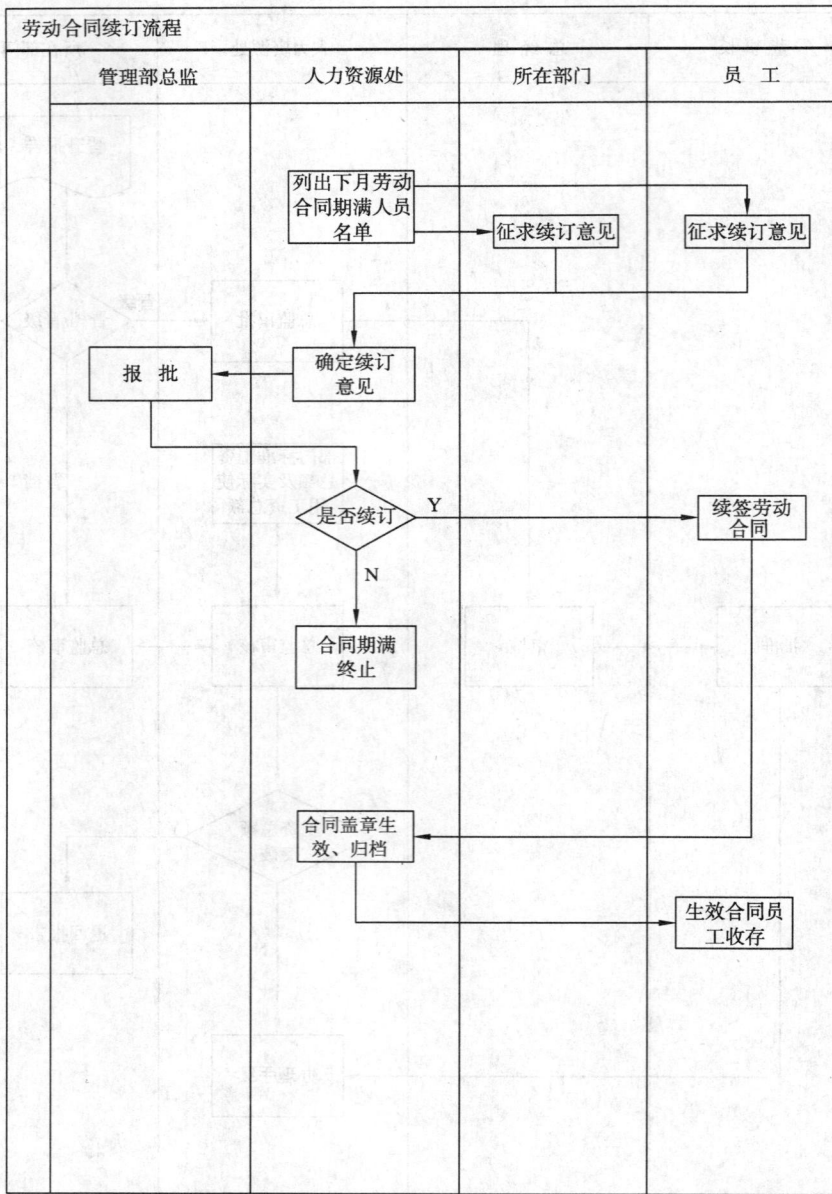

劳动合同续订流程			
管理部总监	人力资源处	所在部门	员 工

列出下月劳动合同期满人员名单 → 征求续订意见（所在部门）← 征求续订意见（员工）

确定续订意见 → 报批

是否续订 —— Y → 续签劳动合同

N → 合同期满终止

合同盖章生效、归档 ← 生效合同员工收存

图 14-10　劳动合同续订流程

（2）岗位管理流程图如图 14-11 所示。

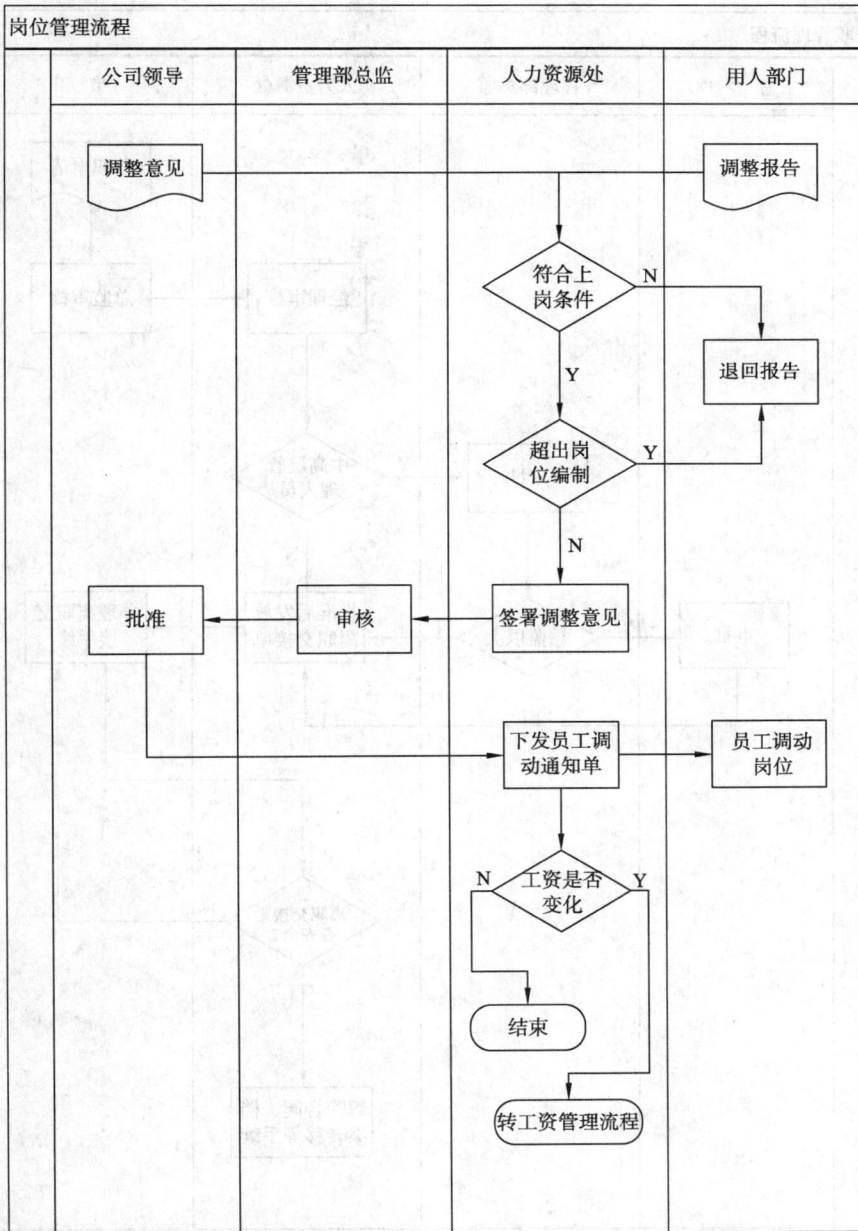

图 14-11 岗位管理流程

（3）辞职管理流程图如图 14-12 所示。

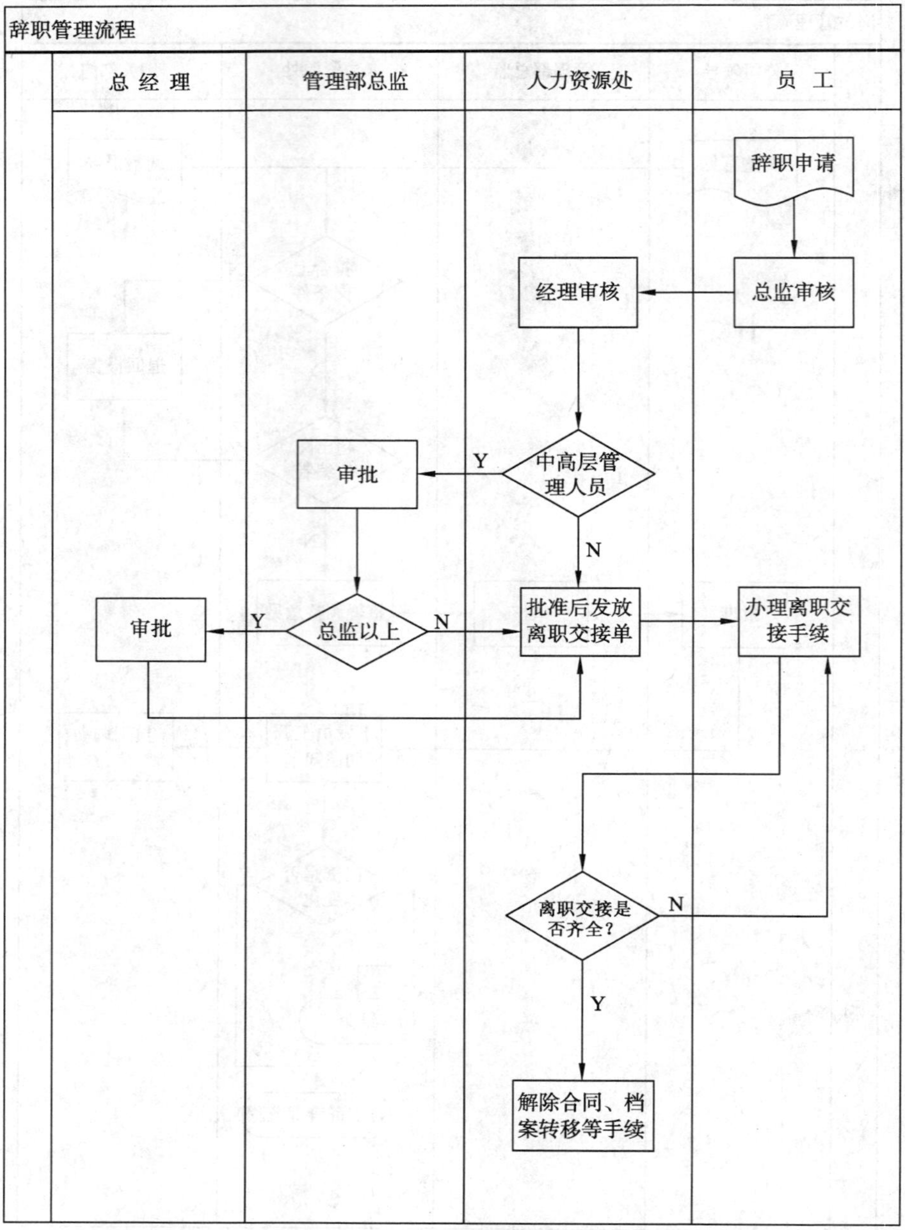

图 14-12 辞职管理流程

14.3.2 分工与授权

14.3.2.1 分 工

1. 部门职责

(1)人力资源处的职责:

① 负责员工培训计划制订与组织实施;

② 负责岗位控制与人员调配工作;

③ 负责员工薪酬与福利管理;

④ 负责人员招聘与专业技术职务管理;

⑤ 负责员工绩效考核及应用、人事信息管理;

⑥ 负责员工劳动关系、劳动纪律、人事档案管理。

(2) 企业管理处的职责:

① 负责工作流程制订、完善、优化及执行情况督查;

② 负责对公司各部门的工作绩效(KPI)进行考核,包括考核的组织和整理。

2. 岗位职责

(1) 招聘培训专员的职责:

① 负责公司培训计划的制订;

② 负责培训的组织实施;

③ 负责员工培训档案的建立;

④ 负责职称的申报及管理;

⑤ 负责培训费用的申报及发放;

⑥ 负责对外招聘工作。

(2) 绩效考核及人事专员的职责:

① 负责员工个人绩效考核与考核结果应用;

② 负责部门、岗位职责履行情况的检查、监督与考核;

③ 负责新员工使用/见习期的考核。

(3) 企业管理专员的职责:

① 负责各部门考核指标的推行,严格执行部门考核规定,按时提交部门考核引用;

② 协助部门领导对公司的制度进行制定、修订和管理;

③ 协助部门领导对公司流程的优化诊断、分析和再造;

④ 部门月度工作计划与总结及考核得分;

⑤ 公司月度效益系数、部门考核得分核定;

⑥ 负责对相关交办事件的调查。

（4）薪酬福利专员的职责:

① 负责编制公司年度工资使用计划,以及各类员工工资的计算、汇总;

② 负责实施公司工资调整工作,以及员工工资变动;

③ 负责及时、准确地编制劳动工资方面的统计报表,提出有关的统计分析报告和改进建议;

④ 负责办理月度扣缴保险福利项目的支出水平,社会统筹申报与结算手续;

⑤ 负责汇总员工绩效考核结果在薪酬中的运用;

⑥ 负责审核下达计件工资总额;

⑦ 负责生产厂计件工资使用的审核;

⑧ 负责协调处理与劳动保障等部门的关系,加班管理与统计汇总。

（5）劳动关系管理专员的职责:

① 负责新进员工入职手续的办理;

② 负责在职员工劳动合同的续签;

③ 负责员工离职手续的办理;

④ 负责员工退休手续的办理;

⑤ 负责员工的考勤管理;

⑥ 负责员工的假期管理;

⑦ 负责违规员工的处理。

3. 岗位的素质要求

（1）招聘培训专员的素质要求:

① 学历/工作经历:大专学历且 3 年以上相关工作经历;

② 相关职务知识:沟通技巧;

③ 专业知识:人力资源管理、教育学、心理学;

④ 所需技能:有组织、协调、沟通能力、演讲技巧,能熟练操作电脑。

（2）绩效考核及人事专员的素质要求:

① 学历/工作经历:大专学历且 5 年以上相关工作经历;

② 专业知识:人力资源管理;

③ 所需技能:有组织、协调沟通能力,能熟练操作电脑。

（3）企业管理专员的素质要求:

① 学历/工作经历:大专学历且 5 年以上企业管理工作经验;

② 专业知识:企业管理、经济管理知识;

③ 所需技能:有较强的组织、协调、沟通和文字组织能力,能熟练运用电脑。

(4)薪酬福利专员的素质要求:

① 学历/工作经历:大专学历且 5 年以上相关工作经历;

② 专业知识:人力资源管理;

③ 所需技能:有组织、协调沟通能力,能熟练操作电脑。

(5)劳动关系管理专员的素质要求:

① 学历/工作经历:大专学历且 3 年以上相关工作经历;

② 相关职务知识:劳动法等相关人事法律法规、相关人事政策;

③ 专业知识:人力资源管理;

④ 所需技能:有组织、协调沟通能力,能熟练操作电脑。

4.不相容职务分离

(1)人力资源政策的执行与稽核职务分离;

(2)人力资源政策的授权批准与监督检查职务分离;

(3)人力资源政策的执行与记录职务分离。

14.3.2.2　授　权

1.招聘培训管理的授权

(1)编制年度人力资源招聘计划时,根据公司的权限和程序规定来进行审核与批准才能实施。

(2)招聘编制内一般岗位人员,应由用人部门总监提出申请,由人力资源处经理审核,管理部总监批准;招聘编制内中层或以上人员,应由用人部门总监提出申请,由管理部总监审核,公司总经理批准;招聘超编人员,应由用人部门总监提出申请,人力资源处经理和管理部总监共同审核,公司总经理批准;招聘一线工人,应由生产车间经理提出申请,生产部总监和人力资源处经理审核,管理部总监批准。

(3)编制年度培训计划和培训预算时,由管理部总监审核,公司总经理批准。若未批准,则重新编制年度培训计划和培训预算;若批准,则由人力资源处编制月度培训计划。

(4)编制培训具体实施计划时,由管理部总监审核,若超出预算,交由公司总经理批准,若未超出预算,则进行组织实施。

2.绩效考核管理的授权

(1)高层管理人员应按市国资委相关规定及公司董事会的决议进行考核。

(2)中层管理人员(包括总监、主任、经理级别)年度考核由人力资源处负责考核的组织、数据整理与统计、考核结果的报审和考核档案归档,考核结果的最终批准权机构是公司经理会。

（3）管理、技术、辅助岗位员工实行月度考核，对管理、技术、辅助岗位中每月工作任务单一、相对固定的人员，由人力资源处经理和所在部门总监直接集中考核。

（4）销售业务、管理人员的考核办法应由销售总公司依据销售承包办法另行制定并组织实施。

（5）车间计时计件工资人员的考核由生产班组长和车间经理实施考核，生产部总监/整车中心经理审批。总检人员的考核由车间经理实施考核，质量部总监审批。

3. 薪酬福利管理的授权

（1）在非计件工资发放过程中，非计件工资总额汇总审核的结果应由管理部总监批准。

（2）在计件工作发放过程中，确定的计件工资总额应由人力资源处经理审核，管理部总监批准。

（3）定岗定编定薪应由人力资源处经理提出申请，管理部总监审核，公司总经理批准。

（4）在工资晋升过程中，晋级应由管理部总监审核，公司总经理批准；晋档应由晋升人员所在部门总监审核，管理部总监批准。

（5）工资、福利、保险、津贴等定期支付，合同工应由人力资源处经理提出申请，管理部总监或财务部副总监审核，财务副总批准，外包工应由生产车间经理提出申请，生产部总监或财务部副总监审核，财务副总批准；奖金等不定期支付，应由管理部总监或财务副总审核，公司总经理批准。

4. 劳动关系管理的授权

（1）新订劳动合同，应由人力资源处经理审核，管理部总监批准；续订、解除、终止劳动合同，应由所在部门总监和人力资源处经理审核，管理部总监批准；中层及以上人员的劳动合同管理，应由管理部总监审核，公司总经理批准。

（2）在辞职管理流程中，中层干部以下员工辞职，由员工本人提出申请，应由其所在部门经理、部门总监和人力资源处经理审核，管理部总监批准，办理相关离职手续；中层干部及以上员工辞职，由员工本人提出申请，应由其所在部门总监和管理部总监审核，公司总经理批准，批准后办理相关离职手续。

（3）岗位调整与人员任命管理，中层干部以下应由所在部门经理提出申请，由部门总监、人力资源处经理审核，管理部总监批准；中层干部及以上人员应由所在部门总监提出申请，由管理部总监审核，公司总经理批准。

14.3.3　关键控制点控制

1. 岗位设置与人力资源需求计划管理控制

（1）公司应当建立岗位说明书，明确所有岗位的主要职责、资历、经验要求等，并定期组织内部各部门对工作岗位进行分析,确保各岗位配备胜任的人员,避免因人设岗。

(2)企业应当建立岗位责任制,明确岗位职责及其分工情况,确保不相容岗位相互分离、制约和监督。

(3)对于在产品技术、市场、管理等方面涉及或掌握公司知识产权、专有技术、商业秘密等的工作岗位,公司应当与该岗位工作人员签订有关岗位保密协议,明确其保密义务。

(4)公司应当建立良好的人力资源政策反映渠道,确保有关人力资源政策的建议得以传递和落实,保证人力资源运用效率的提高和人员任用的公平合理。

(5)公司应根据自身经营管理实践经验,对某些控制薄弱、易发生舞弊行为的岗位实行轮岗制度。

(6)公司内部各部门应当根据岗位设置现状,结合部门工作实际开展情况,及时向人力资源处提交人力资源需求计划,注明所需人员的职位、数量、专业胜任能力、时间要求以及其他事项。

(7)公司制订人力资源需求计划,应当注意与公司战略目标、发展方向、生产经营要求、组织机构的变更等相适应,并考虑一定的人才储备。

2. 招聘、培训与离职管理控制

(1)公司应当根据年度人力资源需求计划,采取外部招聘、内部选拔或委托第三方招聘等方式,对关键岗位和紧缺人才进行选拔。招聘工作一般可以按照资格初审、专业知识和综合素质测评、面试与答辩、专家组评审等程序进行。在整个招聘过程中的审核记录和相关资料均需妥善归档保存。

(2)公司招聘人员应当特别关注招聘对象的职业道德。对于会计、出纳、信息系统操作等易发生舞弊行为的岗位以及中、高级管理人员的招聘,应当专门进行背景调查,审核招聘对象是否有违法犯罪、行政处罚、商业欺诈等前科。

(3)公司招聘人员应当关注招聘对象的专业胜任能力。对专业技术有特殊要求的岗位,应当要求招聘对象具有相应的从业资格证书,并检查其真实性。

(4)公司应当根据实际需要制订年度培训计划,对培训目的、培训人员、培训时间、培训方式、培训预算等作出适当安排,确保员工专业知识和业务能力达到岗位要求。

(5)公司可以采取工作轮换、入职培训、脱产培训等方式对员工进行培训。培训期末应当由培训单位进行考核,并将考核结果及时报人力资源处进行评价。

(6)公司应当将人力资源招聘与培训的费用纳入预算,明确费用开支范围和开支标准,由人力资源处总监审核招聘和培训费用,并由总经理对其实施控制。

(7)员工因个人原因提出辞职申请时,公司应当根据劳动合同协议的规定和《签字规则》要求其提前向相关部门或人员提交辞职报告,并按规定办理有关离职交接手续。

(8)公司应当对部门总监、副总监以及子公司、分公司经理进行离任审计。对于其他管理人员(如部门主管、敏感岗位人员、财会、采购、销售、仓库人员等)的离任审计,由人力资源处经理根据实际需要确定。

(9) 公司应当完善员工辞职交接程序,并要求辞职员工退还所有属于企业的财产,包括实物资产和各种信息资料。

(10) 公司辞退员工应当符合国家有关法律法规的规定,根据《签字规则》,由所在部门总监提出违纪事实报告,并经违纪员工在违纪事实报告上签字确认后,方可实施辞退。对高级管理人员的违纪行为实施辞退处罚,应当经董事会批准后方可执行。

3. 绩效考核管理控制

(1) 公司应当根据《员工绩效考核办法》,对员工履行职责、完成任务的情况实施全面、公正、准确的考核,客观评价员工的工作表现,引导员工实现公司经营目标。

(2) 公司应当对高层管理人员、中层管理人员、管理、技术、辅助岗位员工、销售业务、管理人员等不同特征的岗位员工,制定不同的绩效考核方法。具体考核方法应按照公司《员工绩效考核办法》执行。考核内容一般应该涵盖员工的个人素质、工作态度、专业知识、工作能力、工作成果等。

(3) 公司应当根据《员工绩效考核办法》,对试用期满的新聘人员的工作表现进行综合性考核,以作为其转正定级的依据。

(4) 公司应当建立顺畅的考核沟通渠道,及时与员工就考核结果进行充分沟通,并为员工职业发展提供咨询和指导。

(5) 公司应当建立正式的人力资源考核记录制度,确保考核记录完整保存。

4. 薪酬福利管理控制

(1) 公司应当根据《工资管理制度》执行激励政策,规范分配行为,调动员工积极性和创造性,促进企业及员工自身的发展。在设计薪酬制度时,应当体现对员工的激励作用和对人力资源的保护作用,注重长期激励与短期激励相结合、物质激励与精神激励相结合,应当有利于保持和吸引优秀的人才。

(2) 公司工资体系由岗位和绩效工资组成。绩效工资可以分为月度、季度和年度绩效工资,具体工资核算和管理办法应当根据公司《工资管理制度》执行;条件允许的公司可以实行年金、股权激励等福利与激励计划。

(3) 公司应当根据《工资管理制度》发放员工薪酬,并对薪酬发放的真实性、合规性和准确性进行严格的审核,以防虚报冒领等行为。在发放薪酬的同时,应当向员工提供薪酬清单,供员工核对确认。

(4) 公司应当制定工资制度评价机制,及时对工资制度的合理性及其执行效果进行评价,并根据评价结果修订完善。

14.4　相 关 制 度

▸▸▸▸▸▸▸▸▸▸▸▸▸▸▸▸▸▸▸▸▸▸▸▸▸▸▸▸▸▸▸▸▸

1.《岗位说明书》

2.《组织机构设置及部门职能描述》

3.《培训管理制度》

4.《绩效考核管理制度(试行)》

5.《公司绩效考核管理方法(试行)》

6.《员工绩效考核办法(试行)》

7.《部门工作绩效(KPI)考核办法(试行)》

8.《考勤管理规定》

9.《工资管理制度》

10.《计件工资制度》

第 15 章

企业文化内部控制制度

15.1 控 制 目 标

企业文化的内部控制目标主要包括以下几个方面。

(1)在公司范围内培育健康向上的整体价值观,培养社会责任感和遵纪守法意识,倡导诚信、尊重、学习和创新的精神。

诚信体现在:对待伙伴要真诚;对待客户要热诚;对待企业要忠诚;对待工作要竭诚;团队合作要精诚;面对过失要坦诚。

尊重体现在:尊重市场导向;尊重合作伙伴;尊重企业员工;尊重竞争同行。

学习体现在:学习是指通过信息交流沟通增加认识的过程;学习的目的是认识完善自我,并最终超越自我;学习是前进的车轮;学习是一种福利;学习永无止境;学习无处不在,关键在于自我发现和创造。

创新体现在:创新是创造有差异化的产品;创新是企业持续发展的动力;创新的目的就是生存和发展;创新的判定标准是能否创造更多的价值;激发全员创新热情,容忍因创新而犯的错误。

(2)树立有利于实现公司内部控制目标的管理理念和经营风格,强化风险意识,避免因个人风险偏好可能给公司带来的不利影响和损失。

(3)培养以诚实守信为核心的职业操守,不得损害投资者、债权人、客户、员工和社会公众的利益,不断强化为投资者、债权人和社会公众提供真实、可靠、完整的会计信息及依法披露其他信息的法制意识和责任意识。

15.2 适 用 范 围

本章适用于公司的企业文化活动。

15.3　控 制 活 动

15.3.1　流程图

（1）企业文化建设流程图如图 15-1 所示。

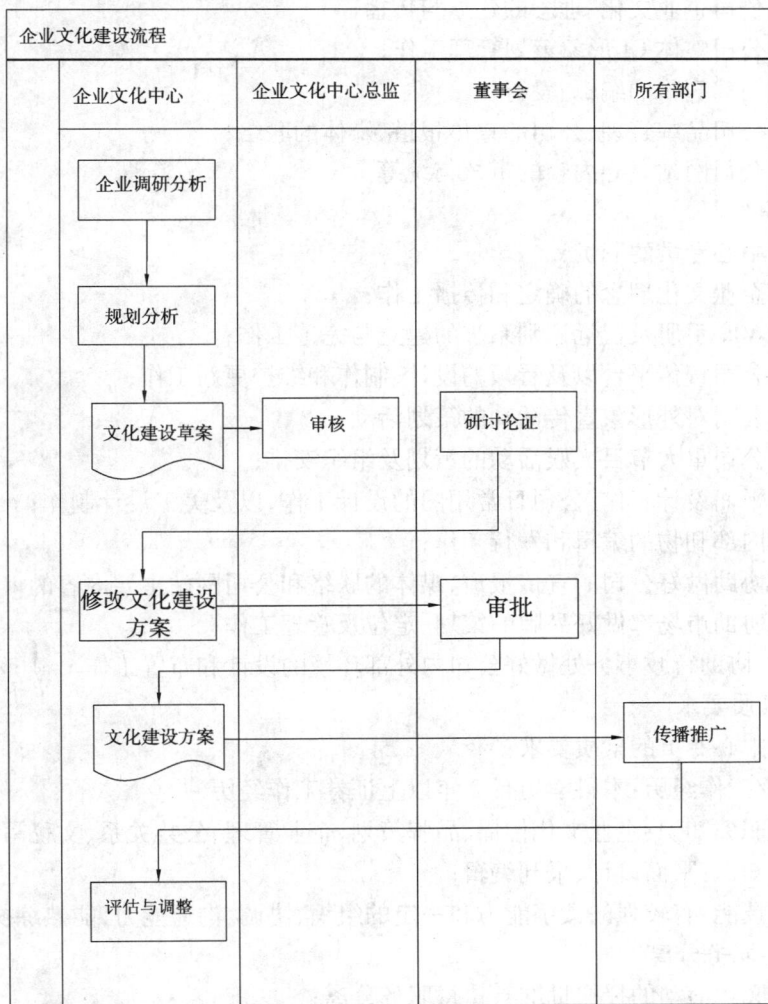

图 15-1　企业文化建设流程

15.3.2 分工与授权

15.3.2.1 分 工

1. 部门职责

企业文化中心的职责：

（1）负责公司企业文化、理念的建立与传播；

（2）负责公司整体 CI 形象策划管理工作；

（3）负责内部刊物的编辑、发行；

（4）负责公司品牌管理、公司的宣传报道、媒体的联络；

（5）负责公司网站主导内容的审核与统筹。

2. 岗位职责

企业文化中心专员的职责：

（1）负责企业文化理念的确定和传播工作；

（2）负责 VIS 手册及视觉识别系统的建立与完善工作；

（3）负责公司宣传平台以及看板的设计、制作和维护更新工作；

（4）负责公司对外形象宣传活动的策划活动；

（5）负责公司重大节目文娱活动的策划及组织安排；

（6）负责平面设计工作：公司日常用图的设计工作，以及美工设计制作；

（7）负责内部刊物的编辑和发行工作；

（8）负责协助做好公司的宣传报道、媒体的联络和公司网站主导内容的审核和统筹；

（9）负责协助市场部做好品牌的策划、定位及管理工作；

（10）负责协助行政事务处做好公司内外部环境的设计和布置工作。

3. 岗位素质要求

企业文化中心专员的素质要求：

（1）学历/工作经历：本科学历且 2 年以上证券工作经历；

（2）相关职务知识：企业文化传播、品牌策划、企业管理、公共关系、文秘写作；

（3）专业知识：平面设计、报刊编辑；

（4）所需技能：有较强的文字能力和一定的组织、协调、沟通能力，能熟练操作电脑。

4. 不相容职务分离

（1）企业文化活动的授权批准与执行职务分离；

（2）企业文化活动的执行与财产保管职务分离；

（3）企业文化活动的授权批准与监督检查职务分离。

15.3.2.2　授　权

企业文化建设草案应由企业文化中心经理进行审核,董事会批准。

15.3.3　关键控制点控制

1. 文化建立控制

（1）公司应当合理确定文化建设的目标和内容,根据公司发展战略和自身特点,总结优良传统,挖掘文化底蕴,提炼核心价值。尤其是品牌的建设,需要找准公司品牌的核心优势,并加以推广,增强公司品牌价值;

（2）公司应当重视管理层的表率作用,公司主要负责人在文化建设中发挥主导作用,以自身的优秀品格和脚踏实地的工作作风带动影响整体团队,共同营造积极向上的文化环境。

2. 文化培育控制

公司应当重点关注并购重组中的文化差异和理念冲突,找出共同的核心价值观,从而融合彼此的文化。

3. 文化评估控制

公司应当重点关注公司核心价值观的员工认同感、公司品牌的社会认可度、参与企业并购重组各方文化的融合,以及员工对公司未来发展的信心。

15.4　相关制度

1.《员工行为规范》

2.《企业文化评估制度》

第 16 章

全面预算内部控制制度

16.1 控制目标

▸▸▸▸▸▸▸▸▸▸▸▸▸▸▸▸▸▸▸▸▸▸▸▸▸▸▸▸

全面预算的内部控制目标主要包括以下几个方面:

(1) 明确经营活动目标。公司的全面预算不仅可以将公司生产经营与业务活动目标具体化,还可以帮助公司员工明确整个单位的生产经营与业务活动的总体目标,使所有员工了解本部门的生产经营与业务活动任务,以及部门任务在单位总体目标与任务中的地位,增强完成任务的责任和信心。

(2) 协调职能部门工作。全面预算控制围绕单位生产经营与业务活动目标,通过预算编制、执行、调整、分析、考核等手段,将单位的生产经营与业务活动过程中各个环节、各个方面的工作严密组织起来,使公司内部上下左右协调,保持平衡,减少和消除可能发生的各种矛盾与冲突,从而使公司成为一个实现生产经营活动目标、完成生产经营活动任务的有机整体。

(3) 控制经营业务活动。预算是公司生产经营与业务活动主要依据,公司需要通过预算编制来确定生产经营与业务活动目标,通过预算执行、分析与考核,从而控制公司生产经营与业务活动。

(4) 评价经营活动业绩。在生产经营与业务活动过程中,将实际结果与预算加以比较,就可以揭示出实际脱离预算差异,据以考核各部门和员工的工作业绩,同时还可以检查预算编制的质量,为下期预算编制提供可借鉴的资料。

16.2 适用范围

▸▸▸▸▸▸▸▸▸▸▸▸▸▸▸▸▸▸▸▸▸▸▸▸▸▸▸▸

本章适用于公司内部的所有预算业务活动。

16.3　控 制 活 动

16.3.1　流程图

1. 预算管理流程图

预算管理流程图如图 16-1 所示。

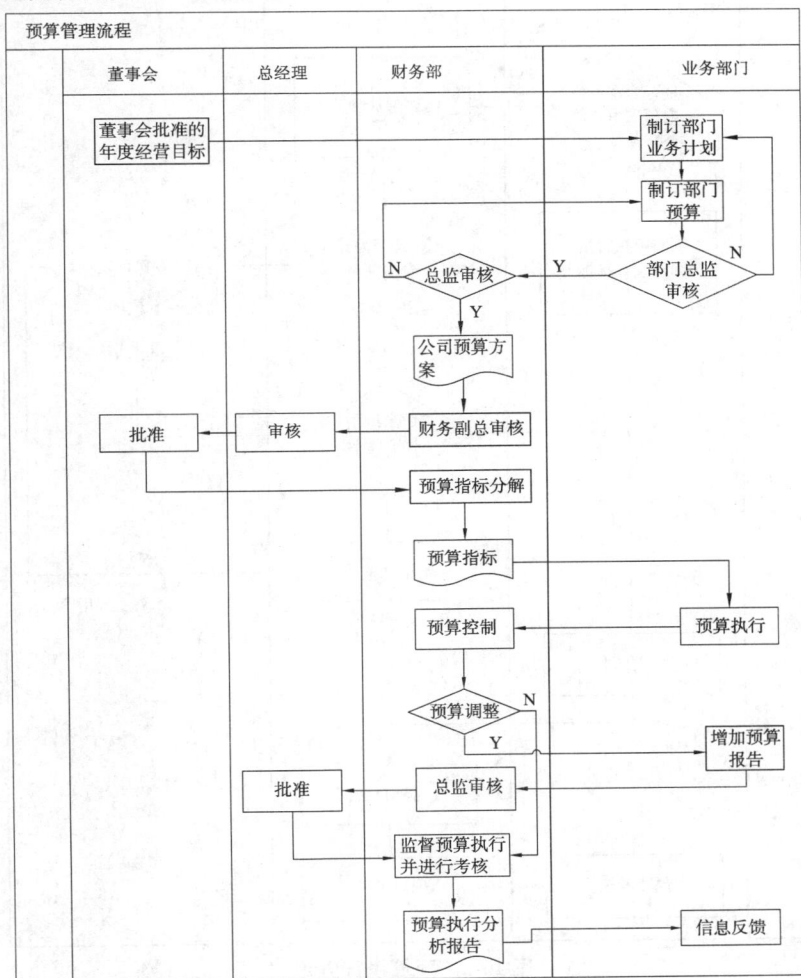

图 16-1　预算管理流程

2. 预算执行流程图

预算执行流程图如图 16-2 所示。

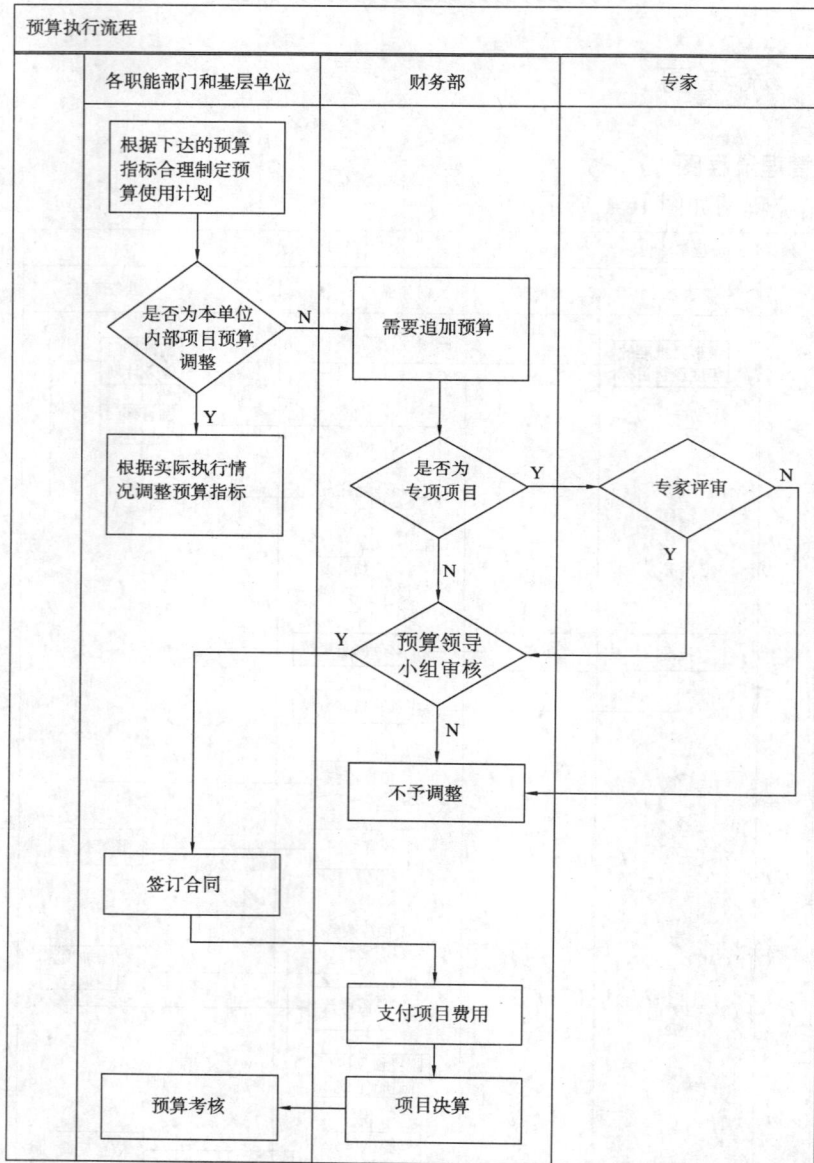

图 16-2　预算执行流程

16.3.2　分工与授权

16.3.2.1　分　工

1. 部门职责

（1）预算审批机构包括董事会和公司总经理。董事会负责批准公司年度预算方案；公司总经理负责批准公司预算调整方案。

（2）预算管理部门为财务部。负责拟订预算目标和预算政策；制定预算管理的具体措施和办法；组织编制、审议、平衡年度等预算草案；组织下达经批准的年度等预算；协调、解决预算编制和执行中的具体问题；考核预算执行情况，督促完成预算目标。

（3）预算执行部门包括公司各职能部门和基层单位。公司生产、技术、人力资源、销售等职能部门具体负责本部门业务预算，负责相关财务预算的编制、执行、分析、控制等工作，并配合财务部做好公司总预算的综合平衡、协调、分析、控制、考核等工作。部门主要负责人参与财务部的工作，并对本部门的预算执行结果承担责任。基层单位是公司一级预算执行单位，在公司预算管理部门财务部的指导下，负责本单位现金流量、经营成果和各项成本费用预算的编制、控制、分析工作；接受公司的检查和考核。基层单位主要负责人对本单位预算执行过程与结果负责。

2. 岗位职责

（1）全面预算人员的职责：

① 负责对各部门预算工作进行业务指导，促进公司预算工作的顺利进行；

② 负责完成公司预算的协调、汇总、校对工作，形成预算方案；

③ 负责实施公司月度预算；

④ 负责对预算执行情况进行定期分析，提交分析报告。

（2）财务部总监的职责：

拟定、审议公司年度财务预决算。

3. 岗位素质要求

（1）全面预算人员的素质要求：

① 学历/工作经历：大专学历或 5 年以上相关工作经历；

② 相关职务知识：财务核算；

③ 专业知识：预算会计，财务会计；

④ 所需技能：有良好的协调、沟通、语言及文字表达能力。

（2）财务部总监的素质要求：

① 学历/工作经历:本科以上学历/高级职称、注册会计师;上市公司或大型企业公司财务管理经历 8 年以上,财务经理(处长)以上岗位 5 年以上经历。

② 相关职务知识:现代企业管理;金融、证券、公司法、合同法;公共关系学。

③ 专业知识:企业会计、成本管理、财务管理、内部控制制度、预算管理、会计法、税法、票据法、企业会计准则。

④ 所需技能:需具备高级财务管理理论与实践经验。

⑤ 特殊要求:具备组织协调能力、分析判断能力、参与决策的能力、沟通与交流的能力、使用和培养人才的能力。

4. 不相容职务分离

(1)预算编制(含预算调整)与预算审批职务分离;

(2)预算审批与预算执行职务分离;

(3)预算执行与预算考核职务分离。

16.3.2.2 授 权

(1)公司年度预算方案应由财务副总提出申请,由公司总经理审核,提交董事会批准。

(2)公司预算调整方案应由预算调整部门总监提出申请,由分管副总、财务副总审核,公司总经理批准。

(3)公司对于专项项目预算执行流程,应由专家参与项目评审,并经由预算领导小组审核和董事会审批。

16.3.3 关键控制点控制

1. 预算编制控制

(1)公司应当加强对预算编制环节的控制,对编制依据、编制程序、编制方法等作出明确规定,确保预算编制依据合理、程序适当、方法科学。

(2)公司应当在公司战略的指导下,以上一期间实际状况为基础,结合本公司业务发展情况,综合考虑预算期内经济政策变动、行业市场状况、产品竞争能力、内部环境变化等因素对生产经营活动可能造成的影响,根据自身业务特点和工作实际编制相应的预算,并在此基础上汇总编制预算方案。

(3)公司年度预算方案应当符合本公司发展战略、整体目标和其他有关重大决议,反映预算期内经济活动规模、成本费用水平和绩效目标,满足控制经济活动、考评经营管理业绩的需要。制订预算方案,应当做到内容完整,指标统一,要求明确,权责明晰。

(4)公司财务部应当明确预算编制程序,对预算目标的制订与分解、预算草案编报的流程与方法、预算汇总平衡的原则与要求、预算审批的步骤以及预算下达执行的方式等作出具体规定。年度预算方案应在预算年度开始前编制完毕,根据《签字规则》由董事会批准后,以书面文件形式下达执行。

（5）公司可以选择或综合运用固定预算、弹性预算、零基预算、滚动预算、概率预算等方法编制预算。确定预算编制方法应当遵循经济活动规律,并符合自身经济业务特点、生产经营周期和管理需要。预算编制应当实行全员参与、上下结合、分级编制、逐级汇总、综合平衡。

（6）公司财务部应当加强对公司内部预算执行单位预算编制的指导、监督和服务。

2. 预算执行控制

（1）公司应当加强对预算执行环节的控制,对预算指标的分解方式、预算执行责任制的建立、重大预算项目的特别关注、预算资金支出的审批要求、预算执行情况的报告与预警机制等作出明确规定,确保预算严格执行。

（2）公司预算一经批准下达,各预算执行部门必须认真组织实施,将预算指标层层分解,从横向和纵向落实到内部各部门、各环节和各岗位。

（3）公司应当建立预算执行责任制,对照已确定的责任指标,定期或不定期地对各部门及人员责任指标完成情况进行检查,实施考评。

（4）公司应当以年度预算作为预算期内组织、协调各项生产经营活动和管理活动的基本依据,可将年度预算细分为季度、月度等时间进度预算,通过实施分期预算控制以实现年度预算目标。

（5）公司对重大预算项目和内容,应当密切跟踪其实施进度和完成情况,实行严格监控。

（6）公司应当加强对货币资金收支业务的预算控制,及时组织预算资金的收入,严格控制预算资金的支付,调节资金收付平衡,严格控制支付风险。

（7）公司办理采购与付款、工程项目、对外投资、成本费用、固定资产、存货、筹资等业务,应当严格执行预算标准。对超出企业预算的资金支付,实行严格审批制度。

（8）公司应当健全凭证记录,完善预算管理制度,严格执行生产经营月度计划和成本费用的定额、定率标准,并对执行过程进行监控。

（9）公司各预算责任部门应当加强与公司内部有关业务部门的沟通和联系,确保相关业务预算的执行情况能够相互监督、核对一致。

（10）公司应当建立预算执行情况内部报告制度,及时掌握预算执行动态及结果。财务部应当运用财务报告和其他有关资料监控预算执行情况,及时向总经理或董事会等决策机构和各预算执行单位报告或反馈预算执行进度、执行差异及其对预算目标的影响,促进公司完成预算目标。

（11）公司应当建立预算执行情况预警机制,通过科学选择预警指标,合理确定预警范围,及时发出预警信号,积极采取应对措施。同时,应当逐步推进预算管理的信息化,通过现代电子信息技术手段控制和监控预算执行,提高预警与应对水平。

（12）公司应当建立预算执行结果质询制度,要求预算执行单位对预算指标与实际结果之间的重大差异作出解释,并采取相应措施。

3. 预算调整控制

（1）公司应当加强对预算调整环节的控制,保证预算调整依据充分、方案合理、程序合规。

（2）公司正式下达执行的预算,不得随意调整。在预算执行过程中,可能会由于市场环境、经营条件、国家法规政策等发生重大变化,或出现不可抗力的重大自然灾害、公共紧急事件等致使预算的编制基础不成立,或者将导致预算执行结果产生重大差异,需要调整预算的,应当报经分管副总和财务副总审核,总经理批准。调整预算由预算执行部门逐级向财务部总监提出书面报告,阐述预算执行的具体情况、客观因素变化情况及其对预算执行造成的影响程度,提出预算的调整幅度。

（3）公司财务部应当对预算执行部门提交的预算调整报告进行审核分析,集中编制公司年度预算调整方案,提交总经理审议批准,然后下达执行。

公司预算调整方案应当符合下列要求:

① 预算调整事项符合公司发展战略和现实生产经营状况;

② 预算调整重点放在预算执行中出现的重要的或非正常的关键性差异方面;

③ 预算调整方案客观、合理。

对于不符合上述要求的预算调整方案,总经理应予以否决。

4. 预算分析与考核控制

（1）公司应当加强对预算分析与考核环节的控制,通过建立预算执行分析制度、审计制度、考核与奖惩制度等,确保预算分析科学、及时,预算考核严格、有据。

（2）企业应当建立预算执行分析制度。财务部应当定期召开预算执行分析会议,通报预算执行情况,研究、解决预算执行中存在的问题,提出改进措施。财务部和各预算执行部门应当充分收集有关财务、业务、市场、技术、政策、法律等方面的信息资料,根据不同情况分别采用比率分析、比较分析、因素分析等方法,从定量与定性两个层面充分反映预算执行部门的现状、发展趋势及其存在的潜力。对于预算执行差异,应当客观分析产生的原因,提出解决措施或建议,提交财务副总或总经理研究决定。

（3）公司应当建立预算执行情况内部审计制度,通过定期或不定期地实施审计监督,及时发现和纠正预算执行中存在的问题。

（4）公司应当建立预算执行情况考核制度:① 财务部应当定期组织预算执行情况考

核。② 预算执行情况考核,应当依照预算执行部门上报预算执行报告、财务部审查核实、总经理或董事会批准的程序进行。公司内部预算执行部门上报的预算执行报告,应经本部门总监签章确认。③ 公司预算执行情况考核,应当以公司正式下达的预算方案为标准。④ 公司预算执行情况考核,应当坚持公开、公平、公正的原则,考核结果应有完整的记录。

（5）公司应当建立预算执行情况奖惩制度,明确奖惩办法,落实奖惩措施。

16.4　相关制度

1.《年度预算方案》
2.《预算分析与考核表》
3.《预算管理办法》

第 17 章

销售内部控制制度

17.1 控制目标

销售的总体内部控制目标包括销售与收款循环相关业务活动处理流程的有效性、会计记录的真实可靠及对相关法律法规的遵循性,具体包括:

(1)保证销货业务均经过适当审批;

(2)保证销售业务及销售收入的真实性、完整性和会计处理的合理性;

(3)保证应收账款的真实性及可回收性及会计处理的合理性;

(4)保证应收账款收回货币资金的完整性及相关处理的及时性、合理性;

(5)保证销货退回处理的合理性及揭示的充分性;

(6)保证坏账准备提取的充分性及坏账处理的合理性;

(7)保证销售定价的合理性。

17.2 适用范围

本章适用于公司的客车销售业务活动。

17.3 控制活动

17.3.1 流程图

1. 销售定价流程图

销售定价流程图如图 17-1 所示。

销售定价流程

销售公司	技术中心	采购部	财务部	总经理

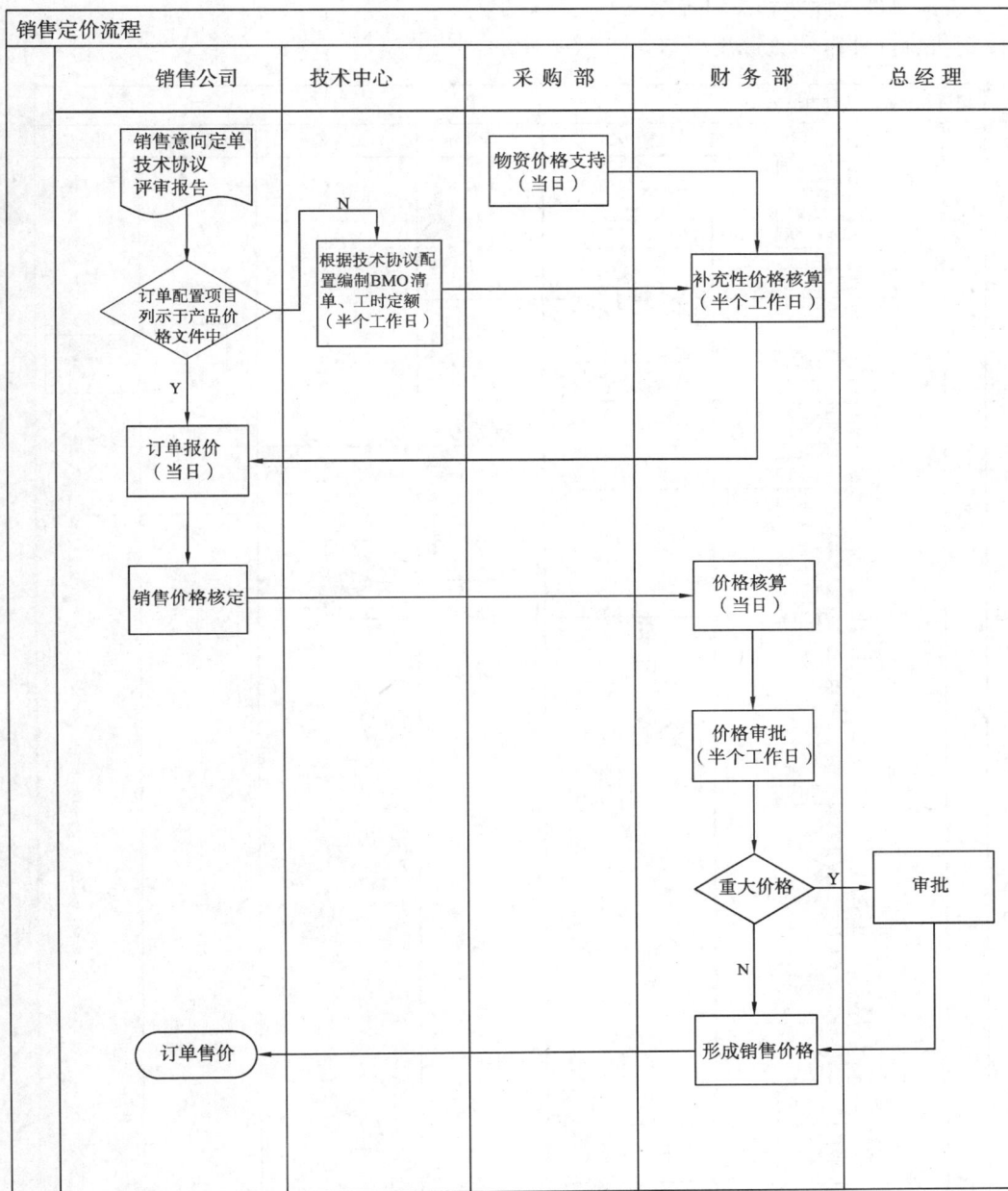

图 17-1　销售定价流程

2. 销售合同评审和签订流程图

销售合同评审和签订流程图如图 17-2 所示。

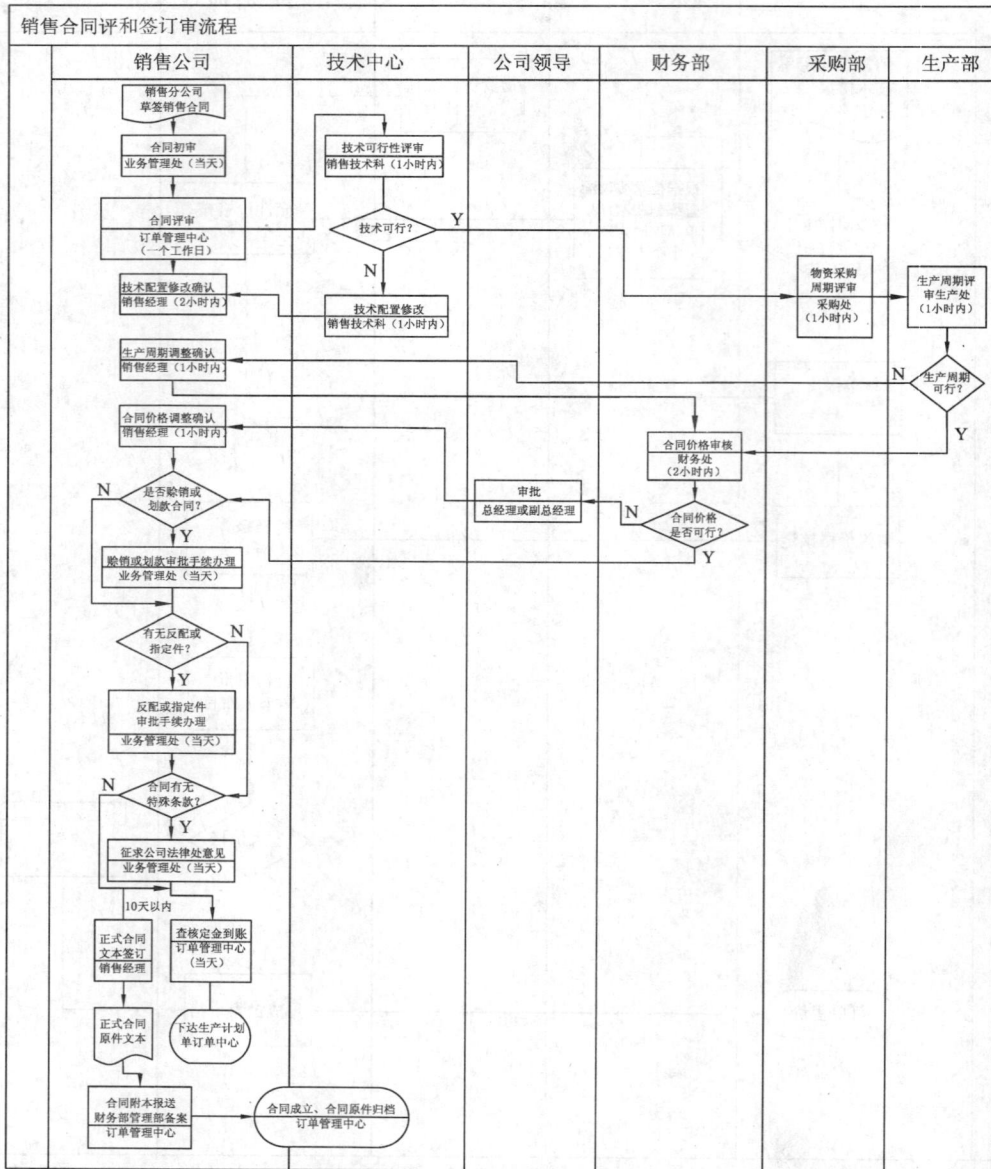

销售合同评和签订审流程

销售公司	技术中心	公司领导	财务部	采购部	生产部

销售分公司草签销售合同

合同初审 业务管理处（当天）

技术可行性评审 销售技术科（1小时内）

合同评审 订单管理中心（一个工作日）

技术可行？ Y

技术配置修改确认 销售经理（2小时内）

技术配置修改 销售技术科（1小时内）

N

物资采购周期评审 采购处（1小时内）

生产周期评审生产处（1小时内）

生产周期调整确认 销售经理（1小时内）

N 生产周期可行？ Y

合同价格调整确认 销售经理（1小时内）

合同价格审核 财务处（2小时内）

N 是否赊销或划款合同？

审批 总经理或副总经理

N 合同价格是否可行？ Y

赊销或划款审批手续办理 业务管理处（当天）

有无反配或指定件？ N

反配或指定件审批手续办理 业务管理处（当天）

合同有无特殊条款？ N

征求公司法律处意见 业务管理处（当天）

10天以内

正式合同文本签订 销售经理

查核定金到账 订单管理中心（当天）

正式合同原件文本

下达生产计划 单订中心

合同附本报送财务部管理部备案 订单管理中心

合同成立、合同原件归档 订单管理中心

图 17-2　销售合同评审和签订流程

3. 销售订单改制审批及改制费用结算流程图

销售订单改制审批及改制费用结算流程图如图 17-3 所示。

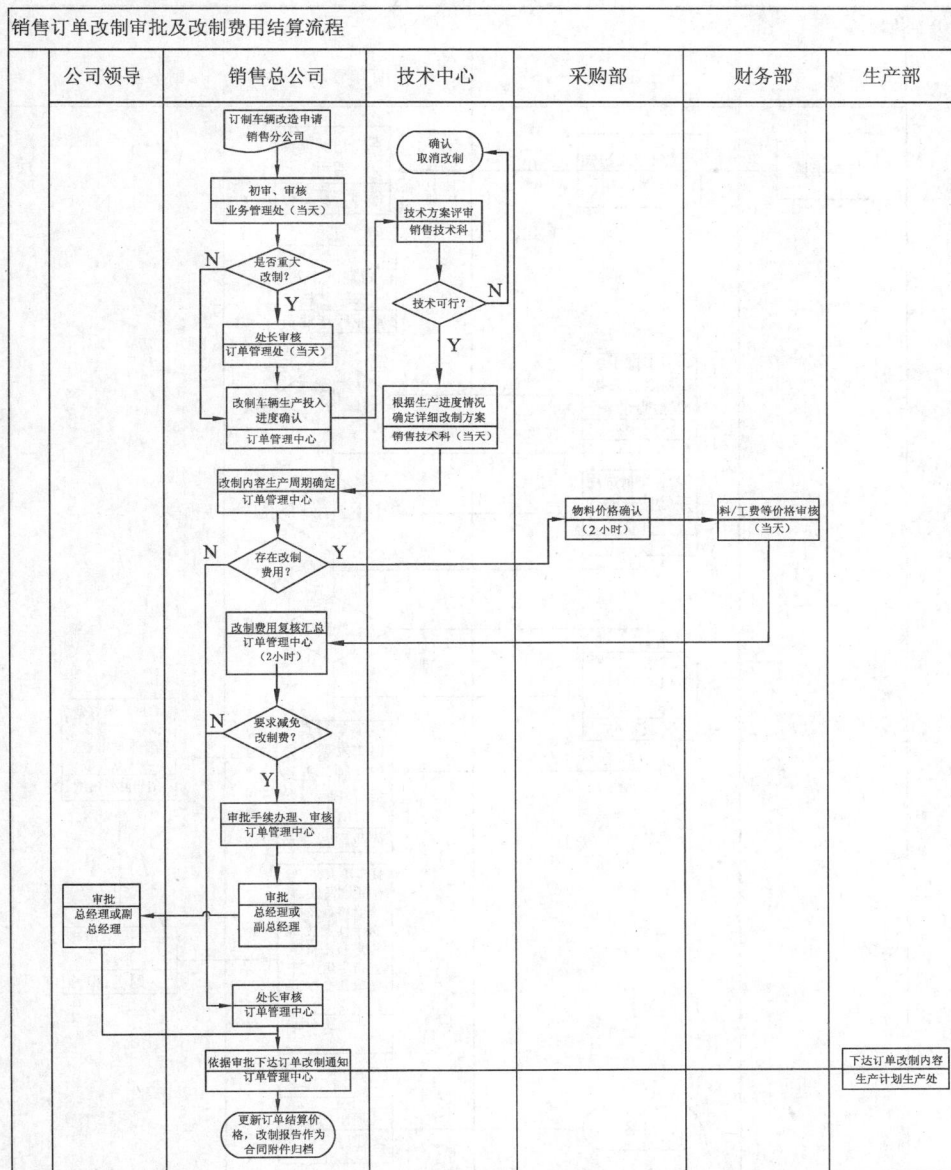

图 17-3 销售订单改制审批及改制费用结算流程

4. 发车控制流程图

发车控制流程图如图 17-4 所示。

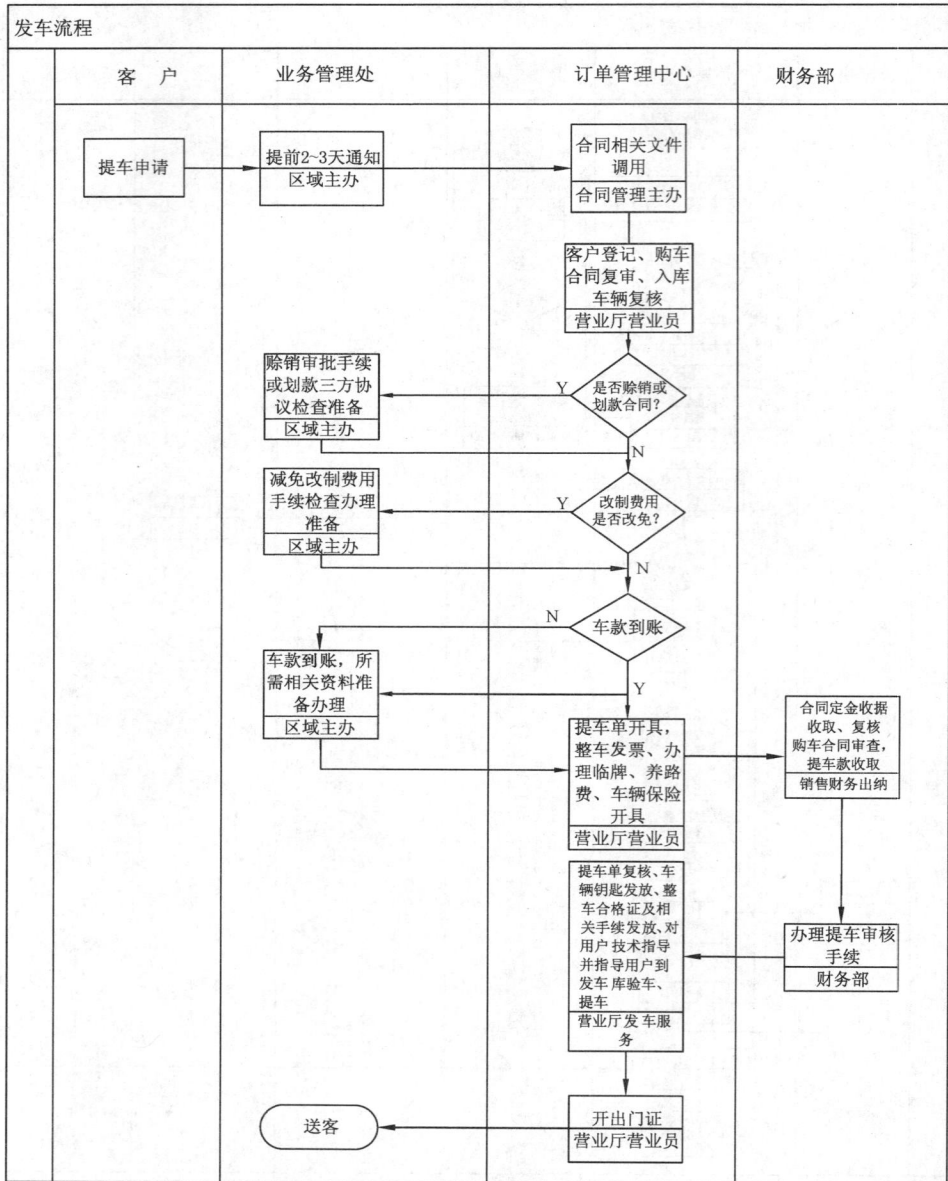

图 17-4　发车控制流程

5. 销售退回流程图

销售退回流程图如图 17-5 所示。

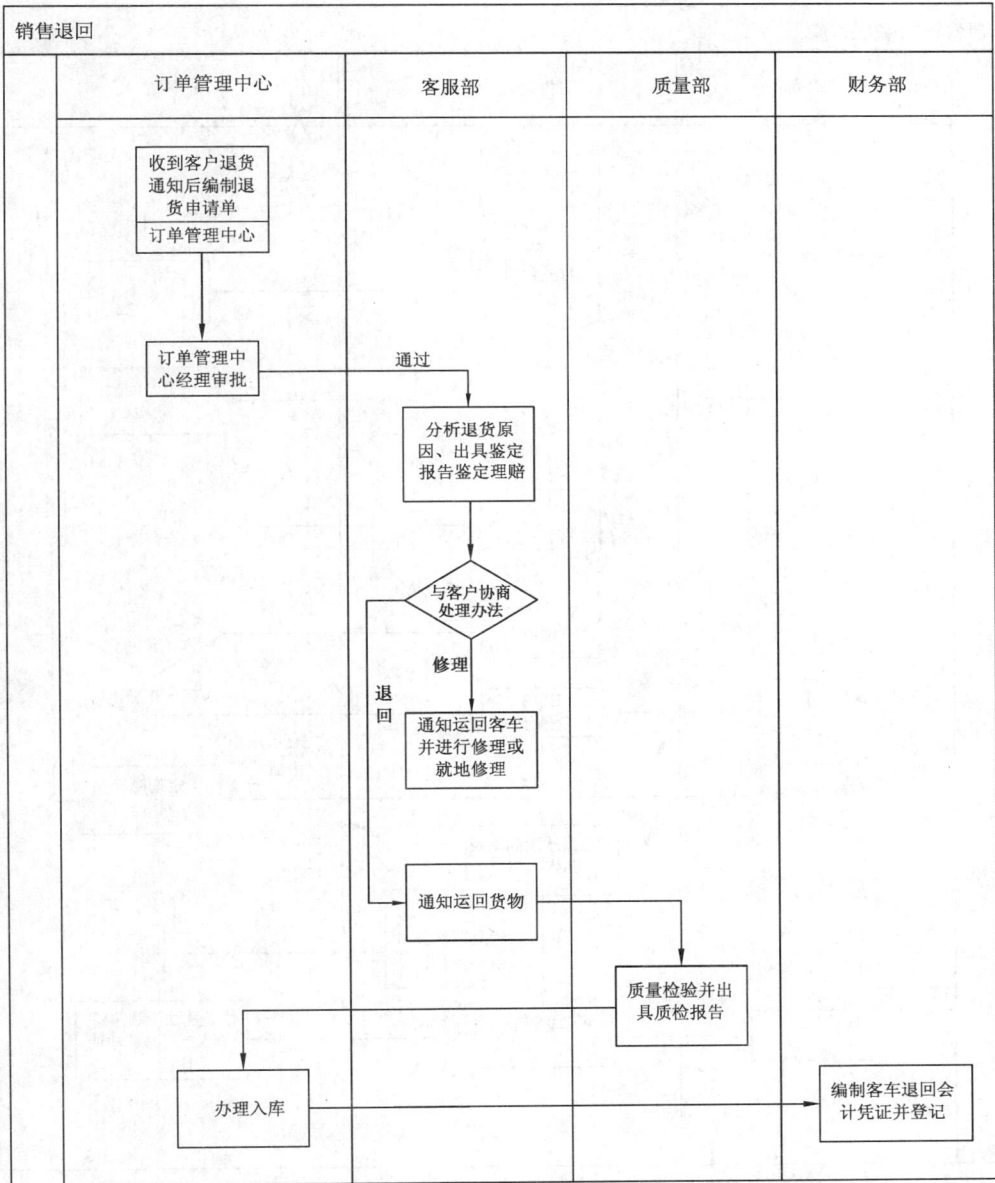

销售退回				
	订单管理中心	客服部	质量部	财务部

```
收到客户退货
通知后编制退
货申请单
订单管理中心
      │
      ▼
订单管理中
心经理审批 ──通过──→ 分析退货原
                    因、出具鉴定
                    报告鉴定理赔
                          │
                          ▼
                    与客户协商
                    处理办法
        ┌─退回─────────┤
        │          修理│
        │               ▼
        │          通知运回客车
        │          并进行修理或
        │          就地修理
        │               │
        ▼               ▼
   通知运回货物 ←────────┘
        │
        └──────→ 质量检验并出
                 具质检报告
        │              │
        ▼              ▼
   办理入库 ─────────────────────→ 编制客车退回会
                                   计凭证并登记
```

图 17-5　销售退回流程

6. 催款、对账流程图

催款、对账流程图如图 17-6 所示。

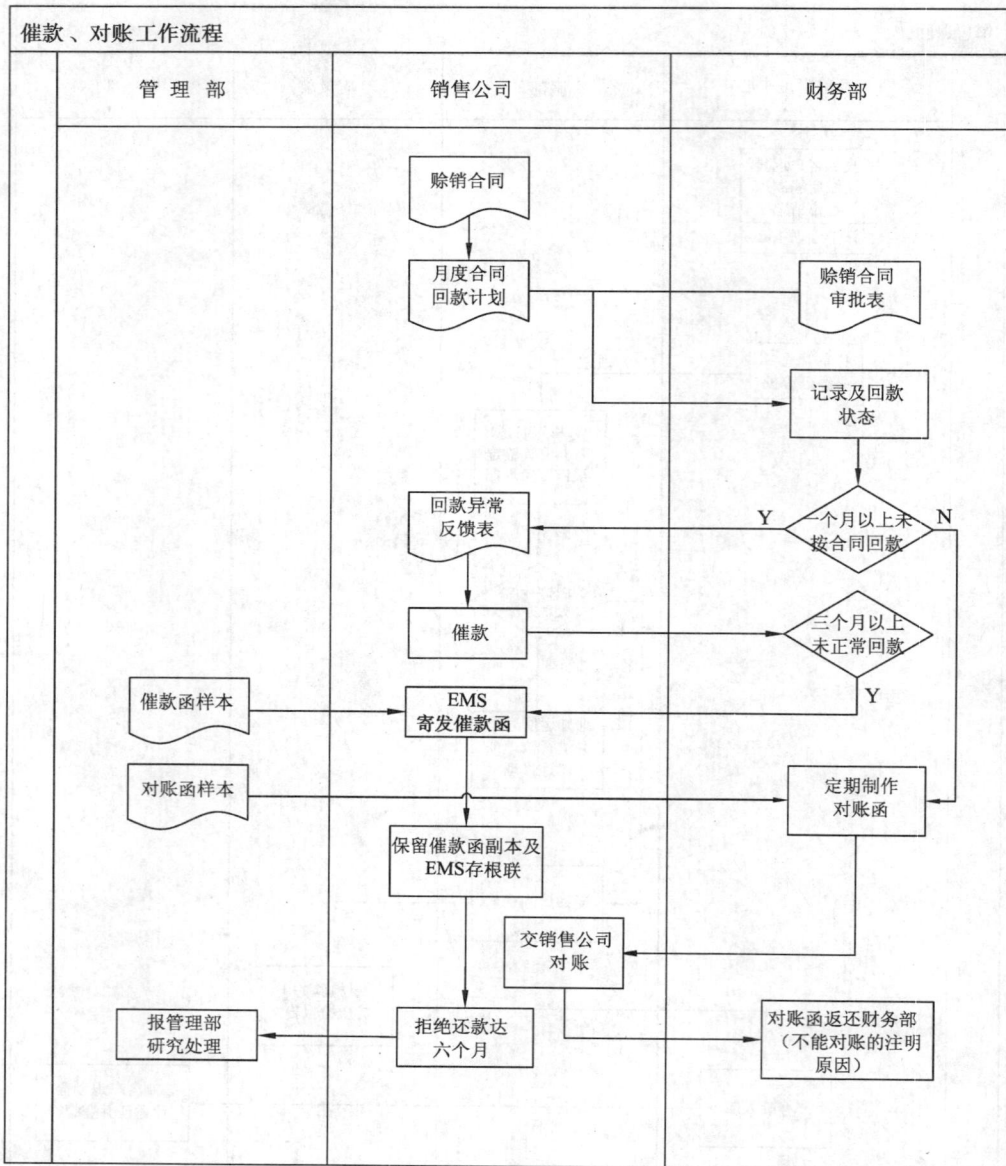

图 17-6 催款、对账流程

7. 客户投诉服务流程图

客户投诉服务流程图如图 17-7 所示。

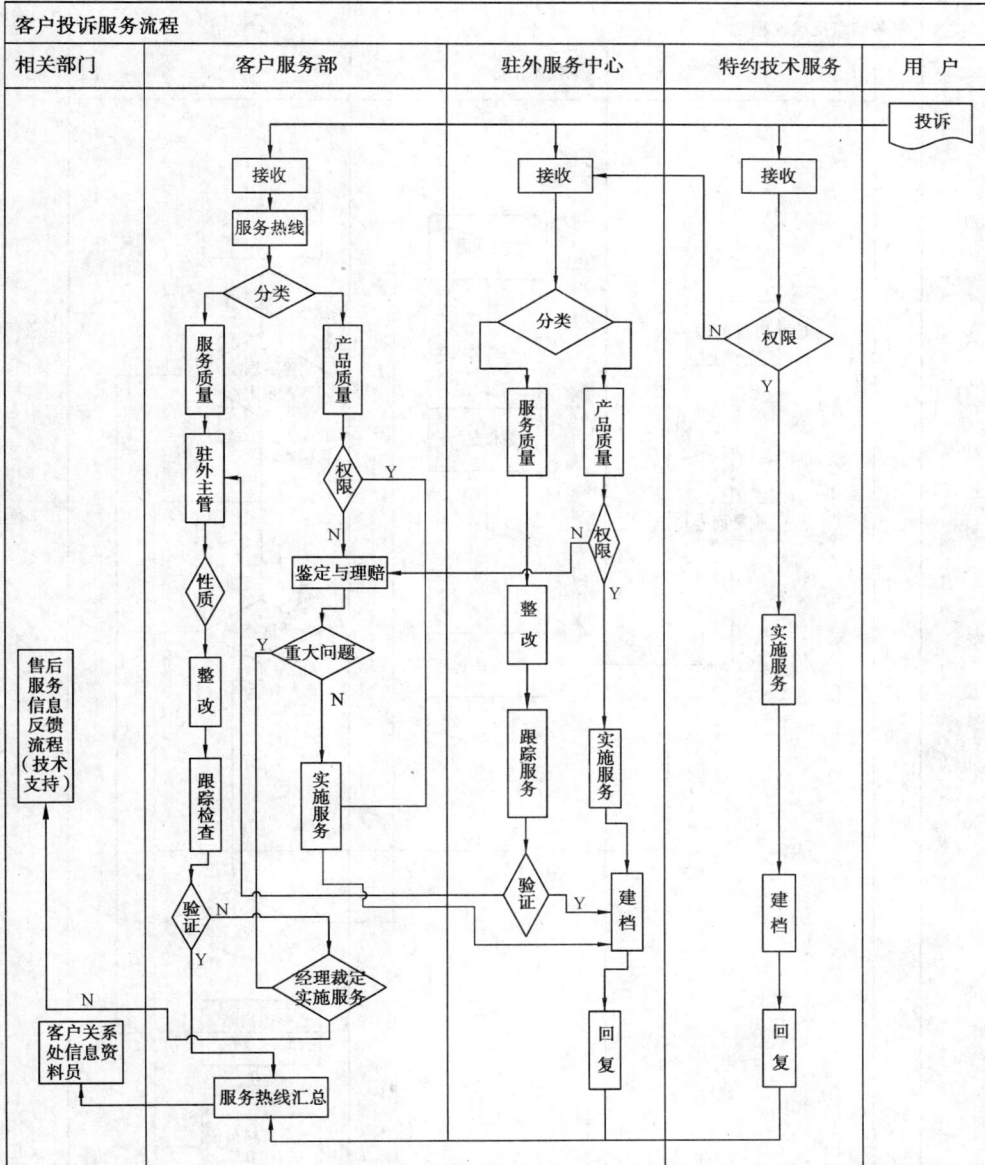

图 17-7　客户投诉服务流程

8. 服务信息反馈流程图

服务信息反馈流程图如图 17-8 所示。

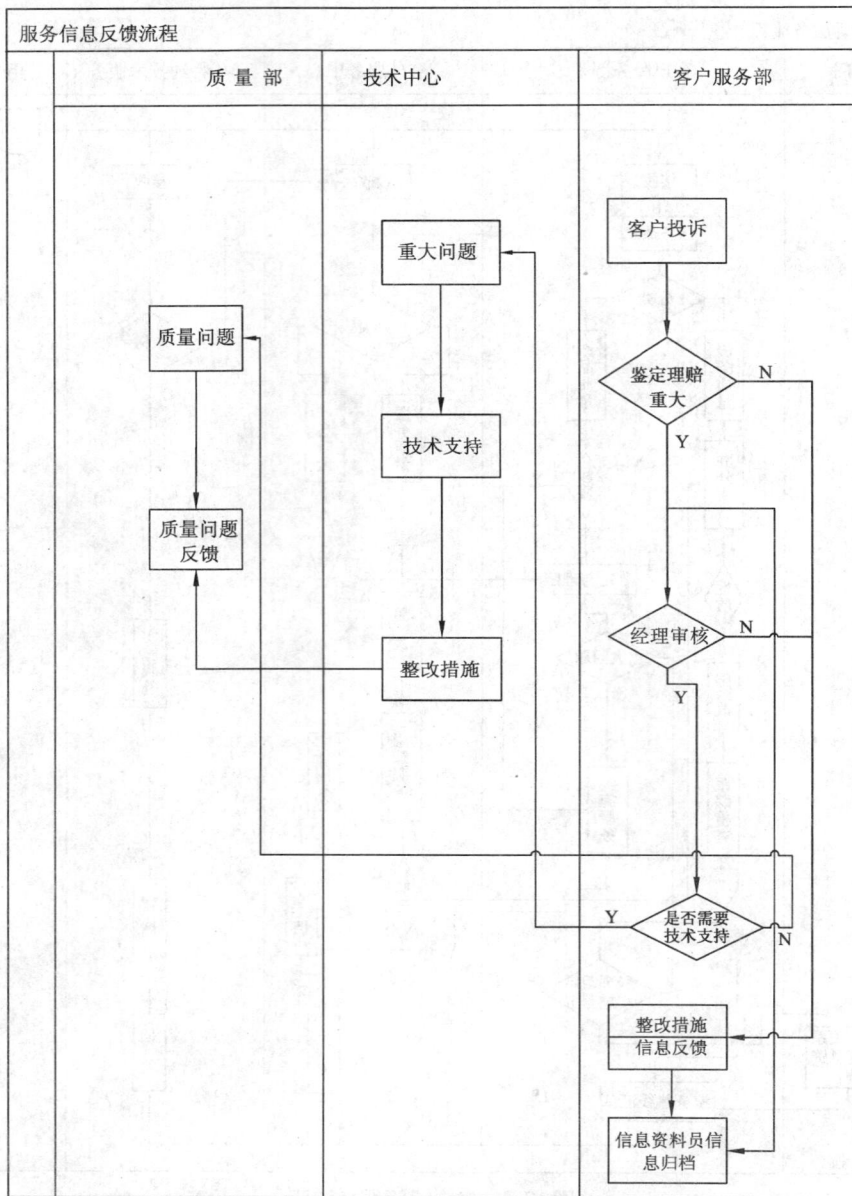

图 17-8　服务信息反馈流程

9. 售后服务质量费用二次追赔流程图

售后服务质量费用二次追赔流程图如图 17-9 所示。

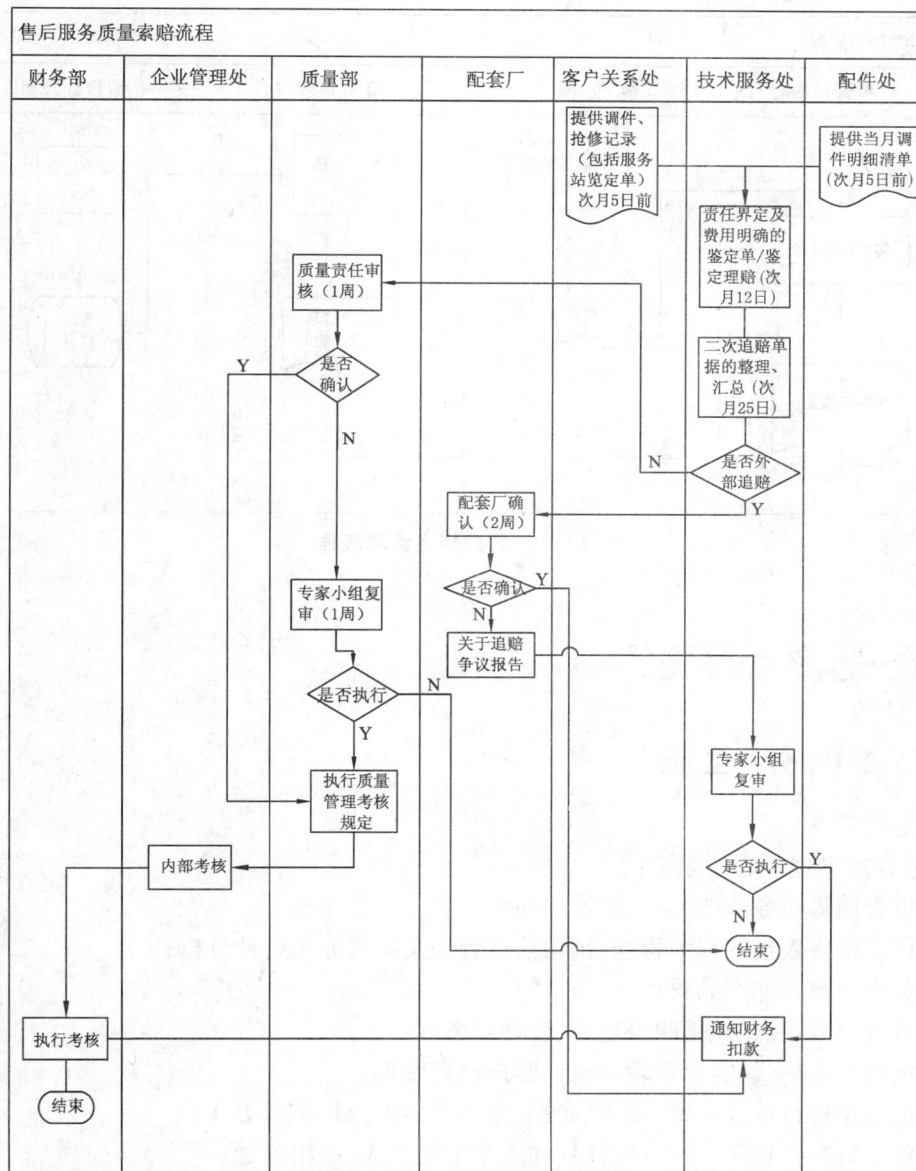

图 17-9　售后服务质量费用二次追赔流程

10. 客户档案管理流程图

客户档案管理流程图如图 17-10 所示。

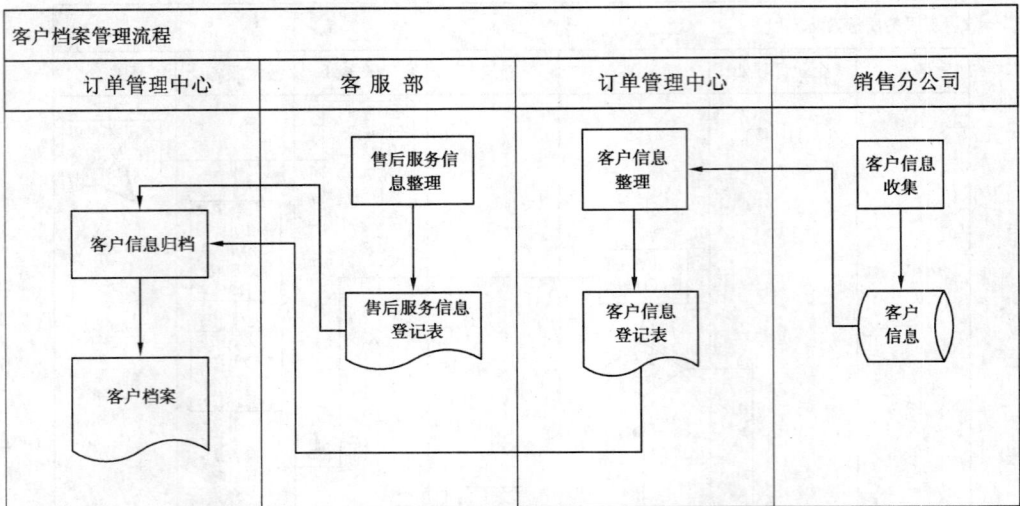

图 17-10　客户档案管理流程

17.3.2　分工与授权

17.3.2.1　分　工

1. 部门职责

（1）订单管理中心的职责：

① 负责销售业务洽谈、应收账款的回收；

② 负责销售人员的行为管理、销售信息管理及销售业绩统计分析；

③ 负责组织参加产品投标；

④ 负责销售网点/经销网点建立、管理与考核；

⑤ 负责客户热线、客户管理、接待、客户档案管理；

⑥ 负责销售订单的评审（技术、价格、交货期、指定件、特殊要求）；

⑦ 负责编制销售年/季/月度计划和整车生产投入、产出计划；

⑧ 负责指定件、特殊件采购协议的签订及执行（含反配套件）；

⑨ 负责整车生产计划跟踪、协调，与生产、采购部门的衔接；

⑩ 负责成品车辆的管理；

⑪ 负责销售合同的管理。

（2）综合管理处的职责：

① 负责总公司内部规章制度制定、业务文件等执行情况的检查监督；

② 负责销售业绩统计、业务人员管理与考核；

③ 负责营销费用的核报；

④ 负责车辆安排、客户的安排接待；

⑤ 负责部门办公事务的控制与管理；

⑥ 负责导购、销售热线；

⑦ 负责组织现场巡展促销。

（3）客户关系处的职责：

① 负责车辆的现场维护、维修、抢修；

② 负责主动回访客户；

③ 负责客户资料、信息；

④ 负责处理客户抱怨与投诉、客户热线；

⑤ 负责售后服务网点/网络评审、建立、管理与考核。

（4）技术服务处的职责：

① 负责售后产品质量认定、"三包"界定，现场技术服务；

② 负责建立客户服务信息库，跟踪客户车辆使用情况；

③ 负责产品技术培训（客户、销售人员、售后服务人员）；

④ 负责提供客户函电的技术咨询。

（5）配件中心的职责：

① 负责配件网点的建立与管理；

② 负责配件销售；

③ 负责配件物资的保管与管理。

（6）财务部的职责：

① 负责各类销售发票、出门证的开具；

② 负责各类销售收入的确认、账务处理；

③ 负责销售资金回笼的进账；

④ 负责根据销售政策计算销售费用的提成额；

⑤ 负责从财务角度对客户资信状况进行调查、评价；

⑥ 负责应收账款对账及管理。

2. 岗位职责

（1）业务管理主办的职责：

① 负责销售预测汇总分析；

② 负责销售回款管理；

③ 负责监督大客户业务管理工作；

④ 负责监督渠道管理工作；

⑤ 负责指导招投标工作；

⑥ 负责监督区域主办工作；

⑦ 负责与其他部门的销售业务对接。

（2）大客户管理主办的职责：

① 负责大客户促销策划；

② 负责各地市场产品与营销政策建议；

③ 负责重大需求信息的跟踪及运作策划；

④ 负责客户来访考察工作的管理；

⑤ 负责大客户业务洽谈；

⑥ 负责市场大客户信息收集与反馈，销售预测的统计工作；

⑦ 负责应收账款的催收策划及管理；

⑧ 负责指导区域业务主办工作，审核销售人员的绩效考核。

（3）区域业务管理主办的职责：

① 负责引导和跟踪落实客户购车意向；

② 负责门市业务洽谈；

③ 负责签订买卖合同；

④ 负责本区域商务支持；

⑤ 负责与区域销售员联系沟通；

⑥ 负责市场分析，应收款催收。

（4）发车员的职责：

① 负责客户订制车辆移交，并与客户办理交接手续；

② 负责车辆出库档案登记。

（5）合同管理主办的职责：

① 负责销售价格的修订；

② 负责合同评审及管理；

③ 负责仓库积压车价格及政策建议；

④ 负责价格政策及营销政策建议；

⑤ 负责销售合同管理；

⑥ 负责产品公告管理；

⑦ 负责养路费、车辆购置税申报建议。

（6）营业员的职责：

① 负责销售发票、临时牌照、保险单的领取与保管；

② 负责开具销售计划通知单；

③ 负责开具客车销售发票和配件发票；

④ 负责办理临时牌照；

⑤ 负责办理保险业务；

⑥ 负责登记收条；

⑦ 负责客户档案的收集、记录、整理、归档、更新。

（7）客户投诉受理主管的职责：

① 负责客户抱怨信息登录、分类、简要分析后传递；

② 负责客户抱怨处理信息的跟踪与督察督办；

③ 负责对客户抱怨重点进行分析统计并及时出具报告；

④ 负责确保协调好外勤服务人员和服务站，在车辆故障维修上得到支持；

⑤ 负责服务信息归纳、统计、分析与报表编制；

⑥ 负责车辆档案及服务档案的建立健全；

⑦ 负责服务信息平台的建立和管理。

（8）客户投诉受理管理员的职责：

① 负责及时受理客户投诉抱怨情况，检查督促确保及时处理与回复；

② 负责独立完成处理好质量纠纷与商务谈判；

③ 负责对客户抱怨重点进行分析统计并及时出具报告；

④ 负责确定安排必要的服务计划，解决客户的抱怨；

⑤ 负责确保协调好外勤服务人员和服务站，在车辆故障维修上得到支持。

（9）鉴定理赔的职责：

① 负责对协调难度大、争议较大、鉴定难度较大、索赔金额较大和潜在后果较严重的质量投诉的鉴定、谈判、理赔和服务协调；

② 负责服务站服务费用的复审；

③ 负责质量责任的界定、损失的评估及配套厂二次追赔，内部责任分解及追赔；

④ 负责旧件回收的管理、二次鉴定及鉴定准确率统计；

⑤ 负责对驻外中心及服务站质量保修工作的技术支持及业务指导；

⑥ 负责对重大的、批量性的质量问题提出改进建议；

⑦ 负责在授权范围内对大宗和金额较大的理赔物资的调拨进行复审。

3. 岗位素质要求

（1）业务管理主办的素质要求：

① 学历/工作经历：本科学历且3年以上相关工作经历；

② 相关职务知识：人文地理、合同法、经济法、财务知识；

③ 专业知识：营销知识、产品知识、公关知识、谈判知识、招投标知识；

④ 所需技能：有较强的组织协调、沟通能力，能操作电脑。

（2）大客户管理主办的素质要求：

① 学历/工作经历：本科学历，或大专学历且5年以上的销售、技术、管理经历；

② 相关职务知识：合同法、经济法、财务知识、人文地理；

③ 专业知识：营销知识、产品知识、公关知识、谈判知识；

④ 所需技能：有较强的组织协调、沟通能力及文字能力；

⑤ 特殊要求：熟练操作电脑，能根据销售订单跟单。

（3）区域业务管理主办的素质要求：

① 学历/工作经历：大专学历且3年以上的销售、技术、管理经历；

② 相关职务知识：合同法、经济法、财务知识、人文地理；

③ 专业知识：营销知识、产品知识、公关知识、谈判知识；

④ 所需技能：有一定的组织协调、沟通能力及文字能力；

⑤ 特殊要求：熟练操作电脑，能根据销售订单跟单。

（4）发车员的素质要求：

学历/工作经历：高中学历或3年以上仓储管理经历；

① 专业知识：仓储管理、产品构造；

② 所需技能：有一定的协调、沟通能力；

③ 特殊要求：A照。

（5）合同管理主办的素质要求：

① 学历/工作经历：大专学历且3年以上的销售、技术、管理经历；

② 相关职务知识：合同法、经济法、财务知识；

③ 专业知识：营销知识、产品知识；

④ 所需技能：有较强的组织协调、沟通能力及文字能力，能熟练操作电脑。

（6）营业员的素质要求：

① 学历/工作经历：高中学历且在相关岗位工作2年以上；

② 相关职务知识：合同法、经济法、财务知识；

③ 专业知识：营销知识、产品知识；

④ 所需技能:有一定的沟通能力,能熟练操作电脑。

(7) 客户投诉受理主管的素质要求:

① 学历/工作经历:大专学历且 3 年以上客户服务工作经历;

② 相关职务知识:熟悉公司产品、熟悉服务管理;

③ 专业知识:汽车原理、汽车构造、维修基本知识;

④ 所需技能:有较强的沟通协调能力;

⑤ 特殊要求:标准普通话,能够经常出差。

(8) 客户投诉受理管理员的素质要求:

① 学历/工作经历:高中学历且 3 年以上相关工作经历;

② 相关职务知识:熟悉公司产品、相关质量保修规定,能够了解熟悉国家制定颁布的相关法规;

③ 专业知识:汽车原理、汽车构造、维修基本知识;

④ 所需技能:有一定的沟通协调能力;

⑤ 特殊要求:标准普通话,能够经常出差。

(9) 鉴定理赔的素质要求:

① 学历/工作经历:大专学历且 3 年以上相关工作经历,或高中学历且 5 年以上相关工作经历,具有丰富的鉴定理赔工作经历;

② 相关职务知识:有一定的沟通协调能力及谈判技巧;

③ 专业知识:熟悉汽车构造、汽车理论、汽车设计和国家有关法律、法规、行业质量保修规定;

④ 所需技能:能操作电脑,具备客车维修技能、识图绘图技能、质量鉴定技能。

4. 不相容职务分离

(1) 批准赊销信用与销售职务分离;

(2) 批准赊销信用与发货开票职务分离;

(3) 发送货物与开票职务分离;

(4) 发送货物与记账职务分离;

(5) 收取货款与应收账款记录职务分离;

(6) 批准坏账与收款和记账职务分离;

(7) 批准销售退回和折让与收款和记账职务分离;

(8) 编制和寄送顾客对账单与收款和记账业务职务分离。

17.3.2.2　授　权

(1) 收到客户订单后,应结合公司自身生产、存货情况和客户财务状况等,审核和批准是否接受该项订货。

（2）向客户提供信用前,应对向那些客户提供信用以及各客户信用额度进行授权批准,防止过多的坏账发生。

（3）发送客车前,提货单应由订单管理中心的发车主管进行授权批准,防止向虚构客户发货或发货错误。

（4）销售客车的定价应当经过授权批准,防止销售价格背离公司《签字规则》中的规定。

（5）销售退回的发生应当经过授权批准,防止由于不符合条件的退货而减少公司的销售收入。

（6）在将到期无法收回的应收账款作为坏账注销之前应经过授权批准,防止不真实的坏账造成公司损失。

17.3.3 关键控制点控制

1. 销售价格控制

公司制定统一的产品销售价格目录,分为红线价、经销价和限高价,销售人员应当严格执行。对于不同情况,应由专人审批:售价低于红线价的,应由销售总公司总经理提出申请,销售副总、财务副总审核,公司总经理批准;售价高于红线价低于经销价的,应由销售员提出申请,销售分公司总经理审核,销售总公司总经理批准;售价高于经销价低于限高价的,应由销售员提出申请,销售分公司总经理批准。

2. 信用控制

（1）客户信用评估。

财务部应当对客户的信用进行调查,建立客户资料的收集及登记制度,不断完善客户档案,通过对客户各项指标的分析和评价制定合理的信用政策(包括信用标准、信用期限、信用额度),并根据客户的经济实力确定适当的信用额度标准、信用期限,定期对客户的信用标准进行检查、修订、通报。

（2）赊销管理。

财务部应根据销售及现金流预测,核定季度、月的赊销总额,下达给销售总公司,实行总额控制,每旬应当根据现金流实际状况对该额度进行适当调整;对任何单一客户的赊销总额不应高于 1 000 万元人民币;有逾期欠款的不得提供赊销;任何赊销客户必须支付利息,利率根据公司实际贷款利率计算。

3. 赊销额度控制

（1）月度赊销额度确定。

月度赊销额度确定由业务管理处经理提出申请,销售总公司总经理审核,审核通过后由财务部副总监审批。

（2）月度赊销额度使用。

月度赊销额度内的，应当由业务管理处经理提出申请，销售总公司总经理审核，审核通过后由财务部副总监审批；月度赊销额度外的，应当由销售总公司总经理提出申请，销售副总、财务副总审核，审核通过后由总经理审批；不符合赊销政策或单笔赊销金额超过 200 万元的，应当销售总公司总经理提出申请，销售副总、财务副总审核，审核通过后由总经理审批。

4. 销售合同控制

（1）销售谈判。

商务谈判员应当就销售单价、数量、产品型号、付款方式、交货期等与客户进行谈判，谈判的全过程必须有完整的书面记录。

（2）销售价格审批。

销售总公司制定统一的销售价格目录，将价格分为红线价、经销价、限高价三等，售价在不同的区域内，应由相应的领导审批，严格按照《签字规则》的规定执行。对于售价低于红线价的，应由销售总公司总经理提出申请，销售副总、财务副总审核，公司总经理批准；售价高于红线价低于经销价的，应由销售员提出申请，销售分公司总经理审核，销售总公司总经理批准；售价高于经销价低于限高价的，应由销售员提出申请，销售分公司总经理批准。对于金额 300 万元以下的，由销售员或销售分公司经理提出申请，业务管理处经理审核，销售总公司总经理批准；300 万元以上 1 000 万元以下的，由销售分公司总经理提出申请，业务管理处经理与财务部副总监审核，销售副总批准；1 000 万元以上的，由业务管理处经理提出申请，销售副总与财务副总审核，公司总经理批准。

（3）赊销审批。

财务部根据销售及现金流预测，核定季度、月度的赊销总额，下达给销售总公司，实行总额控制。每旬根据现金流实际情况对该额度进行适当调整。任何单一客户的赊销总额应不高于 1 000 万元人民币（首付款超过一定比例的除外）；若客户有旧的逾期欠款，不得提供新的赊销，特殊情况，由公司另行审批；降价销售的库存车、试验试制车、样车一律不得提供赊销；向注册资本低于 200 万的非国有企业提供的赊销都必须提供担保；所有的分期付款必须签订单独的"分期付款协议"并办理公证，该协议必须明确客户不得以质量等任何其他借口对抗其按时、足额还款的义务（以利发生拖欠后可直接申请强制执行）。对于老客户及诚信度高的客户，经财务部和企业管理处认可后，则可以免于公正。任何赊销客户都必须支付利息，利率根据公司实际贷款利率计算。对赊销增加的资金成本，销售部门应在销售报价时予以包含，或经销售总公司领导视情况确认同意从销售费用中承担。赊销期限最长为一年，总额 30 万元以下的欠款必须在半年内还清；首付金额不得低于 50%，余款必须至少每三个月归还一次；如涉及保证金，则按合同规定时间归还。

赊销前必须对客户进行资信调查(如有担保人,也要对担保人进行调查),销售人员必须如实提供客户的营业执照副本、工商局的登记资料、财务报表等。企业管理处参与调查并提出法律建议。

采用赊销方式的销售业务,应当填制销售合同赊销审批表,注明客户的基本情况以及信用记录,包括现欠款余额、逾期欠款情况等。如果是老客户,业务管理处根据赊销政策和对已授权给每个客户的信用额度进行信用评审,由销售总公司总经理批准;如果是新客户,则要进行信用调查,根据赊销政策决定是否批准赊销。

(4)销售合同评审。

销售合同应当由销售总公司草签,经技术中心对技术配置进行评审、采购部对物资及采购周期进行评审、生产部对生产可行性和生产周期进行评审、财务部对价格进行评审后,由销售总公司总经理、财务部总监批准,存在法律问题的应由企业管理处法律主管审核,公司总经理批准后由印章保管人盖章。

(5)销售合同签订。

销售合同评审通过后,公司法定代表人应当授权代表与客户签订合同。产品销售合同签订 300 万元以下的,应当由区域经理提出申请,业务管理处经理审核,审核通过后由销售总公司总经理审批;300 万元以上 1 000 万元以下的,应当由区域经理提出申请,业务管理处经理、财务部副总监审核,审核通过后由销售副总审批;1 000 万元以上的,应当由业务管理处经理提出申请,销售副总、财务副总审核,审核通过后由总经理审批。合同原件归档订单管理中心,合同附本报送财务部、管理部备案。

5. 销售订单控制

正式签订的合同在客户支付定金后生成销售订单(由 ERP 自动生成生产订单),销售订单应连续编号,并经不相容岗位审核、整理、汇总。订单管理中心应当依据合同对客户的订单进行跟踪、管理。

销售订单经审核后,订单管理中心下达生产计划单。若客户要变更订单,应根据具体情况进行改制审批。完工日期、交货日期、数量、价格等变更的可直接变更订单;产品设计变更的,技术中心应对技术可行性进行评审,技术不可行的取消改制,技术可行的应确定详细改制方案,并确定是否增加改制费用。

销售订单需要改动并涉及生产周期改动的,由销售总公司副总经理提出申请,生产部总监审核,审核通过后由常务副总经理审批;涉及费用价格改动的,由销售总公司副总经理提出申请,财务部副总监审核,审核通过后由常务副总经理审批。

6. 销售发票控制

客户提车时,订单管理中心的开票员应当根据销售合同和查核提车款到账情况,开具提车计划单、销售发票,列明数量、品种、型号;发票预先编号;指定专人负责发票的保管和使用,定期对发票和会计记录进行核对检查。

7. 发车控制

营业大厅的财务人员应当复核销售发票和提车单并盖章,公司财务人员应当复审并加盖财务章,大厅发车主办向用户提供车辆钥匙和相关资料,发车管理员带领客户提车、试车。门卫应当凭发票联对出门的车辆进行检查,看是否挟带。

8. 销售退回控制

销售退回经相关领导审批后办理,应对退货的原因进行分析,确定责任者并追究责任;退回的车辆应由质量部检验和验货员清点后入库;财务部应当根据检验证明、退货接收报告和客户提供的退货凭证办理相应的退货事宜和账务处理。

9. 销售费用控制

销售总公司将销售费用预算指标下达到销售部,销售部按照标准执行;出现超预算时,应当由财务部总监审核,公司总经理批准后调整预算;财务部定期对销售费用预算执行的结果进行差异分析和预算指标考核,形成预算分析报告,并将预算分析与考核的结果反馈销售总公司,由部门负责人执行考核奖惩办法。

销售人员的工资应当根据上一年工资的标准,结合本年的任务完成情况和未来发展潜力确定;各销售部工资总额原则上不得突破,对每季度完成业绩任务的人员可上调一档工资。

佣金的审批必须提供书面报告,详细说明佣金给付单位、姓名、职务、手机号码等真实信息,单笔低于 1 万元的,应该由业务管理处经理提出申请,销售总公司总经理、财务副总监审核,审核通过后由销售副总审批;1 万元以上 5 万元以下的,应该由销售总公司总经理提出申请,销售副总审核,审核通过后由财务副总审批;5 万元以上的,应该由销售总公司总经理提出申请,财务副总、销售副总审核,审核通过后由总经理审批。佣金给付原则上采用打卡或两人以上送达,打卡由综合管理处负责;2 万元以内的佣金送达,由各销售部负责监督;5 万元以内的佣金送达,由销售总公司总经理负责监督;5 万元以上的佣金送达,由财务部负责监督。

提成费用必须根据以往提成数据,结合本年指标等情况确定当年各大区提成系数,销售人员按照提成系数提取的费用主要用于日常客户的公关、考察、接车及相关接待。在年初,各大区应要求销售人员提供费用使用的流向计划,并在日常使用中加强监督和控制。

手机费按销售总公司确定的标准执行,确因业务开展费用不够的人员,由大区总经理提出建议,可适当调整标准,销售总公司也可根据实际情况随时下调标准。

出差费和补贴应当按照规定的标准执行,对于使用私车人员,原则上按照标准核报费用,特殊情况下的出差(如不开车),销售人员统大区总经理同意,大区总经理经销售部负责人同意,可以另报出差费和补贴。住办事处时,大区经理按 25 元/天核报伙食补贴,片区经理按 20 元/天核报,销售人员按 15 元/天核报。办事处费用由销售部提出办事处设立建议,结合公司在各地指标、客户情况、销售人员分布及办事处定位等确定,办事处地点、大小、物品购买及标识等由大区总经理建议,销售总公司讨论后决定。

销售部先期投入由各销售部负责人制订使用计划,使用前需书面报销售总公司领导审批,并在综合管理处备案,报销时需提供详细票据。

战略大户先期投入由各销售部负责人根据大客户的情况制订使用计划,使用前需书面报销售总公司领导审批,并在综合管理处备案,报销时需提供详细票据。

团体项目启动费用由公路车销售部控制和使用,根据客户情况由销售部负责人制定使用计划,使用前需书面报销售总公司领导审批,并在综合管理处备案,报销时需提供详细票据。

10．应收账款控制

（1）记录销售业务。

财务部的销售会计应当根据销售合同和发货单确认收入,及时收取款项并作账务处理。

（2）往来对账。

财务部应当定期编制“应收账款对账单”,定期与客户进行对账,每年至少要取得一次核对的书面证据,出现差异情况查明原因并及时处理。

（3）应收账款账龄分析。

财务部应当定期编制“应收账款账龄分析表”,每月8日前统计上一月的逾期应收账款情况报告财务副总。逾期应收账款报告的内容应当包括欠款单位、欠款数额、欠款时间、经办人、是否发出催债的书面通知。

（4）催收应收账款。

销售总公司和销售人员应当及时与客户核对往来,每年至少要取得一次核对的书面证据,销售部门要积极配合,并将核对的书面证据交财务部保管。财务部每月出具逾期应收账款报告,每月的第8个工作日前,财务部将赊销协议执行情况分未到期和逾期未还两部分清单送交销售总公司,由经办销售员进行第一次催收,一个月内将情况书面反馈给财务部,财务部记录在案;经第一次催收后,财务部应将赖账不还的逾期款项报公司清欠办,由清欠办进行第二次催收,一个月内将情况书面反馈给财务部,财务部记录在案;经过两次催收后,仍赖账不还的客户,应将在诉讼时效期内依据合同规定向仲裁委员会提起仲裁或向法院提起诉讼。采取法律手段催讨欠款的,由财务部提出书面方案,报公司经理会议决定,由企业管理处实施。因个人责任导致应收账款超过诉讼时效而丧失胜诉权的,由经办人承担法律责任。

（5）提取坏账准备金。

公司每年末应当对发生减值的应收款项提取坏账准备,对于确实无法收回的应收款项,按管理权限报经批准后作为坏账,转销应收款项,已确认并转销的应收款项以后又收回的,应按实际收回的金额转回。

11.售后服务控制

（1）服务信息反馈。

销售总公司应当根据驻外服务人员提供的相关信息,建立服务网络,以便客户及时反馈信息;客服部内部应当建立网络平台,对客户反馈的信息,10 小时内处理完毕。

（2）服务站的建设、管理。

公司应当定期对服务站的技工人才、管理人才进行培训,了解新产品、新配置、新技术的相关知识,培养主动服务的意识;服务站的工作人员进驻大客户单位应进行跟踪服务。

（3）服务站费用。

服务站每月发生的费用应当经服务站提交到驻外服务中心,驻外服务中心应在次月 15 日之前审核完毕,审核通过交鉴定与理赔复审,鉴定与理赔需在第三个月 5 日复核完毕交客户关系处经理审核,审核通过再交客户服务部部长审批,审批通过后技术服务处与服务站进行核对,并提供发票,单据合格的办理费用报批。

（4）客户投诉服务。

特约技术服务中心接收客户投诉,应在其权限内的实施服务,并对实施的情况建档,向客户回复;不在其权限内的交与驻外服务中心处理,驻外服务中心接收后将其分为服务质量投诉与产品质量投诉两类。属于服务质量的,整改服务并进行跟踪、验证,对其结果建档,向客户回复。属于产品质量的,在其权限范围内的直接实施服务,并对实施的情况建档,向客户回复;不属于其权限范围内的,交鉴定理赔处理,经鉴定后若产品无重大问题就直接实施服务,并对实施的情况建档,向客户回复;若产品存在重大问题,须经经理裁定后实施服务。

（5）售后服务质量费用二次追赔。

次月 5 日前配件处于将当月的调件明细清单提交给技术服务处,客户关系处将调件、抢修记录提供给技术服务处,技术服务处应在次月 15 日前界定责任、明确费用,并与次月 25 日整理、汇总二次追赔单据:属于外部追赔的,要求配套厂在两周内确认,确认的通知财务扣款,未确认的出具追赔争议报告,一周内技术服务处召集专家复审,决定执行的通知财务扣款;不属于外部追赔的,质量部必须在一周内审核质量责任,确认后执行质量考核规定,交企业管理处进行内部考核后,财务部执行考核。

（6）索赔信息管理系统。

客户服务部应当建立索赔信息管理系统,对客户投诉的信息从服务质量、产品质量进行分类,服务质量问题客服部应当及时解决;产品质量问题应当及时反馈给相关部门,为技术中心、生产部、质量部提供数据,不断提高车辆的品质。

（7）售后协议赔偿费用审批。

客户投诉后发生的协议赔偿费用,驻外服务中心和理赔与鉴定中心应当向客户关系处经理提交协议,1 万元以内的,应当由客户关系处经理提出申请,客户服务部经理审核,审核通过后由销售总公司副总经理审批;1 万元以上 2 万元以下的,应当由客户服务部经理提出申请,销售总公司副总经理审核,审核通过后由销售副总审批;2 万元以上的,应当由销售总公司副总经理提出申请,财务副总经理、销售副总经理审核,审核通过后由总经理审批。

（8）保修调件。

保修期内客户向技术服务站、驻外服务中心或抢修队员投诉调件的,属于配套厂家责任的,技术服务站、驻外服务中心或抢修队员应当联系配套厂家发件;不属于配套厂家责任的,技术服务站、驻外服务中心或抢修队员应当向鉴定与理赔主办提交调件申请,配件计划员应当将紧急件直接交给客户关系处经理审核,客户关系处经理决定是否要进行整车拆件。需要整车拆件的应当经客户服务部部长审批通过后,经物控部总监审核,审核通过后直接到基地或物控部或供应商调拨;不需要整车拆件的,审核通过后进行配件调拨或采购后发件。

（9）建立客户信息数据库。

客户服务部应当建立客户信息数据库,对所有客户的详细信息集中管理,客户档案应由专人负责维护;更新客户信息应当填制变更申请表,经管理层批准后进行更新,管理层应当定期审核客户档案,以保证其完整性。

17.4　相关制度

1.《签字规则》
2.《销售合同及签约审批表》
3.《销售合同赊销审批表》
4.《赊销与应收账款管理办法》
5.《售后服务管理规定》
6.《服务三包、理赔费用管理暂行规定》
7.《服务信息管理规定》
8.《驻外服务中心审核服务站费用管理规定》
9.《特约技术服务站建站管理规定》

第 18 章

采购内部控制制度

18.1 控 制 目 标

采购的总体内部控制目标包括相关业务活动处理流程的有效性、会计记录和报告的真实可靠以及对相关法律法规的遵循性,具体包括:

(1)保证采购业务均经适当审批;

(2)保证采购货物经过验收后,才能进行相应的会计处理;

(3)保证采购业务及采购成本的真实性、完整性和会计处理的合理性;

(4)保证应付账款等负债的真实性、完整性及会计处理的合理性;

(5)保证应付账款等负债支付货币资金处理的及时性、合理性;

(6)保证购货折扣、折让及退回处理的恰当性。

18.2 适 用 范 围

本章适用于公司所用的主要原辅材料、外购、外协件的采购业务活动。

18.3 控 制 活 动

18.3.1 流程图

1. 公开招标采购流程图

公开招标采购流程图如图 18-1。

公开招标采购流程				
采购部	技术中心	质量部	财务部	企业管理处

项目筛选

供应商邀请 ← 技术文件准备

质保体系要求

供 应 商 筛 选 ← 过程监控

制作标书

产品验证及质保能力验证

标 书 审 核 ← 过程监控

发售标书（采购大会）

评 标 办 法 制 定 ← 过程监控

评 标 议 标 ← 过程监控

定 标 (签发中标通知书) ← 过程监控

签 订 供 货 合 同 ← 过程监控

供应商管理 → 质量跟踪

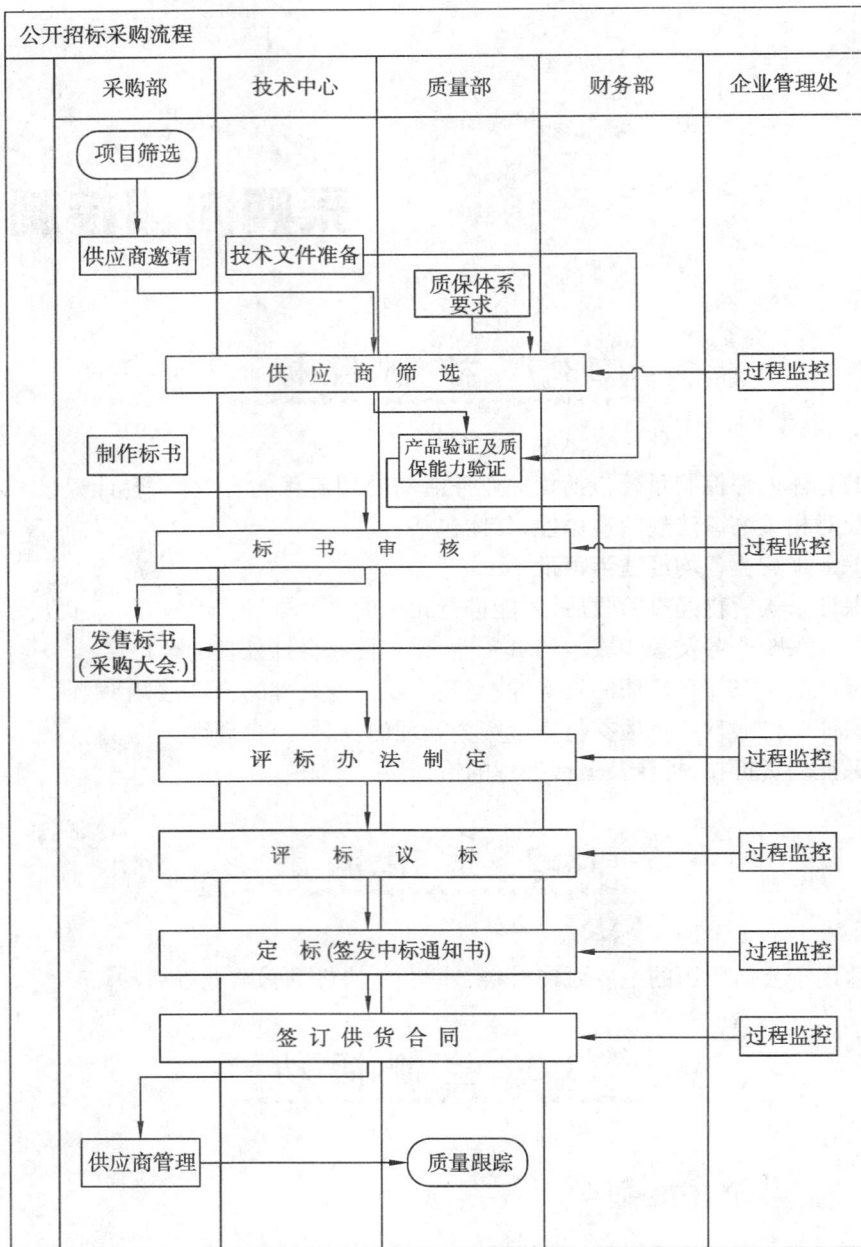

图 18-1 公开招标采购流程

2. 供方选择流程图

供方选择流程图如图 18-2 所示。

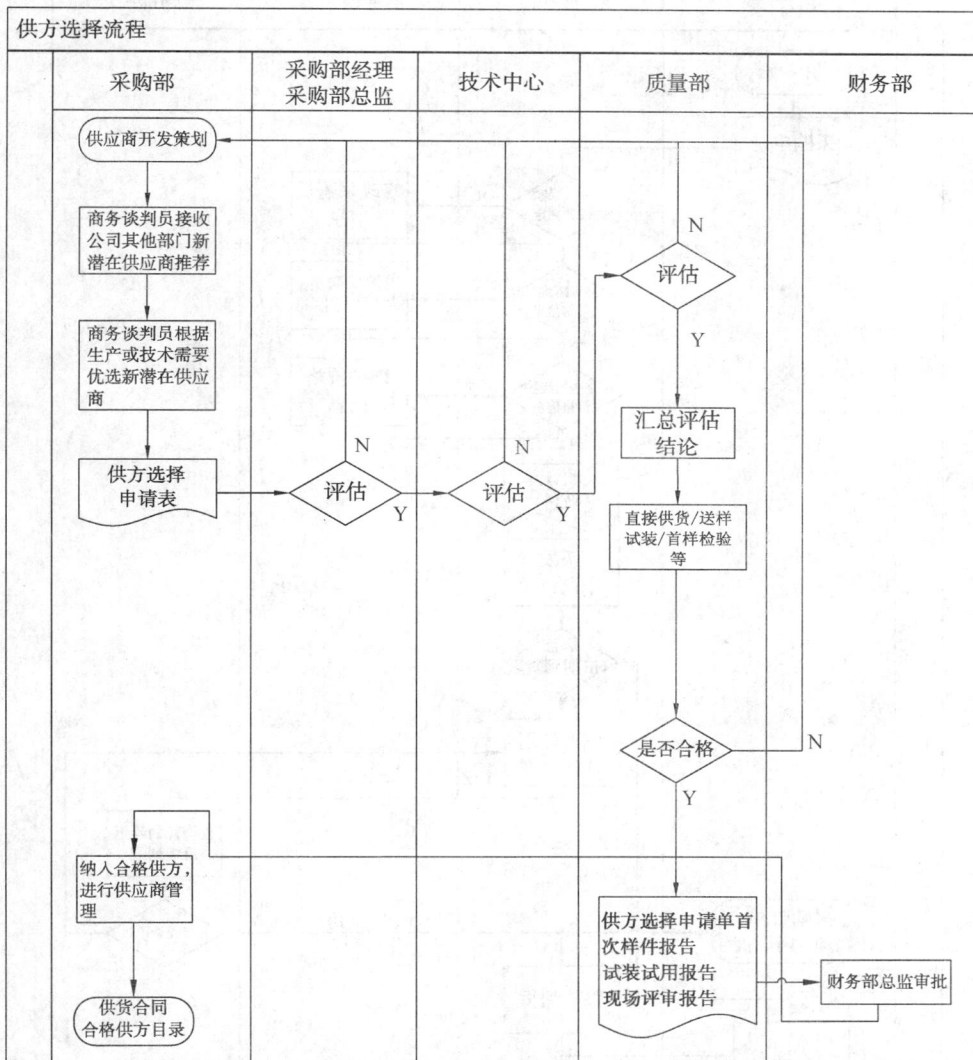

图 18-2　供方选择流程

3. 采购申请分解与执行情况检查工作流程图

采购申请分解与执行情况检查工作流程图如图 18-3 所示。

采购申请分解与执行情况检查工作流程

生 产 部	采 购 员	商务谈判员	采购部经理

```
┌─────────────┐
│   开  始    │
└─────────────┘
      │
┌─────────────┐
│  采购申请   │──────────┐
└─────────────┘          │
                    ◇ 本人采购      N    ┌──────────┐
                      任务判定  ──────→  │ 修改采购员│
                         │ Y           │  信息    │
                    ◇ 是否需维护     Y   ┌────────────┐
                      采购信息  ──────→  │维护采购员、│
                         │ N          │供应商等信息│
                    ◇ 是否需维护     Y   ┌──────────┐
                      价格信息  ──────→  │ 维护价格 │
                         │ N          │  信息    │
                  ┌─────────────┐
                  │  采购订单   │
                  │  （当日）   │
                  └─────────────┘
                  ┌─────────────┐
                  │   下 发     │
                  │  采购订单   │
                  └─────────────┘
              Y  ◇ 是否
            ──── 按期到货
                   │ N
                  ┌─────────────┐          ┌────────────┐
                  │  填写计划   │←─────────│查询计划延迟│
                  │  延误反馈   │          │ 反馈列表   │
                  └─────────────┘          └────────────┘
  ┌─────────────┐                      Y  ◇ 审核是否通过  N
  │  采购订单   │←──────────────────────
  │ 在途物半列表│
  └─────────────┘
  ┌─────────────┐  ┌─────────────┐
  │   入 库     │←─│  跟踪到货   │
  └─────────────┘  └─────────────┘
┌─────────────┐
│   结束      │
└─────────────┘
```

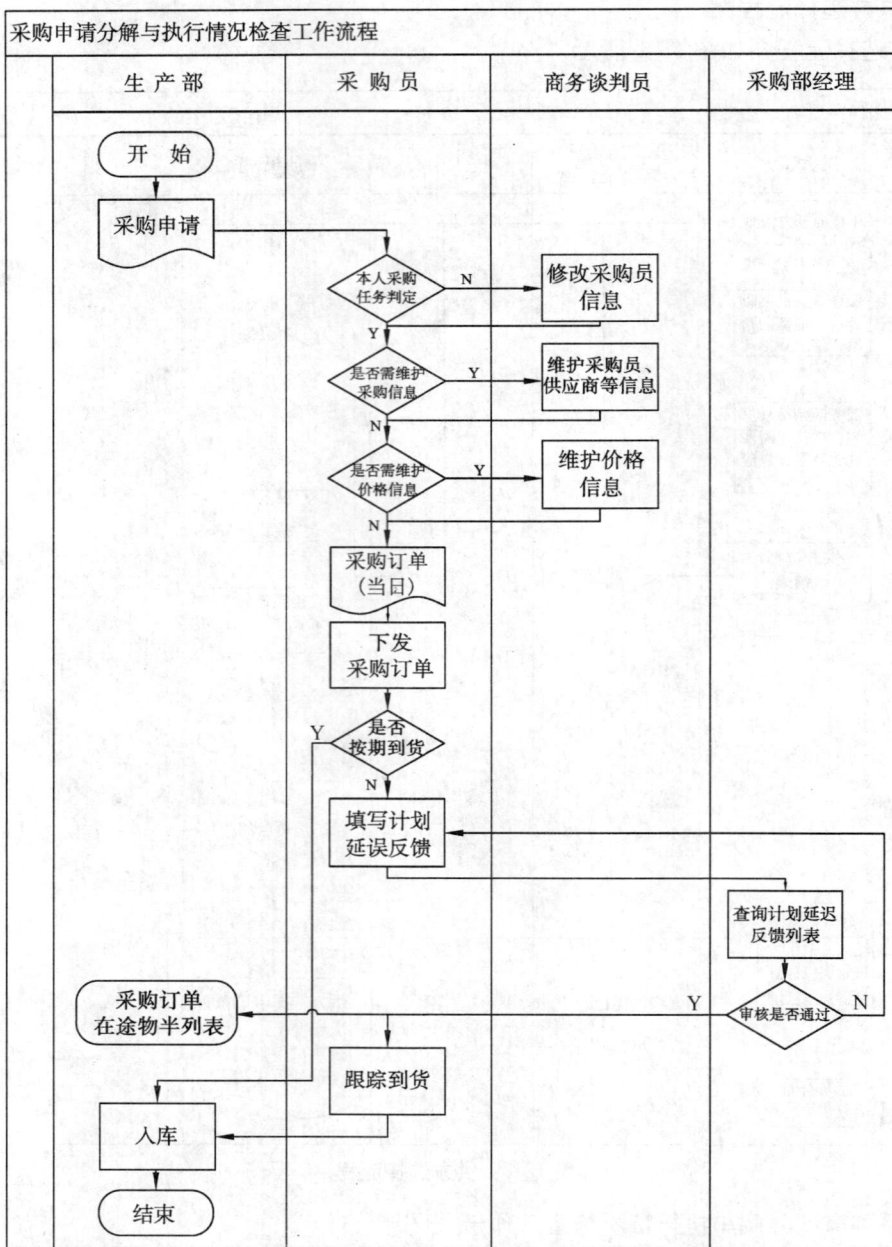

图 18-3 采购申请分解与执行情况检查工作流程

4. 采购件价格核定流程图

采购件价格核定流程图如图 18-4 所示。

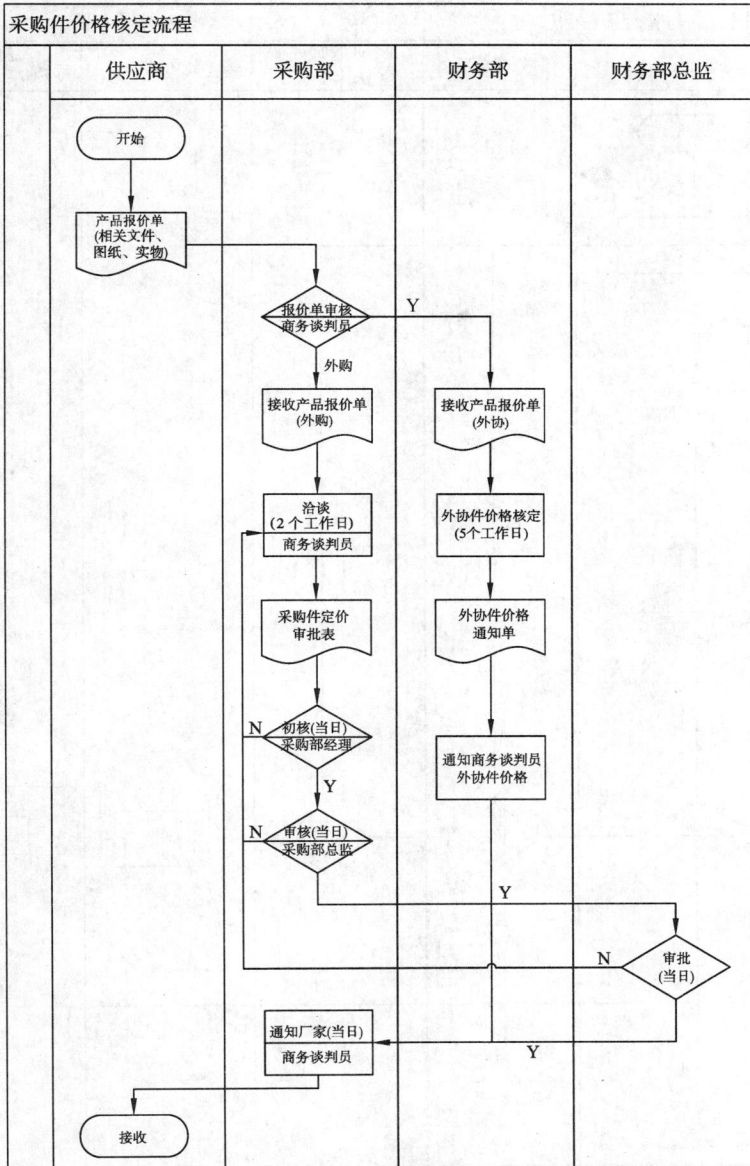

图 18-4　采购件价格核定流程

5. 采购部合同订立与管理流程图

采购部合同订立与管理流程图如图 18-5 所示。

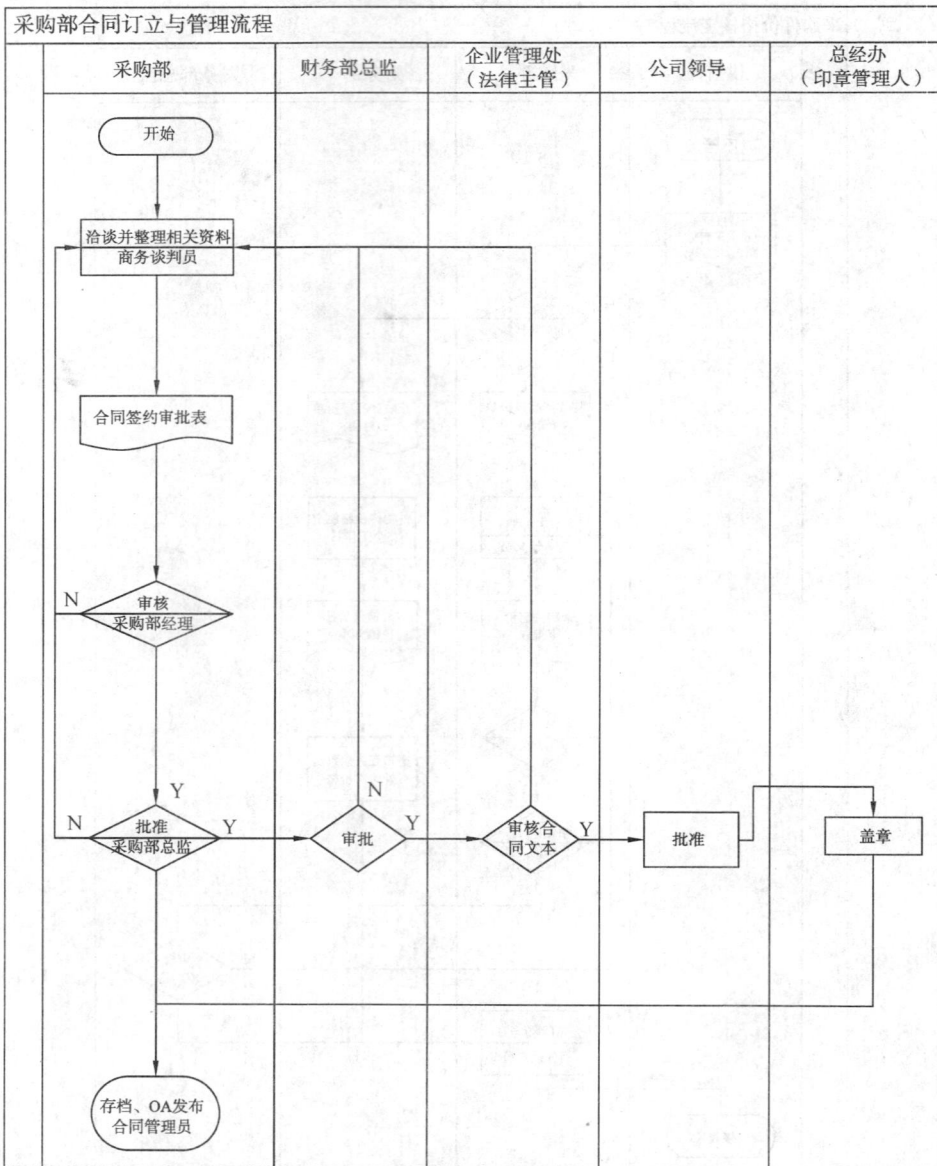

图 18-5 采购部合同订立与管理流程

6. 验收入库流程图

验收入库流程图如图 18-6 所示。

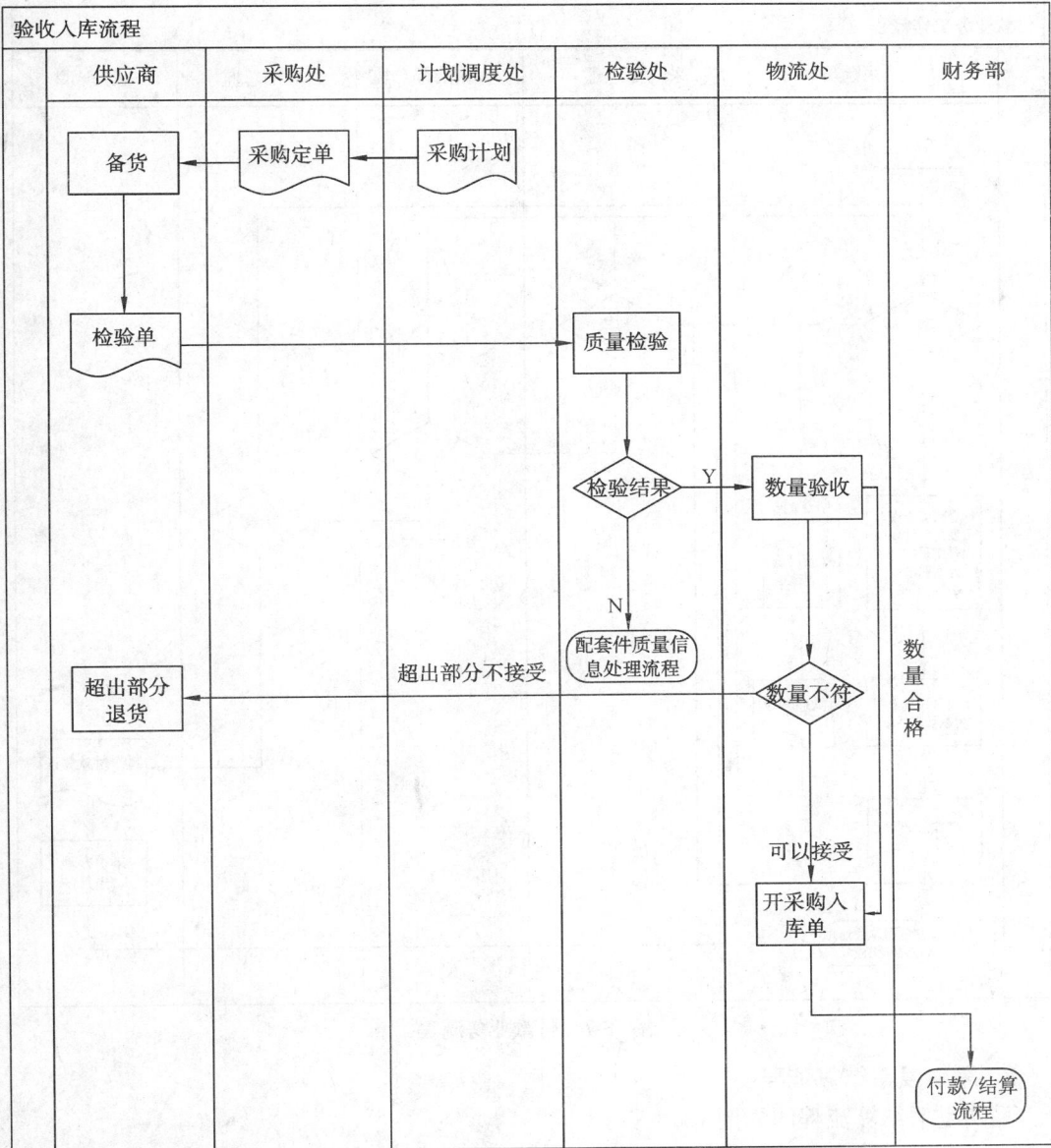

图 18-6 验收入库流程

7. 付款业务流程图

付款业务流程图如图 18-7 所示。

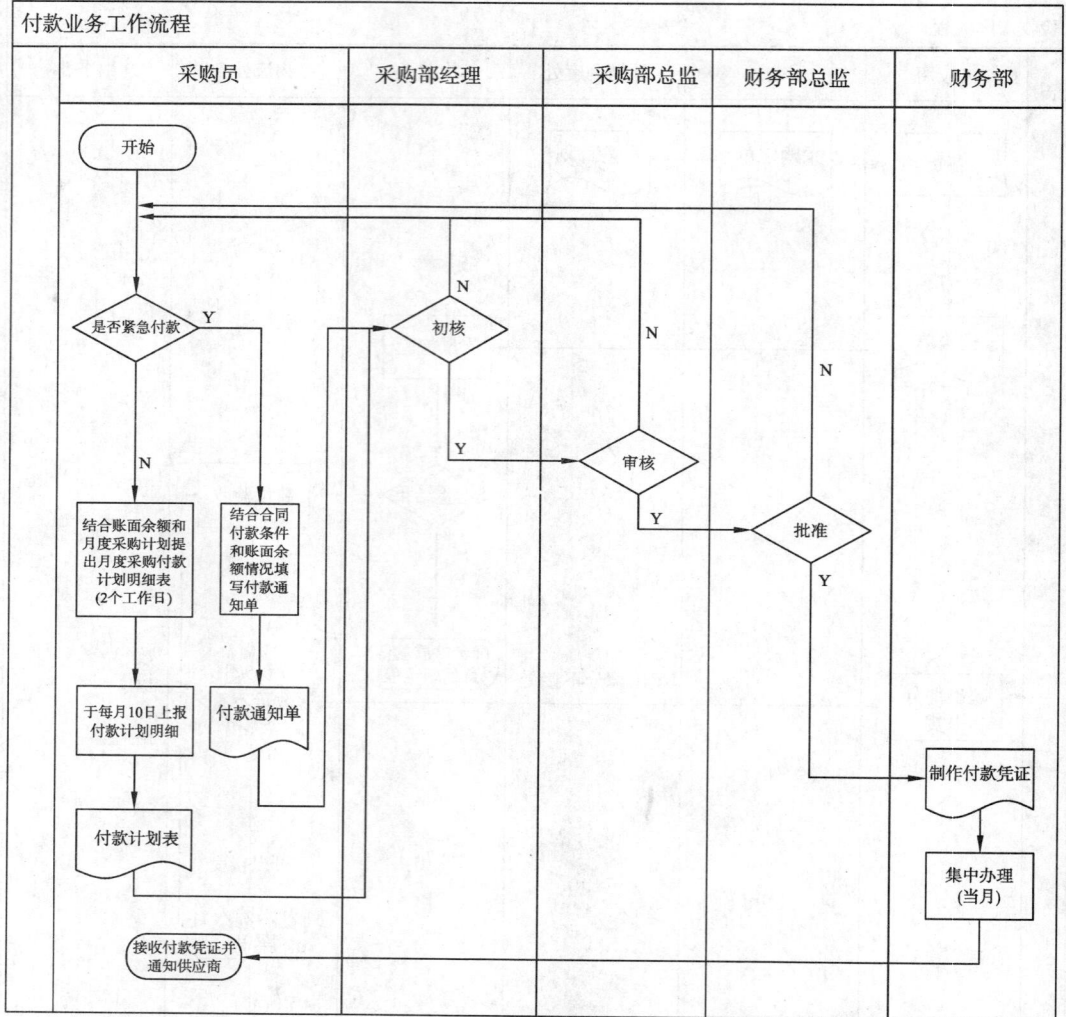

付款业务工作流程

| 采购员 | 采购部经理 | 采购部总监 | 财务部总监 | 财务部 |

开始

是否紧急付款 Y / N

初核 N / Y

审核 Y

批准 N / Y

结合账面余额和月度采购计划提出月度采购付款计划明细表（2个工作日）

结合合同付款条件和账面余额情况填写付款通知单

于每月10日上报付款计划明细

付款通知单

付款计划表

制作付款凭证

集中办理（当月）

接收付款凭证并通知供应商

图 18-7　付款业务流程

8. 采购发票结算流程图

采购发票结算流程图如图 18-8 所示。

采购发票结算流程

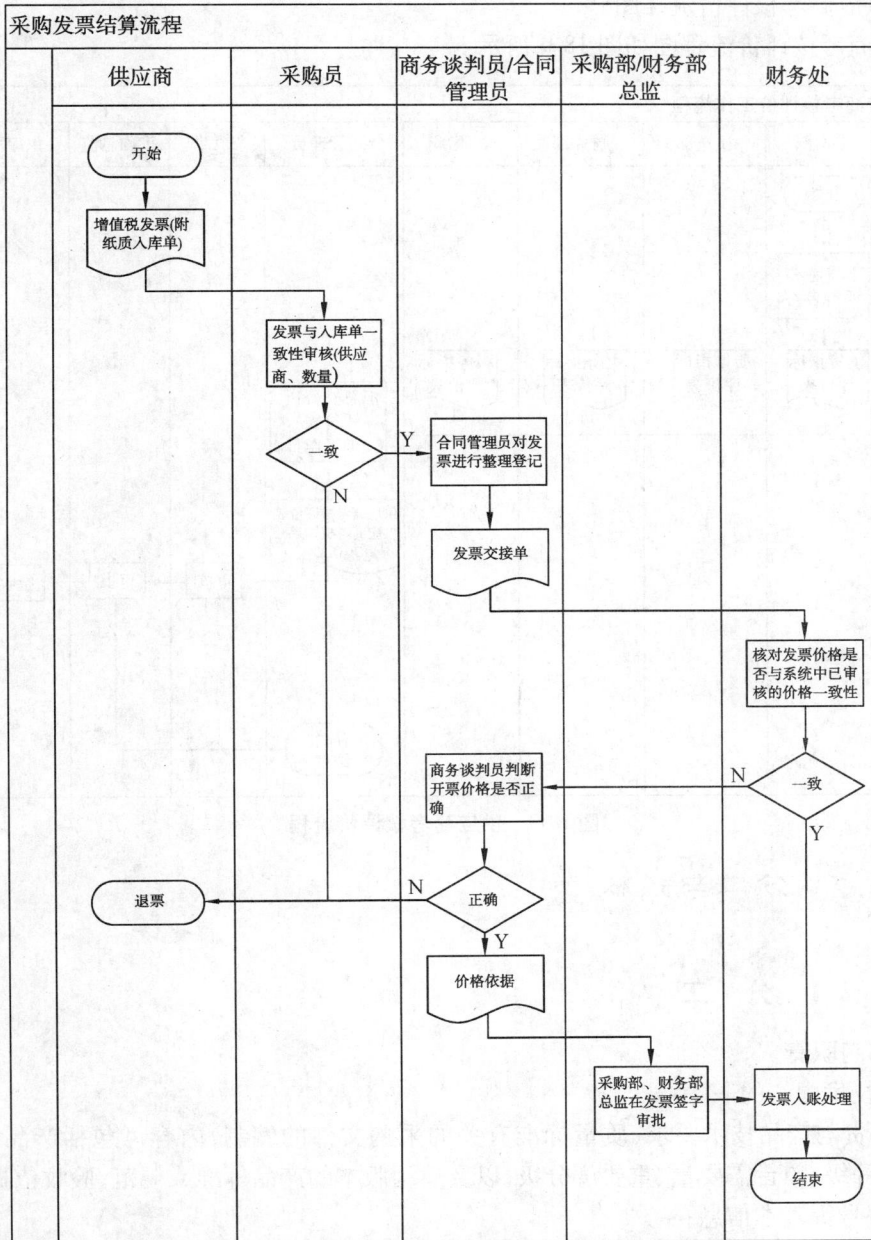

图 18-8 采购发票结算流程

9. 供应商考核评价流程图

供应商考核评价流程图如图18-9所示。

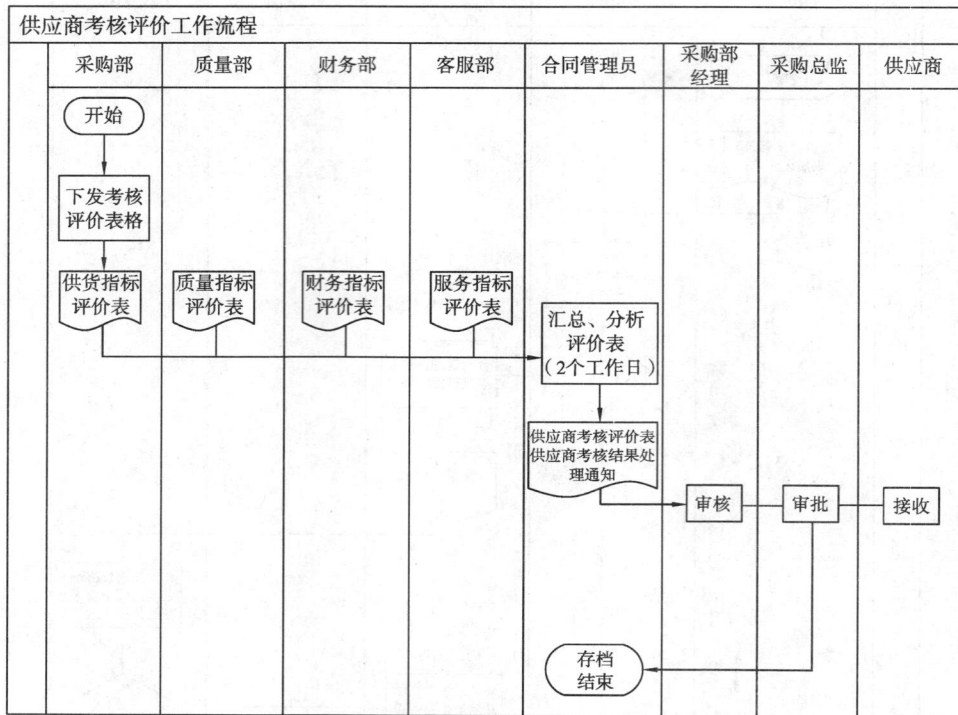

图 18-9 供应商考核评价流程

18.3.2 分工与授权

18.3.2.1 分 工

1. 部门职责

（1）技术中心的职责：

① 负责与产品技术要求、质量标准有关的采购文件的编制,内容可包括产品名称、型号、规格、等级、单台需要量、重要度分级,以及适用版本的产品标准或规范、验收依据和图样的名称、编号等基本信息；

② 负责与中标单位签订技术协议。

（2）生产部的职责：

负责根据生产计划编制采购申请,内容应包括:物料编码、产品名称、型号、规格、数量、到货期、有特殊技术要求的应附技术要求及图纸。

（3）采购部的职责：

① 负责组织技术中心、质量部对供方能力进行评审；

② 负责根据采购申请编制采购订单并下发和跟踪执行；

③ 负责与合格供方签订采购合同（包括质量与售后条款）,编制合格供方目录；

④ 负责物料采购计划的分解与执行情况检查；

⑤ 负责供应商选择、管理与优化；

⑥ 负责物资招标与采购成本控制。

（4）质量部的职责：

① 负责车间产品过程控制检验、总检与指导工作；

② 负责车间物资入厂检验；

③ 负责外协、外购物资的质量检验与评定；

④ 负责整车调试、上线、入库,检测线管理。

（5）财务部的职责：

① 负责公司年度、月度经营计划的制订、预算管理、控制与分析、编写上市公司财务报告；

② 负责制订材料成本和制造成本计划,产品、外协定价；

③ 负责外购件价格审查、监督,协助仓库做好库存账务；

④ 负责项目经济合同执行情况的审查；

⑤ 负责资金筹集、融资和调度,制订资金、收支计划预算；

⑥ 负责纳税申报和各种税费解交；

⑦ 负责工资、固定资产等核算,日常费用稽查、报销,票据、会计档案管理；

⑧ 负责应收账款的清理,核对及催讨计划,逾期 2 年以上应收账款的清欠。

2. 岗位职责

（1）采购部总监的职责：

① 负责物料采购计划的分解与执行情况检查,在合格供方名册内按计划组织采购、保障及时供应,进料质量、数量问题的处理,付款计划的制订与报批；

② 负责物料采购资料保管、归档,供应商选择、管理与优化；

③ 负责商务谈判,组织签订买卖合同；

④ 物资招标与采购成本控制。

（2）采购部经理的职责：

① 负责供应商选择、管理与优化，负责商务谈判，组织签订买卖合同；

② 负责物资招标与采购成本控制；

③ 负责协助采购总监完成采购部各项工作。

（3）商务谈判员的职责：

① 负责实施零部件、原辅材料比质比价、询价工作、降本措施的落实跟进；

② 负责依据市场行情商谈零部件价格并报批、提出供货比例建议并报批；

③ 负责供应商合作协议条款的洽谈与起草批报；

④ 负责所有零部件、原辅材料价格数据信息收集与维护；

⑤ 负责每月对采购成本变动情况进行统计分析，出具书面报告；

⑥ 负责对配套体系内供应商价格评价、分析并提出配套体系调整建议；

⑦ 负责供应商信息收集、新供应商的引进开发。

（4）采购员的职责：

① 负责执行采购计划，保质保量及时到位；

② 负责办理到厂物资相关入库手续，发票的催收与入账工作；

③ 负责采购与供应过程中，采购异常情况的积极协调并及时反馈，采购件的质量与售后服务问题的积极协调；

④ 负责根据采购计划、实际到货情况、采购合同，提出资金需求计划；

⑤ 负责协助进行采购合同的签订工作，协助询价和招标工作。

（5）合同管理员的职责：

① 负责供应商信息资料的汇总，供应商档案的建立与维护；

② 负责供应商考核评价信息汇总，并将考核结果报相关上级批准后实施；

③ 负责采购合同印章的保管、使用、记录，负责采购合同的报批；

④ 负责各采购数据的收集统计与分析；

⑤ 负责文件和资料的编码、建档、存储管理，负责打印、编辑文件和资料、接受、传递信息、文件和资料。

（6）仓管员的职责：

① 负责物资的收、发及凭证录入工作，收发手续齐全；

② 负责每月底的各类报表出具，料单分类。

（7）外检员的职责：

① 负责公司所用的主要原辅材料、外购、外协件的例行检验；

② 负责对具体所管货物的检验工作负责，配合检验处等相关人员工作；

③ 负责根据货物进厂检验管理规定及检验规范对照图纸、标准对外购、外协件进行检

验,决定接收、拒收及有条件放行;

　　④ 负责客观、真实的做好检验记录,保持记录的完整有效,原材料取样送检,并做好记录;

　　⑤ 负责重要质量信息及时报告;及时对有缺陷的外协、外购件的鉴定及标识,做到可追溯或配合协调;

　　⑥ 负责生产现场供应商产品质量问题的处理、报告;

　　⑦ 负责协调缺陷外协、外购件的返工,及时收集生产线、总检、售后服务的质量抱怨,积极与供应商联系,督促供应商进行质量改进;

　　⑧ 负责配套件质量验收汇总上报,负责或配合质量问题的统计,并提出相应措施或建议;

　　⑨ 负责按质量责任制的要求,输出供应商相关质量信息。

　　(8) 财务部总监的职责:

　　① 负责组织、制定公司的财务管理制度,监督检查公司各级财务运作和资金收支情况;

　　② 负责审核公司重要上报报表和报告;

　　③ 负责拟定公司利润分配方案或亏损弥补方案;

　　④ 负责拟定、审议公司年度财务预决算;

　　⑤ 负责在总裁签批规定范围内的企业经营性、融资性、投资性资金使用;

　　⑥ 参与拟定公司发行债务方案、增配股方案、资本运作方案;

　　⑦ 参与审核公司新项目投资的可行性方案;

　　⑧ 参与拟定公司所属部门或二级公司的承包方案;

　　⑨ 季度、半年报、年报向董事会汇报财务报告,并受董事会委托向股东大会作财务报告;

　　⑩ 负责本部门年度工作方针目标的制定、实施;

　　⑪ 负责本部门工作制度、标准、流程、考评、人力资源等综合管理工作;

　　⑫ 向公司总经理汇报本公司资产和经济效益变化情况,对公司存在经营的重大问题及时报告,对资产的损失承担相应的责任,对参与投资决策等项目失误承担相应责任,对财务报表和报告的真实性承担相应责任、对公司严重违反财经纪律、违反税法行为承担相应责任。

　　(9) 采购核算的职责:

　　① 负责供应商付款与考评;

　　② 负责采购发票的录入;

　　③ 负责应付账款管理及对账;

　　④ 负责与岗位工作相关的 ERP 系统维护工作;

⑤ 负责会计凭证装订的组织及档案管理。

（10）核价/采购价格控制的职责：

① 负责外协件的价格核定；

② 负责外购件的价格控制；

③ 负责对原材料、外购件、外协件价格执行的督查；

④ 负责协助销售价格的合同评审；

⑤ 负责配合销售价格的核定；

⑥ 负责参与成本分析及控制；

⑦ 负责竞争对手采购价格的分析。

（11）产品价格与标准成本的职责：

① 负责制定产品标准成本，提出价格建议；

② 负责对客户的特殊要求提出价格建议；

③ 负责提出试验车、试制车、退回车、样车等销售价格建议。

3. 岗位素质要求

（1）采购部总监的素质要求：

① 学历/工作经历：大学本科及以上学历，从事采购管理工作3年以上；

② 相关职务知识：熟悉客车制造工艺及流程、财务知识；

③ 专业知识：财务会计、客车制造工艺、仓储、调度、物流管理流程和控制；

④ 所需技能：熟悉物资采购管理的相关政策法规，完全了解采购的流程，能够有效预测存货周期、有效控制成本，在现金流控制、采购管理等方面有丰富的经验，能有效进行供应商的开发、管理，制订采购计划及预算，处事灵活，快速反应，学习能力强，有较强的开拓能力，分析、解决问题、反应能力强，谈判、沟通能力，团队协作能力、组织能力强；

⑤ 特殊要求：熟练操作计算机，精通Office及其他办公软件，有ERP系统工作经验，沟通协调，成本意识，领导能力，信息搜集；具备良好的职业道德素质，较强的责任心。

（2）采购部经理的素质要求：

① 学历/工作经历：大专以上学历或5年以上主管以上岗位工作经历；

② 专业知识：熟悉生产运营和物料，能熟练使用计算机办公应用软件；

③ 所需技能：具有较强的组织管理、沟通协调能力，工作思路清晰；

④ 特殊要求：正直，有强烈的事业心和责任感，能严格要求自己，廉洁奉公。

（3）商务谈判员的素质要求：

① 学历/工作经历：高中学历且3年以上相关工作经历；

② 相关职务知识：企业管理知识、财务管理；

③ 专业知识：物流管理，经济法，统计技术；

④ 所需技能:有一定的组织、协调、沟通能力,能熟练操作电脑;

⑤ 特殊要求:诚实正直,工作细致严谨。

（4）采购员的素质要求:

① 学历/工作经历:高中学历且 3 年以上相关工作经历;

② 相关职务知识:企业管理知识;

③ 专业知识:物资管理知识、经济法;

④ 所需技能:有一定的组织、协调、沟通能力,能熟练操作电脑。

（5）合同管理员的素质要求:

① 学历/工作经历:高中学历且 2 年以上相关工作经历;

② 相关职务知识:企业管理知识;

③ 专业知识:物流管理,经济法,统计技术;

④ 所需技能:有较强的组织、协调、沟通能力,能熟练操作电脑;

⑤ 特殊要求:工作细致严谨。

（6）仓管员的素质要求:

① 学历/工作经历:高中学历且具有仓储保管经历;

② 相关职务知识:物资、仓储管理知识;

③ 专业知识:熟悉公司产品及物料;

④ 所需技能:能熟练操作电脑、熟悉 ERP 系统。

（7）外检员的素质要求:

① 学历/工作经历:3 年以上质量检验工作经历;

② 相关职务知识:熟悉公司产品、物料及检验标准;

③ 所需技能:能操作电脑;

④ 特殊要求:有较强的责任心,熟悉配套件的质量特性,熟悉配套件在公司内的装配流程,有测量或机械制造基本技能,零部件检验基本常识,诚实正直,原则性强。

（8）财务部总监的素质要求:

① 学历/工作经历:本科以上学历学历/高级职称、注册会计师,上市公司或大型企业公司财务管理经历 8 年以上,财务经理（处长）以上岗位 5 年以上经历;

② 相关职务知识:现代企业管理、金融、证券、公司法、合同法、公共关系学;

③ 专业知识:企业会计、成本管理、财务管理、内部控制制度、预算管理、会计法、税法、票据法、企业会计准则;

④ 所需技能:需具备高级财务管理理论与实践经验;

⑤ 特殊要求:具备组织协调能力、分析判断能力、参与决策的能力、沟通与交流的能力、使用和培养人才的能力。

（9）采购核算的素质要求：

① 学历/工作经历：大专学历或 5 年以上相关工作经历；

② 相关职务知识：财务核算；

③ 专业知识：财务会计、管理会计；

④ 所需技能：工作细致严谨，熟练操作电脑；

⑤ 特殊要求：持有会计上岗证。

（10）核价/采购价格控制的素质要求：

① 学历/工作经历：本科学历或 5 年以上相关工作经历；

② 相关职务知识：熟悉客车制造工艺及流程；

③ 专业知识：财务会计、客车制造工艺；

④ 所需技能：工作细致严谨，熟练操作电脑。

（11）产品价格与标准成本的素质要求：

① 学历/工作经历：大专学历或 5 年以上相关工作经历；

② 相关职务知识：熟悉客车制造工艺及流程；

③ 专业知识：财务会计、客车制造工艺；

④ 所需技能：工作细致严谨，熟练操作电脑。

4. 不相容职务分离

（1）物品或劳务需要部门与采购员职务分离；

（2）提出采购申请与批准采购申请职务分离；

（3）询价与确定供应商职务分离；

（4）采购与验收职务分离；

（5）采购、验收与相关会计记录职务分离；

（6）付款审批与付款执行职务分离。

18.3.2.2 授　权

（1）非招标物资的供方选择授权。

商务谈判员应当填写"供方选择申请单"，依次经采购部经理、采购部总监、技术中心、质量部评估，由财务部总监批准，由采购部纳入合格供方目录。

（2）采购申请与执行情况授权。

生产部提出采购申请，采购员应对本人采购任务进行判定，根据是否需维护采购信息，应由商务谈判员维护采购员、供应商等信息。按期到货的生产部将采购件入库，不能按期到货的，采购员填写计划延误反馈，采购部经理查询计划延误反馈列表并审核是否通过，通不过的采购员应重新填写计划延误反馈，通过审核的应向生产部提供采购订单在途物料列表并由采购员跟踪到货直至采购件入库结束。

（3）采购件价格核定授权。

供应商提供产品报价单以及相关文件、图纸、实物，采购部的商务谈判员应对报价单进行审核，决定外购或者外协。需要外购的，商务谈判员应当在 2 个工作日内将采购件定价审批表由采购部经理于当日初核，通过后由采购部总监于当日审核，审核通过后由财务部总监于当日进行批准，通过后由商务谈判员于当日通知供应商接收，整个外购过程中审核通不过即由商务谈判员与供应商重新洽谈；需要外协的，财务部应在 5 个工作日内核定外协价格，由财务部总监批准后生成外协件价格通知单，通知商务谈判员外协件价格，最后由商务谈判员于当日通知厂家，供应商接收。

（4）采购部合同订立与管理授权。

商务谈判员将合同签约审批表交予采购部经理审核，经过采购部总监批准，交予采购部总监审批，合同文本经企业管理处的法律主管审核，经公司总经理批准，总经办印章管理人盖章，最后由合同管理员存档、OA 发布。

（5）分级采购授权。

采购合同中购买生产性材料，金额在 200 万元以下的，由采购部经理提出申请，采购部总监进行审核，财务部总监批准；金额在 200 万元以上的，由采购部总监提出申请，财务部总监审核，公司总经理批准。

购买非生产性材料、劳务，金额在 2 000 元以下的，由部门经理提出申请，部门总监进行审核，财务部副总监批准；金额在 2 000～20 000 元的，由部门经理提出申请，部门总监进行审核，财务部总监批准；金额在 20 000 元以上的，部门总监提出申请，财务部总监进行审核，总经理批准。

（6）付款授权。

采购员应当将付款计划表或付款通知单上交于采购部经理进行初核，再由采购部总监进行审核，经财务部总监批准后于当日集中办理，最后采购部接收付款凭证并通知供应商。

（7）发票结算授权。

采购员应当对发票与入库单一致性审核。供应商及采购件数量经审核不一致的，退票给供应商。供应商及采购件数量经审核一致，合同管理员对发票进行整理登记，生成发票交接单交由财务部，财务部核对发票价格是否与系统中已审核的价格一致。价格一致的，财务部应进行发票入账处理，采购发票结算结束；价格不一致的，商务谈判员应判断开票价格是否正确，开票价格不正确的，退票给供应商，开票价格正确的，生成价格依据，由采购部总监、财务部总监在发票签字审批。

（8）供应商考核评价工作授权。

采购部向各部门下发考核评价表格，由采购部提供《供货指标评价表》，质量部提供《质量指标评价表》,财务部提供《财务指标评价表》,客服部提供《服务指标评价表》,并由采购部的合同管理员在 2 个工作日内进行汇总、分析,生成《供应商考核评价表》、《供应商考核结果处理通知》,由采购部经理审核后交由采购部总监进行审批,最后由合同管理员存档结束。

18.3.3　关键控制点控制

1. 供应商管理控制

合格供应商管理原则:质量为主体,综合成本为导向。

(1) 新供应商的选择。

供应商准入原则:质量同等,低价优先;价格同等,优质优先。

① 采购部应当负责新供应商选择引入工作,公司任何部门均可推荐候选新供应商到采购部,推荐时填写《供方选择申请单》,注明供应的产品规格型号、竞争优势,并提供相关能力证明材料:企业概况调查表、营业执照复印件、税务登记证复印件、企业内部产品检验报告、企业外部产品检验报告、企业质量管理体系认证证书、企业标准、产品图册、与客车企业配套资料,其中前 3 项为必须提供资料,后 6 项为选择提供材料。新供应商拟供物资属于关键零部件的,需在《供方选择申请单》中注明。

②《供方选择申请单》应由采购部、质量部、技术中心、财务部审核。技术中心确定送样试装或送样检验,直接供货应由技术中心、质量部和采购部共同确定。新供应商拟供物资属于关键零部件的,技术中心应在《供方选择申请单》上进行确定,同意后按《认证产品变更管理办法》申报。

③ 直接供货的,采购部与供应商应进行商务谈判签订采购合同,并附《供方选择申请单》按程序报批。

④ 送交检验的,应由技术中心提供技术参数要求,采购部通知新供应商送样交质量部进行检验并出具《首次样件检验报告》。

⑤ 送样试装的,应由技术中心提供技术参数、技术要求、技术图纸,采购部通知新供应商送样,样件到后采购部组织技术中心、质量部进行样件评审,评审合格后技术中心下发《技术问题处理通知单》确定车型、订单号,生产部根据《技术问题处理通知单》组织试装,质量部跟踪样件试装质量情况,试装后出具《首次样件检验报告》。

⑥ 对于《首次样件检验报告》合格的供应商,采购部应与供应商进行商务谈判签订采购合同,并附《供方选择申请单》、《首次样件检验报告》按程序报批。

⑦ 给予新供应商 3 次送样评审机会,对 3 次送样评审均不合格的新供应商应当作退出新供方选择申请处理。

⑧ 对新供应商选择评审合格的,应当纳入公司合格供应商管理,新增的合格供应商应

当每月度汇总一次作为本年度合格供方目录增补,按程序报批。

⑨ 合格供应商供货品种的拓展,应当按①～⑦的规定执行。

⑩ 开发的新产品的供应商选择,由技术中心开发新产品时应当优先在合格供方内选择供应商,协同采购部与供应商洽谈,洽谈内容包括价格、产品强检报告、模具开发等内容,并形成新产品选型报告。与供应商达成一致意见后,执行合格供应商供货品种拓展,应当按①～⑦的规定执行。

⑪ 技术中心在合格供方内选择不到合适的产品,应当由技术中心会同采购部联合优选供应商,按①～⑦的规定执行。

⑫ 大宗采购了采用公开招标方式,应由技术中心提供技术文件准备,质量部根据质保体系要求进行产品验证及质保能力验证,企业管理处应对招标整个流程进行过程监控。采购部负责与中标单位签订采购合同,纳入供应商管理,重大合同应报公司总经理批准。质量部负责质量跟踪。

（2）供应商的变更。

① 质量下降或不稳定,限期整改无效果时,有质量更好、更稳定的厂商时,应由采购部提出变更。

② 有技术性能更好的厂商时,应由技术中心向采购部提出变更。

③ 在同等质量条件下,有价格更低的厂商时,应由采购部提出变更,按《供方选择申请单》执行,对产品关键元器件和材料、结构的变更,应当按《产品变更控制程序》执行。

（3）合格供应商的考评。

① 供应商考评的内容包括:质量指标、供货指标、服务指标及财务指标。

② 采用月度考评方法:对供应商考评采用百分制,其中质量指标 35 分、供货指标 35 分、服务指标 20 分、财务指标 10 分。

③ 质量指标完成情况应由质量部负责制定细则与考评。考评内容:入库合格率 15 分,生产现场质量问题 10 分,纠正措施落实情况 10 分。

④ 供货指标完成情况应由采购部负责制定细则与考评。考评内容:按生产需求交货率 10 分,价格的稳定与下降 10 分,发票按要求交付率 5 分,供应商对需求及设计改变的响应速度 5 分,处理生产现场问题及解决问题的响应速度 5 分。

⑤ 服务指标应由销售总公司客服部制定细则与考评。考评内容:服务调件 10 分,与售后服务配合度 10 分。

⑥ 财务指标应由财务部负责制定细则与考评。考评内容:发票价格正确率 5 分,铺底资金是否执行 5 分。

⑦ 采购部负责汇总统计各部门的考评结果。具体计算方法:一项指标得分低于该指标总分的 50%,则总评分按得分的 95% 计算;有两项指标得分低于该指标总分的 50%,则总

评分按得分的85%计算;有3项指标得分低于该指标总分的50%,则总评分按得分的70%计算;有4项指标得分低于该指标总分的50%,则总评分按得分的50%计算。

⑧ 供应商的各项指标的处罚应按《采购合同》的条款执行。

（4）对考评部门的要求。

① 各考评部门要客观、公平、公正地进行考评。

② 由质量部、采购部、销售总公司客服部、财务部每月5日前应对供应商上个月度综合表现按各项考核指标进行考评汇总后提交采购部进行综合考评汇总。

③ 各考评部门应对各供应商要做好考评档案以备查。对考评得分在70分以下的供应商,各考评部门应提出考评依据,采购部与供应商沟通,确认事实,并与其他供应商的得分和业绩进行比较。

④ 采购部负责对各供应商进行综合考评汇总和奖惩公布,归口管理供应商业绩考核记录的存档和维护;

（5）合格供应商的考评运用。

① 对于月度供应商绩效优劣,采取以下措施进行奖惩。

通报表扬:在月度考核中供应商排名居于前5位的,给予通报表扬。

客户意识培训:在月度考核中单项指标得分低于该指标总分的50%或供应商排名居于后5位,由采购部对供应商进行沟通、教育。针对月度考核出现的所有问题及存在的潜在风险进行客户意识培训,督促其认真制定纠正和预防措施,出具书面整改措施报告并督促其落实整改到位。

降低供货份额或延长付款周期:经沟通、教育后,整改无明显效果或2个月度单项指标得分低于该指标总分的50%或连续2个月度在供应商考评中排名后5位的,对此类供应商应采取降低供货份额或延长付款周期。

停止供货的措施进行奖惩:连续3个月度在供应商考评中排名居于后5位且总分低于60分或连续3个月在供应商考评中单项指标得分低于该指标总分的50%,对此类供应商采取停止供货。

② 对于年度供应商绩效优劣,采取以下措施进行奖惩:

根据考评结果,规定全年月度平均得分在85分（含85分）以上的为一类供应商,一类供应商中前五名为年度优秀供应商,得分在85分以下70分以上（含70分）的为二类供应商,得分在60分以下的为四类供应商。

一类和二类供应商均为合格供方,三类供应商可保留供货资格,但需限期更改,四类供应商为不合格供应商。

连续两次被评为三类或一次被评为四类的供应商应列入退出公司供应商体系的黑名单。

年终根据考评结果,评选年度优秀供应商、一类供应商、二类供应商并作为下年度优秀配套的依据。

（6）供应商推出配套体系。

① 供应商主动提出退出，按照采购合同规定执行。

② 公司辞退供应商

对不满足公司供应体系、连续两次被评为三类的供应商或一次被一次被评为四类的供应商应列入退出公司供应商体系的黑名单，进行供方选择申请，寻找新供应商进行替代。

（7）供应商保密制度。

采用供应商信息管理系统，严格限制用户权限。

2. 采购价格控制

（1）采购部与财务部应根据供应商分析报告，共同协商，选择符合的供应商，再由商务谈判员与供应商进行价格谈判，并经采购部经理、采购部总监以及财务副总的严格审批最后确定采购件价格，做到以最合理的价格购得质量合格的产品。

（2）对单价较大，需求数额较大的采购件应当定期制定基准采购价格，实际采购价格不应超过基准价格一定的幅度。正常采购件价格幅度超过 5%，价格需重新洽谈。不同类别的零件需采用具体明确的定价方法。

（3）采购员及商务谈判员每年应当轮岗一次。

3. 采购实施控制

（1）采购计划控制。

① ERP 根据销售订单自动生成生产订单，生产订单连续编号，并经不相容岗位审核、整理、汇总。生产订单经审核后，订单管理中心下达生产计划单。

② 物料需求计划在 ERP 系统内生效后，采购部采购员应依据生产部门所提供的生产计划信息，结合仓库库存情况生成采购计划，依据采购计划、技术通知、售后服务等，与供应商沟通商议后下达采购订单，审核无误后发供应商实施采购。

③ 订单管理中心应依据合同对客户的订单进行跟踪、管理。

④ 若客户要变更订单，应根据具体情况进行改制审批。完工日期、交货日期、数量、价格等变更的可直接变更订单；产品设计变更的，应经技术中心对技术可行性进行评审，技术不可行的取消改制，技术可行的确定详细改制方案，并确定是否增加改制费用。

（2）采购合同控制。

① 采购部的商务谈判员应当与供应商签订采购合同。

② 采购项目、质量等级，可选供应商以及交货付款等相关内容应在采购合同中做明确规定，明确了双方的权利和义务。

③ 财务部应当将 ERP 中的采购订单或采购合同作为收货、付款的原始依据。合同管理员根据采购合同、价格审批单在 ERP 内维护采购价格，财务部根据 ERP 内信息与发展进

行匹配检验。

（3）采购计划执行情况检查。

采购部应当根据采购订单的按期到货状况，进行待料分析。如果不影响生产计划，则继续跟踪采购订单的到货，如果影响生产计划，则应将情况反馈给生产部，同时加大采购订单的催促，及时解决问题。

（4）紧急采购。

若出现客户更改要求等情况导致的紧急采购，应当采取追加采购计划的正常采购处理程序。

（5）采购运输一般采用供应商送货，紧急情况或者特殊供应商（如钢材等）需要自提。

4. 验收控制

（1）公司内采购产品的验证应按《产品监视和测量控制程序》进行。

（2）产品入库时，采购员应当填制到货单，仓管员清点数量、规格、型号等，参照采购订单生成采购入库单，检验员检查质量，在打印出来的采购入库单上签字，并在现有技术水平和设备条件下，出具书面质检报告。

（3）对验收过程中发现的异常情况，负责验收的人员应当立即向有关部门报告，由质量部查明原因，将信息反馈给相关责任部门进行退货或者让步接受的处理。

（4）对退货条件、退货手续、货物出库、退货货款回收等应当做出明确规定，及时收回退货货款。

生产过程中发现质量问题，需要退货时，仓管员应当按退货数量，在库存管理系统中参照采购订单录入红字采购入库单，冲减入库数量。质量部应当开退货通知单给供应商，对供应商采取罚款、停供等惩罚措施，并追究各部门的责任，应退回的产品在物流处保管。退货时，产品出厂都要经门卫检查放行手续是否完备，所有出库产品都有物流处的签收。

（5）不合格产品流入生产应当追究相关部门的责任。

5. 采购结算控制

（1）在采购管理系统内，供应商送货后，应当根据打印的采购入库单开具采购专用发票（或采购普通发票）。

（2）商务谈判员收到发票后，应当对单价进行审核，如果发票价格高于采购入库价格，需要进行审批，然后参照采购入库单生成采购发票。

（3）成本会计收到采购发票后，应当针对发票与入库的价格进行审核，确认无误后，进行采购结算。

（4）采购结算应当使用手工结算。

6. 付款与付款管理控制

（1）ERP 应付款管理控制。

①　在应付款管理系统内,应付会计应当对采购发票(结算过的)进行审核,形成应付款项。

②　当支付款项给供应商时,现金会计应当如实在系统内填写付款单。

③　应付会计应根据系统内应付单据(采购发票、其他应付单)与付款单进行核销处理,这是系统明确付款去向(对于滚动付款,不能明确的,可依照时间优先核销)。

④　成本会计应将审核通过的采购相关入库单记账,确认采购成本。

⑤　应付会计应当对于审核后的应付单据(或发票)、付款单等,生成凭证。

⑥　财务部在办理付款业务时,应当对采购发票、结算凭证、验收证明等相关凭证的真实性、完整性、合法性及合规性进行严格审核。

(2)付款控制。

①　对于生产性材料、劳务,根据采购合同的付款条款,每月应当由财务部提供符合付款条件的清单,采购部在计划内安排后报财务副总审批。

②　需要紧急付款的,采购员应当结合合同付款条件和账面余额情况填写付款通知单。

③　不需要紧急付款的,采购员应在 2 个工作日内结合账面余额和月度采购计划提出月度采购付款计划明细表,并于每月 10 日上报付款计划明细表。

④　采购员应将付款计划表或者付款通知单上交于采购部经理进行初核,再由采购部总监进行审核,财务部总监批准,财务部制作付款凭证,并于当日集中办理,最后采购部接收付款凭证并通知供应商。

(3)应付账款(应付票据)管理控制。

①　材料会计应当按照约定的付款日期、折扣条件等管理应付款项。

②　应付账款注明到期日,应当定期检查应付款是否到期。

③　根据售后、生产等部门开出的索赔单,应对应付账款进行调整。

④　每年应当根据从供应商发来的对账单与应付账款明细账核对,并制作调节表,有差异的查明原因。

⑤　会计期末制作应付账款清单,应由专人检查余额为负数的明细账户。

(4)预付账款控制。

①　对大额预付款项,应当定期对其进行追踪核查。

②　对预付款项的期限、占用款项的合理性、不可收回风险等应当进行综合判断,对有疑问的预付账款及时采取措施,尽量降低预付账款资金风险和形成损失的可能性。

③　应当定期与供应商核对预付账款。如有不符,应查明原因,及时处理。

7. 监督检查控制

(1)应建立对采购与付款内部控制的监督检查制度,明确监督检查机构或人员的职责权限,定期或不定期地进行检查。

（2）公司监督检查机构或人员应通过实施符合性测试和实质性测试检查采购与付款业务内部控制制度是否健全,各项规定是否得到有效执行。

（3）采购循环内部控制监督检查的内容主要包括:

① 采购与付款业务相关岗位及人员的设置情况。重点检查是否存在采购与付款业务不相容职务混岗的现象。

② 采购与付款授权批准制度的执行情况。重点检查大宗采购与付款业务的授权批准手续是否健全,是否存在越权审批的行为。

③ 应付账款和预付账款的管理。重点审查应付账款和预付账款支付的正确性、时效性和合法性。

④ 有关单据、凭证和文件的使用和保管情况。重点检查凭证的登记、领用、传递、保管、注销手续是否健全,使用和保管制度是否存在漏洞。

⑤ 对监督检查过程中发现的采购与付款内容控制中的薄弱环节,单位应当采取措施,及时加以纠正和完美。

18.4 相 关 制 度

1.《文件控制程序》

2.《产品监视和测量控制程序》

3.《不合格品控制程序》

4.《产品变更控制程序》

5.《供应商管理规定》

6.《合格供方目录》

7.《关于进一步深化物资比质比价采购管理工作的暂行办法》

8.《关于严格物资采购合同价格管理的通知》

9.《订单交付考核管理规定》

10.《供应商考核评价表》

11.《供方选择申请单》

12.《采购订单》

13.《采购合同》

14.《合同签约审批表》

第 19 章

生产内部控制制度

19.1　控 制 目 标

>>>>>>>>>>>>>>>>>>>>>>>>>>>>>>>>>>

生产的总体内部控制目标包括相关业务活动处理流程的有效性、会计记录和报告的真实可靠及对相关法律法规的遵循性,具体包括:

(1) 保证相关材料的合理取得;

(2) 保证存货能够得到合理的管理和控制,保证其存在的安全性和完整性;

(3) 保证产品生产过程得到良好的管理和控制,产品成本的计算合理正确;

(4) 保证各种存货计价合理、正确;

(5) 保证确认的销售成本合理、恰当;

(6) 保证各相关会计处理的正确性。

19.2　适 用 范 围

>>>>>>>>>>>>>>>>>>>>>>>>>>>>>>>>>>

本章适用于本公司生产运作过程的管理和控制活动。

19.3　控 制 活 动

>>>>>>>>>>>>>>>>>>>>>>>>>>>>>>>>>>

19.3.1　流程图

1. 生产计划流程图

(1) 月度通用件采购计划流程图如图 19-1 所示。

月度通用件采购计划流程

客　户	销售公司	生产部	采购部

需求 → 销售预测

销售需求计划(分解到车型和发动机)

材料计划主管根据销售预测计划和批量订单下达月台套备料计划

各计划员根据台套备料计划、销售批量订单备料计划、材料库存、各车型零件定额清单、未清计划、采购周期,下发月度通用件采购计划

通用件采购

通用件入库

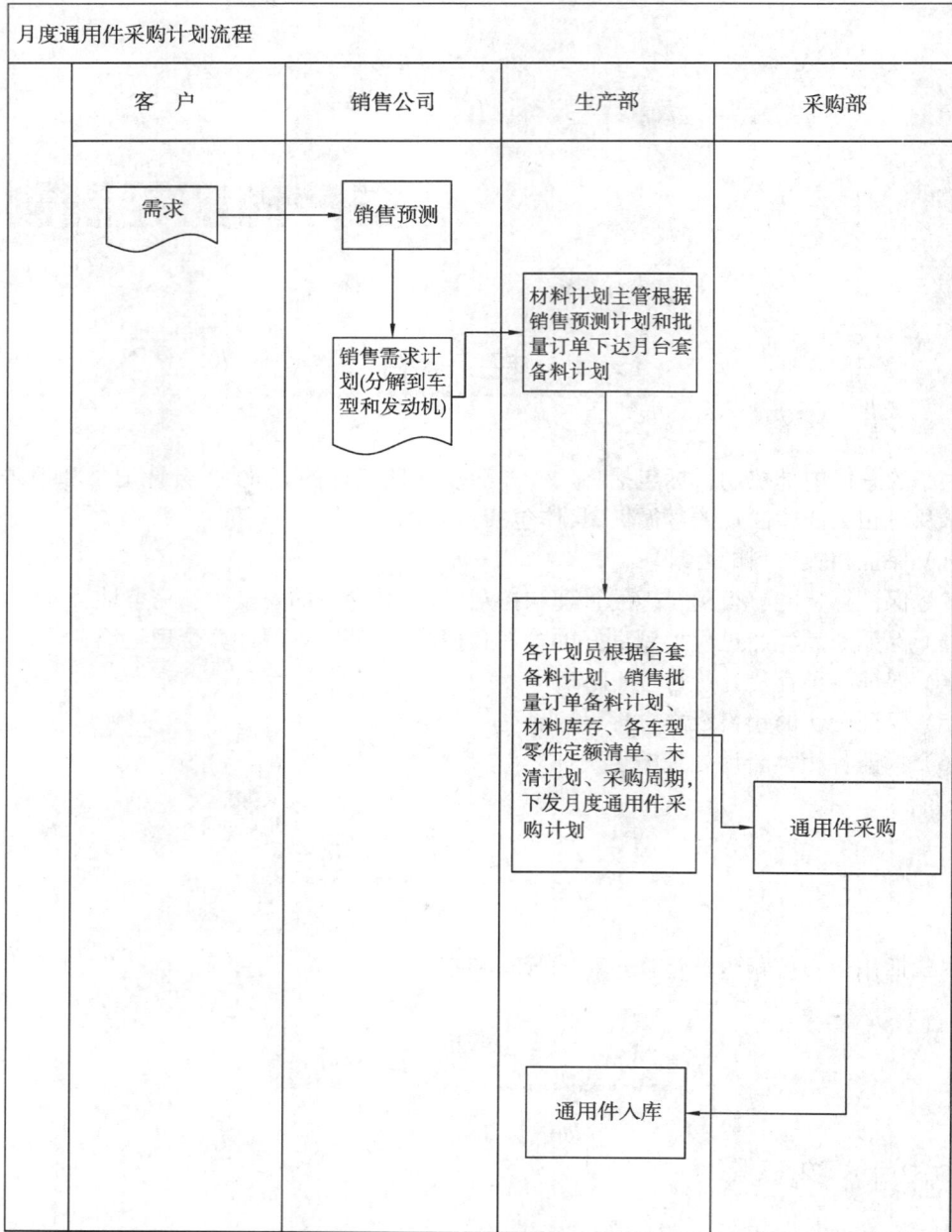

图 19-1　月度通用件采购计划流程

（2）生产计划流程图如图 19-2 所示。

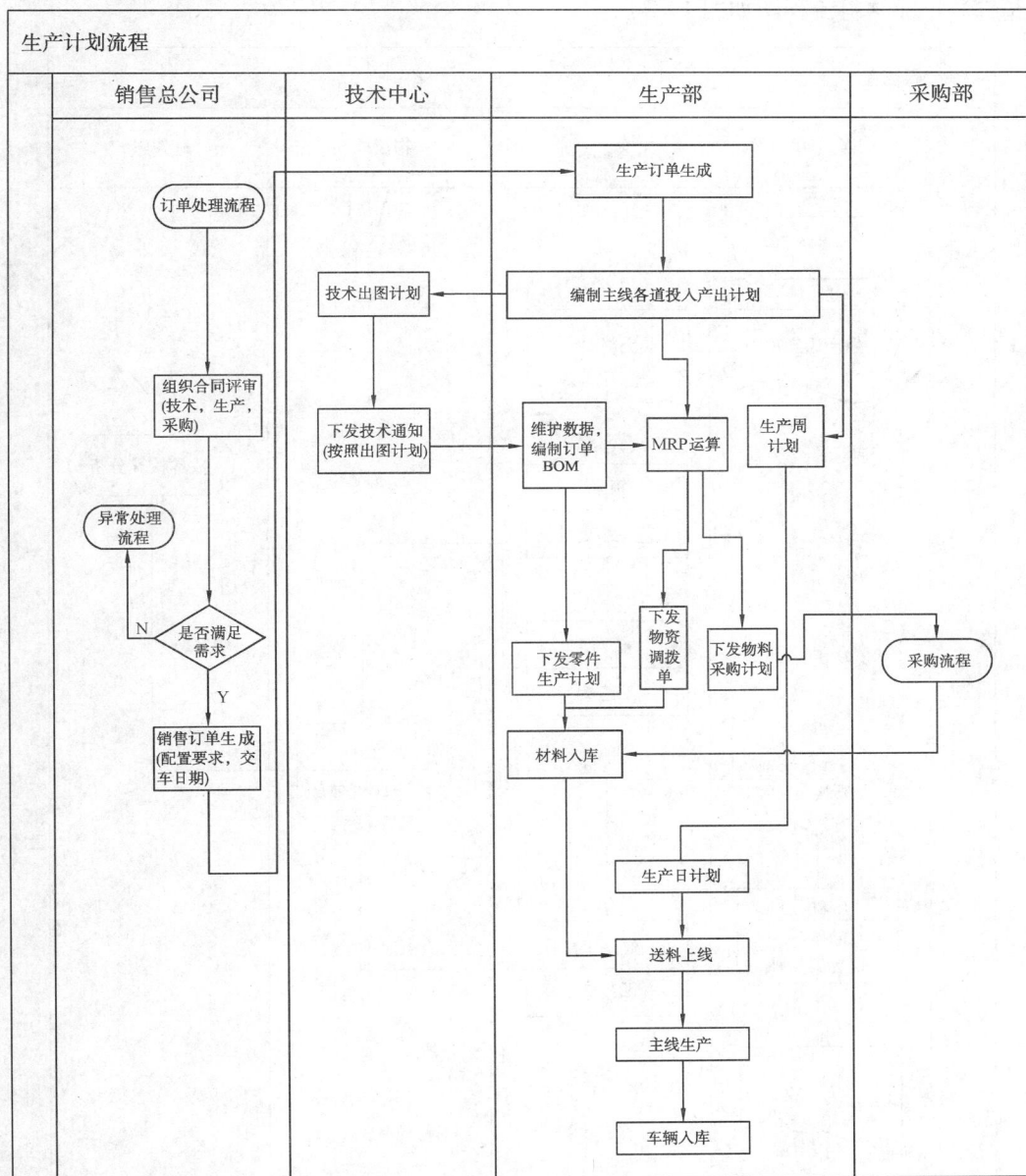

图 19-2　生产计划流程

2. 领料流程图

（1）一般领料流程图如图 19-3 所示。

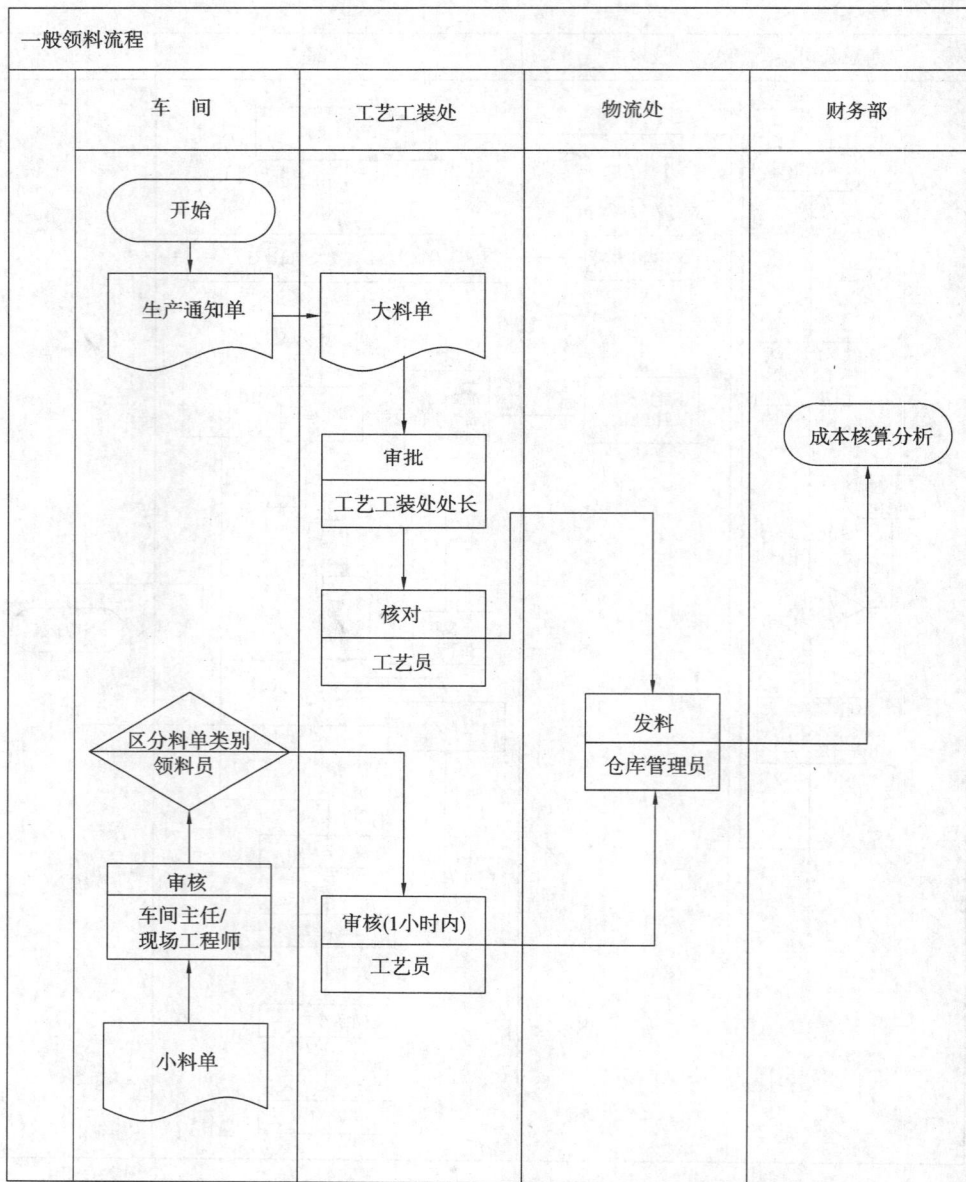

图 19-3　一般领料流程

（2）低值易耗品领用流程图如图 19-4 所示。

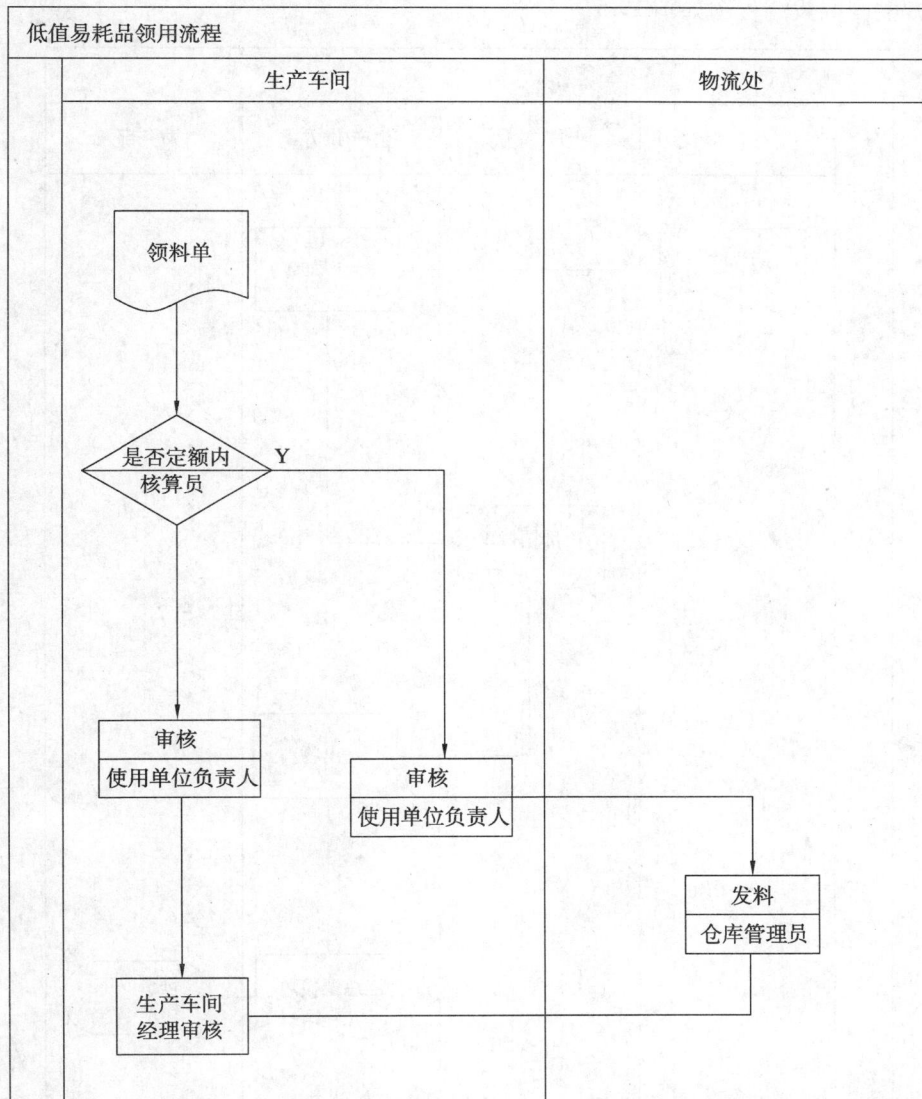

图 19-4　低值易耗品领用流程

3. 物流处流程图

（1）生产调拨流程图如图 19-5 所示。

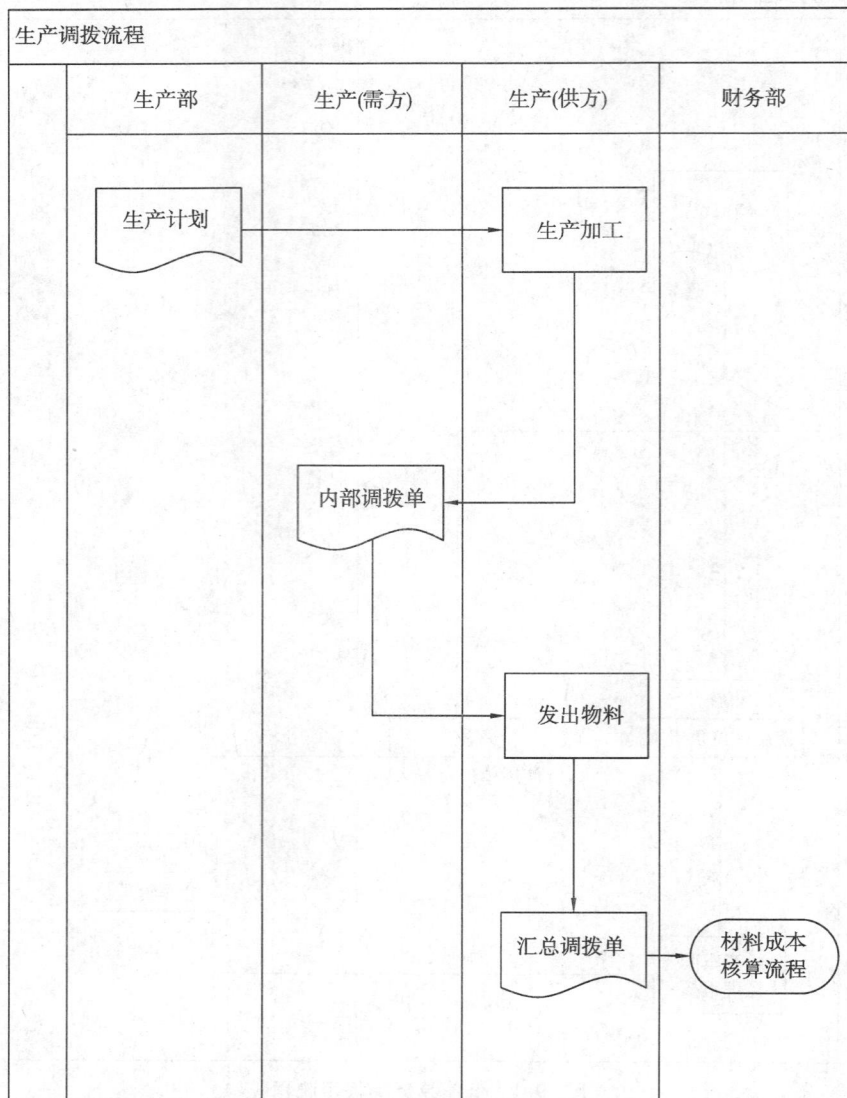

生产调拨流程			
生产部	生产(需方)	生产(供方)	财务部

生产计划 → 生产加工

内部调拨单 ← 生产加工

内部调拨单 → 发出物料

发出物料 → 汇总调拨单 → 材料成本核算流程

图 19-5　生产调拨流程

（2）物资仓储运输管理规定流程图如图 19-6 所示。

物资仓储运输管理规定流程		

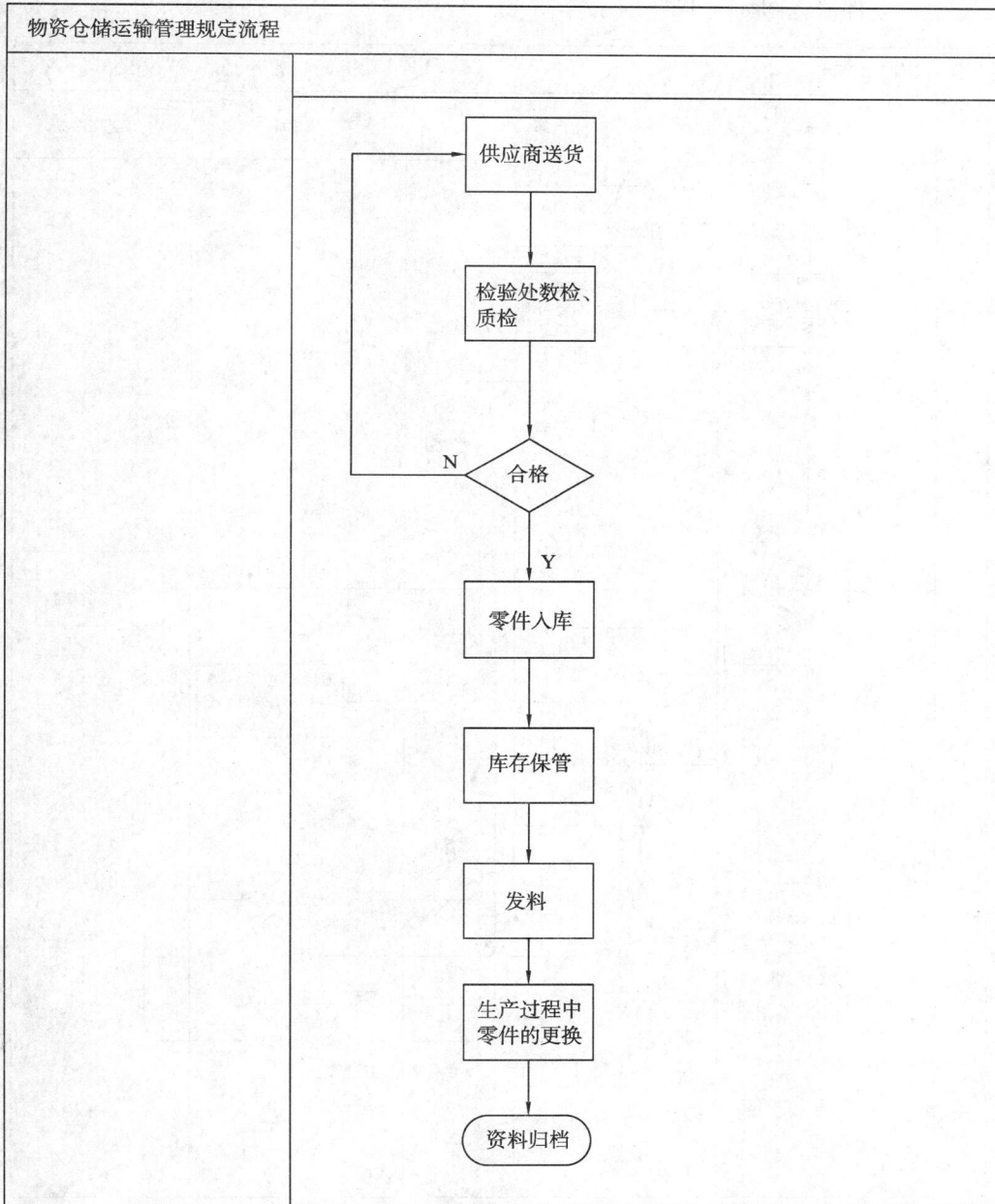

图 19-6　物资仓储运输管理规定流程

4. 底盘补装件流程图

底盘补装件流程图如图 19-7 所示。

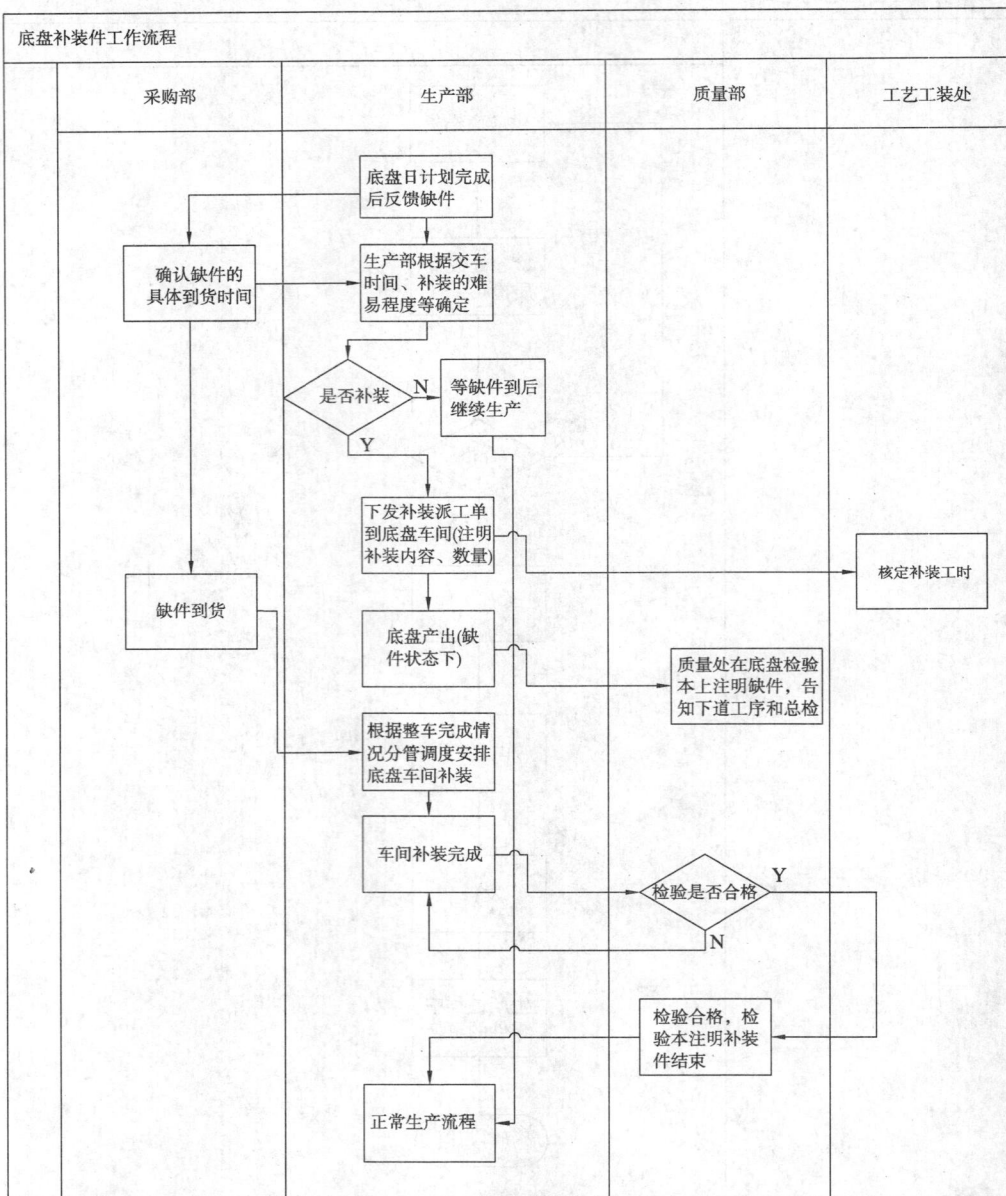

图 19-7　底盘补装件工作流程

5. 物料代用审批流程图

物料代用审批流程图如图 19-8 所示。

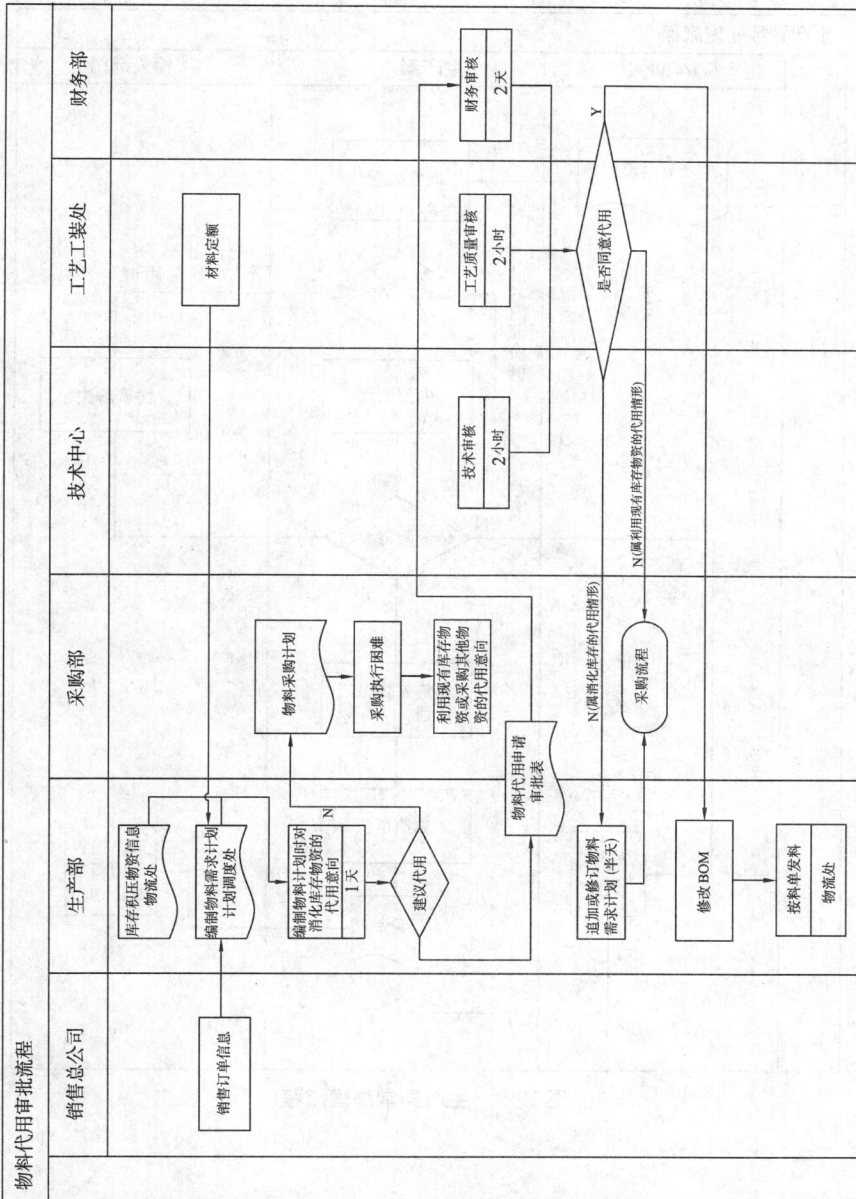

图 19-8 物料代用审批流程

6. 生产异常处理流程图

生产异常处理流程图如图 19-9 所示。

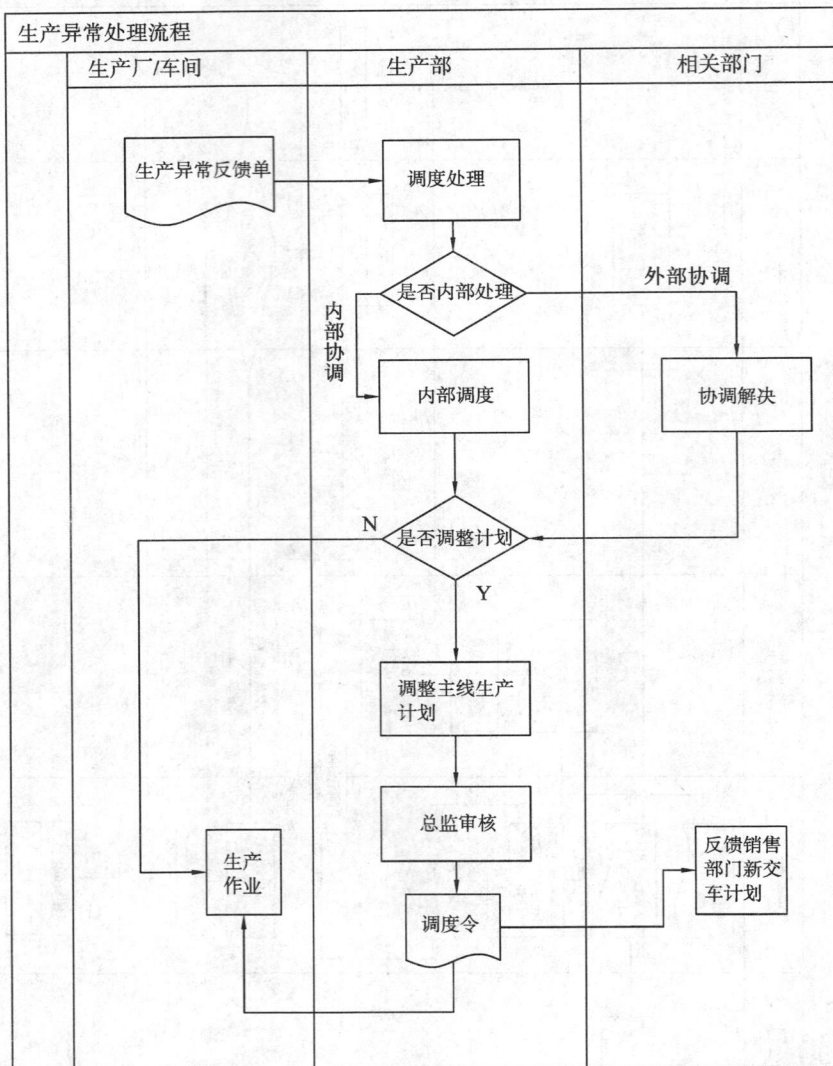

图 19-9　生产异常处理流程

7. 生产索赔流程图

生产索赔流程图如图 19-10 所示。

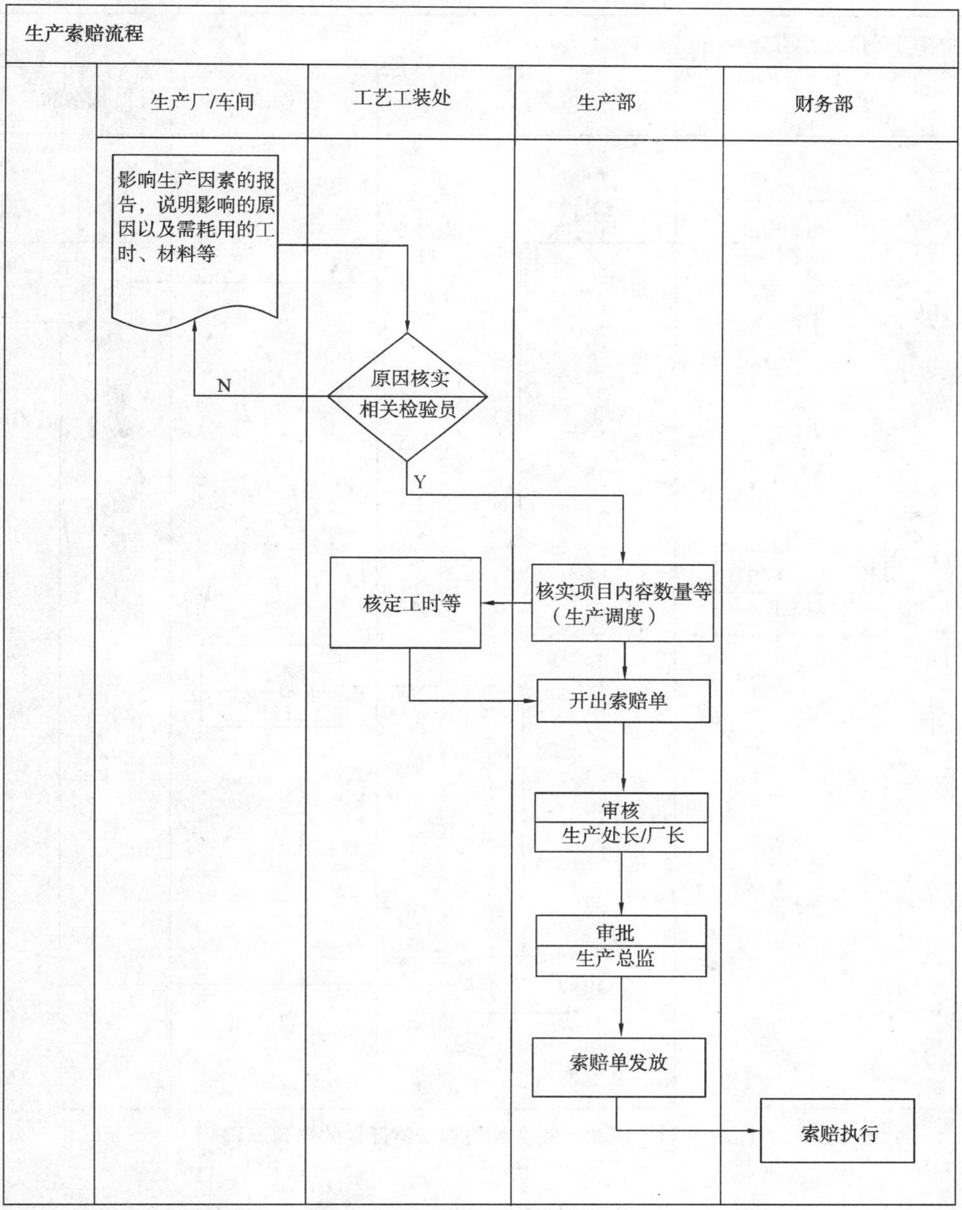

生产索赔流程			
生产厂/车间	工艺工装处	生产部	财务部

影响生产因素的报告，说明影响的原因以及需耗用的工时、材料等

N

原因核实
相关检验员

Y

核定工时等

核实项目内容数量等
（生产调度）

开出索赔单

审核
生产处长/厂长

审批
生产总监

索赔单发放

索赔执行

图 19-10　生产索赔流程

8. 因生产需要外协加工零部件的申请流程图

因生产需要外协加工零部件的申请流程图如图 19-11 所示。

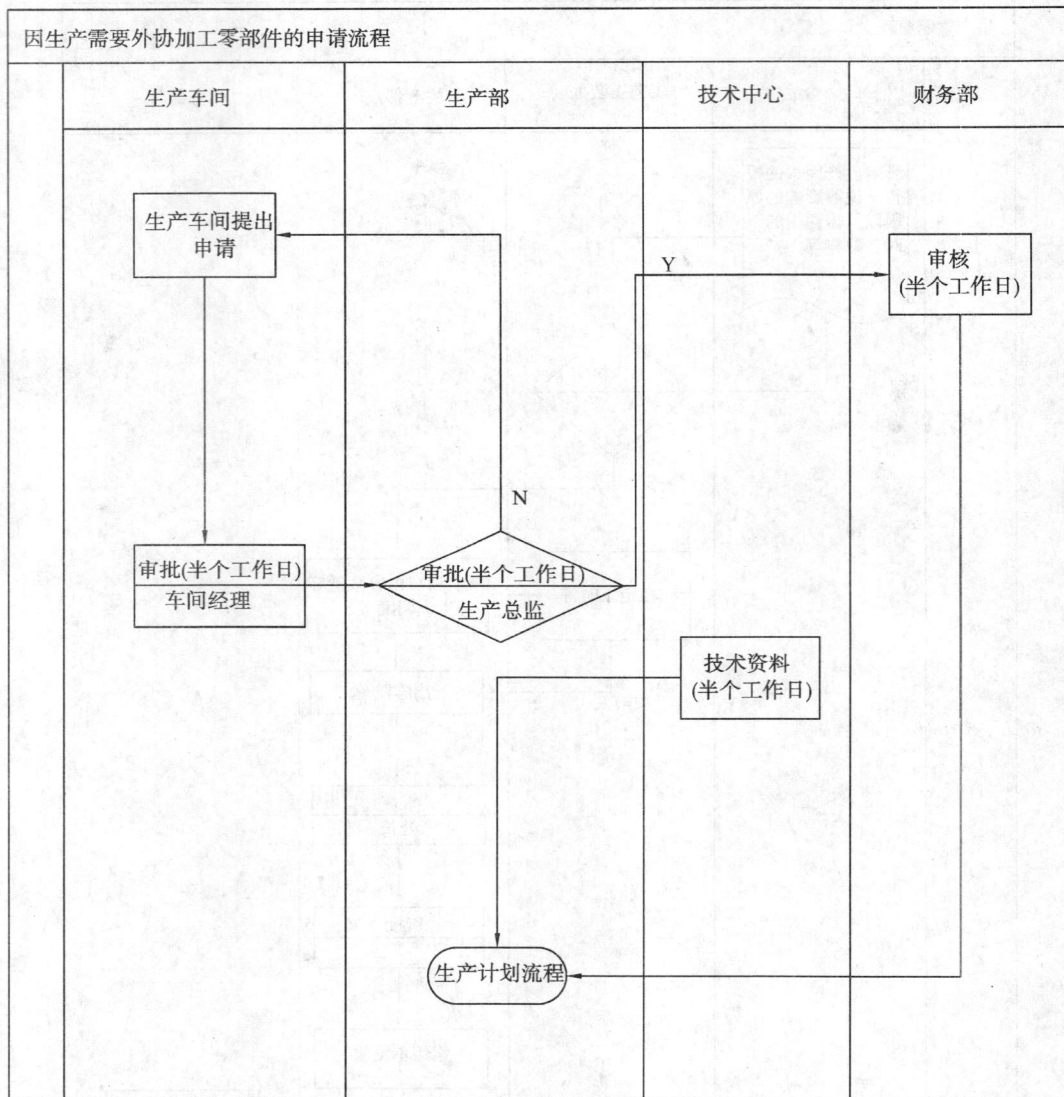

图 19-11　因生产需要外协加工零部件的申请流程

9. 整车入库流程图

整车入库流程图如图 19-12 所示。

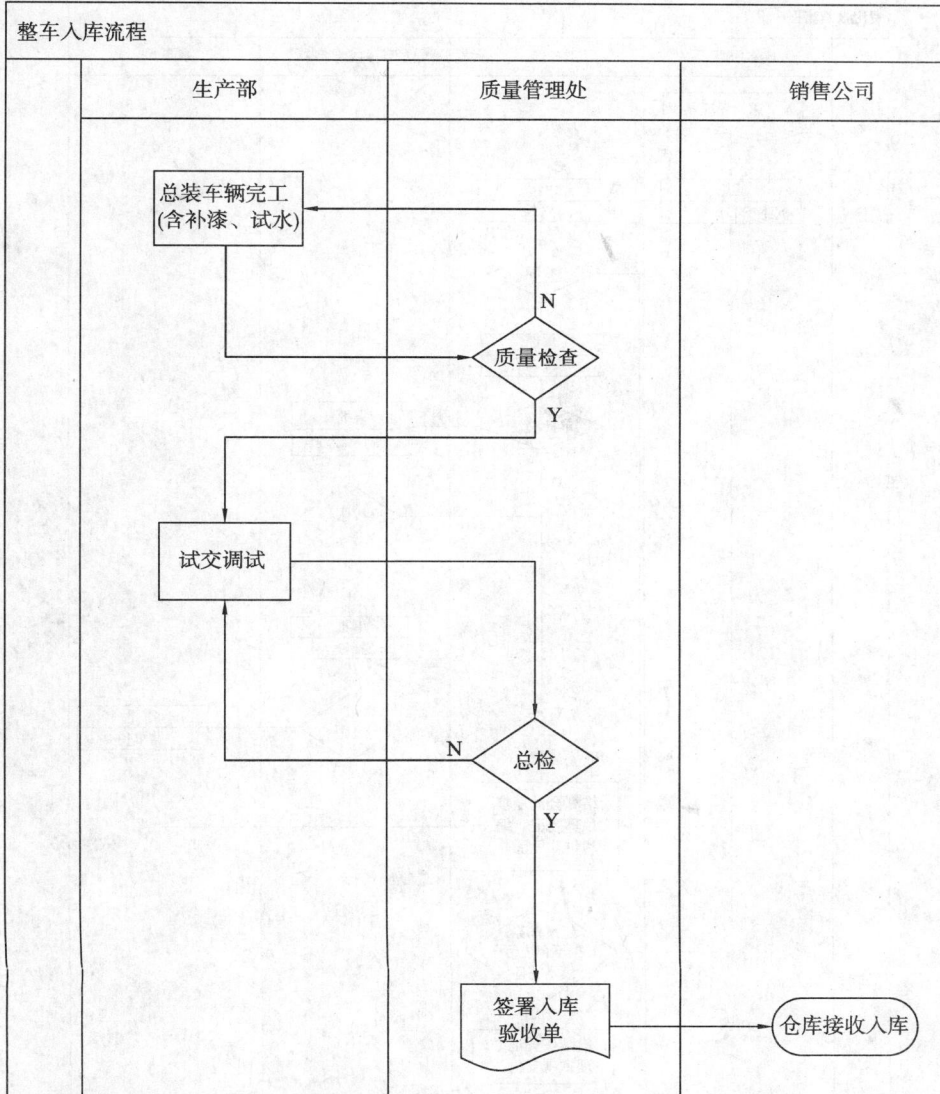

图 19-12　整车入库流程

10. 成本费用控制流程图

（1）费用报销流程图如图 19-13 所示。

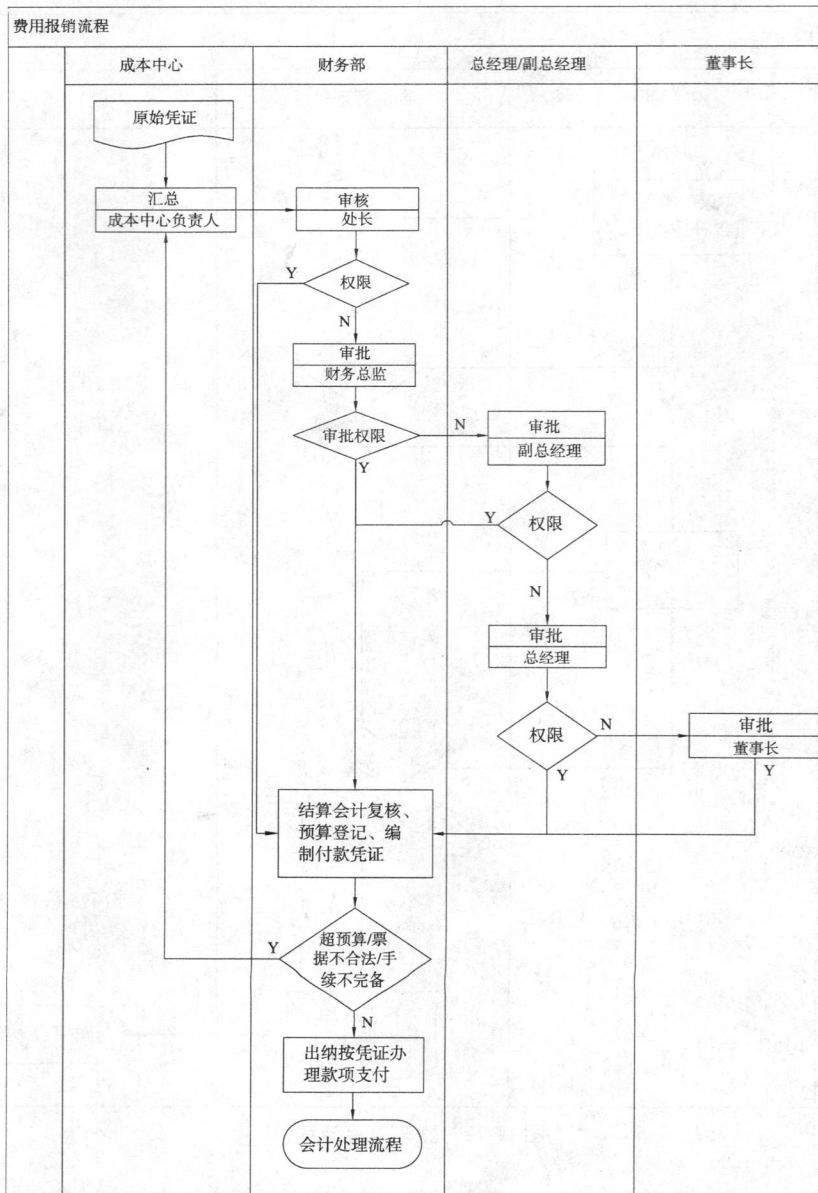

图 19-13　费用报销流程

（2）外包加工费用流程图。

外包加工费用流程图包括产品外包加工费用流程图和服务外包加工费用流程图,分别如图 19-14、19-15 所示。

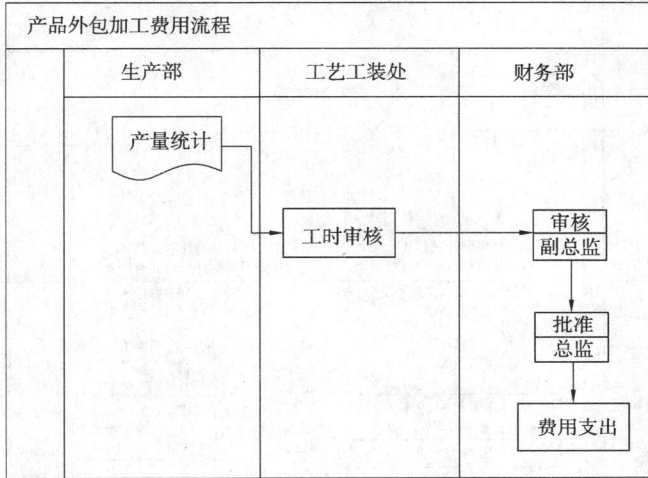

图 19-14　产品外包加工费用流程

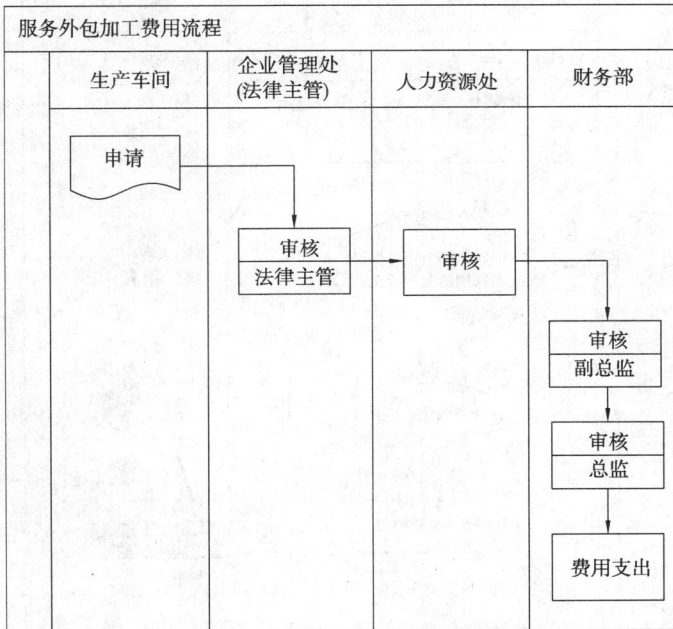

图 19-15　服务外包加工费用流程

（3）材料会计工作流程图如图 19-16 所示。

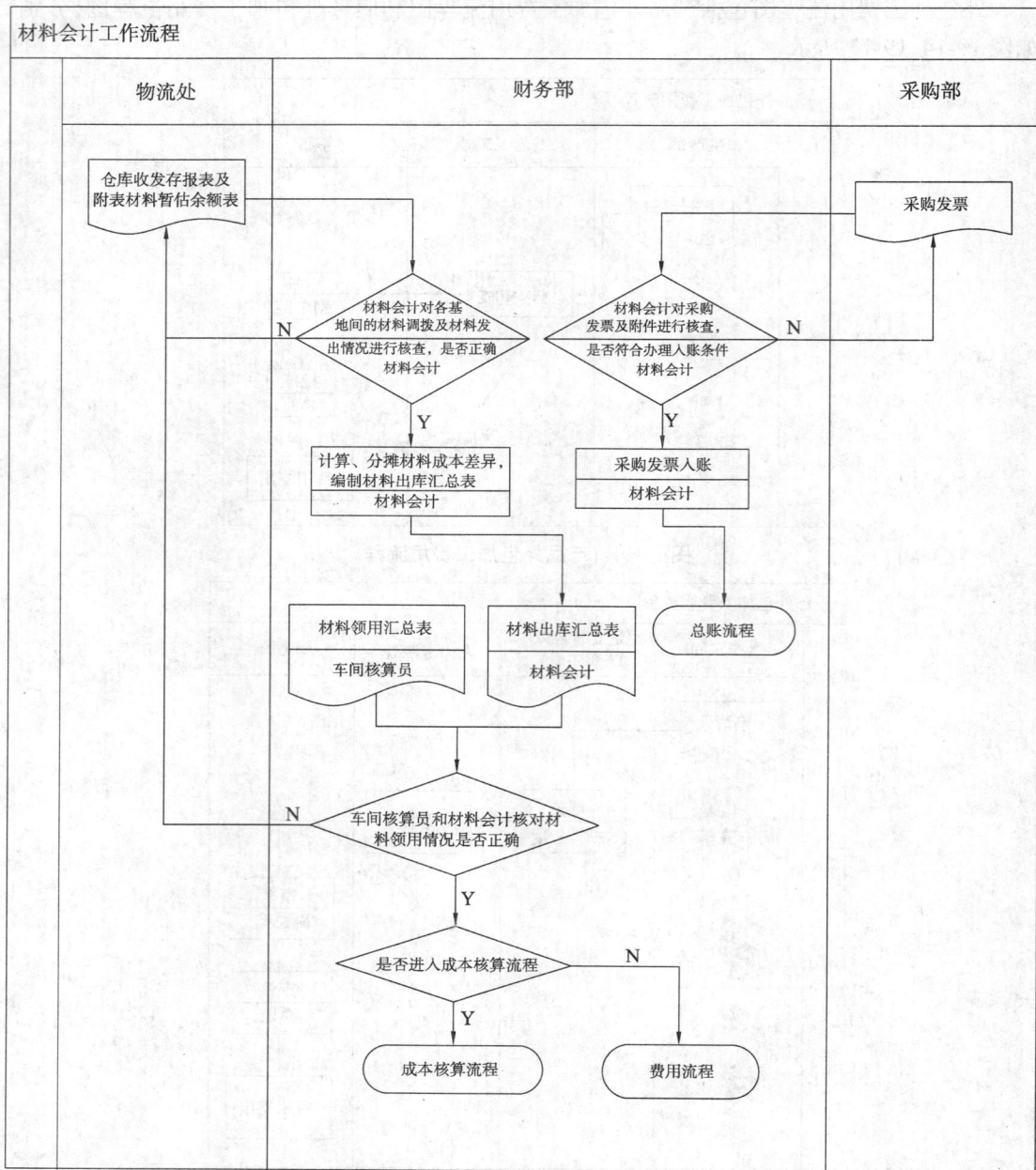

材料会计工作流程

物流处	财务部	采购部

仓库收发存报表及
附表材料暂估余额表

采购发票

材料会计对各基
地间的材料调拨及材料发
出情况进行核查，是否正确
材料会计
N

材料会计对采购
发票及附件进行核查，
是否符合办理入账条件
材料会计
N

Y

Y

计算、分摊材料成本差异，
编制材料出库汇总表
材料会计

采购发票入账
材料会计

材料领用汇总表
车间核算员

材料出库汇总表
材料会计

总账流程

N
车间核算员和材料会计核对材
料领用情况是否正确

Y

是否进入成本核算流程
N

Y

成本核算流程

费用流程

图 19-16　材料会计工作流程

（4）成本核算流程图如图 19-17 所示。

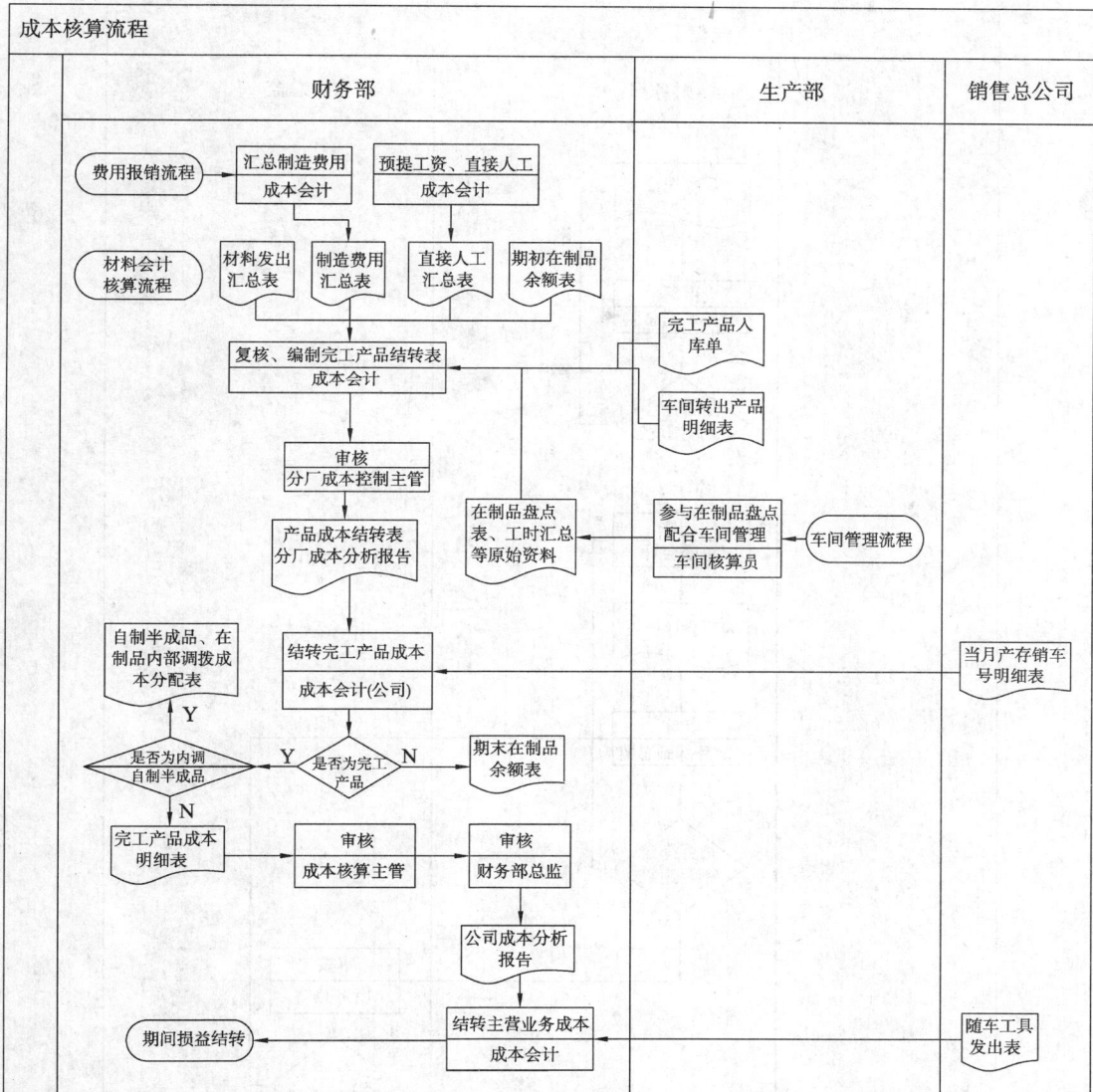

图 19-17　成本核算流程

（5）会计处理流程图如图 19-18 所示。

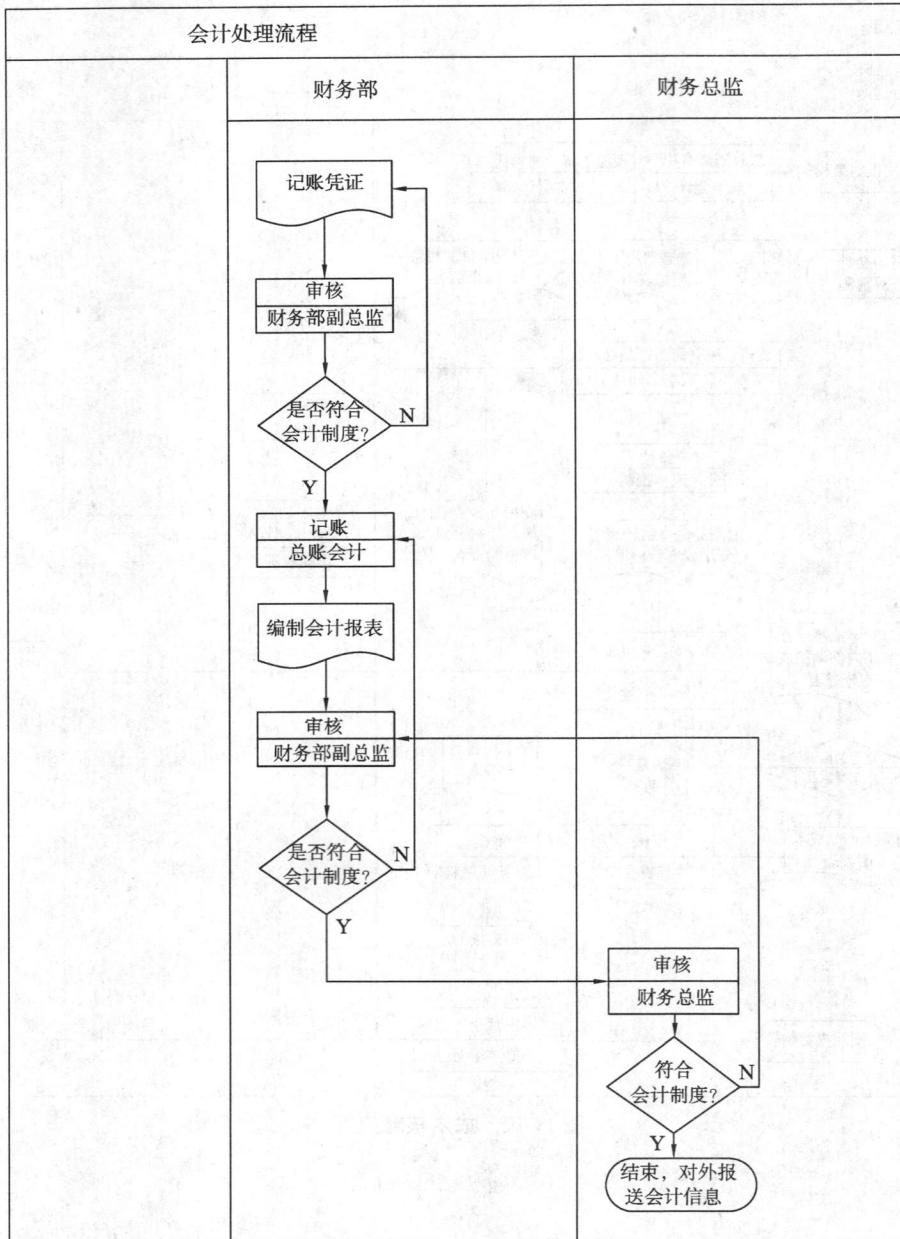

图 19-18　会计处理流程

19.3.2　分工与授权

19.3.2.1　分　工

1. 部门职责

（1）生产部的职责：

负责生产计划的制订、调整、修改并对计划的正常进行实施监督和管理,负责物资需求计划的编制、调整。

（2）计划调度处的职责：

① 负责根据整车计划编制本部的生产作业计划和物料需求计划；

② 负责生产调度、任务的跟踪与协调、交货期的控制管理；

③ 负责统筹协调本部及平衡两个整车中心之间的生产计划安排。

（3）物流处的职责：

① 负责物料收、发、存管理和记账工作；

② 负责库存物资定期盘点,保持账、物、卡一致；

③ 负责物料的配送到位；

④ 负责物资的提货、运输、装卸工作；

⑤ 负责库存物料的信息反馈；

⑥ 负责仓库库容的现场管理。

（4）总装车间、焊装车间、涂装车间、底盘车间的职责：

① 负责依据生产作业计划进行生产组织,按期、保质完成生产作业任务；

② 负责车间 5S 工作,改善生产环境；

③ 负责车间成本控制,降低生产制造成本；

④ 负责车间员工的劳动纪律管理,负责员工计件工时的统计申报工作。

（5）设备安全处的职责：

① 负责制定并实施《设备、工装管理规定》,配置生产所必需的设备,并对设备进行定期的维护、检定和保养进行管理,确保设备正常运行并满足生产需要；

② 负责协助需外购工装设备的购置安装；

③ 依据国家或行业的有关标准对特殊过程实施确认,并规定本公司特殊过程为焊接和涂装。

（6）技术中心的职责：

① 负责各车型生产图纸、工艺文件、作业指导书的制定；

② 根据设计文件、产品图样及相关的产品、国家标准（或行业标准）等要求,编制工艺及检验作业指导书,并对设备工装进行要求确认并提交有关文件至生产部进行实施。

（7）工艺工装处的职责:

① 负责自制工装设备提供,并按《设备、工装管理规定》进行使用和维护;

② 负责工艺设计及工艺纪律执行情况检查;

③ 负责工时、材料定额的制订、完善与日常管理,控制工装设计与管理;

④ 负责技改项目管理、实施、验收。

（8）采购部的职责:

① 负责依据生产部编制或调整的物资需求计划编制采购订单;

② 负责对生产过程中所需各种配套件、原材料等物资的提供及管理。

（9）质量部的职责:

① 负责生产和服务过程中的监视和测量,并对监视和测量装置实行控制;

② 负责整车、底盘产品最终质量的检测;

③ 负责按《产品监视和测量控制程序》对产品实施监视和测量;

④ 负责备齐监视和测量装置,并按《监视和测量装置控制程序》对监视和测量装置实行控制。

2. 岗位职责

（1）订单调度的职责:

① 根据销售订单要求协调实施方案,确定交货期,跟踪和落实技术方案以及车辆生产进度大的确定和实施,生产订单的制定和发放;

② 根据销售需求计划指导主线计划员制订公司许可产品生产中长期计划,月计划、日计划和各种临时计划和方案的制订;

③ 负责建立和维护供全厂使用的统一数据库（如生产订单、生产计划等）,提供必要的管理报表和数据统计给相关部门;

④ 负责与相关材料计划员、主管调度和生产车间密切联系沟通,根据生产线车辆完成情况及时通报销售部门订单完成情况信息。

（2）主线生产计划员的职责:

① 根据销售部门计划需求制订公司许可产品生产中长期计划、月计划,根据订单主管生产订单的要求下达各道工序生产日计划和生产卡片并下发到相关部门和人员;

② 负责制订各种临时计划和方案;

③ 负责各工序每月生产完成信息的统计和每月生产数据库系统数据的维护;

④ 负责与相关材料计划员与生产车间联系沟通,跟踪和落实车辆生产计划完成情况;

⑤ 根据实际需求,及时调整生产线车辆的投入产出计划并将信息及时反馈给相关

部门。

（3）物料计划主管的职责：

① 根据销售需求和历史数据制订材料后两个月的预测台套计划；

② 负责对各材料计划员的采购计划进行监控、调整及审核，控制库存资金的合理水平；

③ 负责建立物料信息系统的计划信息管理中心；

④ 负责向相关部门和领导报告物料采购计划实现率报告，负责组织与采购部门、仓库、各车间进行材料计划执行情况的对接、沟通、协调。

（4）底盘（总装、焊装）材料计划员的职责：

① 根据主线生产计划、车型材料清单和特殊要求订单的技术文件编制底盘（总装、焊装）外购、外协件采购计划下达采购申请；

② 根据材料预测滚动计划结合生产订单合理安排底盘（总装、焊装）材料库存，跟踪、落实和协调采购申请及零件生产计划执行情况，保证生产线所需材料；

③ 及时了解材料在生产线实际使用情况，保证生产线所需材料；

④ 及时了解材料在生产线实际使用情况，与相关部门及生产车间联系协调，并反馈缺件和计划未完成信息给上级领导；

⑤ 每日对外购件材料（正常生产、技术改动、特殊要求）收、发、存了解，与主线计划员沟通共同确定后的底盘（总装、焊装）投入计划。

（5）分管调度的职责：

① 负责跟踪监督每日生产计划的实施情况；

② 负责协调处理上下道工序之间的进度与相关部门之间的物料问题；

③ 负责协助处理跨工序之间的零件交换；

④ 负责跟踪协调上下道工序之间的缺件、质量缺陷返修等问题；

⑤ 负责观察分析生产动态，及时报告可能发生的问题；

⑥ 负责生产前的各项准备工作，检查材料、配套件、设备等到位情况。

（6）仓管员的职责：

① 负责物资的收、发、存及凭证录入工作，收发存手续齐全，每月底的各类报表出具，料单分类，负责每日统计待料物资，及时反馈给材料计划员；

② 负责及时发出库存数量低于最低储备量的信息给相关人员；

③ 严格按定额发料，超定额发料须经仓管主管批准。

（2）车间核算员的职责：

① 负责车间生产计划完成情况的周报、日报的统计与汇总工作；

② 负责车间材料核算汇总；

③ 负责车间员工的考勤管理汇总申报工作；

④ 负责车间工时计算、入库单记录登记汇总。

（8）成本核算的职责：

① 负责编制公司成本核算流程,对公司的各项成本要素归集给予指导,并实施公司成本核算工作,定期进行成本分析、编写相关报告,参与存货管理、控制并发表意见；

② 负责职工薪酬以及与之相关的会计核算工作,关注与本工作岗位相关的会计法规、政策的变化,并及时汇报；

③ 负责与岗位工作相关的 ERP 系统数据录入、维护工作。

（9）材料会计的职责：

① 负责采购发票的录入；

② 负责应付账款管理及对账；

③ 负责与岗位工作相关的 ERP 系统维护工作。

（10）费用核算的职责：

① 依据公司政策,对各类费用票据进行审核,对审核后的原始单据填制费用报销凭证,管理其他应收款、其他应付款,定期进行款项催收；

② 负责与岗位工作相关的 ERP 系统数据录入、维护工作。

（11）制定产品价格与标准成本的职责：

① 负责制定产品标准成本,提出价格建议,对客户的特殊要求提出价格建议,提出试验车、试制车、退车、样车等销售价格建议；

② 负责对新产品销售价格的测算,对销售合同进行评审,参与成本分析及控制,竞争对手产品成本/价格分析。

3. 岗位素质要求

（1）订单调度的素质要求：

① 学历/工作经历:本科学历,或大专学历且 3 年以上生产管理经历；

② 相关职务知识:熟悉产品及生产流程；

③ 专业知识:生产管理、计划管理；

④ 所需技能:有较强的组织、协调、沟通能力,能操作电脑。

（2）主线生产计划员的素质要求：

① 学历/工作经历:大专学历且 3 年以上生产管理经历；

② 专业知识:生产管理、计划管理、统计知识；

③ 相关职务知识:熟悉产品及生产流程；

④ 所需技能:有较强的组织、协调、沟通能力,能操作电脑,工作严谨。

（3）物料计划主管的素质要求：

① 学历/工作经历:本科学历,或大专学历且 3 年以上生产管理经历；

② 相关职务知识:熟悉产品、物料及生产流程;

③ 专业知识:生产管理、计划管理、统计知识;

④ 所需技能:有较强的组织、协调、沟通能力,能操作电脑,工作严谨。

(4) 底盘(总装、焊装)材料计划员的素质要求:

① 学历/工作经历:大专学历,或高中学历且 3 年以上生产管理经历;

② 相关职务知识:熟悉产品、物料及生产流程;

③ 专业知识:生产管理、计划管理、统计知识;

④ 所需技能:有较强的组织、协调、沟通能力,能操作电脑,工作严谨。

(5) 分管调度的素质要求:

① 学历/工作经历:大专学历,或 5 年以上生产管理经历;

② 相关职务知识:熟悉产品、物料及生产流程;

③ 专业知识:生产管理、计划管理;

④ 所需技能:有较强的组织、协调、沟通能力,能操作电脑。

(6) 仓管员的素质要求:

① 学历/工作经历:高中学历且具有仓储保管经历;

② 相关职务知识:物资、仓储管理知识;

③ 专业知识:熟悉公司产品及物料;

④ 所需技能:能熟练操作电脑、熟悉 ERP 系统。

(7) 车间核算员的素质要求:

① 学历/工作经历:高中学历且 2 年以上相关工作经历;

② 相关职务知识:统计、核算知识;

③ 专业知识:会计实务;

④ 所需技能:有一定的沟通能力,能操作电脑、工作严谨;

⑤ 特殊要求:持有会计上岗证。

(8) 成本核算的素质要求:

① 学历/工作经历:本科学历,或大专学历且 3 年以上成本核算岗位工作经历;

② 相关职务知识:财务核算;

③ 专业知识:工业企业成本会计、财务管理;

④ 所需技能:工作细致严谨,熟练操作电脑;

⑤ 特殊要求:持有会计上岗证。

(9) 材料会计的素质要求:

① 学历/工作经历:大专学历且 3 年以上相关工作经历;

② 相关职务知识:财务核算;

③ 专业知识:财务会计、管理会计;

④ 所需技能:工作细致严谨,熟练操作电脑;

⑤ 特殊要求:持有会计上岗证。

（10）费用核算的素质要求:

① 学历/工作经历:大专学历或 5 年以上相关工作经历;

② 相关职务知识:财务核算;

③ 专业知识:财务会计;

④ 所需技能:工作细致严谨,熟练操作电脑;

⑤ 特殊要求:持有会计上岗证。

（11）产品价格与标准成本的素质要求:

① 学历/工作经历:大专学历或 5 年以上相关工作经历;

② 相关职务知识:熟悉客车制造工艺及流程;

③ 专业知识:财务会计、客车制造工艺;

④ 所需技能:工作细致严谨,熟练操作电脑。

4. 不相容职位分离

（1）成本费用预算的编制与审批职务分离;

（2）成本费用支出的审批与执行职务分离;

（3）成本费用支出的执行与相关会计记录职务分离。

19.3.2.2 授　权

1. 物料需求计划授权

物料需求计划 BOM,应由计划调度处处长审核,由工艺工装处下发大料单;生产车间应根据生产需要经车间主任、现场工程师审核后开具小料单作为大料单的补充,工艺员应在 2 个小时内进行审核。物流处根据大料单或者小料单发料,并在 ERP 系统内做账,财务部应在 ERP 系统内进行财务核算。

2. 领料授权

使用车间开具低值易耗品、工具领料单,车间核算员应核算是否在定额内,不在定额内的,由使用车间经理审核,生产部总监批准后,物流处发料;在定额内的,由使用车间经理审核,物流处发料。

生产补料由车间开小料单,工艺工装处审核,仓库管理员应根据小料单,补料发放填写补料单。

临时派工等所需物料需要领用时,生产车间应依据临时派工单开具领料单,经生产车间经理审核后,物流处发料并在 ERP 系统内做账,财务部在 ERP 系统内进行财务核算。

3. 完工产品授权

车间加工完毕,传递到下一个车间仓库,应由接受方办理自制完工入库手续,车间核算员进行审核。

4. 调拨授权

计划调度处的计划员应根据调拨需求生成调拨需求单,由调出仓库的仓管员填制调拨单并审核、发料,财务部进行成本核算。

5. 物料代用授权

由工艺工装处制定材料定额,计划调度处应据此编制物料需求计划,出具物料代用审批表,由技术中心的技术审核,工艺工装处的工艺质量审核,财务部的财务审核后,决定是否同意代用。

6. 生产异常授权

应由车间调度开具车间异常反馈单,生产部进行调度处理,决定是否内部处理,由主线生产计划员调整主线生产计划,经由生产部总监批准后开具调度令,车间据此生产作业,同时反馈销售总公司新交车计划。

7. 生产索赔授权

由车间调度将影响生产的因素报告,检验员应进行原因审核,车间调度核实项目内容、数量,工艺工装处核定工时、材料定额等,车间调度应开出索赔单,由车间经理审核后,生产总监批准,发放索赔单,最后财务部执行索赔。

8. 费用报销授权

原始凭证应由各部门成本中心负责人汇总,由财务部总监批准,超过财务部总监批准权限的由副总经理批准,超过副总经理批准权限的由公司总经理批准,超过公司总经理批准权限的由董事会批准。经批准后,应由财务部结算会计复核、预算登记、编制付款凭证,出纳按凭证办理款项支付,若出现超预算、票据不合法或手续不完备的情况,应返回该部门成本中心负责人。

9. 外包加工费用支付授权

生产车间经理提出申请,由生产部总监、财务部副总监依次进行审核,最后由财务部总监进行批准。

10. 成本费用授权

成本会计应对各基地间的材料调拨及材料发出情况进行核查,编制材料出库汇总表并进入成本核算流程。根据 ERP 系统内的费用报销流程,成本会计汇总制造费用、预提工资、直接人工,生成制造费用汇总表、直接人工汇总表,根据材料出库汇总表、期末在制品余额编制完工产品成本结转表,根据车间提供的在制品盘点表及当月产存销车号明细表,结转完工产品成本,编制自制半成品、在制品内部调拨成本分配表、期末在制品余额表、完工产品明细表,最后由财务部总监批准,结转主营业务成本并做公司成本分析报告。

11. 会计处理授权

记账凭证应由财务部副总监进行审核是否符合会计制度,由总账会计进行记账,编制会计报表后由财务部副总监进行审核是否符合会计制度,由财务部总监进行批准,最后对外报送会计信息。

19.3.3 关键控制点控制

19.3.3.1 生产计划控制

(1) 生产部应当按照销售总公司订单,进行安排生产,编制下发"生产通知单",对底盘供应时间和整车入库时间做出要求,同时编制"周投入产出计划表"。各车间应根据"周投入产出计划表"编制每日各工序投入产出计划。

(2) 生产部应当根据"生产通知单"、"周投入产出计划表"并结合"在制品日报表"对生产进度进行监控,对生产车间反馈的生产异常及时进行协调处理,对正常生产以外的工作以"派工单"的形式进行派工,每月对延期交车的原因进行分析,形成"月度生产影响报表"。

19.3.3.2 领料控制

(1) 仓管员应根据生产订单,直接送货到工位。

(2) 生产领料,主要部件及大件的生产用料应当根据生产订单领料,填写材料出库单,生产部门设置为生产成本部门,需要录入成本项目号,归集生产成本。

(3) 生产补料由车间开小料单,工艺工装处审核,应当由仓库管理员补料发放。

(4) 对于生产性公用物料领用,如生产用原辅料、包装材料、油漆等领用,在库存管理系统中直接填制材料出库单。

(5) 对于板材等一次领料分批使用的材料,在 BOM 中设定为入库倒冲的原料,生产领用的时候应采用调拨单将材料调拨到相应的车间现场仓,在完工的时候会自动从现场仓生产出材料出库单。

(6) 材料退库时,仓管员应依据手工退料单(包含存货编码、存货名称、数量、成本项目号),手工录入红字材料出库单。

19.3.3.3 生产流程控制

(1) 车间加工完毕,传递到下一个车间仓库,应由接受方依据系统内的生产订单,在生产完工时,生成完工入库单,办理自制完工入库手续。根据生产车间的完工情况,车间核算员在库存管理系统中,应依据生产订单办理自制件(半成品)的入库手续(产成品入库单),并进行审核。

(2)需要仓储调拨时,计划调度处的计划员应根据调拨需求生成调拨需求单,由调出仓库的仓管员填制调拨单并审核、发料,由接收仓库的仓管员对调拨生产的其他入库单进行审核确认,并触发修改现存量(审核后会自动生产其他出库单与其他入库单)。

(3)总装下线车辆,过程检验员应进行底盘检查/调试,检验合格后进行车身/路试,过程检验后总装下线合格车辆进行调试(正常 1 天,特殊 2 天),经外检员进行外检,最后由外检员签署入库验收单,销售总公司仓库接受入库。

(4)质量部应定期组织生产部、技术中心、客户服务部、各生产基地参加的质量分析会,研究分析过程运行状况,及时提出纠正或预防措施。

(5)技术中心组织生产部、质量部定期应对生产厂工艺纪律执行情况进行检查。

(6)各工序人员配备应符合《岗位说明书》的要求,当出现不一致时,生产部内部协调解决;当生产部解决不了时,应向人力资源处提出申请,增补人员或实施培训计划。

(7)特殊过程的操作者应按《焊接工艺守则》、《油漆工艺守则》、《表面处理守则》对工艺参数进行监控,并做好记录。

(8)各工序作业环境整洁,安全标志齐全,通道畅通,各类物品摆放整齐,指定穿工作服的场所统一着装。

(9)设备、工装、工具等应设定专人保管,配有安全操作说明。

19.3.3.4　成本费用控制

1. ERP 成本核算控制

(1)根据 ERP 系统内仓库收发转物料操作,成本会计应对各基地间的材料调拨及材料发出情况进行核查,核查正确,成本会计编制材料出库汇总表并进入成本核算流程。

(2)根据 ERP 系统内的费用报销流程,成本会计应汇总制造费用、预提工资、直接人工以生成制造费用汇总表、直接人工汇总表,根据材料出库汇总表、期末在制品余额编制完工产品成本结转表,根据车间提供的在制品盘点表及当月产存销车号明细表,结转完工产品成本,编制自制半成品、在制品内部调拨成本分配表、期末在制品余额表、完工产品明细表。

(3)应由财务部总监批准,结转主营业务成本并做公司成本分析报告。

2. 费用支出控制

(1)有关部门和个人办理费用支出业务时,应根据公司的《签字规则》,根据权限规定,提前提交支付申请,注明款项用途、金额、预算、支付方式等内容,并附有相关证明。部门经理或部门总监应根据费用预算和经济业务的性质,按照《签字规则》所规定的权限,对费用支出申请进行审核,并提交相关领导批准。

（2）财务部在办理费用支出业务时，应根据经批准的费用支出申请，对发票、结算凭证等相关证据的真实性、完整性、合法性及合规性进行严格审核。

（3）应当严格执行权签等级制度，任何级别业务人员都不能权签自己的费用，包括公司高层领导在内。

（4）预提费用控制应做到：

① 明确预提费用的范围、金额限度、反冲办法、错误稽核与改进措施。

② 通过当期计入的费用发生额与反冲额对比，来判断预提的准确性。针对预提与反冲较大的项目，应当进一步分析差异形成的原因，分析是业务活动发生了波动，还是预提方法不合理。

③ 定期进行账龄分析。通过对长期挂账的预提负债的账龄分析，分析原对应的预提费用是否正确。

④ 建立预提费用台账以及提高费用入账的及时率。

⑤ 加大对超期报销的处罚力度，从反面强化及时报销入账。

3. 成本费用控制

（1）成本费用预算控制。

成本费用预算应当符合单位的发展目标和成本效益原则；根据成本费用预算内容，分解成本费用指标，落实成本费用责任主体，考核成本费用指标的完成情况，制定奖惩措施，实行成本费用责任追究制度。

（2）采用计划成本法控制成本。

对材料采购和耗用采用计划成本法进行成本控制，将材料成本控制在预算范围内。

（3）材料成本控制。

① 确定材料供应商和采购价格，并采用经济批量等方法确定材料采购批量，控制材料的采购成本和储存成本；

② 按照生产计划或耗用定额，确定材料物资耗用的品种和数量，控制材料耗用成本。

（4）人工成本控制。

合理设置工作岗位，以岗定责，以岗定员，以岗定酬，通过实施严格的绩效考评与激励机制控制人工成本。

（5）制造费用控制。

明确制造费用支出范围和标准，采用弹性预算等方法，加强对制造费用的控制；制定费用的开支范围、标准和费用支出的申请、审核、审批、支付程序，严格控制各项费用的开支。

（6）成本费用核算控制。

成本费用核算应当符合国家统一的会计制度的规定，不得随意改变成本费用的确认标准或者计量方法，不得虚列、多列、不列或者少列成本费用。

（7）成本费用内部报告控制。

企业应当建立成本费用内部报告制度,实时监控成本费用的支出情况。对于实际发生的成本费用与成本费用预算的差异,应及时查明原因,并作出相应处理;对需追加的成本费用预算,应当重新办理审批手续。

4. 监督检查

（1）企业管理处应定期和不定期检查成本费用的内部控制制度的执行情况,在监督检查过程中寻找成本费用内部控制的薄弱环节,采取内部追偿制度及时加以纠正和完善。应定期对成本费用业务内部控制的制度建设和执行情况进行评价,提出改进意见。

（2）成本费用监督检查的内容主要包括:

① 成本费用业务相关岗位及人员的设置情况。重点检查是否存在成本业务不相容职务混岗的现象。

② 成本费用业务授权批准制度的执行情况。重点检查成本费用业务的授权批准手续是否健全,是否存在越权审批的行为。

③ 成本费用预算制度的执行情况。重点检查成本费用支出的真实性、合理性、合法性和是否超出预算范围。

④ 成本费用核算制度的执行情况。重点检查成本费用的记录、报告的真实性和完整性。

19.4　相 关 制 度

1.《生产计划管理规定》

2.《设备、工装管理规定》

3.《产品监视和测量控制程序》

4.《监视和测量装置控制程序》

5.《产品标识管理方法》

6.《检验和试验状态标识管理办法》

7.《售后服务工作管理规定》

8.《产品防护管理办法》

9.《焊接工艺守则》

10.《油漆工艺守则》

11.《表面处理守则》

12.《关于公司总部财务报销的有关规定》

13.《关于分厂费用执行标准和自购物资范围的规定》

14.《公司财务报销和资金使用审批权限规定》

15.《差旅费报销规定》

16.《人工成本控制程序》

17.《成本费用核算办法》

18.《成本费用内部报告规定》

19.《成本费用分析规定》

20.《生产通知单》

21.《周投入产出计划表》

22.《月度生产影响报表》

23.《基地在制品日报表》

24.《生产派工单》

25.《车辆信息登记表》

26.《上门服务记录表》

27.《特殊过程监视和测量记录》

28.《月度生产计划表》

第 20 章

存货内部控制制度

20.1　控 制 目 标

存货的内部控制目标主要包括以下几个方面：
（1）规范存货管理行为；
（2）防范存货业务中的差错和舞弊；
（3）保护存货的安全、完整，提高存货运营效率。

20.2　适 用 范 围

本章适用于公司在正常生产经营过程中持有以备出售的，或为了出售仍处在生产过程中的，或将在生产过程、提供劳务过程中耗用的存货管理活动。

20.3　控 制 活 动

20.3.1　流程图

存货验收入库流程图如图 20-1 所示。

验收入库流程

供应商	采购处	计划调度处	检验处	物流处	财务部
备货 ←	采购定单 ←	采购计划			
检验单			质量检验		
			检验结果 Y→	数量验收	
			N ↓		数量合格
			配套件质量信息处理流程		
超出部分退货 ←		超出部分不接受		数量不符	
				可以接受	
				开采购入库单	
					付款/结算流程

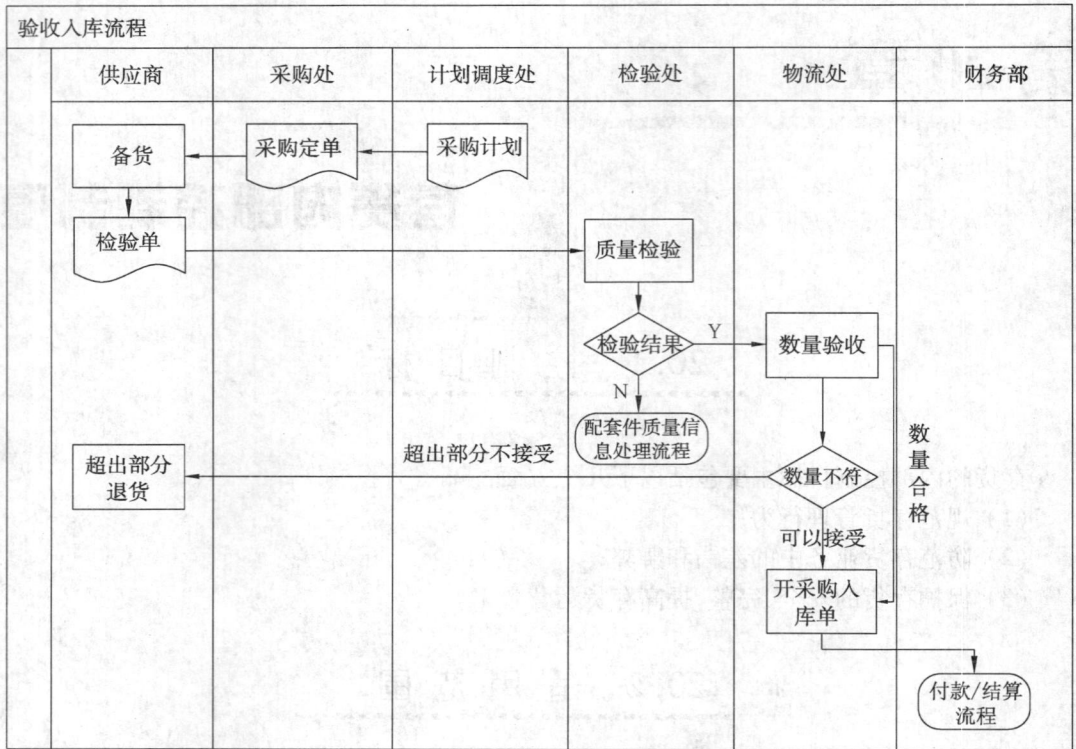

图 20-1　验收入库流程

20.3.2　分工与授权

20.3.2.1　分　工

1. 部门职责

（1）采购部的职责：

① 负责根据采购申请编制采购订单并下发和跟踪执行；

② 负责与合格供方签订采购合同（包括质量与售后条款），编制合格供方目录；

③ 负责物料采购计划的分解与执行情况检查；

④ 负责供应商选择、管理与优化；

⑤ 负责物资招标与采购成本控制；

⑥ 负责商务谈判；

⑦ 负责二次索赔的落实。

（2）物流处的职责：

① 负责物料收、发、存管理和记账工作；

② 负责库存物资定期盘点，保持账、物、卡一致；

③ 负责物料的配送到位；

④ 负责物资的提货、运输、装卸工作；

⑤ 负责库存物料的信息反馈；

⑥ 负责仓库库容的现场管理。

（3）财务部的职责：

① 负责制订材料成本和制造成本计划；

② 负责产品、外协、外构件的价格审查、监督，协助仓库做好库存账务；

③ 负责审查采购发票，正确计算存货成本；

④ 负责参与存货盘点，抽查保管部门的存货实物记录。

2. 岗位职责

（1）仓储主管的职责：

① 负责生产物料的存放、运送，保证生产线上所需物料的及时供应；

② 负责车辆维护保养再度的制订与实施、车辆运输指标和维修费用的控制；

③ 负责厂内车辆运输管理、车辆运输流程的制定、运输人员操作规范的指导；

④ 负责使用设备的台账管理，以及故障维修、保养的日常联系；

⑤ 负责制订仓储规划，优化物流流程；

⑥ 负责仓库现场管理及周转用具的管理工作；

⑦ 负责管理厂内和厂外运输，合理调配车辆，并负责安全监督；

⑧ 就仓库设备维修保养、动力提供等方面问题，有权向有关部门要求提供支持；

⑨ 根据需要，运输器具制作的联系工作；

⑩ 不断基于现状提出改进方案并实施；

⑪ 负责本部门信息化业务数据准确、及时传输，编写本部门信息化业务操作手册及部门内信息化业务的培训和技术支持工作。

（2）仓储管理员的职责：

① 负责本部门生产物料的存放、运送，保证生产上所需物料的及时供应；

② 负责车辆维护保养制度的制定与实施、车辆运输指标和维修费用的控制；

③ 负责厂内车辆运输管理、车辆运输流程制定、运输人员操作规范的指导；

④ 负责使用设备的台账管理，以及故障维修、保养的日常联系；

⑤ 负责仓库现场管理及周围工具的管理工作；

⑥ 负责管理厂内和厂外运输，合理调配车辆，并负责安全监督；

⑦ 就仓库设备维修保养、动力提供等方面问题,有权向有关部门要求提供支持;

⑧ 根据需求,负责运输器具制作的联系工作。

（3）仓储班长的职责:

① 熟悉物资的特点及所使用车型和存储地点;

② 保证所辖区域物资存放整齐,保证物资完好,持续地进行卫生清理工作,保证库容的整洁有序,标识明显、统一;

③ 根据一段时间的生产特点,合理调整、规划库区;

④ 确保辖区内车辆正常安全工作,做好设备的维修保养,控制维修费用;

⑤ 规范装卸、周转、运输物资,保证物资在转动时不受损伤;

⑥ 不断基于现状提出改进方案并实施。

（4）运输班长的职责:

① 负责辖区内的车辆使用维护保养;

② 负责合理调配使用车辆,保证生产线的及时供料;

③ 负责本着节约的原则,降低车辆使用成本;

④ 监督辖区内车辆安全运行,杜绝安全事故。

（5）仓管员的职责:

① 负责物料的收、发、存及凭证录入工作,收发存手续齐全,每月底的各类报表出具,料单分类;

② 负责做到日清月结,账、卡、物相符,物资摆放整齐,标识醒目,现场清洁;

③ 负责每日统计待料物资,及时反馈给材料计划员;

④ 负责每月清理,隔离不能正常使用物资和技术更改报废物资,书面报告仓储主管;

⑤ 负责根据公司要求完成定期盘点和持续性盘点;

⑥ 负责及时发出库存物资数量低于最低储备量的信息给相关人员;

⑦ 严格定额发料,超定额发料须经仓储主管批准。

（6）铲运工的职责:

① 与保管员密切配合负责物资的运、送、卸,及时将物料送上线;

② 负责运输车辆的日常保养与保洁;

③ 严格按车辆设备的操作规程操作,杜绝安全事故的发生,安全运行车辆。

（7）行车工的职责:

① 负责物资的运、送、卸;

② 负责行车的日常保养与保洁。

（8）外运提货驾驶员/底盘发运兼司机的职责:

① 负责对采购要求自提物料的提货工作;

② 负责采用车辆的日常保养与保洁；

③ 严格按车辆设备的操作规程操作，杜绝安全事故的发生，安全运行车辆；

④ 负责底盘发运，发运单传递及存档；

⑤ 负责发动机合格证移交销售公司。

3. 岗位素质要求

（1）仓储主管的素质要求：

① 学历/工作经历：本科学历，或大专学历且 3 年以上相关工作经历；

② 相关职务知识：物资、仓储管理知识；

③ 专业知识：熟悉公司产品及物料；

④ 所需技能：有较强的协调、沟通能力，能熟练操作电脑、熟悉 ERP 系统。

（2）仓储管理员的素质要求：

① 学历/工作经历：本科学历，或大专学历且 3 年以上相关工作经历；

② 相关职务知识：物资、仓储管理知识；

③ 专业知识：熟悉公司产品及物料；

④ 所需技能：有较强的协调、沟通能力，能熟练操作电脑、熟悉 ERP 系统。

（3）仓储班长的素质要求：

① 学历/工作经历：高中学历且 3 年以上仓储保管经历；

② 相关职务知识：物资、仓储管理知识；

③ 专业知识：熟悉公司产品及物料；

④ 所需技能：能熟练操作电脑、熟悉 ERP 系统。

（4）运输班长的素质要求：

① 学历/工作经历：3 年以上驾龄或厂内运输工作经历；

② 相关职务知识：车辆维护保养知识；

③ 专业知识：驾驶技术熟练，能排除简单故障；

④ 特殊要求：持证上岗。

（5）仓管员的素质要求：

① 学历/工作经历：高中学历且有仓储保管经历；

② 相关职务知识：物资、仓储管理知识；

③ 专业知识：熟悉公司产品及物料；

④ 所需技能：能熟练操作电脑、熟悉 ERP 系统。

（6）铲运工的素质要求：

① 学历/工作经历：具有驾驶或厂内运输工作经历；

② 相关职务知识：车辆维护保养知识；

③ 专业知识:驾驶技术熟练,能排除简单故障;

④ 特殊要求:持证上岗。

(7) 行车工的素质要求:

① 学历/工作经历:具有行车工作经历;

② 相关职务知识:行车维护保养知识;

③ 专业知识:操作技术熟练,能排除简单故障;

④ 特殊要求:持证上岗。

(8) 外运提货驾驶员/底盘发运兼司机的素质要求:

① 学历/工作经历:3 年以上驾龄;

② 相关职务知识:汽车驾驶理论、汽车维修知识;

③ 专业知识:驾驶技术熟练,能排除简单故障;

④ 特殊要求:B 照以上,服务意识强。

4. 不相容职务分离

(1) 存货的采购、验收与付款职务分离;

(2) 存货的保管与清查职务分离;

(3) 存货的销售与收款职务分离;

(4) 存货处置的申请与审批、审批与执行职务分离;

(5) 存货业务的审批、执行与相关会计记录职务分离;

(6) 公司内不得由同一部门或个人办理存货的全过程业务。

20.3.2.2 授 权

(1) 存货业务的采购应根据采购金额及其重要性,按照《签字规则》执行相应的审核批准。

(2) 重大战略性采购与生产,应由董事会决议,董事长批准。

(3) 采购政策(包括库存限额、采购方式的选择、经济批量等政策性事项)和月度采购计划应由公司总经理召开总经理办公会议或授权总经理决定,并以文件或其他形式下达执行。

(4) 审批人应根据公司对存货业务授权批准制度的规定,在授权范围内进行审批,不得超越审批权限。

(5) 经办人在职责范围内,应按照审批人的批准意见办理存货业务。

(6) 对于审批人超越授权范围审批的存货业务,财务部门及经办人有权拒绝,并及时向上一级部门报告。

20.3.3 关键控制点的控制

1. 配套件入库检验控制

技术中心应提供技术要求、图纸等检验资料,由质量部对厂家提供的配套件进行抽样检查。重点检查是否有合格证、检验报告,外观、质量是否符合要求,主要参数是否要求,性能检测是否符合要求。如果以上检查都符合要求,则在入库单上签字,配套件进入仓储流程。如果有不符合要求的,则进入配套件质量处理流程。

2. 采购控制

(1)公司应建立存货采购申请管理制度,明确采购部职责权限及相应的采购程序。

(2)公司应根据仓储计划、资金筹措计划、生产计划、销售计划等制订采购计划,对存货的采购实行预算管理,合理确定原材料、在产品、产成品、库存商品等存货的比例。

(3)公司应指定专人逐日根据各种材料、商品的采购间隔期和当日材料、商品的库存量,分析确定应采购的日期和数量,或者通过计算机管理系统重新预测材料、商品需要量以及重新计算安全存货水平和经济采购批量,据此进行再订购,尽可能降低库存或实现零库存。

(4)公司确定采购时点、采购批量时,应考虑公司需求、市场状况、行业特征、实际情况等因素。

(5)公司应对采购环节建立完善的管理制度,确保采购过程的透明化。公司应根据预算或采购计划办理采购手续,预算外或计划外采购需经严格审批。公司应根据《预算管理办法》,结合本公司的业务特点编制存货年度、季度和月份的采购、生产、存储、销售预算,并按照预算对实际执行情况予以考核。

存货采购和审批程序应按照公司《采购内部控制制度》的有关规定执行。

3. 验收与保管控制

(1)公司应对入库存货的质量、数量、技术规格等方面进行检查与验收,保证存货符合采购要求。

(2)外购存货入库前一般应经过下列验收程序:

① 检查订货合同协议、入库通知单、供货公司提供的材质证明、合格证、运单、提货通知单等原始单据与待检验货物之间是否相符。

② 对待验货物进行数量复核和质量检验,必要时可聘请外部专家协助进行。

③ 对验收后数量相符、质量合格的货物办理相关入库手续,对经验收不符合要求的货物,应及时办理退货、换货或索赔。

(3)拟入库的自制存货,质量部应组织专人对其进行检验,只有检验合格的产成品才可以作为存货办理入库手续。由生产车间发出至客户、实物不入库的产成品,以及采购后实物不入库而直接发至使用现场或客户的外购存货,应采取适当方法办理出、入库手续。

(4)公司应按照物资仓储运输管理规定,定期对存货进行检查,加强存货的日常保管工作。

① 因业务需要分设仓库时,应对不同仓库之间的存货流动办理出入库手续。

② 应按仓储货物所要求的储存条件贮存,并建立健全防火、防盗等措施。

③ 公司应重视生产现场的材料、低值易耗品、半成品等物资的管理控制,防止浪费、被盗和流失。

(5)对于已售产品退货的入库,物流处应根据销售部填写的产品退货凭证办理入库手续,经批准后,对拟入库的产品进行验收。因产品质量问题发生的退货,应分清责任,妥善处理。对于劣质产品或在销售环节作过样品的产品,可以选择修复、报废等措施。

(6)公司应根据自身的生产经营特点制定仓储的总体计划,并考虑工厂布局、工艺流程、设备摆放、产品存放要求等因素,相应制定人员分工、实物流动、信息传递等具体管理制度。

4. 领用与发出控制

(1)公司应建立严格的存货领用流程和制度。公司生产部领用材料,应持有车间经理审核后的领料单。超出存货领料限额的,应经生产部总监特别授权。

(2)公司财务部应针对存货种类繁多、存放地点复杂、出入库发生频率高等特点,加强与物流处经常性账实核对工作,避免出现已入库存货不入账或已发出存货不销账的情形。

5. 盘点与处置控制

(1)公司应制定并选择适当的存货盘点制度,明确盘点范围、方法、人员、频率、时间等。

(2)公司应制订详细的盘点计划,合理安排人员,有序摆放存货,保持盘点记录的完整,及时处理盘盈、盘亏。对于特殊存货,可以聘请专家采用特定方法进行盘点。

(3)存货盘点应及时编制盘点表,盘盈、盘亏情况要分析原因,提出处理意见,经公司财务部总监审批后,在期末结账前处理完毕。

(4)物流处应通过盘点、清查、检查等方式全面掌握存货的状况,及时发现存货的残、次等情况。

物流处对残、次存货的处置,应选择有效的处理方式,并经物流处、销售部、财务部共同审核,经财务部总监审批后作出相应的处置。账面原值小于10万的,由部门总监提出申请,经财务部副总审核后,报财务副总批准;财面原值大于10万而小于50万的,由部门总监提出申请,经财务副总审核后,报总经理批准。账面原值大于50万的,由部门总监或财务副总提出申请,经总经理审核后,报董事会批准。

(5)存货的会计处理,应符合《企业会计准则第 1 号——存货》的规定。公司应根据存货的特点及公司内部存货流转的管理方式,确定存货计价方法,防止通过人为调节存货计价方法操纵当期损益。计价方法一经确定,未经批准,不得随意变更。

20.4　相 关 制 度

1.《工厂低值易耗品耗用考核管理规定(试行)》
2.《物资出门管理暂行规定》
3.《物资出厂补充规定》
4.《物资仓储运输管理规定》

第 21 章

固定资产内部控制制度

21.1 控 制 目 标

固定资产的内部控制目标主要包括以下几个方面：

（1）规范固定资产的管理行为；

（2）防范固定资产管理中的差错和舞弊；

（3）保护固定资产的安全、完整，提高固定资产使用效率。

21.2 适 用 范 围

本章适用于公司的固定资产管理业务活动。

21.3 控 制 活 动

21.3.1 流程图

1. 设备采购流程图

设备采购流程图如图 21-1 所示。

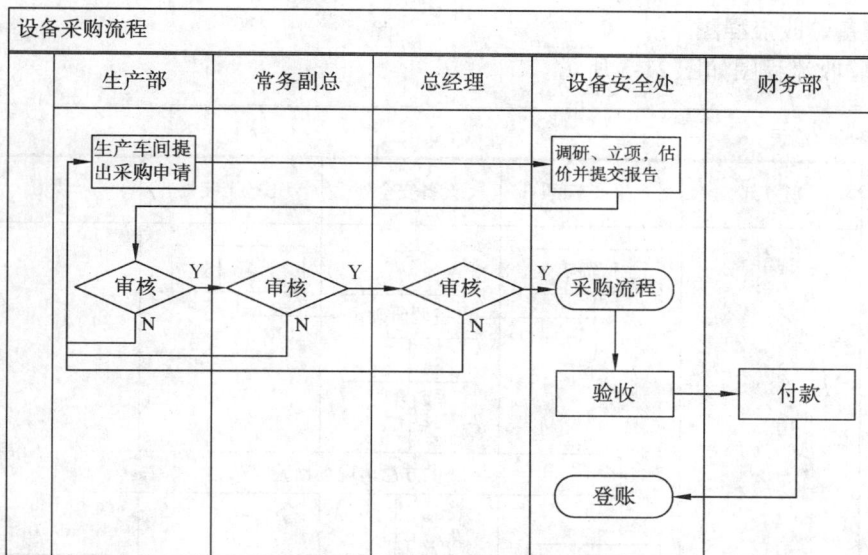

图 21-1　设备采购流程

2. 设备备件采购流程图

设备备件采购流程图如图 21-2 所示。

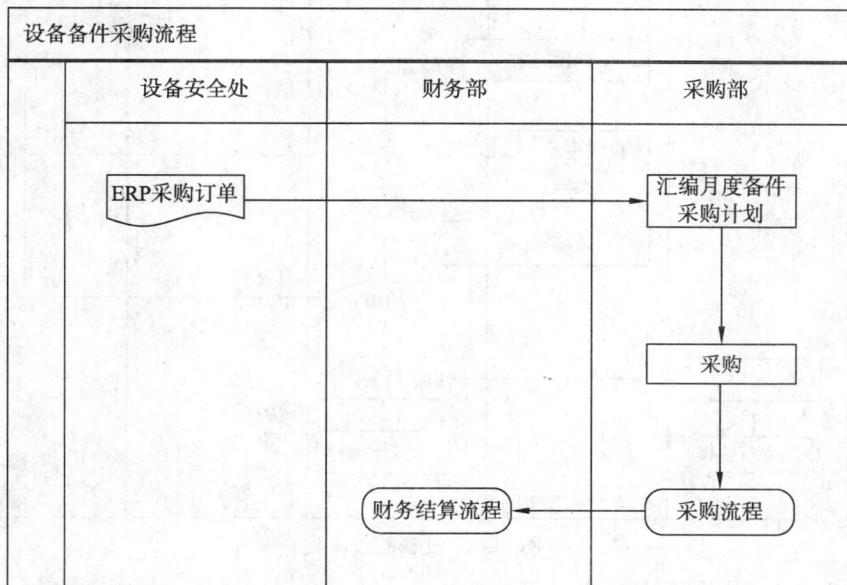

图 21-2　设备备件采购流程

3. 设备验收流程图

设备验收流程图如图 21-3 所示。

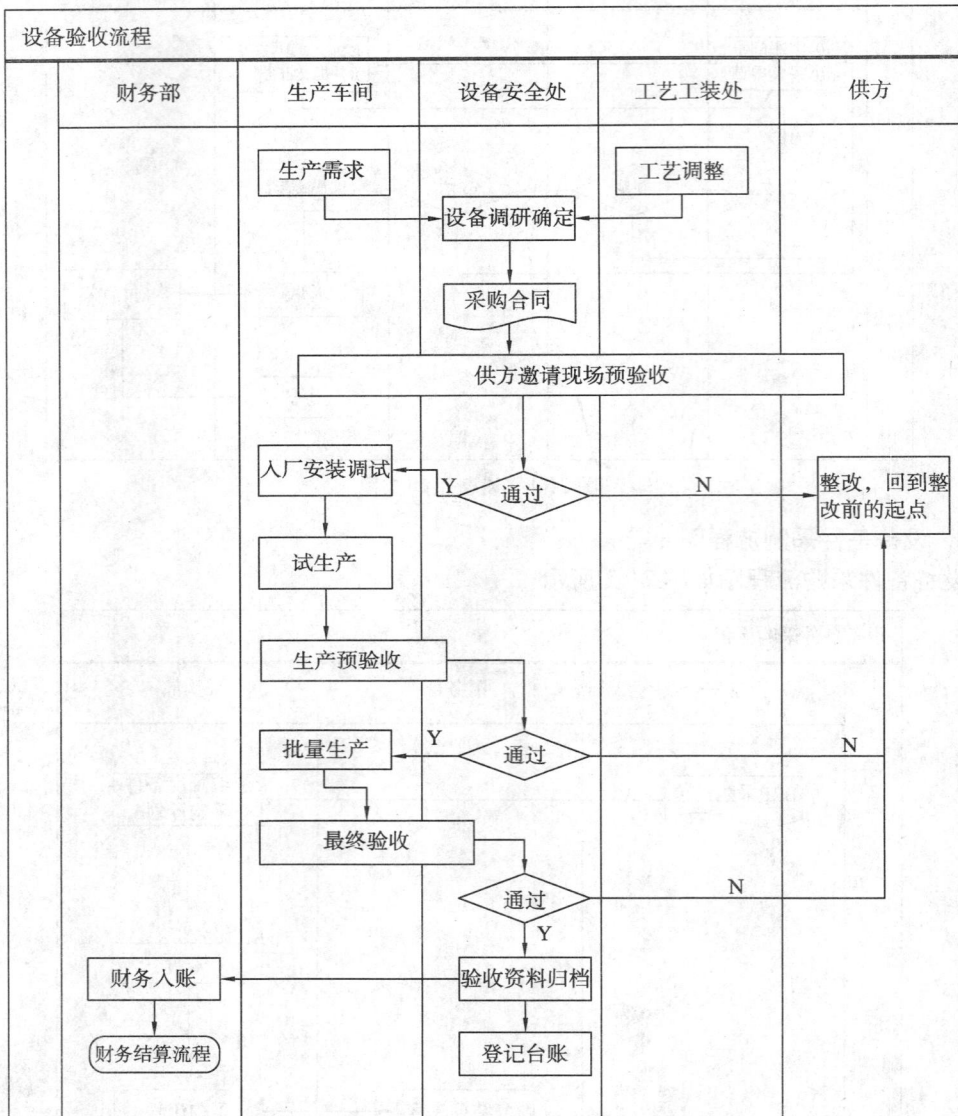

图 21-3　设备验收流程

4. 设备外协加工 / 维修流程图

设备外协加工/维修流程图如图 21-4 所示。

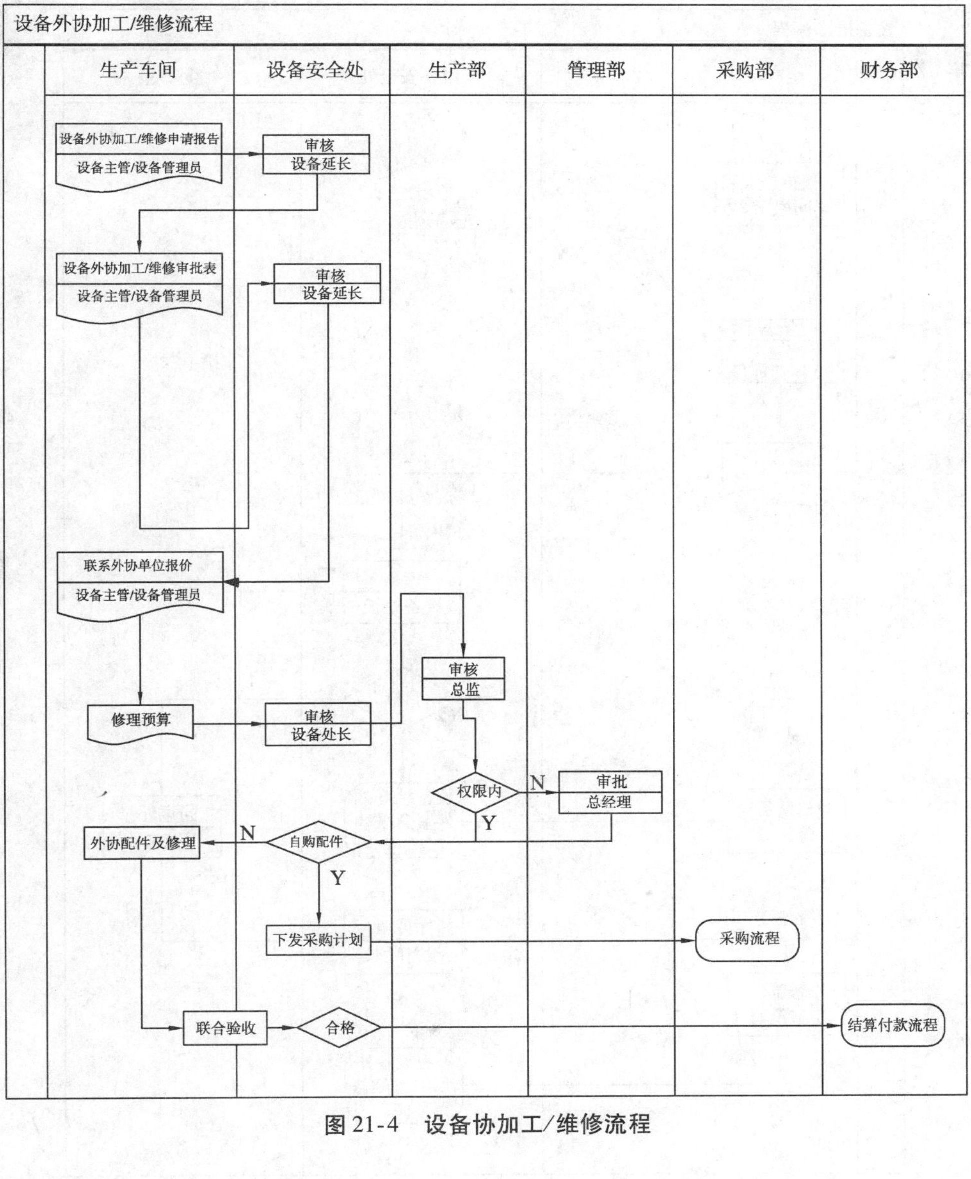

图 21-4　设备协加工/维修流程

5. 设备抢修流程图

设备抢修流程图如图 21-5 所示。

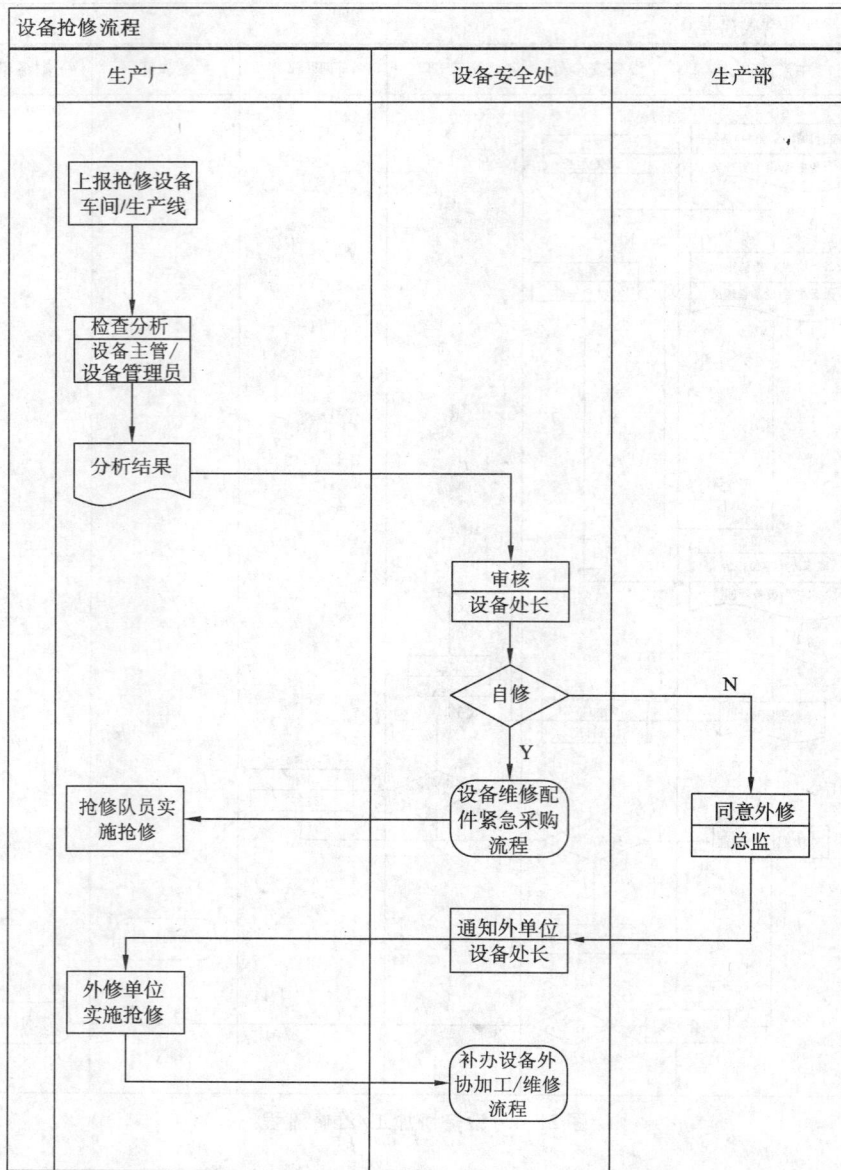

图 21-5　设备抢修流程

6. 设备维保计划实施流程图

设备维保计划实施流程图如图 21-6 所示。

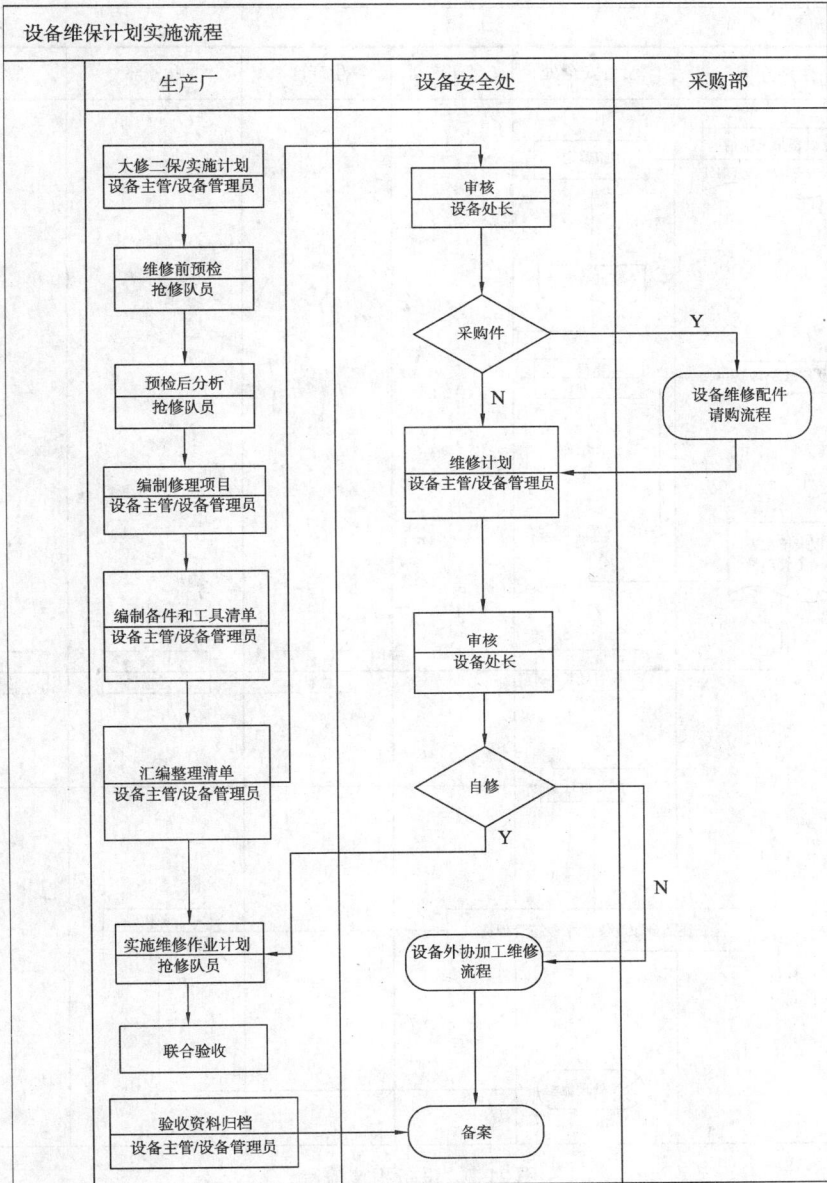

图 21-6 设备维保计划实施流程

7. 设备报废流程图

设备报废流程图如图 21-7 所示。

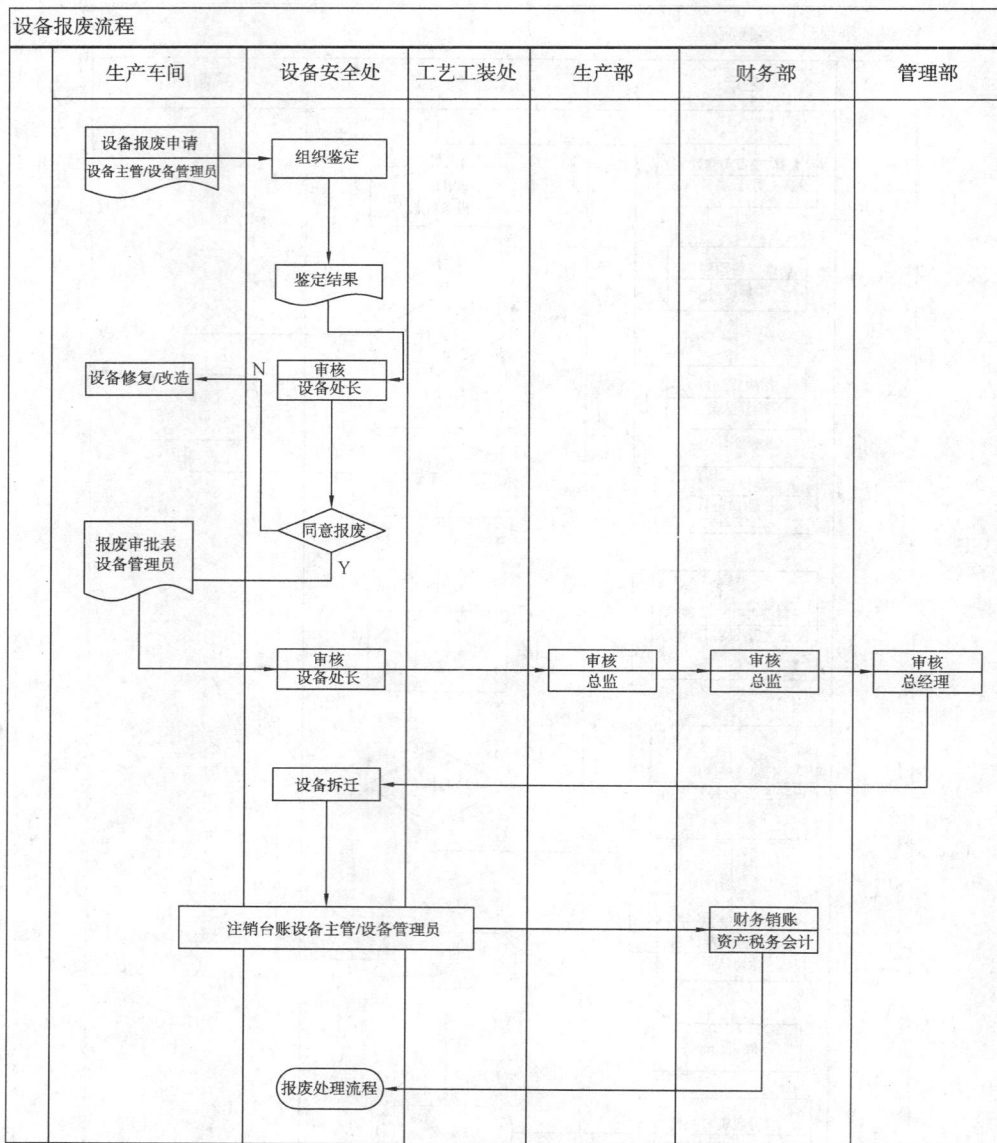

图 21-7　设备报废流程

21.3.2   分工与授权

21.3.2.1   分 工

1. 部门职责

（1）生产车间的职责：

① 提出固定资产的购置、大修申请；

② 固定资产的保管、日常维修、维护和保养；

③ 固定资产处置申请；

④ 建立本部门的固定资产台账。

（2）设备安全处的职责：

① 提出固定资产购置预算；

② 组织固定资产建造、购买等，包括建造过程、工程物资的管理；

③ 组织固定资产验收；

④ 办理固定资产处置和转移；

⑤ 建立固定资产台账和卡片；

⑥ 组织编制固定资产目录；

⑦ 定期对固定资产安全和使用情况进行检查。

（3）财务部的职责：

① 对固定资产进行会计核算；

② 参与固定资产的处置和转移工作；

③ 每年底组织固定资产盘点。

2. 岗位职责

（1）设备主管的职责：

① 负责组织制订和实施部门年度/季度/月度工作计划，拟定管理制度、标准、工作流程，并负责工装设备的定期维护保养和验收工作；

② 负责组织编写设备年度二保和大修计划并组织实施，组织主要设备大修后的质量检查，技术鉴定和验收工作；

③ 负责的编制设备更新计划，负责报废、更新或新增设备的申报、鉴定、调研工作，审查设备改革的合理化建议，办理设备的验收、投产、调拨手续，参与新增设备安装指导，并及时汇总整理相关资料；

④ 负责生产设备固定资产的管理，建立健全公司内设备台账、报表和动力管理资料的

收集、整理、记录和分析;

⑤ 负责配合技术监督局做好特种设备的年审工作,负责与外部设备管理部门的联系;

⑥ 负责组织做好设备维修、保养和完好率的相关记录,并做好设备维修备件计划和开领料。

(2) 设备管理员的职责:

① 负责组织制订和实施部门年度/季度/月度工作计划,拟定管理制度、标准、工作流程,并负责工装设备的定期维护保养和验收工作;

② 负责组织编写设备年度二保和大修计划并组织实施,组织主要设备大修后的质量检查,技术鉴定和验收工作;

③ 负责的编制设备更新计划,负责报废、更新或新增设备的审报、鉴定、调研工作,审查设备改革的合理化建议,办理设备的验收、投产、调拨手续,参与新增设备安装指导,并及时汇总整理相关资料;

④ 负责生产设备固定资产的管理,建立健全公司内设备台账、报表和动力管理资料的收集、整理、记录和分析;

⑤ 负责配合技术监督局做好特种设备的年审工作,负责与外部设备管理部门的联系;

⑥ 组织做好设备维修、保养和完好率的相关记录,并做好设备维修备件计划和开领料。

(3) 维修班长的职责:

① 组织并参与实施设备年度二保和大修计划,参与设备大修后的质量检查、技术鉴定和验收工作;

② 对年度大修和二保以及日常维修的技术难点进行技术指导和支持,参与设备的维修和保养;

③ 督促维修人员每日按时巡检,及时处理机器故障,制止违章操作并做好设备维修和保养记录;

④ 负责和生产厂区各车间的沟通和协调,及时组织维修人员处理突发性大型维修和跨厂区维修;

⑤ 负责参与设备安全事故的调查和处理。

(4) 抢修机工的职责:

① 24小时待命抢修全公司因损坏而使生产不能正常进行或者严重影响生产进度的设备;

② 负责按时完成全公司里的设备年度计划大修理(不含外修)和二级保养中机械部分修理;

③ 负责厂区每日日常巡检,及时处理发现的设备机械故障,制止违章操作并做好记录;

④ 负责每日对日常维修保养中的技术难点进行技术指导和支持;

⑤ 做好每次修理记录,每月按时交给班长汇总上报。

（5）抢修电工的职责:

① 24 小时待命抢修全公司因损坏而使生产不能正常进行或者严重影响生产进度的设备;

② 负责按时完成全公司里的设备年度计划大修理(不含外修)和二级保养中电器部分修理;

③ 负责厂区每日日常巡检,及时处理发现的设备电器故障,制止违章操作并做好记录;

④ 负责每日对日常维修保养中的技术难点进行技术指导和支持;

⑤ 做好每次修理记录,每月按时交给班长汇总上报。

（6）维修机工的职责:

① 负责承包区域内每日例常巡检,及时处理跑、冒、滴、漏;

② 及时处理好承包区域内每日车间报修设备以及正常的每日工具维修;

③ 指导车间做好设备的日常保养和一级保养;

④ 做好设备巡视、维修及保养的相关记录,每月按时总交给班长汇总上报;

⑤ 跟踪维修所更换的机械类备品备件以及低值易耗品的质量并及时向班长汇报。

（7）维修电工的职责:

① 负责承包区域内每日例常巡检,及时处理发现的问题;

② 及时处理好承包区域内每日车间报修的电器类设备以及正常的每日电器工具维修;

③ 指导车间做好电器类设备的日常保养和一级保养;

④ 做好电器类设备巡视、维修及保养的相关记录,每月按时总交给班长汇总上报;

⑤ 跟踪维修所更换的电器类备品备件以及低值易耗品的质量并及时向班长汇报。

（8）动力班长的职责:

① 监督动力设备的安全操作、使用和运行状态,保证水、电、气(蒸汽)的安全供给;

② 每日按时巡检危险源监控点,及时处理发现的问题,并做好巡检记录;

③ 每天检查厂区用能情况,对无效用能或违章用能进行制止或处罚;

④ 定期组织动力设备的安全检查及预防性试验工作,防止事故的发生;

⑤ 负责和生产厂区各车间用能的沟通和协调,及时组织人员处理突发性动力供给故障。

（9）锅炉工的职责:

① 严格执行锅炉操作规程,负责锅炉及辅机进行日常维护保养,保证安全运行;

② 按规定对锅炉运行进行巡查、监控并填写运行、监控记录,保证人身和设备安全;

③ 履行交接班制度,认真做好交接班记录;

④ 正确处理发生的异常情况,发现隐患及时汇报处理;

⑤ 保证设备和场地的清洁。

（10）空压工的职责：

① 严格执行空压机操作规程，负责设备的日常维修保养，确保设备正常运转；

② 定期排放储气罐的其他部位的冷凝水，确保压缩空气质量；

③ 掌握设备的运行状况，能够排除设备常见故障，配合维修人员做好设备维修工作，并做好记录；

④ 履行交接班制度，认真做好交接班记录；

⑤ 负责空压站和包干区的卫生工作。

（11）值班电工的职责：

① 每日按时巡查厂区配电设备的运行情况，并认真做好运行记录；

② 坚守岗位，严格执行高压电工操作规程；

③ 履行交接班制度，认真做好交接班记录；

④ 严格执行电房安全管理规定；

⑤ 负责电房室内外、包干区清洁卫生。

（12）水化验的职责：

① 严格执行 GB 1576—85 低压锅炉水质标准和操作规程；

② 每月对原水至少检测一次，对软硬度每 2 个小时检测一次，交换器接近失效时，应增加检测次数；

③ 每 2 个小时检测一次炉水碱度，做好记录并督促司炉工及时排污；

④ 履行交接班制度，认真做好交接班记录；

⑤ 做好水处理设备的运行和保养工作，保持环境清洁卫生。

（13）安全专员的职责：

① 建立健全安全消防和劳动防护管理体系，定期组织安全检查并记录备案，拟写安全整改措施，督促责任部门对安全隐患进行整改；

② 拟定现场安全管理细则，每日监督检查，纠正处罚违章；

③ 负责公司安全法规的宣传、三级安全教育和特殊工种的培训、年检工作；

④ 负责公司安全事故的调查，并提出处理报告；

⑤ 生产现场劳动防护措施的落实和检查。

（14）节能环保工程师的职责：

① 建立健全节能环保管理体系，定期组织节能环保和环保检查并记录备案，拟写整改措施，督促责任部门进行整改；

② 严格执行能源管理制度，实行耗能定额管理，严查动力管线的跑、冒、滴、漏现象；

③ 拟定节能和环保管理细则，每日监督检查，纠正处罚违章；

④ 每月定期整理和分析能源报表,并及时向上级主管部门报送;

⑤ 负责公司节能和环保的宣传和培训工作。

(15)污水处理工的职责:

① 严格按操作规程操作污水处理设备,确保安全、正常运转;

② 根据车间每天用水和水质情况,正确选定处理工艺及药剂,保证达到排放标准;

③ 正确穿戴劳保用品工作,认真巡回检查水质及设备运行情况,发现异常及时排除;

④ 定期对设备润滑处理,及时处理跑、冒、滴、漏现象;

⑤ 负责污水处理站内外包干区清洁卫生。

(16)文档员的职责:

① 负责公司设备动力档案的收集、装订、保管和查阅;

② 各级文件的收发、保管、送批、催办和存档;

③ 设备配件、五金工具和低值易耗品 ERP 数据录入;

④ 处理办公用品的申领与控制以及人员的考勤记录;

⑤ 处理日常事务接待和清洁卫生。

3. 岗位素质要求

(1)设备主管的素质要求:

① 学历/工作经历:大专学历且 5 年以上设备管理工作经历;

② 相关职务知识:设备动力管理基本知识,熟悉设备配备状况,掌握机械、电气专业知识;

③ 专业知识:设备管理、设备维修;

④ 所需技能:有较强的组织、协调、沟通能力和团队管理能力,能操作电脑。

(2)设备管理员的素质要求:

① 学历/工作经历:大专学历且 5 年以上设备管理工作经历;

② 相关职务知识:设备动力管理基本知识,熟悉设备配备状况,掌握机械、电气专业知识;

③ 专业知识:设备管理、设备维修;

④ 所需技能:有较强的组织、协调、沟通能力和团队管理能力、能操作电脑。

(3)维修班长的素质要求:

① 学历/工作经历:高中学历且 3 年以上设备维修经历;

② 相关职务知识:设备动力维修基本知识,班组管理知识;

③ 专业知识:机械、电气专业知识、液压原理、设备故障和诊断技术原理;

④ 所需技能:有较强的设备维修技能,有组织、协调、沟通能力。

（4）抢修机工的素质要求：

① 学历/工作经历：高中学历或5年以上机械维修工作经历；

② 相关职务知识：机械系统安全运行、故障诊断和技术维护；

③ 专业知识：机械知识、电气原理、液压原理、设备故障和诊断技术原理；

④ 所需技能：能够承担机械设备的试车、调整、故障排除和中大修。

（5）抢修电工的素质要求：

① 学历/工作经历：高中学历或5年以上电器维修工作经历；

② 相关职务知识：电气系统安全运行、故障诊断和技术维护；

③ 专业知识：电工基础、电路理论、电子技术、电机及控制知识；

④ 所需技能：能独立承担电器设备的试车、调整、故障排除和中大修；

⑤ 特殊技能：持证上岗。

（6）维修机工的素质要求：

① 学历/工作经历：3年以上机械设备维修经历；

② 相关职务知识：机械系统安全运行、故障诊断和技术维护；

③ 专业知识：机械和液压常识；

④ 所需技能：能现场解决设备的机械故障和气动工具维修。

（7）维修电工的素质要求：

① 学历/工作经历：3年以上机械设备维修经历；

② 相关职务知识：电气系统安全运行、故障诊断和技术维护；

③ 专业知识：电工和电器常识；

④ 所需技能：能现场解决设备的电器故障和电动工具维修；

⑤ 特殊技能：持证上岗。

（8）动力班长的素质要求：

① 学历/工作经历：高中学历且3年以上动力管理经历；

② 相关职务知识：设备动力管理基本知识、班组管理知识；

③ 专业知识：锅炉、水处理、空压机和高低压配电专业知识；

④ 所需技能：能确保动力科学合理供给、有组织、协调能力。

（9）锅炉工的素质要求：

① 学历/工作经历：3年以上锅炉操作经历；

② 相关职务知识：锅炉安全运行、故障诊断和技术维护；

③ 专业知识：锅炉的基本结构、工作原理，安全操作规程和维护保养规程；

④ 所需技能：锅炉安全操作、维护保养、简单故障排除；

⑤ 特殊要求：持证上岗。

（10）空压工的素质要求：

① 学历/工作经历：3 年以上空压机操作经历；

② 相关职务知识：空压机安全运行、故障诊断和技术维护；

③ 专业知识：空压机的基本结构、工作原理,安全操作规程和维护保养规程；

④ 所需技能：空压机安全操作、维护保养、简单故障排除；

⑤ 特殊要求：持证上岗。

（11）值班电工的素质要求：

① 学历/工作经历：3 年以上高压值班经历；

② 相关职务知识：高低压电器系统安全运行、故障诊断和技术维护；

③ 专业知识：电器设备一般知识,电器系统常见故障的诊断、排除和运行管理；

④ 所需技能：高低压电器系统安全操作、维护保养、简单故障排除；

⑤ 特殊要求：持证上岗。

（12）水化验的素质要求：

① 学历/工作经历：3 年以上锅炉水处理经历；

② 相关职务知识：锅炉水处理的基本知识、水质标准和常用方法；

③ 专业知识：锅炉水处理专业知识；

④ 所需技能：锅炉水处理操作；

⑤ 特殊要求：持证上岗。

（13）安全专员的素质要求：

① 学历/工作经历：高中学历且 3 年以上相关工作经历；

② 相关职务知识：生产管理、消防法；

③ 专业知识：安全技术、劳动防护；

④ 所需技能：熟悉国家安全生产的法律法规、劳动防护业务规范,熟练操作电脑。

（14）节能环保工程师的素质要求：

① 学历/工作经历：本科或大专学历且 3 年以上相关工作经历；

② 相关职务知识：现代化企业管理、沟通技巧；

③ 专业知识：节能监察条例、环境保护法；

④ 所需技能：熟悉国家节能和环境保护的法律法规和业务规范,能操作电脑。

（15）污水处理工的素质要求：

① 学历/工作经历：3 年以上污水处理设备操作经历；

② 相关职务知识：污水处理设备的安全运行、故障诊断和技术维护；

③ 专业知识：污水处理设备的基本结构、工作原理,安全操作规程和维护保养规程；

④ 所需技能：污水处理设备安全操作、维护保养、简单故障排除；

⑤ 特殊要求：持证上岗。

（16）文档员的素质要求：

① 学历/工作经历：1 年以上相关工作经历；

② 相关职务知识：国家档案工作法规、礼仪接待常识；

③ 专业知识：应用写作、ERP 相关流程、档案管理；

④ 所需技能：能操作电脑；

⑤ 特殊要求：女性，严谨、勤劳细致。

4．不相容职务相分离

（1）固定资产投资预算的编制与审批职务分离；

（2）固定资产的取得、验收与款项支付职务分离；

（3）固定资产投保的申请与审批职务分离；

（4）固定资产的保管与清查职务分离；

（5）固定资产处置的申请与审批、审批与执行职务分离；

（6）固定资产业务的审批、执行与相关会计记录职务分离；

（7）公司不由同一部门或个人办理固定资产的全过程业务。

21.3.2.2 授 权

（1）股东大会审议公司在一年内购买、出售重大资产超过公司最近一期经审计总资产30％的事项。

公司股东大会授权董事会对购买或出售资产事项决定权限。单项金额不超过公司最近一期经审计净资产的 10％（含 10％），连续 12 个月内累计不超过 50％（不含 50％）。

董事会应当确定收购、出售资产的权限，建立严格的审查和决策程序。

（2）公司总经理及其他被授权审批人员，以书面批准的方式直接审批。

（3）审批人根据固定资产业务授权批准制度的规定，在授权范围内进行审批，不得超越审批权限。

（4）经办人在职责范围内，按照审批人的批准意见办理固定资产业务。

（5）对于审批人超越授权范围审批的固定资产业务，经办人有权拒绝并应拒绝办理，并及时向审批人的上一级授权部门报告。

（6）固定的资产处置：账面价值小于 50 万的由使用部门总监提出申请，财务部副总监进行审核，再由财务部总监进行批准；账面价值在 50 万～200 万的由使用部门总监提出申请，财务部总监进行审核，再由公司总经理进行批准；账面价值大于 200 万的由使用部门总监或财务部总监提出申请，最后由董事会进行批准。

21.3.3　关键控制点控制

1. 固定资产采购控制

固定资产购买申请应当与批准职责相分离,固定资产的采购要经过多次核价,坚持比质比价、择优购买,大型设备的购买应经过申请、立项调研和审批等过程。

2. 设备验收控制

(1) 固定资产验收应由资产管理部门、使用部门、财务部、技术中心组成验收小组,对固定资产进行验收。

(2) 对外购固定资产,验收小组应按照合同、技术文件规定的验收标准进行验收。对重要设备验收,必须有供应商派员在场时,方能开封验收;验收不合格时,及时通知供应商,并由验收小组与供应商协商退货、换货、索赔等事项。

(3) 设备入厂后应当进行调试,检查设备是否符合要求;进行试生产后,应对试生产的产品进行验收,检查是否符合要求;进行批量生产后最终应对设备进行验收。

3. 固定资产的维修保养控制

(1) 公司固定资产管理部门应制定固定资产维修保养制度,保证固定资产正常运行,控制固定资产维修保养费用,提高固定资产使用效率。

(2) 公司固定资产使用部门应定期对固定资产进行检查、维护和保养,公司固定资产管理部门定期对固定资产的使用、维修和保养情况进行检查,及时消除安全隐患,降低固定资产故障率和使用风险。

(3) 固定资产需要大修,由使用部门提出申请,固定资产管理部门、技术中心、财务部共同组织评估,提出修理方案,经授权审批人审批后,由固定资产管理部门组织实施;固定资产大修验收由固定资产管理部门、使用部门、技术中心、财务部共同组织。

(4) 固定资产维修(包括大修)保养费用,应纳入公司年度预算,并在经批准的预算额度内执行。大修费用要计入固定资产账面原值。

(5) 公司应定期组织对新设备的操作人员进行培训以及对操作人员进行定期技术考核,以降低固定资产的操作使用风险。

4. 固定资产清查盘点控制

(1) 盘点方式。

① 每年年终时应由固定资产管理部门会同固定资产使用部门、财务部组成清查盘点小组,对公司的所有固定资产进行一次全面盘点,根据盘点结果详细填写固定资产盘点报告表,并与固定资产账簿和卡片相核对,发现账实不符的,编制固定资产盘盈盘亏表并及时作出报告。

② 公司固定资产管理部门、财务部在年中应不定期对固定资产进行抽点检查。

③ 人员分工:使用部门为盘点人、财务部为会点人、管理部门为复点人。

（2）盘点程序。

① 管理部门依据固定资产台账和卡片拟定盘点计划。

② 使用部门与财务部做好盘点前的准备。

③ 盘点人员现场实地盘点,编制"固定资产盘点报告表"一式三份,一份交使用部门、一份交管理部门、一份由财务部呈报总经理核准后作为账务处理依据。

④ 财务部经账实核对后,编制"盘盈盘亏表",计算盘盈、盘亏结果,并将结果反馈给使用部门和管理部门。

⑤ 使用部门对盈亏差异进行分析,找出原因,分清责任,形成书面报告,由管理部门、财务部出具意见后,报授权审批人审批。

⑥ 财务部依据审批人审批意见,进行相关账务处理。

5. 固定资产处置控制

（1）处置申请。

① 公司根据固定资产的实际情况和不同类别,由相关部门提出建议或报告,固定资产管理部门填制处置申请表。

② 对使用期满正常报废的固定资产,应由固定资产管理部门填制固定资产报废单,根据《签字规则》经公司相关人员批准后进行报废清理,对使用期满仍继续使用的固定资产,不予办理报废手续。

③ 对使用期未满但不能满足生产要求,需要报废或提前处置的固定资产,由使用部门提出书面报告,企业管理处组织鉴定,经授权部门或人员批准后进行报废或处置。

④ 对未使用、不需用的固定资产,应由固定资产管理部门提出处置意见,经公司授权部门或人员批准后进行处置。

⑤ 对拟出售或投资转出的固定资产,应由有关部门或人员填制"固定资产处置审批表",经单位授权部门或人员批准后予以出售或转作投资。

（2）处置鉴定。

固定资产管理部门应根据有关部门提出的固定资产处置申请报告,组织有关部门的技术专业人员对处置的固定资产进行技术鉴定,填制"固定资产处置审批表",确保固定资产处置的合理性。

（3）处置审批。

公司应根据《签字规则》对固定资产管理部门上报的"固定资产处置审批表"进行审查,并签署意见。

（4）处置审核。

　　财务部在处置后应根据审批人批准的审批表,认真审核固定资产处置凭单,检查批准手续是否齐全,批准权限是否适当等。审核无误后据以编制记账凭证,进行账务处理。

　　(5)公司财务部应当及时、足额地收取固定资产处置价款,并及时入账,其他部门不得经手固定资产处置现款。

21.4　相关制度

1.《关于物资采购入库的通知》
2.《设备管理规定》

第 22 章

无形资产内部控制制度

22.1 控 制 目 标

>>>>>>>>>>>>>>>>>>>>>>>>>>>>>>>>>>

无形资产的内部控制目标主要包括以下几个方面：

（1）规范无形资产的管理行为；

（2）防范无形资产管理中的差错和舞弊；

（3）保护无形资产的安全并维护其价值，提高无形资产的使用效率。

22.2 适 用 范 围

>>>>>>>>>>>>>>>>>>>>>>>>>>>>>>>>>>

本章适用于公司的无形资产管理业务活动。

22.3 控 制 活 动

>>>>>>>>>>>>>>>>>>>>>>>>>>>>>>>>>>

22.3.1 流程图

软件取得流程图如图 22-1 所示。

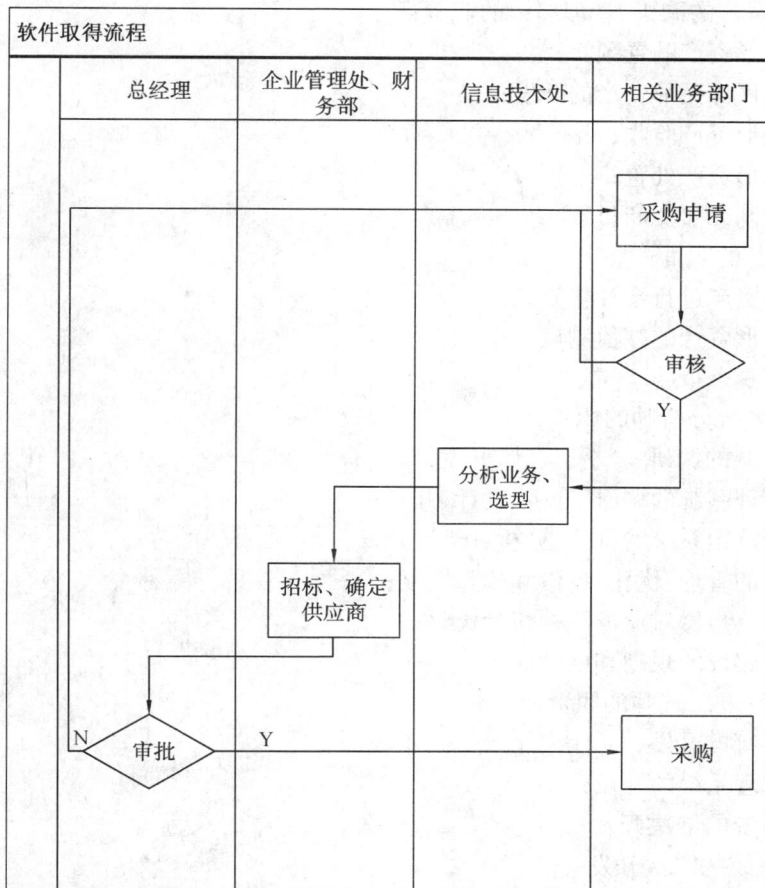

图 22-1 软件取得流程

22.3.2 分工与授权

22.3.2.1 分 工

1. 部门职责

(1) 使用部门的职责:

① 提出无形资产的购置申请;

② 无形资产的保管、日常维修、维护和保养;

③ 无形资产处置申请。

（2）无形资产的购买、管理部门的职责：

① 提出无形资产购置预算；

② 组织软件等无形资产的开发；

③ 组织无形资产验收；

④ 办理无形资产处置；

⑤ 组织编制无形资产目录。

（3）财务部的职责：

① 对无形资产进行会计核算；

② 参与无形资产的减值测试工作。

2. 岗位职责

（1）软件系统分析师的职责：

① ERP 系统的调研、分析、设计、开发；

② 订单管理系统的调研、分析、设计、开发；

③ 各部门应用系统的调研、分析、设计、开发；

④ 服务器的管理、优化、备份和故障恢复；

⑤ 从信息化角度对业务流程整合优化；

⑥ 信息化建设的规划和设计。

（2）软件开发工程师的职责：

① ERP 系统的开发；

② 订单管理系统的开发；

③ ERP 系统的二次开发；

④ PDM 系统的二次开发；

⑤ OA 系统的二次开发；

⑥ 各部门应用系统的开发；

⑦ 腾讯通的二次开发 ；

⑧ Mail 系统的开发。

（3）软件应用工程师的职责：

① ERP 系统的技术支持和监管；

② 订单管理系统的技术支持和监管；

③ ERP 系统的技术支持和监管；

④ PDM 系统的技术支持和监管；

⑤ OA 系统的技术支持和监管；

⑥ 各部门应用系统的技术支持和监管；

⑦ 其他各种软件应用的技术支持；

⑧ 计算机相关的各类培训。

（4）网络硬件工程师的职责：

① 网络构架的设计、开发、架设和维护；

② 硬件设备的调剂和维护（台账的维护）；

③ 网络和硬件设备的购置；

④ 计算机相关配件的购置；

⑤ 操作系统和常用软件的维护；

⑥ 计算机和网络使用的监管；

⑦ 网络环境的维护和故障解决。

（5）基础实施工程师的职责：

① 网络构架的架设和维护；

② 硬件设备的维修；

③ 操作系统和常用软件的维护；

④ 计算机和网络使用的监管；

⑤ 网络环境的维护和故障解决；

⑥ 计算机台账的维护；

⑦ 计算机基础知识的培训。

3. 岗位素质要求

（1）软件系统分析师的素质要求：

① 学历/工作经历：本科学历且 5 年以上信息化工作经历；

② 相关职务知识：熟悉企业信息化建设，熟悉企业业务流程；

③ 专业知识：精通计算机理论，熟悉软硬件管理、网络安全、服务器管理知识，精通各类软件开发技术和项目管理技术；

④ 所需技能：具有中级以上职称或软件专业资格证书。

（2）软件开发工程师的素质要求：

① 学历/工作经历：大专学历或 5 年以上相关工作经历；

② 相关职务知识：熟悉企业信息化建设，熟悉企业业务流程；

③ 专业知识：熟悉计算机理论，精通 NET 平台开发技术和 SQL 数据库开发技术；

④ 有独立开发的软件项目成果。

（3）软件应用工程师的素质要求：

① 学历/工作经历：大专学历或 5 年以上相关工作经历；

② 相关职务知识：熟悉企业信息化建设，熟悉企业业务流程；

③ 专业知识:精通计算机理论,熟悉应用软件的安装维护,了解软件开发技术和流程;

④ 所需技能:有一定的软件开发经验,能够进行简单地二次开发。

(4) 网络硬件工程师的素质要求:

① 学历/工作经历:本科学历且 5 年以上信息化工作经历;

② 相关职务知识:精通网络设计开发技术,有丰富的网络管理经验;

③ 专业知识:精通计算机硬件开发技术,有丰富的维护经验。

(5) 基础实施工程师的素质要求:

① 学历/工作经历:大专学历或 3 年以上信息化工作经历;

② 相关职务知识:熟悉基础网络知识,有丰富的组网经验;

③ 专业知识:熟悉计算机基础理论,精通各种软件硬件的安装维护技术。

4. 不相容职务分离

(1) 无形资产投资预算的编制与审批职务分离;

(2) 无形资产投资预算的审批与执行职务分离;

(3) 无形资产取得、验收与款项支付职务分离;

(4) 无形资产处置的审批与执行职务分离;

(5) 无形资产取得与处置业务的执行与相关会计记录职务分离;

(6) 无形资产的使用、保管与会计处理职务分离。

22.3.2.2 授 权

(1) 公司对无形资产业务应当建立严格的授权批准制度,明确授权批准的方式、权限、程序、责任和相关控制措施,规定经办人的职责范围和工作要求。严禁未经授权的人员办理无形资产业务。

(2) 审批人应根据无形资产业务授权批准制度的规定,在授权范围内进行审批,不得超越审批权限。

(3) 经办人在职责范围内,按照审批人的批准意见办理无形资产业务。对于审批人超越授权范围审批的无形资产业务,经办人员有权拒绝办理,并及时向上级部门报告。

22.3.3 关键控制点的控制

1. 取得与验收控制

(1) 无形资产预算管理控制。

公司应建立无形资产预算管理制度。根据无形资产的使用效果、生产经营发展目标等因素拟定无形资产投资项目,对项目可行性进行研究、分析,编制无形资产投资预算,并按规定程序审批,确保无形资产投资决策科学合理。

对于重大的无形资产投资项目,应考虑聘请独立的中介机构或专业人士进行可行性研究与评价,并由公司董事会集体决策和审批,防止决策失误而造成严重损失。

(2)无形资产投资预算控制。

对于预算内无形资产投资项目,有关部门严格按照预算执行进度办理相关手续;对于超预算或预算外无形资产投资项目,应由无形资产相关责任部门提出申请,经审批后再办理相关手续。

(3)无形资产请购与审批控制。

公司对于外购的无形资产应建立请购与审批制度,明确请购人员和审批人员的职责权限及相应的请购与审批程序。

无形资产采购过程应规范、透明。对于一般无形资产采购,应由采购部充分了解和掌握产品及供应商情况,采取比质比价的办法确定供应商;对于重大的无形资产采购,应采取招标方式进行;对于非专有技术等具有非公开性的无形资产,还应注意采购过程中的保密保全措施。

(4)无形资产采购合同或协议的签订应遵守《内部控制制度——合同》的相关规定。

(5)公司应当建立严格的无形资产交付使用验收制度,确保无形资产符合使用要求。无形资产交付使用的验收工作由无形资产管理部门、使用部门及相关部门共同实施。

① 公司外购无形资产,必须取得无形资产所有权的有效证明文件,仔细审核有关合同或协议等法律文件,必要时应听取专业人员或法律顾问的意见。

② 公司自行开发的无形资产,应由信息技术处、无形资产管理部门、使用部门共同填制无形资产移交使用验收单,移交使用部门使用。正确区分发生的费用应该资本化还是费用化。

③ 公司购入或者以支付土地出让金方式取得的土地使用权,必须取得土地使用权的有效证明文件。除已经确认为投资性房地产外,在尚未开发或建造自用项目前,公司应根据合同协议、土地使用权证办理无形资产的验收手续。

④ 公司对投资者投入、接受捐赠、债务重组、政府补助、公司合并、非货币性资产交换、外公司无偿划拨转入以及其他方式取得的无形资产均应办理相应的验收手续。

⑤ 对验收合格的无形资产应及时办理编号、建卡、调配等手续。

(6)对需要办理产权登记手续的无形资产,公司应及时到相关部门办理。

2．使用与保全控制

(1)公司应建立无形资产处置的相关制度,确定无形资产处置的范围、标准、程序和审批权限等。

(2)公司应区分无形资产不同的处置方式,采取相应控制措施。

① 对使用期满、正常报废的无形资产,由无形资产使用部门填制无形资产报废单,经公司财务部审核、财务总监批准后对该无形资产进行报废清理。

② 对使用期限未满、非正常报废的无形资产,由无形资产使用部门提出报废申请,注明报废理由、估计清理费用和可回收残值、预计出售价值等。公司应组织有关部门进行技术鉴定,按规定程序上报总经理审批后进行报废清理。金额重大的应上报公司董事会审批。

③ 对拟出售或投资转出的无形资产,由有关部门或人员提出处置申请,列明该项无形资产的原价、已提折旧、预计使用年限、已使用年限、预计出售价格或转让价格等,按规定程序上报总经理审批后予以出售或转让。金额重大的应上报公司董事会审批。

(3) 无形资产的处置由独立于无形资产管理部门和使用部门的其他部门或人员办理。无形资产处置价格应选择合理的方式,报经公司授权部门或人员审批后确定。对于重大的无形资产处置,处置价格应委托具有资质的中介机构进行资产评估。对于重大无形资产的处置,由公司董事会集体决策审批,并建立集体审批记录机制。

(4) 无形资产处置涉及产权变更的,及时办理产权变更手续。

(5) 公司出租、出借无形资产,由无形资产管理部门会同财务部按规定报经批准后予以办理,并签订合同协议,对无形资产出租、出借期间所发生的维护保全、税负责任、租金、归还期限等相关事项予以约定。

(6) 对无形资产处置及出租、出借收入和发生的相关费用,应及时入账,保持完整的记录。

(7) 公司对于无形资产的内部调拨,应填制无形资产内部调拨单,明确无形资产名称、编号、调拨时间等,经有关负责人审批通过后,及时办理调拨手续。无形资产调拨的价值由公司财务部核准。

22.4 相 关 制 度

《无形资产管理办法》

第 23 章

货币资金内部控制制度

23.1　控制目标

货币资金的内部控制目标主要包括以下几个方面：
（1）保护货币资金安全，防止舞弊行为发生；
（2）合理调度货币资金，保证生产经营需要；
（3）加快货币资金周转，提高货币资金的使用效率；
（4）保证货币资金业务核算的准确可靠。

23.2　适用范围

本章适用于公司的货币资金业务活动。

23.3　控制活动

23.3.1　流程图

1. 货币资金收入管理流程图
货币资金收入管理流程图如图 23-1 所示。

货币资金收入管理流程

业务部门	财务部

收到货币资金

收款通知

出纳开具收据或发票

结算会计审核收入原始凭证后进行账务处理

稽核　N

Y

出纳存入保险箱

出纳送存银行

负责财务人员与客户进行账务核对，对各类货币资金凭证进行登记，专人保管

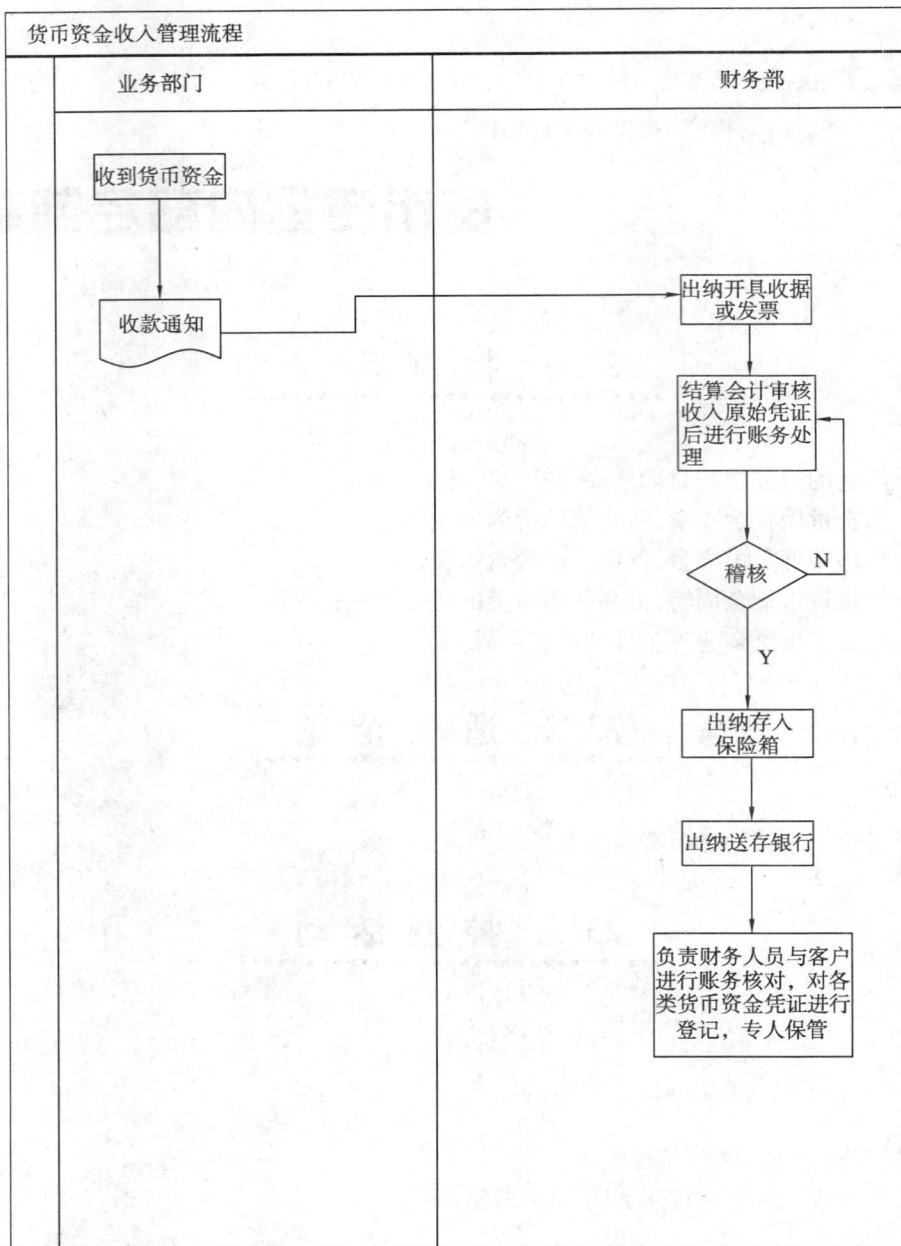

图 23-1　货币资金收入管理流程

2. 货币资金支出管理流程图

货币资金支出管理流程图如图 23-2 所示。

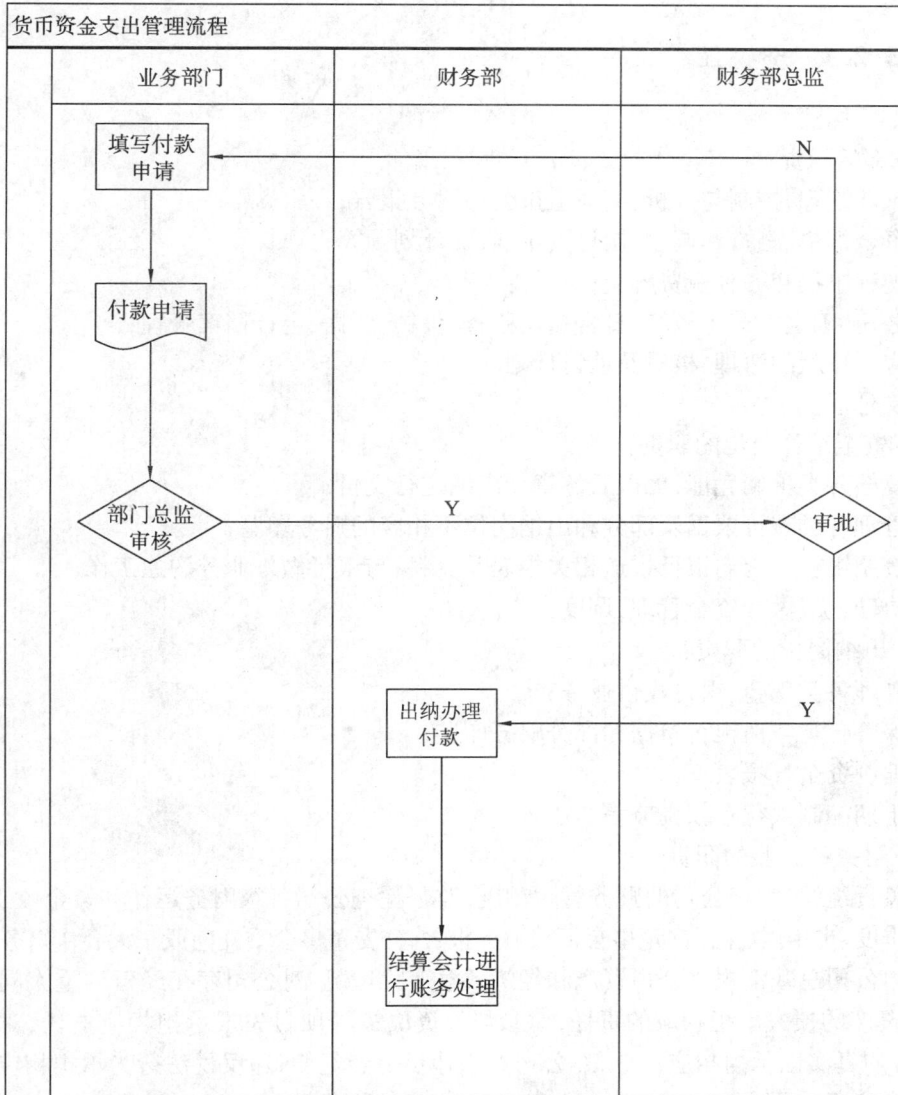

图 23-2　货币资金支出管理流程

23.3.2 分工与授权

23.3.2.1 分 工

1. 部门职责

财务部的职责:

① 预算管理,控制与分析,编写上市公司财务报告;

② 资金筹集、融资和调度,制订资金、收支计划预算;

③ 纳税申报和各种税费解交;

④ 公司、固定资产等核算,日常费用稽查、报销,票据、会计档案管理;

⑤ 应收账款的清理、核对及催讨计划。

2. 岗位职责

(1) 资金结算岗位的职责:

① 复核各类报销凭证,无误后签章交出纳进行支付;

② 管理各类有价票据及部分和出纳岗位不相容的财务印鉴;

③ 按照银行要求向银行报送相关报表及资料;与银行做好业务沟通工作;

④ 协助上级做好资金管理、调度工作。

(2) 出纳岗位的职责:

① 办理各类现金、银行收付业务;

② 保管各类空白银行票据和部分财务印鉴;

③ 编制资金日报表;

④ 定期编制银行存款调节表。

(3) 财务部总监的职责:

① 负责组织、制定公司的财务管理制度,监督检查公司各级财务运作和资金收支情况;

② 季度、半年报、年报向董事会汇报财务报告,并受董事会委托向股东大会作财务报告;

③ 向公司总裁汇报本公司资产和经济效益变化情况,对公司存在经营的重大问题及时报告,对资产的损失承担相应的责任,对参与投资决策等项目失误承担相应责任,对财务报表和报告的真实性承担相应责任,对公司严重违反财经纪律、违反税法行为承担相应责任。

3. 岗位素质要求

(1) 资金结算的素质要求:

① 学历/工作经历:大专学历或 5 年以上相关工作经历;

② 相关职务知识:财务核算;

③ 专业知识:财务会计;

④ 所需技能:工作细致严谨,熟练操作电脑;

⑤ 特殊要求:持有会计从业资格证书。

(2) 出纳的素质要求:

① 学历/工作经历:3 年以上相关工作经历;

② 相关职务知识:财务核算;

③ 专业知识:财务会计;

④ 所需技能:工作细致严谨,熟练操作电脑;

⑤ 特殊要求:持有会计从业资格证书。

(3) 财务部总监的素质要求:

① 学历/工作经历:本科以上学历/高级职称、注册会计师,上市公司或大型企业公司财务管理经历 8 年以上,财务经理(处长)以上岗位 5 年以上经历;

② 相关职务知识:现代企业管理,金融、证券、公司法、合同法、公共关系学;

③ 专业知识:企业会计、成本管理、财务管理、内部控制制度、预算管理、会计法、税法、票据法、企业会计准则;

④ 所需技能:需具备高级财务管理理论与实践经验;

⑤ 特殊要求:具备组织协调能力、分析判断能力、参与决策的能力、沟通与交流的能力、使用和培养人才的能力。

4. 不相容职务分离

(1) 出纳人员不得兼任稽核、会计档案保管和收入、支出、费用、债权债务账目的登记工作。

(2) 核对银行对账单和银行存款余额的人员应与负责银行存款账、现金账、应收账款账、应付账款账的人员职务分离。

(3) 支票簿的保管人员应与负责现金支出账和银行存款账的人员职务分离。

(4) 货币资金的支出的审批人员应同出纳人员、支票保管人员和记账人员的职务分离。

(5) 现金总分类账登记与出纳人员职务分离。

(6) 公司应当选取具有良好职业道德和较强业务能力的会计人员办理货币资金业务,并根据具体情况定期换岗、轮岗。公司关键财会岗位可以实行强制休假制度,并在最长不超过 5 年的时间内进行岗位轮换。实行岗位轮换的关键财会岗位,由公司根据实际情况确定并在内部公布。

23.3.2.2　授　权

(1) 货币资金的支付的授权审批控制应当严格按照公司的《签字规则》执行,包括差旅费、管理费用、其他日常经营费用等。

① 差旅费（除销售、服务部门）省内2 000元以下，出差人员报销应由部门经理或部门总监审核，财务部副总监批准；省外或省内2 000以上，出差人员报销应由部门经理或部门总监审核，分管副总经理批准；超标费用，出差人员报销应由部门经理或部门总监、财务部副总监审核，财务副总批准。

② 招待费用2 000元以下，应由部门经理提出申请，由部门总监审核，财务部副总监批准；2 000元以上，应由部门经理提出申请，由部门总监和财务部副总监审核，财务副总批准。

③ 其他日常经营费用2 000元以下，应由部门总监提出申请，财务部副总监批准；2 000以上20 000元以下，应由部门总监提出申请，财务副总批准；20 000元以上，应由部门总监提出申请，财务副总审核，公司总经理批准。

④ 赞助及礼品应由部门总监提出申请，财务副总审核，公司总经理批准。

（2）公司应当建立资金授权制度和审核批准制度，并按照规定的权限和程序办理资金支付业务，具体可遵照公司《签字规则》执行。

① 支付申请。公司有关部门或个人用款时，应当提前向部门经理或部门总监提交资金支付申请，注明款项的用途、金额、预算、限额、支付方式等内容，并附有效经济合同协议、原始单据或相关证明。

② 支付审批。根据《签字规则》，审批人根据其职责、权限和相应程序对支付申请进行审批。对不符合规定的资金支付申请，审批人应当拒绝批准；性质或金额重大的，还应及时报告有关部门。

③ 支付复核。复核人应当对批准后的资金支付申请进行复核，复核资金支付申请的批准范围、权限、程序是否正确，手续及相关单证是否齐备，金额计算是否准确，支付方式、支付企业是否妥当等。复核无误后，交由出纳人员等相关负责人员办理支付手续。

④ 办理支付。出纳人员应当根据复核无误的支付申请，按规定办理资金支付手续，及时登记现金和银行存款日记账。

⑤ 严禁未经授权的部门或人员办理资金业务或直接接触资金。

23.3.3　关键控制点控制

23.3.3.1　现金控制

（1）公司应当加强现金库存限额的管理，超过库存限额的现金应当及时存入开户银行。公司的库存现金限额由开户银行根据实际需要核定，一般为3～5天零星开支需要量。

（2）公司应当根据《现金管理暂行条例》的规定，结合公司的实际情况，确定公司的现金开支范围和现金支付限额。不属于现金开支范围或超过现金开支限额的业务应当通过银行办理转账结算。公司现金使用范围如下：

① 员工工资、奖金、津贴；

② 个人劳务报酬；

③ 根据国家规定颁发给个人的技术创新、管理创新等各种奖金；

④ 各种劳保、福利费用以及国家规定对个人的其他支出；

⑤ 向个人收购物资的价款支出；

⑥ 出差人员必须随身携带的差旅费；

⑦ 结算起点(1 000 元)以下的零星支出；

⑧ 确实需要支付现金的其他支出。

凡不符合上述现金支付范围的支出,均通过银行办理结算。

(3) 现金内部控制。

① 审核。现金业务会计主管人员审查原始凭证反映的现金收支业务是否真实合法,原始凭证的填制是否符合规定要求;审核无误后,经签章批准方可填制现金收付记账凭证。

② 收付。出纳根据审核无误的现金收款或付款凭证收款、付款,收付完毕,对现金收款或付款凭证以及所附原始凭证加盖"收讫"或"付讫"戳记,并签字盖章以示收付。

③ 复核。记账前由稽核人员审核现金收支记账凭证及所附原始凭证,审核无误后签字盖章以示稽核。

④ 会计处理流程:

a. 记账。出纳根据现金收付款凭证登记现金日记账,登记完毕,核对现金日记账发生额与收付款凭证的合计金额,并签字盖章以示登记;总账会计根据收付记账凭证登记现金总账,登记完毕,核对总账发生额与现金收款和付款凭证的合计金额,并签字盖章以示登记。

b. 对账。月末应在稽核人员的监督下,总账会计与出纳核对现金日记账与总账的发生额,并相互取得对方签证以示对账;出纳核对现金日记账账面余额与现金结存表及库存现金的实存数量,并签字盖章以示核对。各个账簿记录人员核对现金日记账和有关明细账及总账,对发生的账务误差在报批准后予以处理。出纳对超出库存限额的现金及时送存银行。

c. 清点。出纳每日清点库存现金实有数,并与日记账相互核对,保证账款相符;发现现金短缺或溢余,应查明原因,报批准后进行处理。

⑤ 盘点。由主管人员、专业人员和有关职工等组成清查小组,定期或不定期地清查库存现金,核对现金日记账;根据现金清查结果编制现金盘点报告单,填制账存和实存相符的情况;如有误差报批准后处理。

23.3.3.2 银行存款控制

1. 审 核

银行业务主管会计应审核银行存款收付原始凭证和银行存款结算凭证的基本内容是否完整,处理手续是否完备,经济业务内容是否合规合法,并注意审核结算凭证所反映的经济业务内容与金额同原始凭证是否相一致,审核合格后签字盖章。

2. 结 算

出纳在办理结算前,应当复核原始凭证及有关合同,然后根据审签的原始凭证办理银行存款收付业务;结算后对结算凭证和原始凭证加盖"收讫"或"付讫"戳记,并签字盖章以示结算。

3. 复 核

稽核人员审核银行存款收付记账凭证是否附有原始凭证及结算凭证,结算金额是否一致,记账科目是否正确,有关人员是否签章等,审核无误后签字盖章。

4. 记 账

出纳根据银行存款收付记账凭证登记银行存款日记账;分管会计根据收付凭证登记相关明细账;总账会计登记总分类账;各记账人员应当在记账凭证上签字盖章以示登记。

5. 对 账

出纳与相关会计人员应该在稽核人员的监督下,认真核对银行存款日记账与银行存款总账的发生额与余额是否一致,并且相互签字盖章;认真核对银行存款日记账与银行对账单,编制银行存款余额调节表并调整未达账项,及时发现公司或银行记账差错。

23.3.3.3 票据和印章控制

1. 票据控制

(1)与货币资金相关的票据包括发票、收据、支票、银行汇票和商业汇票等。对票据的管理与控制就是要明确各种票据的购买、保管、领用、背书转让、注销等环节的职责权限和程序,并专设登记簿进行记录,防止空白票据的遗失和盗用。

(2)公司因填写、开具失误或者其他原因导致作废的法定票据,按规定予以保存,不得随意处置或销毁。对超过法定保管期限、可以销毁的票据,在履行审核批准手续后进行销毁,建立销毁清册并由授权人员监销。

(3)公司设立专门的账簿对票据的转交进行登记;对收取的重要票据,应留有复印件并妥善保管;不得跳号开具票据,不得随意开具印章齐全的空白支票。

2. 印章控制

(1)公司应当加强银行预留印鉴的管理。财务专用章由专人保管,个人名章应当由本人或其授权人员保管,不得由一个人保管支付款项所需的全部印章。

（2）按规定需要由有关负责人签字或盖章的经济业务与事项,必须严格履行签字或盖章手续,用章必须履行相关的审批手续并进行登记。

（3）印章保管职务应与支票保管职务相分离。各类印章必须分处存放、分人保管使用,不得擅自将自己保管的印章交由他人使用或保管,也不得私自接受他人保管使用的印章。有关人员因出差、短期出国,而需要由他人保管财物专用章或个人名章时,必须予以授权登记并进行记录,登记在案,以便查询。

（4）各类印章应严格按照公司规定的业务范围和批准程序使用,不得乱用、错用。

23.4　相 关 制 度

1.《签字规则》
2.《岗位说明书》
3.《企业财务通则》
4.《企业会计准则》

第 24 章

筹资内部控制制度

24.1 控 制 目 标

>>>>>>>>>>>>>>>>>>>>>>>>>>>>>>>

筹资的内部控制目标主要包括以下几个方面：
（1）保证筹资活动的合法性；
（2）控制筹资风险；
（3）维护投资者、债务人的合法权益；
（4）保证负债及所有者权益信息的准确可靠。

24.2 适 用 范 围

>>>>>>>>>>>>>>>>>>>>>>>>>>>>>>>

本章适用于公司的所有筹资业务活动。

24.3 控 制 活 动

>>>>>>>>>>>>>>>>>>>>>>>>>>>>>>>

24.3.1 流程图

筹资管理流程图如图 24-1 所示。

筹资管理流程

财务部	企业管理处	审批部门

提出负债筹资初步方案

总监审核

与金融机构等单位商洽筹资事宜

方案是否有变化

草拟筹资合同

筹资合同

总监审核

法律人员审核

签订筹资合同或授权他人签订

授权委托书

负责人审批

负责人审批

会计人员办理借款或融资租赁手续

监控贷款用途或管理融资租入资产

支付利息，租金，归还本金，进行相关会计处理

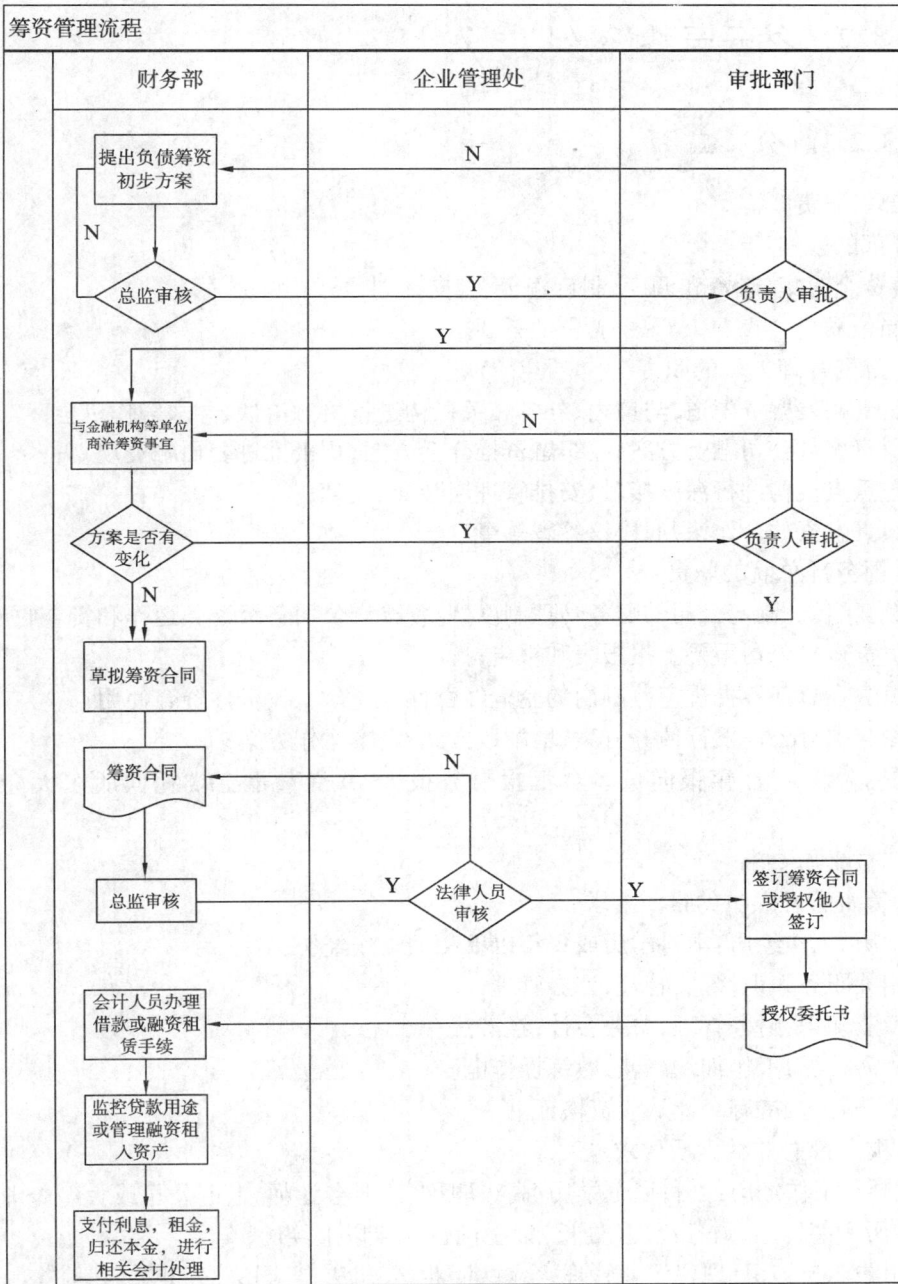

图 24-1　筹资管理流程

24.3.2 分工与授权

24.3.2.1 分 工

1. 部门职责

财务部的职责：

负责资金筹集、融资和调度,制订资金、收支计划预算。

2. 岗位职责

(1) 筹资管理人员的职责：

① 负责拓展融资渠道,与境内、外各相关机构进行接触洽谈,寻求合作机会;

② 负责修订公司融资方案,组织融资推介会方案,积极推进公司融资规划;

③ 与重点机构进行深度接触,安排管理层会面、决策;

④ 负责融资的合作谈判、协议签署等事宜。

(2) 财务部总监的职责：

① 负责组织、制定公司的财务管理制度,监督检查公司各级财务运作和资金收支情况;

② 负责审核公司重要上报报表和报告;

③ 负责在总裁签批规定范围内的企业经营性、融资性、投资性资金使用;

④ 参与拟订公司发行债务方案、增配股方案、资本运作方案;

⑤ 季度、半年报、年报向董事会汇报财务报告,并受董事会委托向股东大会作财务报告。

3. 岗位素质要求

(1) 筹资管理人员的素质要求：

① 学历/工作经历:本科学历或 3 年以上相关工作经历;

② 相关职务知识:筹资管理,证券管理;

③ 专业知识:财务管理,财务会计,经济法;

④ 所需技能:工作细致严谨,熟练操作电脑;

⑤ 特殊要求:持有会计从业资格证书。

(2) 财务部总监的素质要求：

① 学历/工作经历:本科以上学历/高级职称、注册会计师,上市公司或大型企业公司财务管理经历 8 年以上,财务经理(处长)以上岗位 5 年以上经历;

② 相关职务知识:现代企业管理,金融、证券、公司法、合同法、公共关系学;

③ 专业知识:企业会计、成本管理、财务管理、内部控制制度、预算管理、会计法、税法、

票据法、企业会计准则；

④ 所需技能：需具备高级财务管理理论与实践经验；

⑤ 特殊要求：具备组织协调能力、分析判断能力、参与决策的能力、沟通与交流的能力、使用和培养人才的能力。

4. 不相容职务分离

（1）筹资方案的拟订与决策职务分离；

（2）筹资合同或协议的订立与审核职务分离；

（3）与筹资有关的各种款项偿付的审批与执行职务分离；

（4）筹资业务的执行与相关会计记录职务分离。

24.3.2.2 授　权

公司应当严格按照《公司章程》以及公司《签字规则》所规定的与筹资业务有关的授权批准制度严格执行，不得超越审批权限。未经授权的机构或人员不得办理筹资业务。公司的筹资活动必须经过不同层次水平的审批，包括股东大会的审批、董事会的审批，相关管理部门的审批等。

（1）债权融资，银行贷款500万以下，应由财务部副总监提出申请，财务副总批准；银行贷款500万以上，应由财务副总监提出申请，财务副总审核，总经理批准。发行债券融资应由股东大会审议批准。

（2）股权融资，应由股东大会审议批准。

24.3.3 关键控制点控制

1. 筹资决策控制

（1）公司应当建立筹资业务决策环节的控制制度，对筹资方案的拟订设计、筹资决策程序等作出明确规定，确保筹资方式符合成本效益原则，筹资决策科学、合理。

（2）公司拟订的筹资方案应当符合国家有关法律法规、政策和公司筹资预算要求，明确筹资规模、筹资用途、筹资结构、筹资方式和筹资对象，并对筹资时机选择、预计筹资成本、潜在筹资风险和具体应对措施以及偿债计划等作出安排和说明。拟订筹资方案时，应当考虑公司经营范围、投资项目的未来效益、目标债务结构、可接受的资金成本水平和偿付能力。在境外筹集资金的，还应当考虑筹资所在地的政治、法律、汇率、利率、环保、信息安全等风险以及财务风险等因素。

（3）公司对重大筹资方案应当进行风险评估，形成评估报告，报股东大会审批。评估报告应当全面反映评估人员的意见，并由所有评估人员签章。未经风险评估的方案不能进行筹资。公司应当拟订多于一个的筹资方案,综合考虑筹资成本和风险评估等因素,对方案进行比较分析后,履行相应的审批程序后,确定最终的筹资方案。

(4)公司对于重大筹资方案,应当实行集体决策审批或者联签制度。决策过程应有完整的书面记录。若筹资方案需经国家有关管理部门或上级主管单位批准的,应及时报请批准。

(5)公司应当建立筹资决策责任追究制度,明确相关部门及人员的责任,定期或不定期地进行检查。

2. 筹资执行控制

(1)公司应当建立筹资决策执行环节的控制制度,对筹资合同协议的订立与审核、资产的收取等作出明确规定。

(2)公司应当根据经批准的筹资方案,按照规定程序与筹资对象,与中介机构订立筹资合同或协议。公司财务部和企业管理处应当对筹资合同或协议的合法性、合理性、完整性进行审核,审核情况和意见应有完整的书面记录。筹资合同或协议的订立应当符合《中华人民共和国合同法》及其他相关法律法规的规定,并经财务副总或总经理批准。重大筹资合同或协议的订立,应当征询法律顾问或专家的意见。

(3)公司筹资通过证券经营机构承销或包销企业债券或股票的,应当选择具备规定资质和资信良好的证券经营机构,并与该机构签订正式的承销或包销合同或协议。

(4)公司变更筹资合同或协议,应当按照原审批程序进行。

(5)公司应当按照筹资合同或协议的约定及时足额取得相关资产。取得货币性资产,应当按实有数额及时入账;取得非货币性资产,应当根据合理确定的价值及时进行会计记录,并办理有关财产转移手续。对需要进行评估的资产,应当聘请有资质的中介机构及时进行评估。

(6)公司应当加强对筹资费用的计算、核对工作,确保筹资费用符合筹资合同或协议的规定。公司应当结合偿债能力、资金结构等,保持合理的现金流量,确保及时、足额偿还到期本金、利息或已宣告发放的现金股利等。

(7)公司应当按照筹资方案所规定的用途使用对外筹集的资金。由于市场环境变化等特殊情况导致确需改变资金用途的,应当履行审批手续,并对审批过程进行完整的书面记录。严禁擅自改变资金用途。

(8)公司应建立持续符合筹资合同协议条款的控制制度,其中应包括预算不符合条款要求的预警和调整制度。国家法律、行政法规或者监管协议规定应当披露的筹资业务,公司应及时予以公告和披露。

3. 筹资偿付控制

(1)公司应当建立筹资业务偿付环节的控制制度,对支付偿还本金、利息、租金、股利等步骤、偿付形式等作出计划和预算安排,并正确计算、核对,确保各项款项偿付符合筹资合同或协议的规定。

(2) 公司财务部应当严格按照筹资合同或协议规定的本金、利率、期限及币种计算利息和租金,经财务部总监审核确认后,与债权人进行核对。本金与应付利息必须和债权人定期对账。如有不符,应查明原因,按规定及时处理。

(3) 公司支付筹资利息、股息、租金等,应当履行审批手续,经授权人员批准后方可支付。通过向银行等金融机构举借债务筹资,其利息的支付方式也可按照双方在合同协议、协议中约定的方式办理。

(4) 公司委托代理机构对外支付债券利息,应清点、核对代理机构的利息支付清单,并及时取得有关凭据。

(5) 公司应当按照股利分配方案发放股利,股利分配方案应当按照《公司章程》,按权限审批。若委托代理机构支付股利,应清点、核对代理机构的股利支付清单,并及时取得有关凭据。

(6) 公司以非货币资产偿付本金、利息、租金或支付股利时,应当由财务部人员合理确定其价值,并报财务部总监批准,必要时可委托具有相应资质的中介机构进行评估。

(7) 公司财务部在办理筹资业务款项偿付过程中,发现已审批拟偿付的各种款项的支付方式、金额或币种等与有关合同或协议不符的,应当拒绝支付并及时向财务副总报告,并应当及时查明原因,作出处理。

(8) 公司以抵押、质押方式筹资,应当对抵押物资进行登记。业务终结后,应当对抵押或质押资产进行清理、结算、收缴,及时注销有关担保内容。

(9) 公司筹资业务的会计处理,应当符合国家统一的会计准则制度的规定。

24.4　相关制度

1.《筹资管理制度》
2.《筹资决策责任追究制度》

第 25 章

对外投资内部控制制度

25.1 控 制 目 标

对外投资的内部控制目标主要包括以下几个方面：

（1）保证对外投资的合法性。公司通过建立健全对外投资内部控制制度，防范对外投资过程中的差错和舞弊，保证各项投资活动在符合各种法律法规的前提下正常进行，以维护公司的合法权益。

（2）保证对外投资的安全性。公司对外投资的资本保全，即投资安全，是获取投资利润的前提。

（3）保证对外投资的效益性。公司通过建立和实施对外投资内部控制，规范对外投资的可行性研究、决策、执行、日常管理和处置行为，使公司的对外投资既能满足公司的经济利益的需要，又符合国家产业政策调整和社会发展需求，有利于社会经济的可持续发展，提高对外投资的经济效益和社会效益。

（4）保证对外投资信息的准确可靠。对外投资信息是公司重要的财务指标，公司应当保证对外投资信息的真实性、完整性以及在会计报表上的正确披露。

25.2 适 用 范 围

本章适用于公司的对外投资业务活动。

25.3　控　制　活　动

25.3.1　流程图

1. 股权投资管理流程图

股权投资管理流程图如图 25-1 所示。

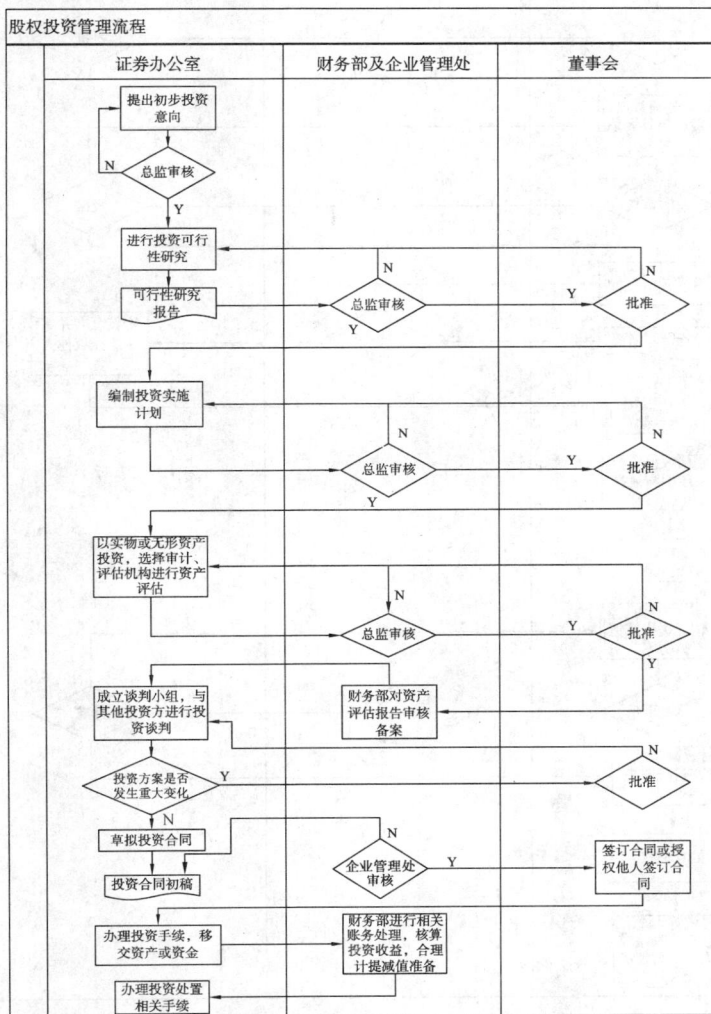

图 25-1　股权投资管理流程

2. 债权投资管理流程图

债权投资管理流程图如图 25-2 所示。

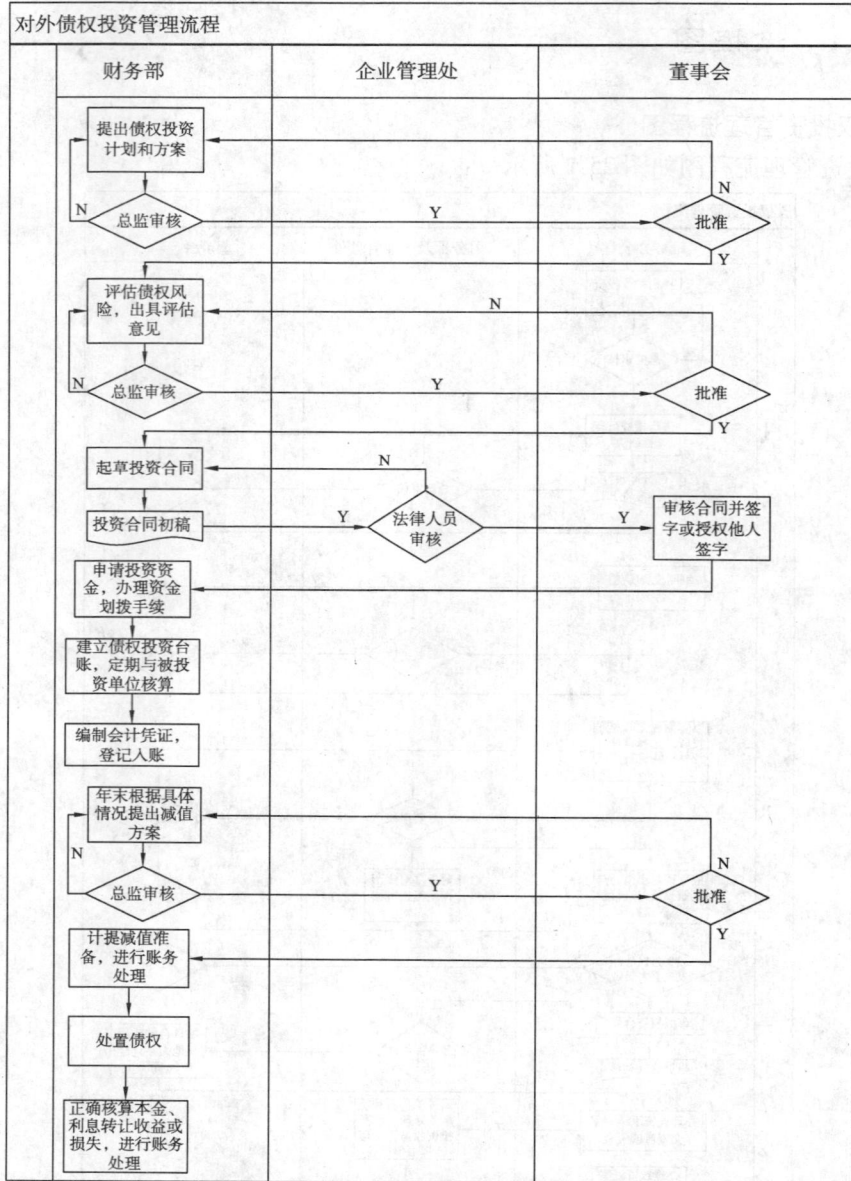

图 25-2 债权投资管理流程

25.3.2　分工与授权

25.3.2.1　分　工

1. 部门职责

（1）证券办公室的职责：

① 负责处理公司与监管部门、交易所及其他证券监管机构相关的有关事宜；

② 负责处理公司信息披露事务；负责协调公司与投资者关系，接待投资者来访，回答投资者咨询；

③ 负责组织召开董事会、股东大会等事项；

④ 负责组织实施资本运作和投资管理；

⑤ 负责归集、整理上市公司的相关文件、决定、会议记录等资料。

（2）财务部的职责：

① 负责项目经济合同执行情况的审查；

② 负责资金筹集、融资和调度，制订资金、收支计划预算；

③ 负责资金的对外投资项目的可行性研究，投资性资金的使用安排以及对外投资账务的登记。

2. 岗位职责

（1）投资管理人员的职责：

① 负责分析经济形势，对公司的投资项目进行市场调研、数据收集和可行性分析；

② 负责设计投资项目，并对其进行财务预测、风险分析；

③ 为投资项目准备推介性文件，编制投资调研报告、报告及框架协议相关内容，并拟订项目实施计划和行动方案，供公司领导和潜在客户参考；

④ 负责参与投资项目谈判，建立并保持与合作伙伴、主管部门和潜在客户的良好的业务关系；

⑤ 负责参与投资项目的直接或间接管理，监控和分析投资项目的经营管理，并及时提出业务拓展和管理改进的建议；

⑥ 负责完成上级安排的其他工作。

（2）财务部总监的职责：

① 负责组织、制定公司的财务管理制度，监督检查公司各级财务运作和资金收支情况；

② 负责审核公司重要上报报表和报告；

③ 负责拟订公司利润分配方案或亏损弥补方案；

④ 负责在总裁签批规定范围内的企业经营性、融资性、投资性资金使用;

⑤ 参与审核公司新项目投资的可行性方案;

⑥ 参与拟订公司所属部门或二级公司的承包方案;

⑦ 向公司总裁汇报本公司资产和经济效益变化情况,对公司存在经营的重大问题及时报告,对资产的损失承担相应的责任,对参与投资决策等项目失误承担相应责任,对财务报表和报告的真实性承担相应责任、对公司严重违反财经纪律、违反税法行为承担相应责任。

3. 岗位素质要求

(1) 投资管理人员的素质要求:

① 学历/工作经历:本科学历或 3 年以上相关工作经历;

② 相关职务知识:投资管理、证券管理;

③ 专业知识:财务管理、财务会计、经济法;

④ 所需技能:工作细致严谨,熟练操作电脑;

⑤ 特殊要求:持有会计从业资格证书。

(2) 财务部总监的素质要求:

① 学历/工作经历:本科以上学历/高级职称、注册会计师,上市公司或大型企业公司财务管理经历 8 年以上,财务经理(处长)以上岗位 5 年以上经历;

② 相关职务知识:现代企业管理,金融、证券、公司法、合同法、公共关系学;

③ 专业知识:企业会计、成本管理、财务管理、内部控制制度、预算管理、会计法、税法、票据法、企业会计准则;

④ 所需技能:需具备高级财务管理理论与实践经验;

⑤ 特殊要求:具备组织协调能力、分析判断能力、参与决策的能力、沟通与交流的能力、使用和培养人才的能力。

4. 不相容职务分离

(1) 投资计划的编制人员应当与投资计划的审批人员职务分离;

(2) 负责办理债券和股票购入及转让的人员与债券和股票的保管人员职务分离;债务和股票的保管人与债券和股票的记录人员职务分离;负责办理债券和股票购入及转让的人员与债券和股票的记录人员职务分离;

(3) 办理投资支出的人员与记录投资的人员职务分离;

(4) 负责收取利息、股利及投资转让收入的人员与记录有关账簿的人员职务分离;

(5) 公司应当根据具体情况定期进行岗位轮换,特别是对派驻被投资单位的有关人员要定期进行轮岗,以免员工在同一岗位上时间过长,产生舞弊与差错行为。

25.3.2.2　授　权

公司应当按照《公司章程》和《签字规则》规定执行,严格执行对外投资控制的授权批准制度。在投资前,应当提交投资意向,经过证券办公室总监审核,财务部总监审核以及董事会审批后,应当编制详细的可行性分析报告,并做出详细的投资计划,并报证券办公室总监审核,财务部总监和企业管理处法律事务人员审核,董事会批准。重大投资项目应组织有关专家、专业人员进行评审,并提交股东大会批准。根据《公司章程》的规定和投资活动的重要性程度,公司投资活动必须经过不同层次水平的审批,包括股东大会的审批,董事会的审批,相关管理部门的审批。具体来说,投资金额在 5 000 元以下的,应由部门经理提出申请,部门总监审核,财务部副总监批准;投资金额在 5 000 元以上 50 000 元以下的,应部门经理提出申请,由部门总监和财务部副总监审核,财务副总批准;50 000 元以上的,应由部门总监提出申请,财务副总审核,总经理批准。

25.3.3　关键控制点控制

1. 投资可行性研究、评估和决策控制

(1)公司应当加强股权投资可行性研究、债权投资评估与决策环节的控制,对投资项目建议书的提出、可行性研究、评估、决策等作出明确规定,确保投资决策合法、科学、合理。因发展战略需要,在原投资基础上追加投资的,仍应严格履行控制程序。

(2)公司应当编制投资项目建议书,由证券办公室或财务部对投资项目进行分析与论证,对被投资企业资信情况进行尽职调查或实地考察,并关注被投资企业管理层或实际控制人的能力、资信等情况。投资项目如有其他投资者,应当根据情况对其他投资者的资信情况进行了解或调查。

(3)公司应当由证券办公室或财务部或委托具有相应资质的专业机构对投资项目进行可行性研究,编制可行性研究报告,重点对投资项目的目标、规模、投资方式、投资的风险与收益等作出评价。

(4)企业应当由证券办公室或财务部或委托具有相应资质的专业机构对可行性研究报告进行独立评估,形成评估报告。对重大投资项目,必须委托具有相应资质的专业机构对可行性研究报告进行独立评估。

(5)公司应当根据经董事会批准的年度投资方案,按照职责分工和审批权限,对投资项目进行决策审批。重大的投资项目,应当根据《公司章程》报经股东大会批准。

(6)公司应当对达到一定标准的投资项目进行初审。在初审过程中,应当审查下列内容:

① 拟投资项目是否符合国家有关法律法规和相关调控政策,是否符合公司主业发展方向和投资的总体要求,是否有利于公司的长远发展。

② 拟订的投资方案是否可行,主要的风险是否可控,是否采取了相应的防范措施。

③ 公司是否具有相应的资金能力和项目监管能力。

④ 拟投资项目的预计经营目标、收益目标等是否能够实现,公司的投资利益能否确保,所投入的资金能否按时收回。

只有初审通过的投资项目,才能提交上一级管理机构和人员进行审批。

2. 投资执行控制

(1) 公司应当制订投资实施方案,明确出资时间、金额、出资方式及责任人员等内容。投资实施方案及方案的变更,应当重新履行审批程序。投资业务需要签订合同协议的,应当遵循本手册中《合同内部控制制度》的相关规定。

(2) 公司证券办公室或财务部应当对投资项目进行跟踪管理,掌握被投资企业的财务状况、经营情况和现金流量,定期组织投资质量分析,发现异常情况,应当及时向有关部门和人员报告,并采取相应措施。公司可以根据管理需要和有关规定向被投资企业派出董事、监事、财务负责人或其他管理人员。

(3) 公司应当对派驻被投资企业的有关人员建立适时报告、业绩考评与轮岗制度。

(4) 公司应当加强对投资收益的控制,按照国家统一的会计准则制度对投资收益进行核算。对于被投资单位以股票形式发放的股利,应及时更新账面股份数量。

(5) 公司应当加强与投资有关的权益证书的管理,指定证券办公室或财务部专门人员保管权益证书,建立详细的记录。未经授权人员不得接触权益证书。财务部门应当定期和不定期地与投资管理部门和人员清点核对有关权益证书。被投资企业股权结构等发生变化的,公司应当取得被投资企业的相关文件,及时办理相关产权变更手续,反映股权变更对公司的影响。

(6) 公司应设置投资备查登记簿,记载被投资企业基本情况、动态信息、取得投资时被投资单位各项资产、负债的公允价值信息、历年与被投资单位发生的关联交易情况、发放股票股利情况等。

(7) 公司应当定期和不定期地与被投资企业核对有关投资账目,保证投资的安全、完整。

(8) 公司应当加强对投资项目减值情况的定期检查和归口管理,规定减值准备的计提标准和审批程序。

3. 投资处置控制

(1) 公司应当加强投资处置环节的控制,对投资收回、转让、核销等决策和授权批准程序作出明确规定。

（2）投资的收回、转让与核销,应当按规定权限和程序进行审批,并履行相关审批手续。对应收回的投资资产,要及时足额收取。转让投资,应当由证券办公室或财务部合理确定转让价格,并报董事会批准;必要时,可委托具有相应资质的专门机构进行评估。核销投资,应当取得因被投资企业破产等原因不能收回投资的法律文书和证明文件。

（3）公司应当认真审核与投资处置有关的审批文件、会议记录、资产回收清单等相关资料,确保资产处置真实、合法。

（4）公司应当建立投资项目后续跟踪评价管理制度,对重要投资项目和所属企业超过一定标准的投资项目,有重点地开展后续跟踪评价工作,并作为进行投资奖励和责任追究的基本依据。

25.4　相关制度

1.《对外投资管理制度》

2.《公司章程》

3.《签字规则》

第 26 章

合同内部控制制度

26.1 控 制 目 标

合同的内部控制目标包括合同管理流程的有效性、合同签订的合理性、合法性等,具体包括:
（1）明确公司采购合同、销售合同的管理流程;
（2）保证合同的有效性、合法性,合同项目的可行性;
（3）规范合同签订、审核和执行;
（4）保证采购的合理、必需;
（5）保证销售价格在规定范围内;
（6）维护公司的合法权益。

26.2 适 用 范 围

本章适用于公司的合同业务活动。

26.3 控 制 活 动

26.3.1 流程图

1. 合同/协议管理流程图
合同/协议管理流程图如图 26-1 所示。

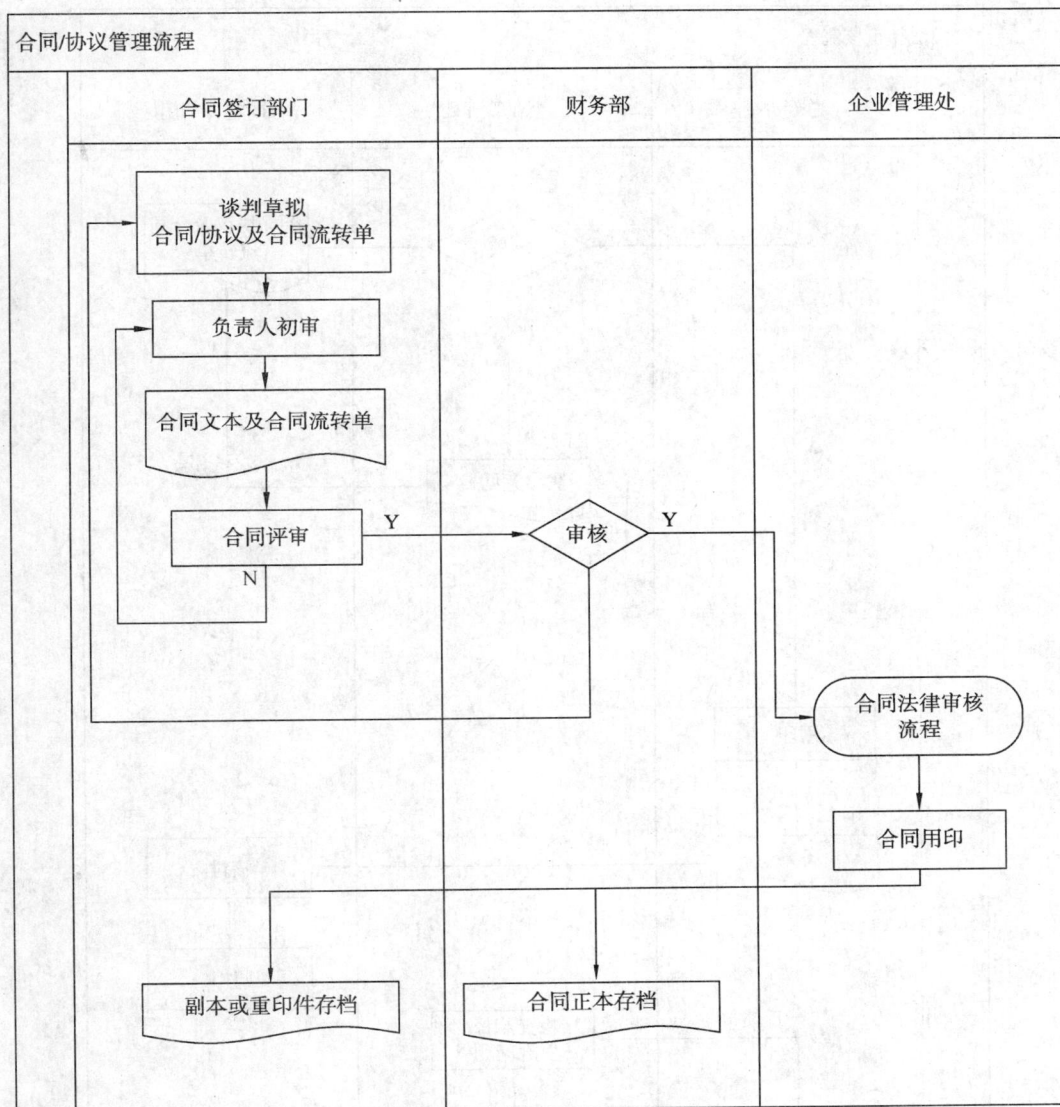

图 26-1　合同/协议管理流程

2. 合同法律审核流程图

合同法律审核流程图如图 26-2 所示。

合同法律审核流程

总经办	企业管理处	合同签订部门

合同/协议及合同流转单

审核 Y

法律意见书

用印

备案

核对

归档

反馈

检查监督发现问题

纠正措施

法律意见书

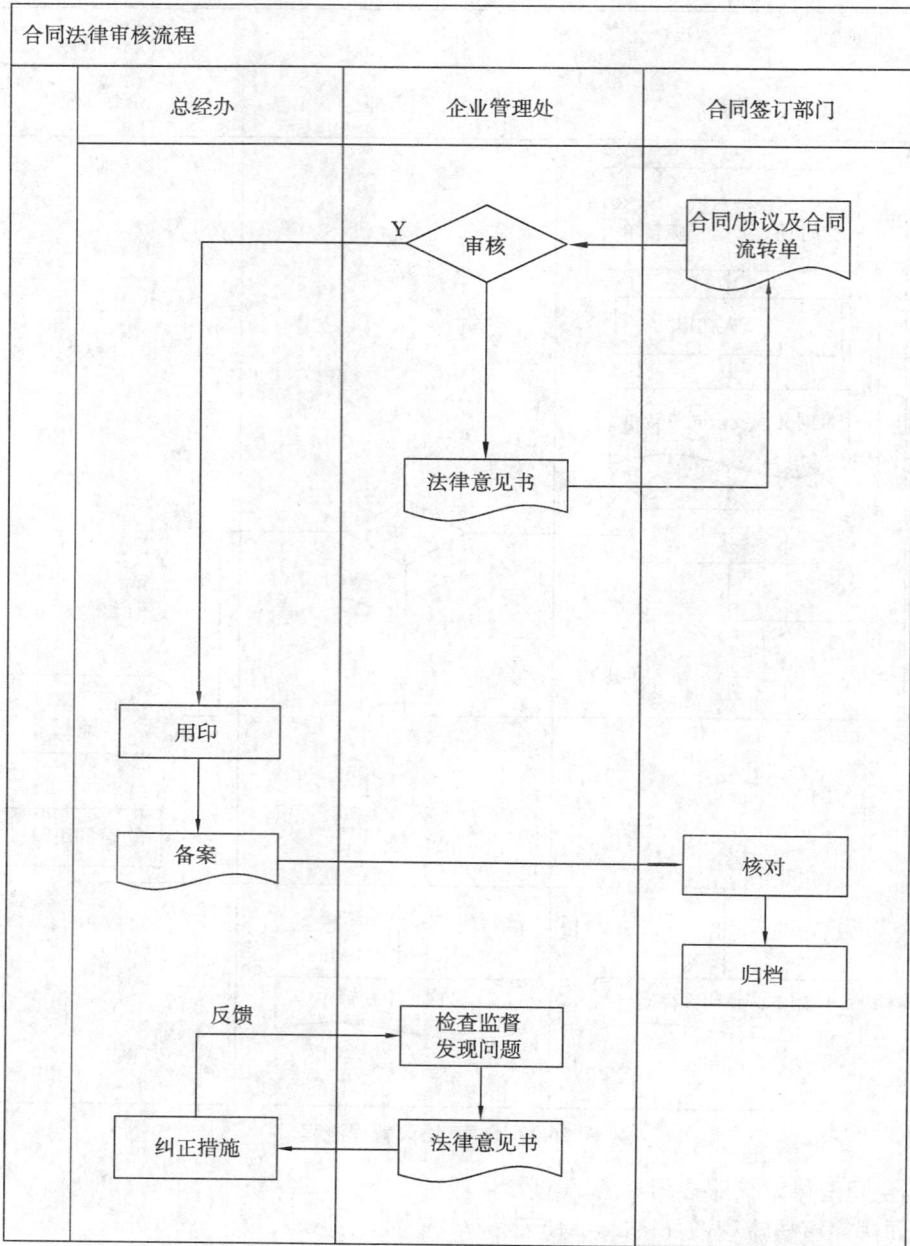

图 26-2　合同法律审核流程

3. 起诉流程图

起诉流程图如图 26-3 所示。

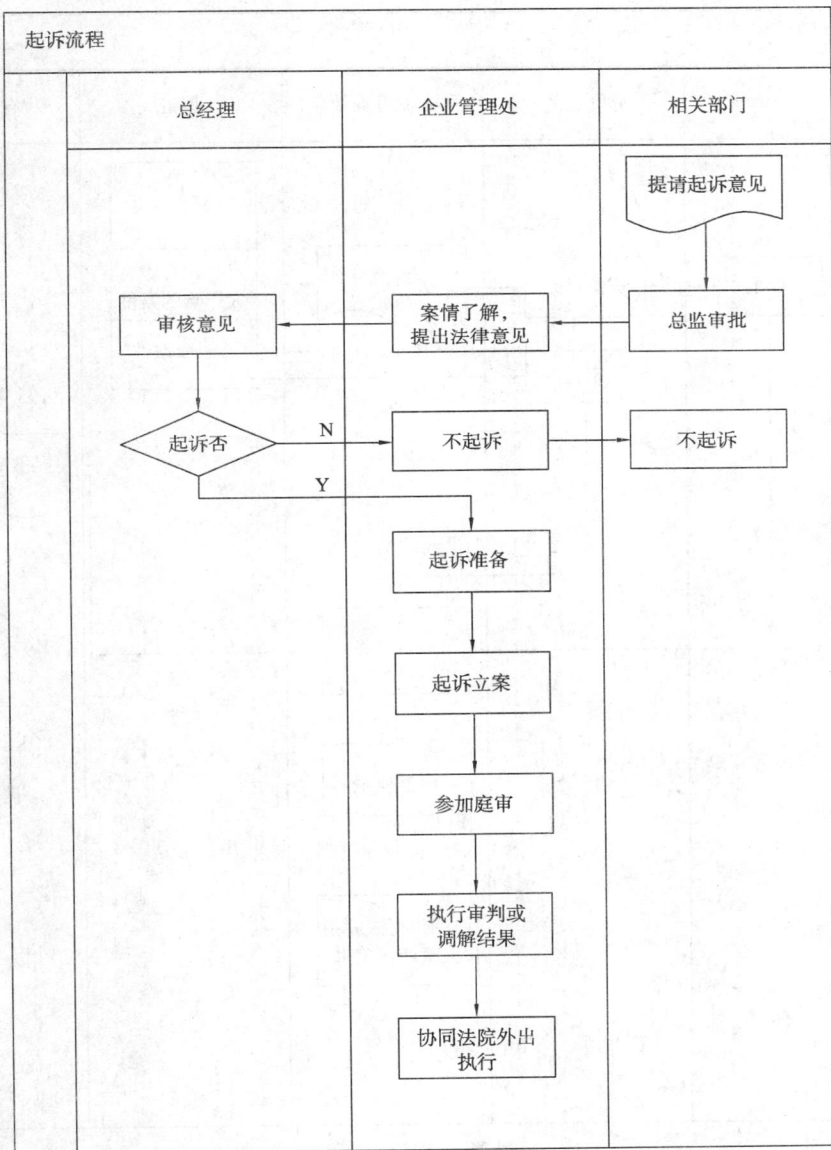

图 26-3　起诉流程

4. 应诉流程图

应诉流程图如图 26-4 所示。

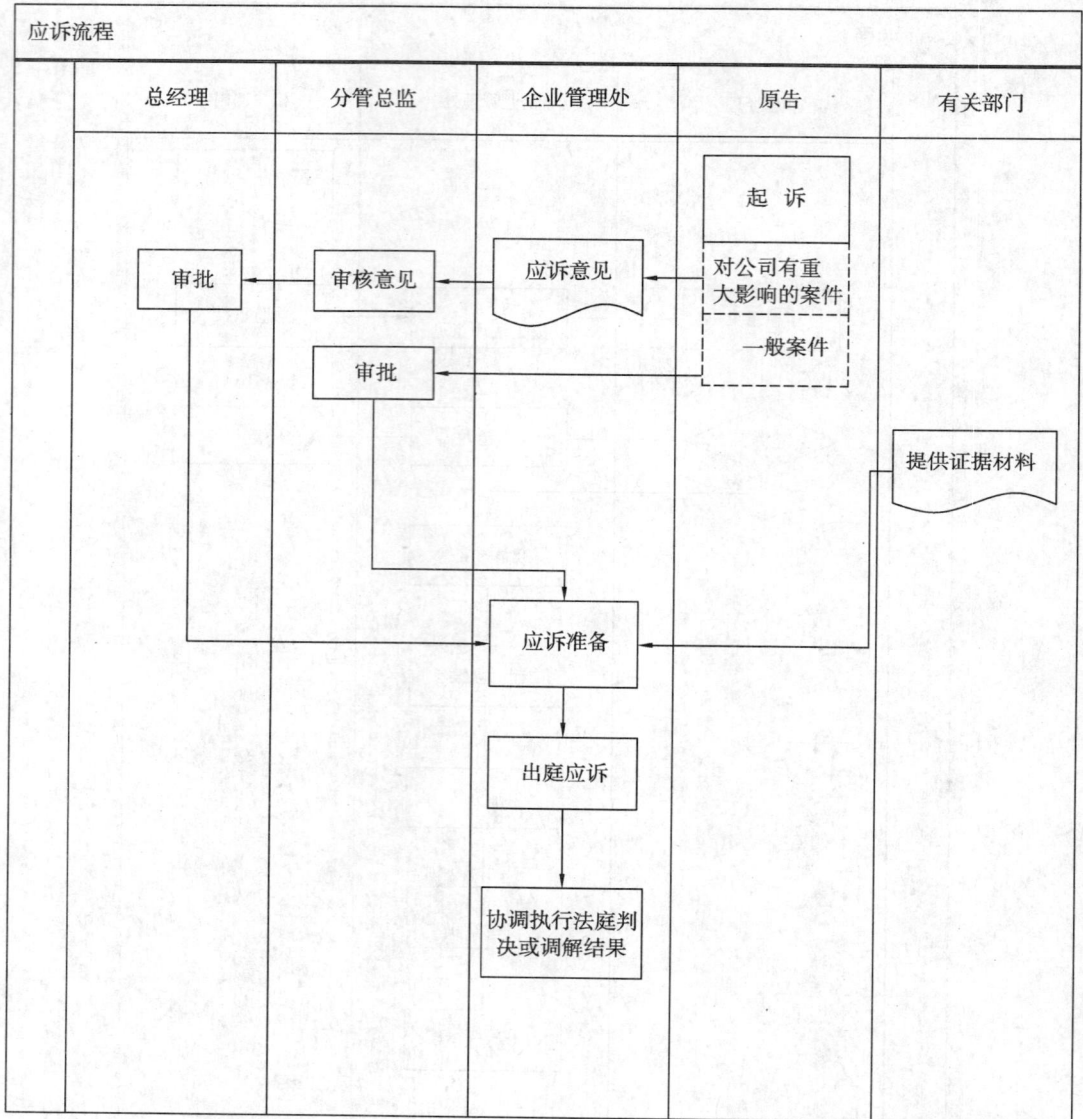

应诉流程				
总经理	分管总监	企业管理处	原告	有关部门

```
                                                          ┌──────────┐
                                                          │  起  诉  │
                                                          └──────────┘
┌──────┐      ┌──────────┐      ┌──────────┐      ┌──────────┐
│ 审批 │◄─────│ 审核意见 │◄─────│ 应诉意见 │      │对公司有重│
└──────┘      └──────────┘      └──────────┘      │大影响的案件│
                                                   ├ ─ ─ ─ ─ ┤
              ┌──────────┐                         │ 一般案件 │
              │   审批   │                         └──────────┘
              └──────────┘
                                                                    ┌──────────────┐
                                                                    │ 提供证据材料 │
                                                                    └──────────────┘

                              ┌──────────┐
                              │ 应诉准备 │◄────────────────────────────
                              └──────────┘
                                   │
                              ┌──────────┐
                              │ 出庭应诉 │
                              └──────────┘
                                   │
                              ┌────────────┐
                              │协调执行法庭判│
                              │决或调解结果 │
                              └────────────┘
```

图 26-4 应诉流程

5. 销售合同流程图

销售合同流程图如图 26-5 所示。

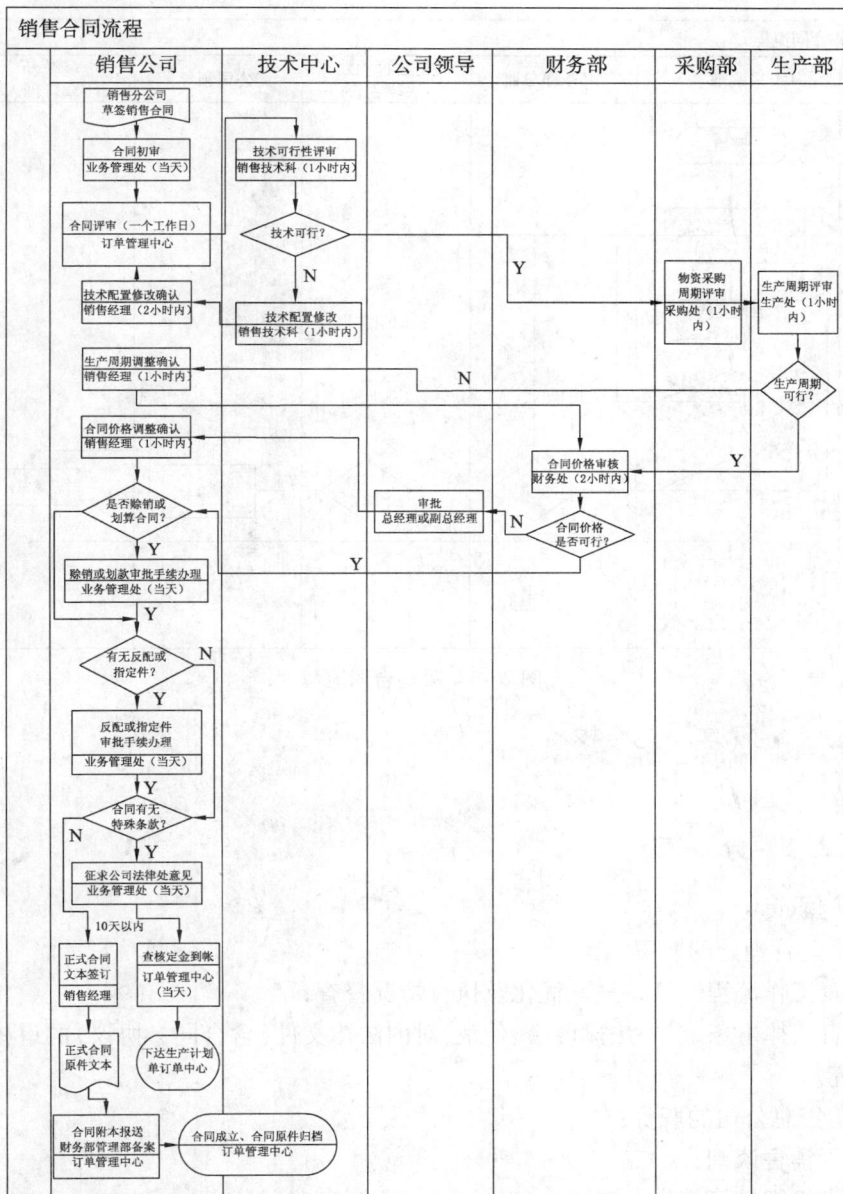

图 26-5　销售合同流程

6. 采购合同流程图

采购合同流程图如图 26-6 所示。

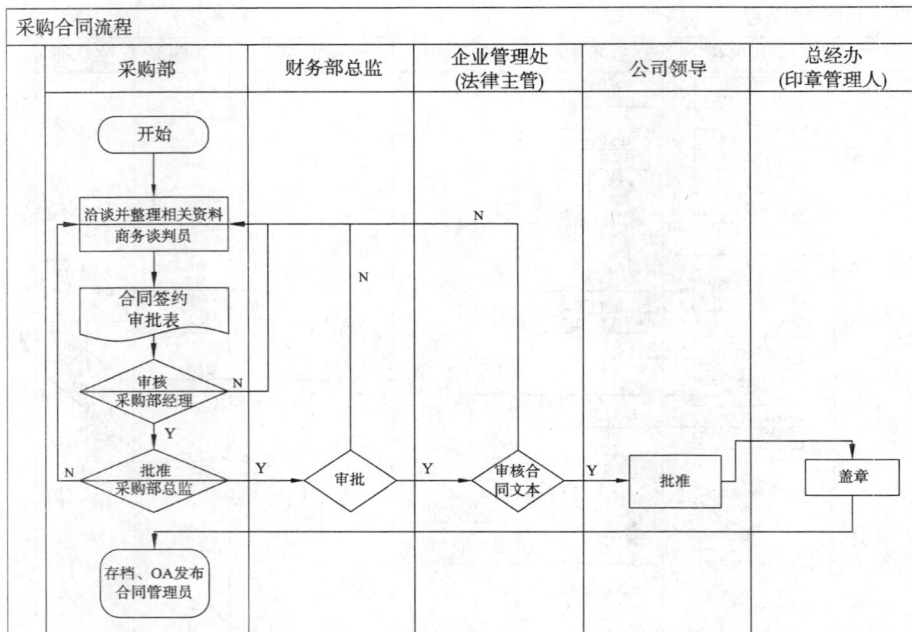

图 26-6　采购合同流程

26.3.2　分工与授权

26.3.2.1　分　工

1. 部门职责

（1）企业管理处的职责：

① 负责工作流程制订、完善、优化及执行情况督查；

② 负责法律事务，对外法律诉讼、仲裁，对内法律文件（含合同／协议）的审核、咨询,政策法规研究。

（2）销售总公司的职责：

① 负责销售谈判；

② 负责组织签订销售合同；

③ 负责销售合同的管理。

（3）采购部的职责：

① 负责商务谈判；

② 负责组织签订采购合同；

③ 负责采购合同管理。

2．岗位职责

（1）法律事务主管的职责：

① 负责法律法规收集、咨询、法律宣传和培训；

② 负责合同谈判、起草、审查，管理制度法律审查；

③ 负责处理产品质量纠纷、货款纠纷、劳动纠纷；

④ 负责应收账款非诉讼处理与诉讼处理；

⑤ 负责各类诉讼和仲裁案件的调查取证；

⑥ 负责公司专利、商标、著作权等知识产权事务的处理；

⑦ 负责招投标、公证、担保法务的处理，证券法务的处理；

⑧ 负责授权委托书管理，与律师事务所联系；

⑨ 负责为公司日常经营活动，担供法律可行性建议和法律咨询。

（2）法律事务专员的职责：

① 负责协助处理各类诉讼与仲裁案件；

② 负责起草法律文书，参与非诉讼事务的处理；

③ 负责协助法律宣传与培训；

④ 负责协助法律事务主管处理其他事务。

（3）企业管理专员的职责：

① 负责公司各部门考核指标的推行，严格执行部门考核规定，按时提交部门考核引用结果；

② 负责协助部门领导对公司的制度进行制订、修订和管理；

③ 负责协助部门领导对公司流程的优化诊断、分析和再造。

3．岗位素质要求

（1）法律事务主管的素质要求：

① 学历/工作经历：本科学历且 5 年以上法律工作经验；

② 专业知识：经济法、民法、刑法、劳动法、诉讼法；

③ 所需技能：有较强的协调、沟通和文字组织能力，能熟练运用电脑；

④ 特殊要求：律师资格证书，工作细致严谨。

（2）法律事务专员的素质要求：

① 学历/工作经历：本科学历且 2 年以上法律工作经验；

② 专业知识:经济法、民法、刑法、劳动法、诉讼法;

③ 所需技能:有较强的协调、沟通和文字组织能力,能熟练运用电脑;

④ 特殊要求:律师资格证书,工作细致严谨。

(3) 企业管理专员的素质要求:

① 学历/工作经历:大专学历且5年以上企业管理工作经验;

② 专业知识:企业管理、经济管理知识;

③ 所需技能:有较强的组织、协调、沟通和文字组织能力,能熟练运用电脑。

4. 不相容职务分离

(1) 合同谈判人与合同审批人职务分离;

(2) 合同审批人与印章保管人职务分离;

(3) 合同审批人与合同复核人职务分离;

(4) 合同复核人与合同保管人职务分离。

26.3.2.2 授 权

(1) 谈判结果要经部门经理或部门总监或公司总经理的批准。

(2) 谈判通过后,合同文本经授权的人拟订,拟订的文本经部门经理或部门总监初审后,经财务部审核同意,经企业管理处法律主管审核。

(3) 经法定代表人授权的代表才有权利签署合同。

(4) 应诉时,经过法律办提出应诉意见后,交与公司总经理批准。

(5) 起诉时,相关部门提请起诉,经部门总监审核后,法律处了解案情并提出法律意见,交给总经理批准。

26.3.3 关键控制点控制

1. 合同的签署控制

(1) 客户资信状况评估。

签订合同前,财务部应当对客户的主体资格、信用状况等有关情况进行调查,确保客户具备履约能力。

(2) 重大事项的特殊处理。

合同标的物涉及重大事项的,应充分协商,坚持自愿、平等、互利原则,明确双方的权利义务和违约责任。技术含量较高或法律关系复杂的合同,应组织专业人员参与谈判。

(3) 合同文本的拟订及审核。

各部门谈判成功后,按照国家有关法律法规的规定草拟合同,经合同拟订部门的负责人审核后,各相关部门进行合同评审,通过后由财务部审核同意,交企业管理处进行合同法律审核,最后经印章管理人用印。

（4）合同法律审核。

各部门草拟的合同文本应交企业管理处审核,符合法律法规的,交法律主管审核通过后,由总经办印章保管人用印备案,并交拟订合同的部门核对后归档;不符合条件的,将法律意见书反馈给相关部门,各部门根据法律意见书重新拟订合同文本。

（5）合同签署。

公司法定代表人应授权代表与对方当事人签署合同,代表人按照规定的权限和程序与对方当事人签署合同,正式对外签订的合同,应当由公司法定代表人或授权人签名并加盖有关印章。

（6）采购合同中供应商的选择。

签订采购合同前,应当判定供应商是否属于公司规定的合格供应商,如果不合格不能选择。

（7）销售合同的谈判。

销售谈判:商务谈判员就销售单价、数量、产品型号、付款方式、交货期等与客户进行谈判,谈判的全过程有完整的书面记录。

采购谈判:商务谈判员就单价、数量、型号、付款方式、交货期等与客户进行谈判,谈判的全过程有完整的书面记录。

（8）销售合同的管理。

销售合同应由销售总公司草签,经技术中心对技术配置进行评审、采购部对物资及采购周期进行评审、生产部对生产可行性和生产周期进行评审、财务部对价格进行评审后,报销售总公司领导、财务部总监、企业管理处法律主管层层审批,最后由印章保管人签名盖章。

（9）采购合同的管理。

采购合同由采购部门草签,经采购部经理、财务部总监、企管处法律主管审核后,报公司总经理批准,再由总经办印章管理人盖章。

（10）销售合同的价格控制。

销售总公司制定统一的销售价格目录,将价格分为红线价、经销价、限高价三等,售价在不同的区域内,由相应的领导审批,严格按照《签字规则》的规定执行。对于单价,售价低于红线价的,由销售总公司总经理提出申请,销售副总、财务副总审核,公司总经理批准;售价高于红线价低于经销价的,由销售员提出申请,销售分公司总经理审核,最后经销售总公司总经理批准;售价高于经销价低于限高价的,由销售员提出申请,销售分公司总经理审批。对于金额,300 万元以下的由销售员或销售分公司经理提出申请,业务管理处经理审核,销售总公司总经理批准;300 万元以上 1 000 万元以下的,由分公司经理提出申请,业务管理处经理与财务部副总监审核,销售副总批准;1 000 万元以上的由业务管理处经理提出申请,销售副总与财务副总审核,公司总经理批准。

（11）采购合同的价格控制。

采购合同签订前,应当采取电话、网络等方式询价、比价,合理选择供应商。对于生产性材料,200 万元以下的由采购处经理提出申请,采购部总监审核,财务副总审批;200 万元以上的由采购总监提出申请,财务副总审核,公司总经理批准。对于非生产性资料,2 000 元以下的由部门经理提出申请,部门总监批准;2 000 元以上 20 000 元以下的由部门经理提出申请,部门总监审核,财务副总批准;20 000 元以上的由部门总监提出申请,财务副总审核,公司总经理批准。对于配件采购,20 万元以下的由部门经理提出申请,客服部经理审核,销售总公司副总经理(客服部)批准;20 万元以上的由客服部经理提出申请,销售总公司副总经理(客服部)和财务部副总监审核,财务副总批准。

2. 合同的履行控制

（1）违约责任追究。

公司应严格履行合同,同时监控对方当事人的履约情况。合同履行过程中出现违约情形的,应严格按照违约条款承担或追究责任。

（2）合同变更。

合同一经签署,不得随意变更。因政策调整、市场变化等客观因素确需变更的,应由双方协商一致,按照规定的权限和程序办理变更或终止手续。

（3）应诉控制。

原告起诉公司,若是一般案件直接交与公司总经理审批,若是对公司有重大影响的案件,先经过法律办提出应诉意见,再交与公司总经理批准,批准后,法律处做应诉准备,派法律人员出庭应诉,协调执行法庭判决。

（4）起诉控制。

相关部门提请起诉,经部门总监审核后,法律处了解案情并提出法律意见,交给公司总经理批准,决定起诉的,法律处准备起诉,起诉立案、参加庭审、执行审判并协同法院外出执行。

（5）采购合同的验收控制。

供应商前来交货时,质量部应当严把质量关,根据产品的数量、价格,采取抽样或全部检查,保证产品与合同签署要求的一致。

（6）销售合同的应收账款控制。

应当定期编制"应收账款对账单",销售人员与客户对账;定期编制"应收账款账龄分析表",对逾期的应收账款,经办销售员进行第一次催收,一个月内将情况书面反馈给财务部,财务部记录在案;经第一次催收后,财务部应将赖账不还的逾期款项报公司清欠办,由清欠办进行第二次催收,一个月内将情况书面反馈给财务部,财务部记录在案;经过两次催收后,仍赖账不还的客户,将在诉讼时效期内依据合同规定向法院提起诉讼或向仲裁委员会提起仲裁。

26.4　相关制度

1.《签字规则》
2.《销售合同及签约审批表》
3.《供应商管理规定》

第 27 章

关联交易内部控制制度

27.1 控制目标

关联交易的内部控制目标主要包括以下几个方面：

（1）保证关联交易的认定准确合规；

（2）保证关联交易的决策程序合法有效；

（3）保证关联交易的定价公平公允；

（4）保证关联交易的披露及时、准确；

（5）保护公司广大投资者的利益不受损害。

27.2 适用范围

本章适用于公司的关联交易业务活动。

27.3 控制活动

27.3.1 流程图

关联交易流程图如图 27-1 所示。

关联交易流程			
股东大会	董事会	财务部	相关部门

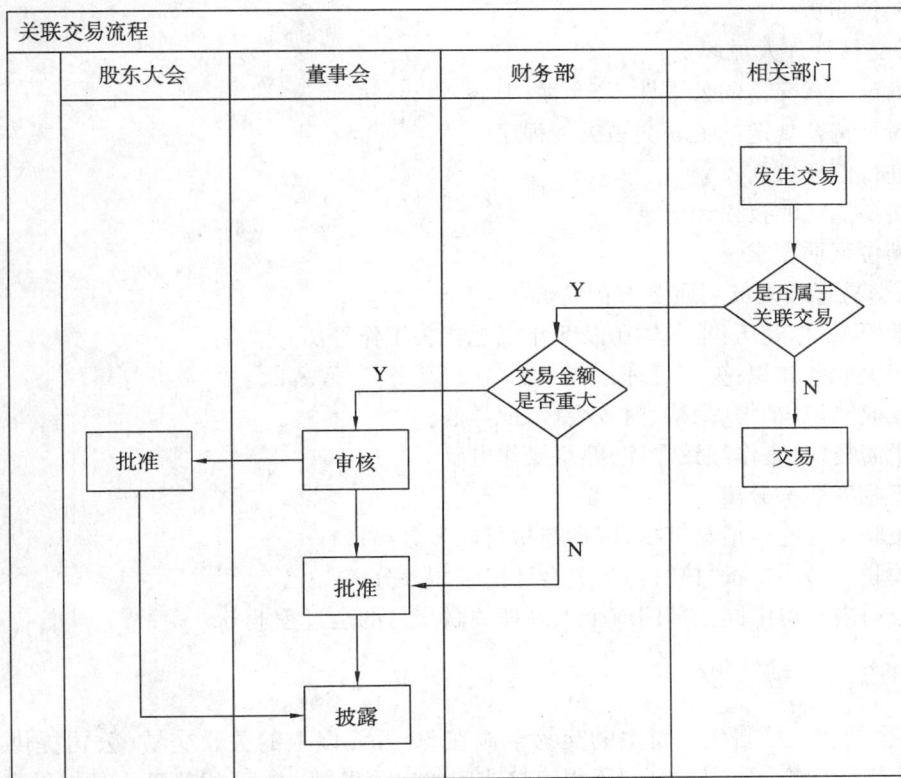

图 27-1　关联交易流程

27.3.2　分工与授权

27.3.2.1　分　工

1. 部门职责

关联交易业务部门（证券办公室）职责：

① 受理关联交易申请,审查关联交易的合规性、合法性；

② 及时对关联交易进行会计记录；

③ 确定关联方；

④ 负责关联交易信息披露事务。

2. 岗位职责

关联交易管理人员职责：

① 确定关联交易的公平性、公允性；

② 履行符合规定的关联交易决策程序；

③ 进行信息披露；

④ 交易执行的授权和记录。

3. 岗位素质要求

关联交易管理人员素质要求：

① 学历/工作经历：本科学历及 5 年以上相关工作经历；

② 相关职务知识：公司管理；

③ 专业知识：销售、采购、财务会计、证券法；

④ 所需技能：工作细致严谨，熟练操作电脑。

4. 不相容职务分离

① 关联交易的申请与审批、审批与执行职务分离；

② 关联交易的审批、执行与相关会计记录职务分离；

③ 公司内不得由同一部门或个人办理关联交易的全过程业务。

27.3.2.2 授 权

（1）公司与关联自然人发生的交易金额在 30 万元以上的关联交易（公司提供担保除外），应当提交董事会审议。公司不得直接或间接向董事、监事、高级管理人员提供借款。

（2）公司高级管理人员的薪酬达到 30 万元以上的，应当提交董事会审议。公司高级管理人员的薪酬达到 150 万元以上的，还需提交股东大会审议。

（3）公司与关联法人发生的交易金额在 300 万元以上，且占公司最近一期经审计净资产绝对值 0.5% 以上的关联交易（公司提供担保除外），应当提交董事会审议。

（4）公司与关联人发生的交易（公司提供担保、受赠现金资产、单纯减免公司义务的债务除外）金额在 3 000 万元以上，且占公司最近一期经审计净资产绝对值 5% 以上的关联交易，除应当提交董事会审议外，还应当提供具有执行证券、期货相关业务资格的证券服务机构，对交易标的出具的审计或者评估报告，并将该交易提交股东大会审议。

（5）公司为关联人提供担保的，不论数额大小，均应当在董事会审议通过后，提交股东大会审议。

（6）公司在连续 12 个月内对同一关联交易分次进行的，以其在此期间交易的累计数量计算。

27.3.3　关键控制点的控制

1. 关联方界定及其控制

（1）公司应在交易行为发生前对交易对象的背景进行调查核实,确定是否属于关联方。

（2）公司应在每个会计年度末,要求重要股东、债权人、客户以及董事、监事、高级管理人员和关键岗位管理人员提交年度关联方声明书,声明与公司的关联方关系及其交易行为。

（3）公司财务部应根据管理层关联方声明书和股权结构图表等资料,编制关联方名单,报财务部负责人审核后提交公司财务总监审阅。

关联方名单至少应每季度更新一次,更新后的关联方名单应提交财务部负责人审核后备案。

公司财务部应及时将关联方名单发送公司管理层和各业务部门共同掌握。

（4）公司应采取有效措施防范关联方隐瞒关联关系,或以非公允的关联交易占用或转移公司的资金、资产及资源。

审计委员会应定期查阅公司与关联方之间的交易情况,了解公司是否存在关联方占用、转移公司资金、资产及资源的可能。一旦发现异常情况,应立即提请董事会、监事会采取相应措施,并及时向上级主管部门和监管机构报告。

2. 关联交易及其控制

（1）公司应建立关联交易逐级授权审批制度,严禁越权审批。

（2）审计委员会应对重大关联交易事项进行审核,并提交董事会、股东大会审议。审计委员会可以聘请外部咨询机构出具专门报告,作为其判断的依据。

（3）公司应建立关联交易事项回避审议制度。股东大会审议关联交易事项时,关联股东应按有关规定回避表决;董事会审议时,关联董事应按有关规定回避表决,如因回避原则导致董事会无法决议之情形,应提交股东大会审议。

（4）经审议通过的关联交易,应签订书面合同协议,明确关联方交易的定价原则和价格水平。合同协议的订立和履行应该符合《内部控制制度——合同》的有关规定。

（5）公司应建立关联交易询价制度,明确关联交易询价程序,确保关联交易定价的公允。关联交易定价应遵循下列原则:

① 交易事项实行政府定价的,直接适用此价格;

② 交易事项实行政府指导价的,应在政府指导价的范围内合理确定交易价格;

③ 除实行政府定价或政府指导价外,交易事项有可比的独立第三方的市场价格或收费标准的,优先参考该价格或标准确定交易价格;

④ 关联事项无可比的独立第三方市场价格的,交易定价应参考关联方与独立于关联方

的第三方发生非关联交易价格确定;

⑤ 既无独立第三方的市场价格,也无独立的非关联交易价格可供参考的,则应以合理的构成价格作为定价的依据,构成价格为合理成本费用加合理利润。

(6)关联交易合同协议一经确定,公司各部门应严格按照批准后的交易条件进行交易。关联交易执行过程中,任何人不得自行更改交易条件,如因实际情况变化确需更改时,需履行相应的审批程序。

(7)公司应建立关联交易档案和台账,定期与关联方有关人员核对关联交易账目,及时、正确填报关联交易会计报表,并于期末交由关联交易双方财务总监签字确认。

(8)公司应定期组织有关人员对关联交易会计报表和价格执行情况进行审核、分析,纠正存在的问题或提出完善的意见和建议,报经公司财务总监批准后执行。

(9)公司应根据审核后的关联交易会计报表和价格执行情况,编制关联交易明细表。关联交易明细表至少每季度编制一次,并报送公司财务总监审核。

(10)公司财务部应定期将关联交易明细表提交公司审计委员会。审计委员会对重大关联交易的异议事项进行审阅。

3. 关联交易的报告与披露及其控制

(1)公司应在年度报告和中期报告重要事项中披露报告期内发生的重大关联交易事项。若对于某一关联人,报告期内累计关联交易总额高于 3 000 万元且占公司最近一期经审计净资产值 5% 以上的,须披露详细情况。

(2)公司无论是否发生关联交易,均应当在财务报表附注中披露与控制股东(母公司)和子公司有关的信息。

(3)公司与关联人发生关联交易的,应当在财务报表附注中披露该关联人关系的性质、交易类型及交易要素。

(4)公司应指定专人负责记录和报告关联方交易信息。审计委员会应对总经理和财务总监签署的包含关联交易情况的定期财务报告进行审阅。

(5)公司应按照《企业会计准则》和国家相关法律法规、监管规则、《上海证券交易所股票上市规则》和公司章程披露关联交易信息。

27.4 相关制度

《关联交易管理制度》

参 考 文 献

[1] 李榕芳.内部控制与公司治理[J].红河学院学报,2008(4).

[2] 陶颂华.简述我国内部控制制度的局限性和必要性[J].经济与管理,2007(5).

[3] 朱国泓,张祖土.论内部控制国际进展及其借鉴[J].当代财经,2008(3).

[4] 陈婉玲,袁若宾.COBIT及其启示[J].会计之友,2006(1).

[5] 王展翔.加拿大COCO委员会内部控制框架述评[J].商业研究,2005(1).

[6] 朱锦余.英国内部控制标准特点分析[J].财会月刊,2008(2).

[7] 董卉娜.责任主导:内部控制目标的总结与分析[J].财会通讯,2007(11).

[8] 李玉环.内部控制中的风险评估[J].会计之友,2008(10).

[9] 潘琰,郑仙萍.论内部控制理论之构建:关于内部控制基本假设的探讨[J].会计研究,2008(3).

[10] 陈关亭,李姝.中美内部控制评审准则比较[J].审计研究,2002(5).

[11] 李慧.中美企业内部控制规范体系比较研究[J].中国乡镇企业会计,2007(1).

[12] 李天剑,高迪.企业内部控制理论的发展及其新思考[J].中国管理信息化,2008(11).

[13] 于增彪,王竞达,瞿卫菁.企业内部控制评价体系的构建[J].审计研究,2007(3).

[14] 潘煜双.内部控制目标定位的现实思考[J].嘉兴学院学报,2004(1).

[15] 李玉环.我国企业内部控制制度建设的重大举措[J].会计之友,2008(8).

[16] 李玉环.内部控制中的内部环境[J].会计之友,2008(9).

[17] 李玉环.内部控制中的风险评估[J].会计之友,2008(10).

[18] 李玉环.内部控制中的控制活动[J].会计之友,2008(11).

[19] 李玉环.内部控制中的信息与沟通[J].会计之友,2008(12).

[20] 李玉环.内部控制中的内部监督[J].会计之友,2008(12).

[21] 谢志华.内部控制、公司治理、风险管理:关系与整合[J].会计研究,2007(10).

[22] 戴彦.企业内部控制评价体系的构建[J].会计研究,2006(1).

[23] 宋蔚蔚.对新规范下内部控制信息披露的思考[J].财会月刊,2008(12).

[24] 李若山. 如何应对《企业内部控制基本规范》[J]. 审计与理财,2009(4).

[25] 李佳. 应用 COBIT 构建会计信息系统内部控制体系[J]. 中国乡镇企业会计,2008
(12).

[26] 陈敏. 邵志高. 借鉴美国经验完善我国内部控制信息披露[J]. 财务与会计,2008
(1).

[27] 孙文刚. 内部控制鉴证的对象与内容[J]. 会计之友,2009(1).

[28] 周勤业. 上市公司内部控制信息披露监管研究[J]. 上海立信会计学院会计学报,
2008(3).

[29] 刘文娟. 现代企业内部控制系统设计[D]. 湘潭大学硕士学位论文,2009.

[30] 王志坚. 基于公司治理的企业内部控制评价研究 [D]. 山东农业大学硕士学位论
文,2008.

[31] 刘焱. 我国上市公司内部控制信息披露问题的研究[D]. 北京林业大学硕士论
文,2008.

[32] 鄂秀丽. 企业内部控制与财务风险相关性研究[D]. 吉林大学博士论文,2008.

[33] 官峰. 内部控制理论若干问题研究 [D]. 西南财经大学硕士学位论文,2007.

[34] 杨小舟. 公司治理、内部控制与企业风险管理[M]. 北京:中国财政经济出版
社,2006.

[35] 3C 框架内部控制课题组. 内部控制标准精要及分析[M]. 北京:中国时代经济出
版社,2008.

[36] 李凤鸣. 内部控制学[M]. 北京:北京大学出版社,2002.

[37] 徐荣才,李三喜. 内部控制规范化操作指南[M]. 北京:人民邮电出版社,2008.

[38] 财政部会计司. 内部控制理论研究与实践[M]. 北京:中国财政经济出版社,2007.

[39] 张颖,郑洪涛. 企业内部控制[M]. 北京:机械工业出版社,2009.

[40] 李三喜,徐荣才. 企业内部控制基本规范的超越与应用[M]. 北京:经济科学出版
社,2008.

[41] 企业内部控制课题研究组. 企业内部控制基本规范解读及应用指南[M]. 北京:中
国商业出版社,2009.

[42] 友联时骏企业管理顾问公司. 风险管理原理与方法[M]. 上海:复旦大学出版
社,2005.

[43] 彭韶兵,冯建. 企业内部控制基本规范解读[M]. 成都:西南财经大学出版
社,2008.

[44] 刘均. 风险管理概论[M]. 北京:中国金融出版社,2005.

[45] COSO 制定发布. 企业风险管理:应用技术[M]. 张宜霞,译. 大连:东北财经大学

出版社,2006.

[46] 方红星,王宏. 企业风险管理——整合框架(译)[M]. 大连:东北财经大学出版社,2006.

[47] 李三喜,徐荣才. 全面风险管理标准[M]. 北京:中国市场出版社,2007.

[48] 李连化. 内部控制学[M]. 厦门:厦门大学出版社,2007.

[49] 胡为民. 内部控制与企业风险管理实务操作指南[M]. 北京:电子工业出版社,2007.

[50] 《企业内部控制基本规范讲解》编写组. 企业内部控制基本规范讲解[M]. 北京:中国市场出版社,2008.

[51] 刘霄仑. 超越 COSO——强化公司治理的内部控制(译)[M]. 北京:中信出版社,2004.

[52] The Committee of Sponsoring Organizations of the Treadway Commisson. Internal Control-Integrated Framework[M]. AICPA,2008.

[53] Ta-Ming Liu. The case analysis on failures of Enterprise Internal Control in Mainland China[J]. The Journal of Business,2005(7).

后　记

　　我国企业内部控制与美国企业内部控制相比,无论在理论研究方面,还是在企业实际运用方面均刚刚起步。近年来,上市公司已普遍认识到建立和完善内部控制的重要性,纷纷开始重构企业的业务流程、梳理企业的规章制度、整合企业的管理资源。2009 年我们为某上市公司制定了一套内部控制制度,在这个过程中,我们进行了大量的调查研究,收集整理了大量的资料,同时也发现企业如何才能建立健全内部控制制度仍然是理论界和实务界值得研究的课题。特别是如何设计一套符合企业特点的内部控制制度,而在企业又能够很好地贯彻执行,仍然有漫长的路要走。本书是在此基础上撰写而成的,可以说它既是理论研究的成果,也是实际应用成功经验的总结。

　　本书的主要特点是:(1) 内容新颖。吸收企业内部控制研究的最新成果,结合我国《企业内部控制基本规范》和最新发布相关指引,全面、系统地介绍了企业内部控制的理论和实务。(2) 操作性强。在企业内部控制制度设计中特别强调企业的业务流程、控制流程,将业务流程和控制流程有机地结合起来,并用图表列示,简洁明了,易于操作。(3) 切合实际。在系统介绍理论的基础上,突出理论在企业内部控制中的应用;在企业内部控制实务中,突出结合企业的具体实际。它对我们正确地理解我国的《企业内部控制基本规范》及配套指引,学习和借鉴国外的经验都是非常有益的。

　　本书理论篇的第 1 章,第 5 章,第 6 章,第 7 章,第 8 章及实务篇由赵顺娣撰写,其余各章由陈留平撰写,全书的策划、总纂由赵顺娣负责。撰写过程中,得到了刘竹金先生、李福强先生的悉心指导,提出了很多宝贵的意见和建议。我们的研究生参与了内部控制制度的制定,做了大量的基础性工作。本书的顺利出版,得到了江苏大学出版基金的资助。谨此,我们深致谢意。

　　限于研究者水平,书中肯定存在诸多不足,敬请读者指正。